KB172409

HANGIL
GREAT BOOKS
160

조르조 바사리

르네상스
미술가 평전

이근배 옮김

6

고종희 해설

한길사

Giorgio Vasari
Lives of the Most Eminent Painters, Sculptors and Architects 6

Translated by Lee Keun Bai

Vasari, Giorgio, 1511-74
Le Vite de' più Eccellenti Pittori, Scultori ed Architettori, 2nd ed., 6vols., Giunti, Firenze, 1568
Lives of the Most Eminent Painters, Sculptors, and Architects /
Giorgio Vasari; translated by Gaston Du C. de Vere.
Originally published by McMillan Co. & The Medici Society, London, 1912-1915.
Korean Translation Copyright © 2018 Hangilsa Publishing Co., Ltd.
All rights reserved.

HANGIL GREAT BOOKS · 160

조르조 바사리

르네상스
미술가 평전

이근배 옮김

6

고종희 해설

한길사

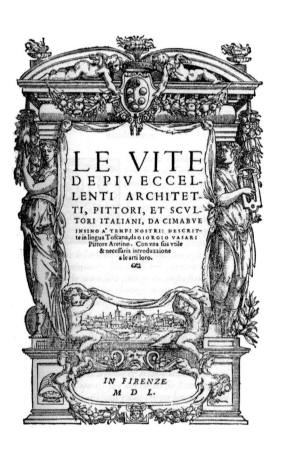

LE VITE
DE PIV ECCEL-
LENTI ARCHITET-
TI, PITTORI, ET SCVL-
TORI ITALIANI, DA CIMABVE

INSINO A' TEMPI NOSTRI: DESCRIT-
te in lingua Toſcana, da GIORGIO VASARI
Pittore Aretino. Con vna ſua vtile
& neceſſaria introduzzione
a le arti loro.

IN FIRENZE
M D L.

르네상스 미술가 평전

6

조르조 바사리, 이근배, 여행하는 미술사가美術史家의 『평전』

예술가들의 여행

사람들이 조르조 바사리Giorgio Vasari의 『평전』을 읽는 데는 제각각 이유가 있을 것이다. 누군가는 특정 예술가의 전작œuvre을 상상하고자 할 테고, 누군가는 거장master과 그 제자들의 관계를 살펴보고자 할 것이다. 또 누군가는 예술가가 자신의 군주나 후원자patron와의 관계에서 어떻게 친밀도rapport를 유지하는지 살펴보고자 할 것이다. 학자들은 바사리의 연대나 귀속에 관해 수세대에 걸쳐 논쟁해오면서도 계속해서 바사리를 연구한다. 이는 고대미술에서 시작하여 미켈란젤로의 작품으로 정점에 도달하기까지 전 역사에 걸쳐 전개되는 예술가의 독특하고 개별적인 양식을 묘사하는 마니에라maniera라는 바사리의 혁신적 접근방식 때문이다.*

16세기 르네상스 시기 피렌체에서 인쇄된 원전 판본이든 이를 한국어로 옮긴 이근배의 권위 있는 판본이든 바사리를 선택하는 데는 또 다른 이유가 있을 수 있다. 미술가를, 나아가 21세기 독자인 우리를 역사

* Philip Sohm, "Maniera and the Absent Hand: Avoiding the Etymology of Style," Cambridge Univ. Press, 1999, pp.100-124.

적 시간만이 아니라 지리적 공간에도 위치시킨다는 것이다. 언뜻 보면 그 이유는 바사리가 원래 추구했던 목적에 반하는 것으로 보일 수 있다. 그는 『평전』 2부의 서문을 열면서, 그의 저술 목적이 "(예술가의) 숫자, 이름, 국가, 어떤 도시, 특히 그 도시의 어떤 장소에서 그들의 그림, 조각, 건축물을 찾을 수 있게 하는 것"은 결코 아니라고 주장했다. 이러한 건조한 목록에서는 역사 서술의 본질인 작가의 판단이 존재하지 않는다. 이는 언뜻 바사리가 공간과 지리의 중요성을 폄하하는 것처럼 보일 수도 있다.

그러나 1568년 지운티Giunti 판본에는 바사리가 하찮게 여겼을지도 모르는 바로 그 도표들이 수록된다. 피렌체Florence의 문인文人 빈첸초 보르기니Vincenzo Borghini, 1515~1580가 편집한 색인indices에는 미술가들의 출신지와 작품 활동을 한 지역명이 명시되었다. 이를테면 야코포 델라 퀘르차Jacopo della Quercia는 조각가로만 기재된 것이 아니라 토스카나의 도시 시에나에서 온 조각가라는 뜻의 '스쿨토르 사네세'Scultor Sanese라고 기록되어 있다. 토파노 롬바르도Tofano Lombardo라는 이름의 건축가는 밀라노에서 왔다는 의미에서 '밀라네세'Milanese라고 불렸다. 심지어 유럽 왕실, 군주, 교황들로부터 최고 수준의 후원을 받은 티치아노Tiziano조차 카도르Cador에서 온 티치아노라는 뜻의 '티치아노 다 카도레'Tiziano da Cadore라고 불렸다.

보르기니의 목록 중 가장 긴 것은 '묘사된 작품의 위치를 담은 도표' Table of places where works described are located다. 열여섯 쪽에 걸친 칼럼 형식의 도표에는 아름다운 활자로 쉰여덟 곳의 도시가 지역명과 함께 적혀 있다. 도표와 같은 '곁텍스트'parxtextual material처럼 색인은 초기의 근대 시기 판화가들에게 잘 판매되도록 하는 장점으로 활용되었으며, 목록 편집자는 항목을 수집하면서 자신의 근면성을 과시하기도 했다.

이러한 색인이나 비망록 같은 다른 수단은 '정보 과부하'information overload에 걸린 독자를 위한 참조consultation 기능을 했다. 그러나 『평전』

안의 지역명 색인은 속도뿐 아니라 장소감experience of location에 기반한 독서 방식을 촉진했을 것이다. 독자는 보르기니의 색인을 훑어보면서 수집가의 수장고cabinet나 카펠라cappella 같은 매우 작거나 개인적인 공간을 살피는 것에서부터 광장piazzas이나 교회의 파사드façade 같은 공적인 장소까지 자세히 살피고 이동하면서 이탈리아 반도를 관통하는 가상의 여행에 참여할 수 있었다. 색인은 예술가가 도시의 안이나 바깥을 여행하면서 남겨놓은 작품을 기록함으로써 『평전』에 관한 일종의 이정표로 기능했다고 할 수 있다.*

바사리의 여행

독자는 『평전』의 본문과 색인을 보며 가상의 여행만 경험하는 것이 아니다. 바사리는 『평전』에 수록된 자서전에서 그가 연구하거나 작품을 주문하고 제작을 이행하고 책을 저술하려고 해당 장소에 있는 예술작품을 조사하기 위한 많은 여행을 서술했다. 그가 묘사했던 많은 예술가의 전기와 마찬가지로, 바사리의 예술도 여행으로 소개될 수 있다. 1511년 토스카나 지방 아레초Arezzo에서 출생한 바사리는 추기경인 실비오 파세리니Silvio Passerini의 보호 아래 1524년 피렌체로 가서 화가 안드레아 델 사르토Andrea del Sarto의 가르침을 받았다. 르네상스 시기 유럽그리고 오늘날 세계 대부분의 많은 예술가는 예술가로서 그리고 전문가로서 성공하기 위하여 고향이나 국가를 떠나는 것이 필연적이었다.

바사리가 자신과 같은 고향 출신 조각가 니콜로 아레티노Niccolò Aretino, 1370~1451의 여행에 관해 논한 것은 자신의 고향 아레초를 떠난 것에 관한 정당화로 쉽게 이해할 수 있다. 1550년 초판본의 『평전』 서문에서 바사리는 "대다수 사람은 본래 그들이 태어난 국가에 남고 싶

---

* David Young Kim, *The Traveling Artist in the Italian Renaissance*, New Haven, Yale University Press, 2014, pp.81-83.

어 한다"라고 언급했다. 그는 "그러나 그들은 고향에서 배울 수 없는 것을 학습하기 위해 여전히 다른 지역으로 많이 이동한다"라고 글을 잇는다. 설혹 예술의 중심지에서 출생한 것이 아니라면, "각각의 지역은 그들의 요구에 걸맞거나 그들이 노동을 견뎌내며 혜택을 받고 명성을 얻게 해줄 눈부시고 특출한 예술을 거의 갖추지 못하고 있다"라고 관찰했다. 그는 이탈리아에서 기념비적인 예술을 공부해왔다며 자신의 성실성을 지속적으로 이야기하며 자신을 다음과 같이 은근히 과시하기도 한다.

"로마나 그 후의 피렌체 혹은 내가 체류했던 다른 도시에는 주목할 만한 작품이 상당수 남아 있었으며, 이러한 작품은 내가 젊었을 때는 그리지 않았던 것으로 회화뿐 아니라 고대나 오늘날의 조각이나 건축물들도 포함한다."*

그러나 바사리는 목적지, 특히 그가 예술작품을 제작하도록 후원받았던 예술 환경에 관해서는 가끔 비판적 태도를 취하기도 했다. 올리베토 수도원Monte Oliveto 수사들을 위한 식당에 있는 아치형 천장을 1544년 작업한 사례가 대표적이다. 그는 '오래되고 이상한'old and awkward 건축 공간을 현대 양식인 '마니에라 모데르나'maniera moderna를 보여주는 것으로 바꾸면서 이를 해결했다. 바사리는 구약과 신약의 장면을 담은 회화와 타원형, 정사각형 그리고 팔각형 스투코 작품에 재현된 의인화한 인물에 대해 만약 이것이 없었다면 이탈리아 남부 도시에서는 진전된 양식 규범이 계속 존재하지 않았을 것이라며, 이것이 새로운 양식을 촉진했다고 언급했다. 그는 다음과 같이 이야기했다.

"페루지노Perugino와 라파엘로Raphaello의 손으로 이루어진 것이 있기는 하지만, 조토 이후 회화 매체로 유명한 무언가를 성취한 귀족이나

* Patricia Lee Rubin, *Giorgio Vasari, Art and History*, New Haven, Yale University Press, 1995, pp.92-105.

유명 도시의 기장이 없었다는 것은 흥미롭다. 따라서 그 지역에서 훌륭하고 명망 있는 작품이 제작될 수 있도록 나의 얕은 지식이 도달할 수 있는 한 계속 노력할 것이다."*

바사리는『평전』개정판을 쓰기 위하여 미술작품을 직접 보러 다닌 여행도 묘사했다. 그는 1541년 피에트로 아레티노Pietro Aretino 초청으로 베네치아Venice를 방문해 거의 동시대 작품을 두루 살펴볼 기회가 있었다. 그는 "나는 티치아노와 다른 화가의 작품들을 보기 위하여 기꺼이 다녀왔다. 나는 며칠 동안 모데나Modena와 파르마Parma에서 코레조Correggio 작품을, 만토바Mantova에서 줄리오 로마노Giulio Romano 작품을 그리고 베로나Verona에서 고대 작품들antiquities을 보았다"라고 했다. 동북부 지방에 가서 이 작품들을 조사한 내용은 편파적이다. 그러나 두 번째 판본 정보제공자들이 지닌 폭넓은 네트워크로 내용이 추가되었는데, 이는 북부 이탈리아 예술가에 관한 바사리『평전』의 한 부분을 차지하게 된다.

바사리는 자신의 여행을 단순히 작품 활동과 저술을 하기 위한 연구 이상의 것으로, 즉 초기 근대 시기 예술가의 여행을 설명하는 것으로도 묘사했다. 바사리는 자서전에서 여행을 한 주된 원인은 휴식하기 위한 것이라고 언급했다. 피렌체 공작 저택을 위한 다양한 작업으로 기력이 소진된 바사리는 코시모Cosimo 1세로부터 휴가를 허락받았다. 바사리는 "그래서 나는 수개월 동안 떠날 것이다. 여행에 몸을 맡기고 많은 친구와 거장, 훌륭하고 다양한 예술가의 작품을 둘러보면서 이탈리아 전역을 돌아다닐 것이다"라고 했다. 다른 예술가들과 마찬가지로, 바사리 본인도 다양한 유파, 지역, 기술, 그림을 보고 돌아다니면서 그림을 그리며 여행하는 작가인 동시에 글을 쓰며 여행하는 예술가와 같은 상반된 모습을 보여준다.

* *Ibid.*, pp.142-143.

그는 에필로그에서 "나는 글을 다시 쓰고 출판하기까지 나 자신의 글에서 한동안 멀어져 있었다. 이는 여행이나 그림, 디자인, 건축 작업 같은 많은 노동 때문이다"라고 밝혔다. 바사리는 이 노동을 비유적 방식으로 바꾸면서 "이렇게 방대한 규모의 책을 쓰거나 이러한 망망대해 같은 작업에 착수하게 될지"는 미처 생각했지 못했다고 했다. 그는 『평전』이 작가나 독자 모두에게 긴 여정odyssey이었다고 묘사했다.*

한반도의 문화사를 투영한 값진 결과물

바사리의 『평전』을 번역한 이근배는 책의 원저자와 마찬가지로 그가 활동하던 시절에는 지속적으로 이동하는peripatetic 삶을 살았다. 그의 다양한 연대기에 대해 이 책 독자들은 어느 정도 파악하겠지만, 이탈리아 르네상스 미술사, 이동성mobility 그리고 언어language와 관련한 것들을 하나로 연결해주는 그의 생애에서 몇 가지 특수한 상황은 다시 짚어볼 필요가 있다고 본다.

의학교수이자 저술가였던 이근배는 오늘날 북한의 수도인 평양에서 태어났다. 어린 시절 한때 화가 지망생이기도 했던 그는 평양에서 의과대학을 졸업하고 1937년 일본으로 유학을 떠나 학위 과정을 이어가게 된다. 1943년 일본에서 박사학위를 취득하기까지 그가 한국과 일본에서 학업한 과정은 다양한 언어로 지식을 습득하는 여정의 시작에 불과했다. 그는 일제강점기에 모국어인 한국어 대신 강제된 언어교육 정책의 일환으로 모든 학업과 논문과정을 일본어와 독일어로 수행해야 했다. 그는 의학을 오래 연구하는 동안 독일어를 학습해 독일어에 정통했으며, 일제강점기 때 한국에 진출한 파리외방전교회 신부들과 친교를 맺어 프랑스 문화와 프랑스어를 마스터했다. 학문을 좀더 본격적으로 연구하기 위해 1950년대 이후 유럽과 미국 등에서 체류한 시기는 그가

---

* David Young Kim, *The Traveling Artist*, pp.156-160.

르네상스 예술과 직접 대면하는 계기가 되었으며, 그 후에도 지속적인 여행과 탐방으로 르네상스 예술과 문화에 더 깊이 천착하게 되었다.

바사리의 『평전』 한국어판은 표면상 하나의 언어를 또 다른 언어로 단순하게 바꾸는 이분법적 작업처럼 보일 수 있다. 그러나 이근배는 바사리의 저술을 번역하면서 자신이 자유롭게 사용할 수 있는 영어, 프랑스어, 독일어, 이탈리아어, 일본어 모두를 충분히 활용했다. 그는 바사리를 번역하면서 게스튼 드 베어Gaston de Vere의 영어본 1912~15을 주 텍스트로 이용했으나 이중 번역을 효율적으로 하려고 밀라네시G. Milanesi의 이탈리아어본을 병행했다. 또 본문 외에 주석 작업을 더 심도 있게 하려고 20세기 독일어권 미술사학자들의 연구서를 광범위하게 참고했다. 디세뇨disegno, deegeno 같은 어려운 어휘들의 의미를 설명하거나 르네상스의 역사적 맥락과 예술작품들의 소재를 파악하기 위해 독일과 오스트리아, 프랑스 학자들의 이론서나 작품 해설서뿐만 아니라 부르크하르트Burckhardt를 비롯한 문화사학자들의 저술과 그들의 일본어 연구서들도 상당수 참조했다.

바사리의 『평전』 한국어판은 '단순한 번역'mere translation을 넘어 일제강점기에 한국과 동아시아, 이후 유럽과 미국의 정치적 상황에서 영향을 받으며 형성된 이근배의 '범세계주의적 감성'cosmopolitan sensibility을 보여준다. 그 문화적 산물로 1986년 세 권으로 출판된 '거작'Opus magnum은 전후 한국의 문화와 예술 분야에 르네상스의 정신을 전달하는 큰 움직임에 기여했다고 할 수 있다.

이근배의 회고록 『내 생애에서 한 단장』Bagatelle에서 그는 자신의 다양한 언어 구사능력poliglot과 범세계주의적 지식은 평양에서 학창시절을 보낸 1930년대 초에 이미 시작되었다고 말한다. 그는 "당시 시대 상황이 나로 하여금 엄청난 공부를 하게 만들었다"라고 회상한다. 암울한 시절을 극복하는 최선의 방법이 그에게는 학문과 예술에 대한 끝없는 열정을 보이는 것이었다. 그리고 당시 상당히 조달早達했다고 묘사되는 그의 친구들은 문학과 예술의 동아리를 구성한다. 이른바 문학, 어학, 음악, 미술 등 예술 전반을 공부하던 젊은 지식인들이었다. 이들 동아리의 토론 주제는 광범위했다. 그는 계속 말을 잇는다.

"항상 토론은 끝이 없었다. 우리들은 아지트인 '화조火鳥 다방'에 모이면 그때부터 토마스 만Thomas Mann, 릴케Rilke, 피들러Fiedler, 지드Gide, 발레리Valéry, 피카소Picasso, 마티스Matisse, 보들레르Baudelaire, 콕토Cocteau, 도스토옙스키Dostoevsky, 체호프Chekhov, 스타니슬랍스키Stanislavsky 등을 놓고 밤을 새워 지껄였다. 당시 우리들의 머릿속은 꽉 차 있었다."

열띤 토론이 끝나면 그들은 모란봉을 돌며 대화를 이어간다.* 그중에는 "어떤 친구는 두 팔을 활짝 벌리고 스탕달의 그 어려운 소설『적과 흑』Le rouge et le noir의 원문 대사를 좔좔 외우면서 걷는다. 그는 프랑스행을 벼르고 있었다"라는 구절도 보인다.

얼마 후 이들 중 몇몇 소설가와 시인들은 '단층파'La Dislocation라고 불리는 문학 동인단체를 결성하여 본격적으로 문단 활동을 시작한다.** 20세기 초반에 제작된 엽서에는 '보탄다이'Botandai라고 불리는 모란봉 모습이 그려져 있는데, 이는 때 묻지 않은 자연의 장소와 시간이 멈춘 듯한 불교 사원의 외딴 모습으로 픽처레스크picturesque 양식으로 표현되었다. 그러나 이근배는 모란봉을 '예기치 않게 동양으로 옮겨진 파르나소스산Mount Parnassus'으로 바꿔 묘사한다.

* 1936년 당시 카페 '화조'(火鳥) 동아리 명단은 김이석·유항림·이휘창·황순원(소설가), 양명문·박남수(시인), 오영진·주영섭(극작가), 박태영(평론), 이근배(의사), 조복손(건축가), 김병기·문학수(화가), 김동진(작곡가), 이휘영(불문학) 등이다.
** 『단층』(斷層)은 1937년 김이석, 유항림, 김화청, 이휘창, 구연묵, 최정익, 김여창 등 일군의 소설가와 김조규, 양운한 등 시인이 중심이 되어 평양에서 창간한 동인지다. 1940년 4집 발간 후 폐간되었다.

『평전』번역 작업은 언뜻 보면 원전의 토스카나 지방 언어가 한국어, 영어, 독일어 같은 다른 언어로 동일하게 맞춰지는 일차방정식처럼 보일 수 있다. 이는 편안함 속에서 진행되는 학자의 연구나 사전과 초안 원고들로 둘러싸인 채 노트북의 화면에서 보이는 1568년 지운티 판본의 어휘들과 같은 모습으로 상상될 수 있다. 그러나 이근배의 일대기에서 보이는 파란만장한 인생 역정은 르네상스 미술의 원전을 번역하는 방식이 일방향적이고 직설적이지만은 않다는 것을 보여준다. 이 과정은 당시 식민지 제국, 톈진과 베이징의 조계지foreign concession, 새롭게 건국된 대한민국, 전쟁과 분단과 이별, 파리 생 쉴피스Saint Sulpice 광장의 고서점들과 로마의 오랜 유적들, 보스턴의 생화학실험실, 하버드대학교 라몬트 도서관Lamont Library을 넘나드는 물리적이고 언어적인 여정을 포함한다. 이근배의 바사리는 대륙, 박물관, 책을 가로지르며 페이지의 폭넓은 지면 배치부터 단어 선택까지 꼼꼼한 여정을 만들어낸다.

그가 회고록『내 생애에서 한 단장』결말에서 언급했듯이, 이러한 종착지에 도달하기까지는 생각보다 빨리 이뤄진다. '화조'와 모란봉에서 항상 토론을 벌이던 '단층파' 문인들은 일본 패망과 조국 해방을 기원하며, 광복 이후에도 한데 모여 같은 곳에서 살기로 약속한다. 그러나 이들의 바람은 이후 격랑의 한국사로 결국 실현되지 않는다. 그는 "나는 이 다예다감한 친구들을 뒤로하고 일본으로 떠나야만 했다"라고 회고한다.

이근배의『평전』은 단순한 원전 번역이 아니다. 이는 20세기 격동적인 한반도의 문화사를 투영하는 매우 값진 결과물이기도 하다. 역사의 메아리는 엄밀한 의미로 한반도 안에서 그리고 디아스포라를 통해 오늘날까지도 울려 퍼지고 있다.*

* 이근배,『내 생애에서 한 단장斷章: 1937년부터 1945년까지』; 회고록『한 술의 글이라도 써야』(무사無蓑 이근배 교수의 생애), 2008, 196-211쪽.

새로운 양식을 창조하는 작업 방식, 벨라 마니에라

이근배가 바사리 어휘lexicon를 번역하는 것은 단순히 언어와 문장들의 번역에만 국한되지 않는다. 이는 좀더 중요한 해석interpretation의 방식도 수반한다. 미술의 역사가 미켈란젤로와 그의 작품에서 정점에 도달했다고 이야기하는 『평전』 「제3부」 서문에서 이것이 가장 명백하게 드러난다. 여기에서 그의 용어는 눈여겨볼 만하다. 바사리는 그가 속한 시대의 예술을 우월하다고 규정하기 위해서만 주요 개념을 사용한 것이 아니다. 그는 예술가들로부터 폐기되고, 수정되고, 진화된 양식적 특징도 묘사한다. 이러한 것들 중 일단 서문에서 소개한 중요한 용어인 마니에라maniera를 사례로 들어보자. 이는 바사리에게 핵심적인 단어다. 그는 이 용어를 1568년 판본에서 1,300차례 이상 사용했다.[*]

라틴어로 손을 가리키는 '마누스'manus에서 유래한 마니에라는 예술가의 개별적 양식의 특징, 즉 예술가가 자기 손으로 만든 작품의 시각적 표현을 묘사하기 위해 사용할 수 있다. 마니에라는 또한 특정 시기의 양식을 가리킬 수도 있다. 예를 들어 첫 번째prima, 두 번째seconda, 세 번째terza 마니에라는 역사의 흐름 속에서 그가 창안한 세 단계의 양식적 발전과 관련한다. 마니에라는 특정한 지역이나 민족 전체의 양식을 묘사할 수도 있다.

'마니에라 그레카'maniera greca는 비잔틴미술의 재현 방식과 유사한 작품들을 지칭한다. 이콘icon의 시각적 권위를 활용하는 이러한 작품의 특징으로는 금박으로 된 바탕, 무릎 부분에 표현되는 가로 모양 옷 주름, 정면성이 강조된 신체 등이 있다. 바사리가 말했듯이 마니에라 그레카는 '윤곽선과 색면으로만 이루어진 괴물 같은 인물'로 구성된다.

'마니에라 테데스카'maniera tedesca는 고딕 양식, 특히 장식이 지나치

---

[*] *Pontormo, Bronzino, and Medici Florence*, ed. Bastian Eclercy, Munich Prestel, 2016.

게 많은 건축 유형을 가리킨다. 바사리는 마니에라 테데스카가 "괴물 같고 야만적이며 질서를 이루는 모든 것을 없애버린다"라고 했다. 나아가 이 두 양식 모두 시각적 함의를 가지고 있다. 이탈리아 외부에서 유래한 이러한 양식은 첫 번째 마니에라인 트레첸토 시기의 치마부에 Cimabue, 두초Duccio, 조토Giotto의 예술보다 앞서는 시기를 낮추어 본다. 역사적 시간 바깥에 존재하고 세월이 흘러도 변하지 않으며, 야만적 barbaric이고 원시적인primitive 것으로 간주한다. 이는 '새로운 양식을 창조하는' 작업 방식인 '라 벨라 마니에라'la bella maniera라고 바사리가 부르고 정의한 것을 돋보이게 해주는 개념이다.

마니에라가 초기 근대 예술이론에서 이용되는 단어가 됨에 따라 '손'에서 비롯했다는 것을 강조하는 마니에라의 어원은 특별한 일이 없는 한 언급되지 않았다. 미켈란젤로의 유명한 표현 중 예술가는 "머리로 그리지 손으로 그리지 않는다"paint with the head, not with the hand는 것은 "두뇌가 이끄는 손으로만 그려진다"는 생각을 담고 있다. 예술작품이 독창성이나 자연을 직접 관찰한 것에 기반을 둔 것이 아닌, 단어의 원뜻에 기반한 '손으로부터의'라는 '디 마니에라'di maniera 맥락으로 이해되지 않게 하려면, 마니에라는 중용happy medium의 것으로 남아야 했다.*

마니에라 그레카를 번역할 때 이근배는 '그리스의 수법'이나 '그리스의 양식' 같은 표현을 사용했다. '수법'이나 '양식'은 방법, 수단, 유형을 지칭하는 중립적 단어로 보일 수 있다. 그러나 한국어 표현의 어원이나 함의를 살펴보면, 바사리가 마니에라라는 용어로 비잔틴 양식을 어떻게 평가했는지에 다가갈 수 있다. 예를 들어 '수'는 손을 의미하

---

* Anne-Marie Sankovitch, "The Myth of the 'Myth of the Medieval' Gothic Architecture in Vasari's Rinascita and Panowsky's Renaissance," *Res* 40, 2001: 29-50.

는 한자 '手'에서 비롯했다. 이 글자 자체는 상형문자로, 손톱 모양이나 쫙 편 손바닥 모양을 따라 그린 것으로, 손의 두툼한 가로 부분을 세 번째 손가락이 수직적으로 지나가는 모양을 본떴다. '법'法은 어원적으로 더 복잡하지만 이 자체로 방법, 원리 등을 가리킨다. '수법'이라는 단어는 '마니에라'의 어원으로 손을 뜻하는 '마누스'manus의 뜻을 가지게 된다. 나아가 이 단어는 손의 규정된 움직임을 가리키는 법칙을 강조한다.

따라서 '마니에라 그레카'의 '마니에라'를 번역하는 것에 대한 이근배의 선택은 비잔틴 예술가들이 작품 제작에서 손 사용을 강조하는 양식을 이근배가 해석적으로 이해했음을 보여준다. 비잔틴 예술가들을 '땅이나 돌의 이미지를 만드는 오래된' 예술가로 묘사하는데, 이는 개인적인 양식을 바탕으로 지적인 아이디어를 표출하는 예술가artist가 아닌, 전통적으로 물질의 광물과 관련된 요소를 가지고 작업하는 장인 artisan을 떠올리게 한다. 신의 창조와 달리, 손을 사용하는 일련의 체계적인 노동과 관련했기 때문에 그가 '마니에라'라는 단어를 '양식'으로 번역했다고 볼 수 있다.

여기에서 이 어휘의 급진성은 중국의 한자가 지칭하는 양식성과 질서에 기원한다. 예를 들어 식式의 의미는 목적의 변화를 가리키거나 행사나 의식에 사용된 도구를 지칭한다. 반대로 이근배가 이탈리아어인 '라 벨라 마니에라'를 그대로 음차transliteration한 것은 이 외래어가 갖는 개념과 거리성을 강조하면서 동시에 한국어가 가지는 어휘의 창고 안으로 이 단어를 소개해주는 것이기도 하다.

마니에라를 한국어로 '수법'이나 '기법' 또는 '양식'으로 번역한다거나 '벨라 마니에라'로 음차하는 것은 양식이라는 단어의 서로 다른 두 가지 정의를 보여준다. 한국어 단어로 번역했을 때 이 단어는 손으로 행해진 것을 가리키거나 이미 규정된 방식을 지칭하지만, 소리 나는 대로 받아 적은 것은 '고도의 예술적 기교를 표현한 방식'bravura style이라는 좀더 추상적이고 외래적인 개념을 보여준다. 번역하기 어려운 이러한 용어를 번역하면서 번역자의 해석이 개입되는 흥미로운 경우는 다양하며, 이는 후속 연구할 충분한 가치가 있다.

바사리의 『평전』을 한국어로 옮기는 것은 한국 독자들에게 이탈리아 르네상스 예술 이론에 대한 식견을 갖게 해주는 것만으로 그치지 않는다. 그의 언어적 선택은 바사리만의 이론적 어휘에서 뿜어져 나오는 '의미의 성운'constellation of meaning을 새롭게 볼 수 있게 해주는 상호문화적 렌즈 역할을 한다. 서구에서 온 개념을 한국어로 옮기는 데 사용한 그의 전략은 우리 의미의 경계를 넓히며, 이것의 의미론적 가능성을 더욱 풍부하게 해준다. 일제강점기와 그 이후 문화적 산물로서 이근배의 바사리는 여행하고 번역하는 미술사가의 작업이 기대하지 않았던 장소나 방식으로 미술사의 경계를 더욱 넓혀준다는 사실을 입증하는 것이라고 할 수 있다.

필라델피아에서
2018년 12월 성탄절
데이비드 영 킴

이 책 독자를 위한 추천 자료

David Young Kim, *The Traveling Artist in the Italian Renaissance: Geography, Mobility, and Style*, New Haven: Yale University Press, 2014.

David Summers, *Michelangelo and the Language of Art*, Princeton: Princeton University Press, 1981.

Le Vite di Vasari: Genesi-Topoi-Ricezione, Ed., Katja Burzer, Charles Davis, Sabine Feser, Alessandro Nova, Venice: Marsilio, 2010.

Maria H. Loh, *Still Lives: Death, Desire, and the Portrait of the Old Master*, Princeton: Princeton University Press, 2015.

Patricia Lee Rubin, *Giorgio Vasari: Art and History*, New Haven: Yale University Press, 1995.

Philip L. Sohm, *Style in the Art Theory of Early Modern Italy*, Cambridge: Cambridge University Press, 2001.

Roland Le Mollé, *Georges Vasari et le vocabulaire de la critique d'art dans les "Vite"*, Grenoble: Ellug Université Stendhal-Grenoble 3, 1988.

특별기고문을 쓴 데이비드 영 김David Young Kim은 미국의 미술사학자 및 문화사학자다. 엠허스트Amherst에서 프랑스문학, 독일문학, 영문학을 전공하고 하버드Harvard에서 '르네상스 미술사'를 전공해 석사 및 박사학위를 받았다. 베를린 훔볼트대학과 파리7대학 강사를 거쳐, 2013년부터 펜실베이니아대학교 미술사 교수로 재직 중이고 취리히대학과 상파울로대학의 객원교수로 있다. 2017년 5월에는 런던대학의 토마스 해리스 특별강사로 위촉되었다. 그의 저서『이탈리아 르네상스의 여행하는 예술가: 지리, 이동성, 양식』*The Traveling Artist in the Italian Renaissance: Geography, Mobility, and Style*, Yale Univ. Press, 2014은 그해 미국 의회의 '올해의 책'으로 추천되었고 또한 권위 있는 '랄프 왈도 에머슨 도서상'Ralph Waldo Emerson Book Prize 최종 후보로 선정되었다. 그의 또 다른 역작『무게와 관련한 문제들: 초기 근대의 힘, 중력, 미학』*Matters of Weight: Force, Gravity, Aesthetic in the Early Modern Era*, Imorde Press, Berlin, 2013은 14세기부터 17세기까지 예술작품들의 미적 조건 범주로서 무게에 대한 이론과 응용을 다룬 일련의 연구서다. 최근 프로젝트 중 하나는「다국어 번역을 통해 발견되는 '평전': 글로벌 미술사의 관점에서 보는 문화의 진위성」에 대한 연구로 20세기에 한국어와 포르투갈어, 독일어로 번역된 바사리의『평전』을 중심으로 각 판본의 학술적 관점이나 국제언어lingua franca의 상호연관성, 사료 분석을 통해 르네상스 미술사 연구의 비교언어학적 · 비교문화사적 연구를 시도하고 있다.

이 글의 한국어 번역은 펜실베이니아대학 미술사 박사과정지도교수 데이비드 영 킴에 재학 중인 이승훈 님이 맡아 수고해주었다.

르네상스 미술가 평전

6

차례

르네상스 미술가 평전 1

제1부

제2부

르네상스 미술가 평전 2

르네상스 미술가 평전 3

제3부

빈첸치오 다 산 지미냐노, 티모테오 다 우르비노(Vincenzio da San Gimignano, Timoteo da Urbino) · 1709

안드레아 달 몬테 산소비노(Andrea dal Monte Sansovino) · 1719

베네데토 다 로베차노(Benedetto da Rovezzano) · 1735

바초 다 몬테루포와 그의 아들 라파엘로(Baccio da Montelupo & Raffaello) · 1741

로렌초 디 크레디(Lorenzo di Credi) · 1749

로렌제토, 보카치노(Lorenzetto, Boccaccino) · 1757

발다사레 페루치(Baldassarre Peruzzi) · 1767

조반 프란체스코 펜니, 펠레그리노 다 모데나(Giovan Francesco Penni, Pellegrino da Modena) · 1783

안드레아 델 사르토(Andrea del Sarto) · 1791

프로페르치아 데 롯시 부인(Madonna Properzia de' Rossi) · 1835

페라라의 알폰소 롬바르디, 미켈라뇰로 다 시에나, 나폴리의
지롤라모 산타 크로체, 돗소와 바티스타 돗시
(Alfonso Lombardi of Ferrara, Michelagnolo da Siena,
Girolamo Santa Croce of Napoli, Dosso and Battista Dossi) · 1843

포르데노네의 조반니 안토니오 리치니오(Giovanni Antonio Licinio da Pordenone) · 1861

조반니 안토니오 솔리아니(Giovanni Antonio Sogliani) · 1875

지롤라모 다 트레비소(Girolamo da Treviso) · 1885

폴리도로 다 카라바조, 마투리노 플로렌티네(Polidoro da Caravaggio, Maturino Florentine) · 1891

일 롯소(Il Rosso, Fiorentino) · 1907

바르톨로메오 다 바냐카발로(Bartolommeo da Bagnacavallo) · 1929

프란차비조(Franciabigio) · 1939

모르토 다 펠트로, 안드레아 디 코시모 펠트리니(Morto da Feltro, Andrea di Cosimo Feltrini) · 1949

마르코 칼라브레세(Marco Calavrese) · 1959

르네상스 미술가 평전 4

르네상스 미술가 평전 5

르네상스 미술가 평전

6

일러두기

1. 외래어 표기는 국립국어원의 규정을 원칙으로 했다.

2. 이탈리아어의 표기는 원음주의를 원칙으로 하되 k, t, p는 ㄲ, ㄸ, ㅃ으로 소리나지만 ㅋ, ㅌ, ㅍ으로 표기했다.

3. 고유명사(인명, 지명, 교회명, 작품명 등)는 원칙적으로 해당 나라의 언어(이 책에서는 대부분 이탈리아어)로 표기했다. 모음으로 시작되는 교회명이나 인명은 본래의 알파벳을 떠올리게 표기했다. 예를 들면 S. Agostino 성당은 '산 아고스티노' 성당으로, 성녀(聖女) Sant' Anna는 '성녀 안나'로 표기했다. 그러나 잘 알려진 성당, 지명, 인명은 '한국가톨릭용어위원회'의 기준에 따랐다. 예를 들면 '산 피에트로' 대성당은 '성 베드로' 대성당, 사도 '파올로'(Paolo)는 사도 '바오로'로 표기했다. 고대와 중세기의 인명, 특히 교황 이름은 라틴어 표기를 따랐다.

4. 신화에 나오는 인물명은 원서 그대로 따랐다. 예를 들어 같은 인물이 그리스신화에서는 제우스(Zeus)이고 로마신화에서는 주피터(Jupiter)이지만 구태여 통일하지 않았다.

5. 영역본에는 주(註)가 없으나 독자의 이해를 돕기 위해 옮긴이가 각주를 넣었다.

6. 덧붙이는 글은 미술가에 대한 바사리의 연구가 미흡한 곳이나 틀린 곳을 후세 미술사가들이 바로잡은 내용을 정리해 옮긴이가 각 장 끝에 넣었다.

7. 각 장의 〔해설〕은 고종희가 넣은 것이다.

8. 그림의 크기는 세로×가로순으로 표기했다.

아카데미 회원들의 디세뇨

화가, 조각가, 건축가들과 그들의 작품들

〔해설〕

바사리는 이 장에서 벤베누토 첼리니, 바르톨로메오 암마나티, 조반니 다 볼로냐와 같은 작가들을 언급하는데 이들은 오늘날 16세기 전반기를 대표하는 피렌체 최고의 매너리즘 작가들로 꼽힌다. 첼리니는 당대 최고의 금속세공사이자 조각가로 그가 프랑스왕 프랑수아 1세를 위해 만든 소금 그릇은 르네상스 최고의 금속세공품이다. 첼리니의 『자서전』은 동시대 매너리즘 작가들의 기행을 보여주는 흥미진진한 이야기로 가득하며 그의 삶은 영화로도 제작되었다.

볼로냐는 프랑스 출신의 조각가로 피렌체에서 바사리가 코시모 1세 대공을 위해 봉사할 때 함께 활동을 시작하여 가장 중요한 작가로 자리 잡았다. 피렌체의 조각가들이 미켈란젤로 양식을 모방하는 방향으로 간 것과 달리 그는 인체의 동세를 강조하고, 군상을 통해 어느 곳에서 보아도 완전한 시점의 조각을 만들어냈으며 이후 바로크의 베르니니에게 영향을 주었다.

브론지노는 16세기 초·중반 활동한 피렌체 매너리즘의 대표 화가다. 직계 스승 폰토르모 외에 미켈란젤로와 라파엘로의 영향을 받았다. 장식적이고 세련되며 귀족적인 그의 작품은 정교한 사실묘사와 감정이 배제된 듯한 인물 인상, 차가운 빛의 효과 등으로 추상적인 느낌을 준다. 그의 대표작은 토스카나의 대공 메디치가의 코시모 1세가 거주한 베키오궁에 코시모 1세의 부인 엘레오노라의 경당에 그린 천장화와 벽화다. 「홍해를 건너는 이스라엘 백성」, 「황금 뱀의 숭배」 등은 다양한 자세의 인체를 장식적으로 그려낸 것으로 동시대 대표적 매너리즘 양식의 작품이다. 「알레고리」는 선명한 선, 꼼꼼한 세부묘사, 이상화된 형태, 차가우면서도 추상적인 빛과 색채, 원근법적 공간감의 부재 등을 통해 브론지노 특유의 매너리즘 회화를 보여주었다. 코시모 1세의 부인을 그린 「엘레오노라와

아들 조반니 메디치」는 사진에 버금가는 사실적 묘사를 자랑하지
만 무표정한 인물 표정 등으로 초현실적 분위기를 자아낸다. 이밖
에도 코시모 1세 대공의 초상화를 비롯하여 당대 최고의 걸작으로
꼽히는 다수의 초상화를 남겼다.

아뇰로 브론지노Agnolo Bronzino(1503~72)

지금까지는 치마부에Cimabue부터 오늘날에 이르는 가장 유명한 화가, 조각가, 건축가들을 기록했으며, 동시에 지금 살아 있는 사람들에 관해서 이야기할 기회를 가졌으나, 현재 우리 피렌체 아카데미 회원들에 관해서는 충분히 이야기하지 못했다. 그중에서도 가장 연로^{年老}하며 중요한 화가로서 누구한테서나 존경을 받는, 보기 드문 피렌체의 화가 아뇰로Agnolo, 일명 브론지노Bronzino를 첫 번째로 이야기하고 싶다.*

브론지노는 오랫동안 야코포 다 폰토르모Jacopo da Pontormo를 스승으로 섬기면서 그의 수법을 잘 익히고 작품들을 모방했는데, 어떤 작품은 누가 그린 것인지 분간할 수 없을 정도로 비슷했다. 브론지노가 폰토르모의 수법을 놀라우리만큼 잘 공부했기 때문에 폰토르모 자신도 의아하게 여겼다. 가장 사랑하는 제자가 아니었다면 그도 소심한 나머지 자신의 그림이 완성되기 전에는 남에게 보여주지 않을 정도였다. 그러나 브론지노는 인내심이 많았고 폰토르모를 잘 따랐기 때문에 폰토르모도 브론지노를 마치 친아들처럼 사랑하고 잘 보살펴주었다.

브론지노는 어렸을 때 첫 작품을 제작했는데 피렌체에서 가까운 체르토사Certosa에 있는 큰 수도원에 있다. 그는 경당으로 통하는 문 위의 아치 안팎을 장식했는데, 밖에 있는 것은 「피에타」Pietà와 두 천사를 그린 프레스코이며, 안에 있는 것은 석쇠 모양 격자^{格子} 위쪽 벽에 벌거벗은 성 로렌초를 유채화로 그린 것이다. 이 작품들은 성실하게 그려 우수하며 그의 원숙함을 보여준다. 피렌체의 산타 펠리치타S. Felicita 성당 안의 로도비코 카포니Lodovico Capponi 경당에 두 복음 전도자를 원

---

* 아뇰로 디 코시모 디 마리아노(Agnolo di Cosimo di Mariano)라는 이름의 브론지노는 산 프레디아노(San Frediano) 성문 근처 몬티첼리(Monticelli) 마을의 가난한 농가 출신이다. 아뇰로의 본래 성은 토리(Tori)다.

형으로 유채화로 그리고, 또 둥근 천장에는 몇몇 조상을 그리고 채색했다. 그는 피렌체의 도메니코 교단 수도원 상당上堂에 성 베네딕투스S. Benedictus의 생애 중에서 한 장면을 프레스코로 그렸는데 이 성인이 벌거벗고 가시밭에 몸을 던지는 광경으로 훌륭한 작품이다. 포베리네Poverine라고 부르는 수녀원 정원의 닫집 달린 감실龕室에도 아름다운 프레스코를 그렸는데, 정원 앞에서 막달레나에게 그리스도가 나타나는 장면이다. 또 같은 피렌체의 산타 트리니타S. Trinita 성당 안 오른편 첫째 벽기둥 위에 그는 「죽은 그리스도, 성모 마리아, 성 요한, 마리아 막달레나」를 정성껏 아름다운 솜씨로 그렸다. 당시 그는 여러 사람의 초상화를 많이 그려서 이름이 났다.

당시 피렌체의 포위 공격이 끝나고 안정을 되찾게 되자, 그는 페사로Pesaro로 가서 우르비노Urbino 공公 구이도발도Guidobaldo의 비호를 받으면서 하프시코드 상자에 조상들을 가득 그렸다. 거기에는 구이도발도 공을 비롯해 소페로니Sofferoni의 딸도 정말 아름답게 그렸는데, 드물게 보는 훌륭한 그림이다. 그는 또 공작의 별장 임페리알레Imperiale의 둥근 천장 삼각 공간에 유채화로 조상들을 그리던 중 스승 폰토르모가 빨리 피렌체로 되돌아오라고 소환하지만 않았다면 더 많은 그림을 그렸을 것이다. 그는 피렌체로 가서 포조 아 카이아노Poggio a Caiano에서 선생의 작업을 도와 마무리지었다.

그는 피렌체에서 기분전환으로 알레산드로Alessandro 공작의 회계감사인 조반니 데 스타티스를 위해 「성모 마리아」 소품을 그려서 호평을 받았으며, 친구인 조비오Giovio 주교를 위해 안드레아 도리스의 초상화를, 바르톨로메오 베티니를 위해 그 집 홀의 반월창에 「단테Dante, 페트라르카Petrarca, 보카치오Boccaccio」의 상반신 초상화를 그렸다. 그다음에는 보나코르소 피나도리Bonaccorso Pinadori, 우골리노 마르텔리Ugolino Martelli, 현재 페르모Fermo의 주교인 로렌초 렌치Lorenzo Lenzi, 피에르 안토니오 반디니Pier Antonio Bandini와 그의 처, 그밖에도 많은 사람의 초상

그림 678 아뇰로 브론지노, 「엘레오노라 경당 천장」,
1541, 프레스코, 베키오궁 엘레오노라 경당, 피렌체.

그림 679 아뇰로 브론지노, 「십자가에서 그리스도를 내림」,
1545, 패널에 오일, 268×173cm, 브장송 고고학 예술 박물관,
브장송.

화를 그렸다.

바르톨로메오 판차티키Bartolommeo Panciatichi를 위해 「성모 마리아」의 대작大作 둘을 그렸는데, 화가 자신과 그의 처의 초상도 그 안에 그렸다. 모든 조상이 너무나 실물과 꼭 같아 숨만 쉬지 않을 따름이지 정말 살아 있는 사람 같았다. 또 같은 사람의 주문으로 「십자가에 못 박힌 그리스도」Crocifisso를 그렸는데 그는 실제로 십자가에 못 박혀 죽은 사람을 보고 사생한 것이 분명하며, 그렇게 많은 연구와 고생을 했다. 마태오 스트로치Matteo Strozzi를 위해 카시아노Casciano에 있는 그의 별장에 「피에타」Pietà와 천사들을 그렸으며, 필립포 다 베라르도를 위해 「그리스도의 탄생」을 소품小品으로 그렸는데 아름답기가 비할 데 없으며 현재 이 그림을 조각으로도 만들고 있다.

가장 저명한 물리학자 프란체스코 몬테바르키Francesco Montevarchi를 위해 「성모 마리아」와 다른 작은 그림들을 그렸는데 역시 우아하다. 앞에서 이야기했듯이, 그는 폰토르모를 도와서 카레지Careggi에서 작품을 완성했는데, 거기에는 둥근 천장의 삼각소간 안에 혼자 힘으로 「운명」, 「명성」, 「평화」, 「정의」, 「현명」을 상징하는 다섯 조상을 다른 어린이 조상들과 함께 훌륭하게 그렸다.

당시 알레산드로Alessandro 공이 죽고, 코시모Cosimo가 선출되었는데 폰토르모를 도와 카스텔로Castello 별장에서 로지아 작업을 끝냈다. 코시모 공작의 부인 레오노라 디 톨레도Leonora di Toledo의 결혼식을 위해 브론지노는 메디치Medici 궁전의 정원과 트리볼로Tribolo가 제작한 말을 지탱하는 대좌臺座에 명암법으로 두 장면을 그렸다. 조반니 데 메디치Giovanni de' Medici의 공적을 그린 이 작품은 이 축제를 위해 만든 그림 중에서 가장 뛰어나다. 공작은 이 작품으로 브론지노의 능력을 인정하게 되었으며, 공작부인을 위해 이 궁전 안의 그리 크지 않은 경당을 장식하도록 지시했다.

브론지노는 그 경당의 둥근 천장 몇 구획에 아름다운 소녀들과 성 프란체스코, 성 히에로니무스, 성 미카엘, 성 요한 등 조상 넷을 그렸는데, 그들의 발을 벽 쪽으로 돌리고 있는 장면으로 정성껏 제작했다. 삼면이 벽인데 그중 둘에는 들창과 출입문이 있고 모세Moses 이야기는 벽마다 한 장면을 그렸다. 출입문이 있는 벽에는 뱀들이 군중 위로 비같이 쏟아지는 장면을 그렸는데, 어떤 사람은 이미 물려 죽었고 어떤 사람은 죽어가고 있으며, 그중에서 구리 뱀을 쳐다본 사람들은 상처가 났다. 들창이 있는 벽에는 「만나*의 비」를 그리고, 나머지 벽에는 「홍해紅海를 건너는 이스라엘 백성」그림 680과 「파라오Phaoh 왕의 익사」를 그렸는데 이 그림은 앤트워프시에서 판화로 만들어졌다. 프레스코로 그린 이 그림은 매우 정성껏 신중하게 그린 작품이다.

이 경당의 제단 위에 걸려 있던 제단화는 원래 「십자가에서 내린 그리스도를 무릎에 안은 성모 마리아」인데, 그것을 코시모 공이 떼어서 그란벨라Granvella에게 선물로 보냈다. 그는 샤를Charles 5세의 주위 인물로서 중요한 사람이다. 브론지노는 그 제단화를 대신하려고 비슷한 그림을 그려 다른 두 그림 사이에 자리 잡은 제단 위에 걸었다. 이 두 그림은 「가브리엘 천사」와 「수태를 전달받는 성모 마리아」인데, 제단화만큼 아름답다. 공작부인은 앞서 첫 번째 제단화를 뗄 때, 이 둘 대신 「세례자 요한」과 「성 코시모」이 두 그림은 원래 공작부인의 의상실에 있던 것이다로 바꿔서 그리게 했다.

브론지노의 여러 그림을 두루 관찰한 공작은 그가 특히 초상화 분야에 재주가 있음을 알고, 자신이 젊었을 때의 초상화를 그리게 했다. 즉, 반짝이는 갑옷을 입고 한 손에는 투구를 든 자세를, 다른 그림에는 공작부인을, 또 다른 그림에는 아들 돈 프란체스코Don Francesco와 피렌체 공을 그리게 했다. 얼마 후 브론지노는 공작부인을 기쁘게 하려고 다른 스타일로 그녀와 아들 돈 조반니Don Giovanni를 그렸다. 그밖에도 공작

* 이스라엘 사람들이 아라비아 광야에서 신에게서 받은 음식물.

그림 680 아뇰로 브론지노, 「홍해를 건너는 이스라엘 백성」,
1542, 프레스코, 베키오궁 엘레오노라 경당, 피렌체.

의 서녀 라 비아La Bia 공주를, 잇달아서 공작의 소생 전부를 그렸다. 즉, 돈나 마리아Donna Maria 부인, 돈 프란체스코, 돈 조반니 경, 돈 그라치아Don Grazia, 돈 에르난도Don Ernando, 돈 프란체스코 디 톨레도, 공작의 어머니 마리아 등 수많은 초상화를 그렸는데, 현재 모두 공작의 의상실에 보존되어 있다. 동시에 그는 궁전에서 벌어지는 사육제謝肉祭 때 쓰일 희극 무대 배경을 2년 동안 계속해서 그렸는데 모두 아름답다.

그는 프랑스의 프랑수아 왕에게 보낼 신기한 그림을 그렸다. 즉,「벌거벗은 비너스와 그녀에게 키스하는 큐피드」와 한쪽에는「향락」과「놀이」, 한쪽에는「시기」와「질투」,「사랑의 열정」등이 있다.그림 681 또 공작은 살라 델 콘실리오 데 두젠토Sala del Consiglio de' Dugento를 장식하려고 폰토르모에게 명주와 금으로 짜서 벽에 거는 융단을 만들 밑그림을 그리게 했다. 폰토르모는 여기에 헤브레아 요셉의 두 이야기를 주제로 그림을 그렸다. 다른 하나는 살비아티Salviati에게, 나머지는 브론지노에게 맡겼다. 브론지노는 곧 14개 부분을 제작했으며 본 사람은 다 알듯이 아름답고 완벽했는데, 그가 시간을 너무 소비하면서 지나치게 일을 했기 때문에 이 밑그림은 대부분 보르고 아 산 세폴크로Borgo a San Sepolcro의 화가인 라파엘로 달 콜레Raffaello dal Colle의 데생을 이용했다.

조반니 잔키니는 피렌체의 산타 크로체S. Croce 성당 안 디니Dini 경당 맞은편 중앙 출입문으로 성당을 들어서면 보이는 왼쪽 정면 벽에 제단화를 장식하려고 브론지노에게 그림을 위촉했다. 잔키니는 경당 안에 이미 가족 묘지를 만들고 조각한 돌로 화려하게 장식해놓았다. 브론지노는 그리스도를 지옥의 림보limbo로 내려보내 성부聖父를 인도하는 주제로 제단화를 그리기로 작정하고, 열심히 그리고 정성을 들여 일해 명예와 찬사를 얻으려고 꾀했다. 아름다운 나체, 남자, 여자, 어린이, 젊은이, 노인들이 천태만상이나 모두 자연스러웠다.

또 거기에는 폰토르모, 조반 바티스타 젤로Giovan Battista Gello — 이 사람은 피렌체 아카데미의 유명한 회원이다 — 화가 바키아카Bacchiacca 등

그림 681 아뇰로 브론지노, 「시간과 사랑의 우화」
(비너스, 큐피드, 쾌락과 시간), 1540~45, 패널에 오일,
147×117cm, 국립 미술관, 런던.

그림 682 아뇰로 브론지노, 「엘레오노라와 아들 조반니 메디치」,
1544~45, 115×96cm, 패널에 오일, 우피치 미술관, 피렌체.

의 초상도 그려 넣었다. 그가 그린 여인들의 초상화 가운데에는 피렌체의 고상하고 정말 아름다운 젊은 여성이 둘 있는데, 그들의 아름다움과 미덕은 영원히 잊을 수 없을 것이다. 즉, 조반 바티스타 도니의 부인 코스탄차 다 솜마이아Costanza da Sommaia는 아직 살아 있으며, 또 한 여인 카밀라 테달디 델 코르노Camilla Tedaldi del Corno도 현재 즐거운 나날을 보내고 있다.

그 후 브론지노는 「그리스도의 부활」을 담은 대작大作 제단화를 그렸는데 세르비테Servites 성당 성가대석 옆의 야코포와 필립포의 경당을 장식한 아름다운 작품이다. 동시에 그는 궁전 안의 경당에 놓을 제단화를 그렸는데, 이곳 제단에 있던 제단화는 그란벨라에게 보냈다. 또 알라만노 살비아티를 위해 비너스와 사티로스Satyr*를 그렸다. 너무 아름다워 정말 미의 여신같이 보인다.

공작의 부름을 받고 피사Pisa에 간 그는 공작과 그의 친한 친구인 루카 마르티니Luca Martini의 초상화를 그리고, 기량과 학식 있는 여러 친구와 사귀면서 그들의 초상화를 그렸다. 특히 「성모 마리아」를 주제로 한 그림에는 과실을 담은 바구니를 들고 있는 루카의 초상화도 그려 넣었는데, 루카는 공작의 사절이자 감독관으로서 피사 일대에서 건강을 해치는 습지와 수로를 관리하는 임무를 맡고 있었으며 그 결과 곡식과 과실의 풍작을 가져왔다.

루카는 대성당 사목위원인 라파엘로 델 세타이우올로Raffaello del Setaiuolo에게 권해 대성당 안에 있는 한 경당의 제단화 제작을 브론지노에게 맡기게 했는데, 그는 「나신裸身으로 십자가에 못 박힌 그리스도」와 주위에는 성인들을 그렸다. 그중에는 피부가 벗겨진 성 바르톨로메오S. Bartolommeo도 보인다. 정말 해부학적으로 실감 나게 그렸으며 정

* 그리스신화에서 디오니소스(Dionysus)의 시종으로 산야를 돌보는 신. 상반신은 인간이고 하반신은 산양의 모습이다.

성을 들여 자연스럽게 모방했다. 이 제단화는 어느 부분에서 보아도 아름다우며 한 경당을 장식했는데 원래 그곳에 있던 제단화는 내가 다른 자리에서도 언급했지만 줄리오 로마노Giulio Romano의 제자 베네데토 다 페시아Benedetto da Pescia가 그린 것이며 다른 곳으로 옮겨졌다.

브론지노는 공작을 위해 난쟁이 모르간테Morgante의 등신대 초상화를 두 양식으로 그렸다. 하나는 전면, 또 하나는 후면을 그렸는데 난쟁이가 지닌 기묘하고도 기괴한 팔다리 모습을 잘 나타냈다. 또 그는 어렸을 때부터 친구인 카를로 게라르디Carlo Gherardi를 위해 여러 그림을 그렸는데, 특히 '유디트가 홀로페르네스Holofernes의 잘린 머리를 바구니에 넣는' 그림은 그의 작품 중에서도 가장 아름답다. 브론지노는 공작의 40대 시절 초상화와 공작부인을 그렸는데 실물을 많이 닮았다. 조반 바티스타 카발칸티Giovan Battista Cavalcanti가 피렌체의 산토 스피리토S. Spirito 성당 안에 경당을 건립하려고 아름다운 무늬를 띤 대리석을 비싼 값을 주고 바다 건너에서 가져왔으며, 부친 토마소의 유품과 조반니 아뇰로 몬토르솔리Giovanni Agnolo Montorsoli가 제작한 흉상도 진열하고, 제단화를 브론지노에게 위촉했다. 그는 정원을 관리하는 마리아 막달레나 앞에 나타난 그리스도와 멀리서 마리아 둘이 보이는 아름다운 그림을 그렸다.

폰토르모가 미완성으로 남겨놓고 죽은 산 로렌초 성당의 작업을 공작이 브론지노에게 완성하라고 명령하자, 그는 「노아의 홍수」 중에서 벌거벗은 사람들의 다리 부분을 보완하고, 또 다른 그림에서 죽은 사람들이 부활하는 장면을 그린 사방 1브라차 공간에 있는 많은 조상, 그밖에 한쪽 담벼락 전체를 폰토르모의 수법으로 그려서 마무리했다. 그리고 두 들창 사이의 빈자리에는 석쇠 모양 격자 위쪽에 나상의 성 로렌초와 어린 천사들을 폰토르모보다 뛰어난 구도로 그렸다. 브론지노는 폰토르모의 초상화를 성 로렌초의 오른편, 경당의 모퉁이에 그렸다.

공작은 브론지노에게 엘바Elba섬 포르토 페라이오Porto Ferraio의 프란

그림 683 아뇰로 브론지노, 「성가정」, 1540, 패널에 오일,
117×93cm, 우피치 미술관, 피렌체.

체스코 교단 수도원에 보낼 큰 제단화를 그리게 했는데, 그 수도원은 코스모폴리스에 공작이 건립했다. 그가 위촉받아 그린 또 다른 제단화는 「그리스도의 탄생」인데 피사에 새로 건립한 성 스테파노 기사騎士단의 성당 제단을 장식했다. 이 성당과 궁전, 병원은 조르조 바사리가 설계하고 직접 감독해 지었다. 이 두 폭의 그림은 정성을 들여 구상하고 디자인한 후 아름답게 채색한 최고의 작품으로 더 바랄 것이 없을 만큼 완벽하며, 위대한 영주가 기사단에 기증한 성당에 잘 어울렸다.

같은 크기의 좀 작은 주석 판자에 브론지노는 메디치Medici 일가의 여러 이름 난 인사들을 그렸다. 그는 조반니 디 비치를 비롯해 코시모 공에서부터 프랑스의 여왕에 이르기까지 차례로, 또 코시모의 형제 로렌초에서부터 코시모 공과 그 자녀들에 이르기까지 모두 그렸고, 바사리가 공작의 궁전 안에 만든 새 홀에 진열했다. 이 홀에는 수많은 대리석과 청동제의 고대 조상들, 현대의 작은 그림들, 희귀한 세밀화細密畫, 금·은·동으로 만든 메달들을 아름답게 진열해놓았다. 메디치 일가의 이름난 사람들을 그린 이 초상화는 모두 자연스럽고 생기에 넘치며 가장 성실한 모습을 보여준다.

사람들은 대개 만년晩年에 들어서는 과거보다는 일을 제대로 못하는 것이 보통이지만 브론지노는 여전히 일을 잘하고 있으며 오히려 한창 때보다 일을 더 많이 한다는 것은 주목할 만한 일이다. 브론지노는 피렌체에 있는 카말돌리Camaldoli 교단 안젤리Angeli 수도원의 수사이자 친한 친구인 돈 실바노 라지Don Silvano Razzi를 위해 1.5브라차 높이로 성녀 카테리나S. Caterina를 그렸는데 너무 아름답다. 그의 어떤 작품에도 뒤지지 않을 뿐만 아니라, 이 작품에 부족한 것이 있다면 폭군暴君과 마지막 숨이 끊어질 때까지 그녀를 사랑한 그리스도를 당황케 했을 정신과 목소리뿐이라고 하겠다.

그는 코시모 공작의 아들인 추기경 돈 조반니 데 메디치Don Giovanni de' Medici의 초상화를 그렸는데, 이 그림은 요안나Joanna 공주를 위해 황제의 궁전으로 보냈다. 추기경은 후에 피렌체의 영주가 된 돈 프란체스코인데, 실물과 같으며 무척 정성껏 그려 마치 세밀화 같다. 공작의 부인, 즉 오스트리아 요안나 공주의 결혼식 때 장식하려고 대작大作 세 점을 그려서 폰테 알라 카라이아Ponte alla Carraia에 가져다놓았는데, 축제 장식용이라기보다는 궁전 같은 장소에 영원히 간직해둘 만한 훌륭한 그림이다. 얼마 후 그는 또 이 영주를 위해 인물들을 작게 그린 소품을 제작했는데 마치 세밀화 같으며, 이에 견줄 만한 작품이 없을 것 같다. 현재 브론지노는 65세이며 젊었을 때보다 훨씬 많은 작품을 제작하고 있다. 그는 최근에도 공작의 명에 따라 산 로렌초S. Lorenzo 성당 오르간실 한쪽 벽에 두 장면을 프레스코로 장식해 옛날의 브론지노가 건재함을 증명했다.

이 거장巨匠은 과거에 시를 즐겨 썼으며 지금도 즐기고 있다. 그가 쓴 소네트와 카피톨리Capitoli 일부는 출판되었다. 그중에서도 베르니Berni 스타일을 따른 그의 카피톨리 양식은 놀랄 만하며, 오늘날 누구도 브론지노만큼 훌륭한 시를 쓸 만한 사람이 없다. 그의 작품은 환상적이고 기괴한데, 그중 일부가 출판되었다. 브론지노는 상냥하고 예의 바른 사람으로 대화할 때나 모든 일에서 쾌활하며, 많은 존경을 받고 있다. 그는 성품이 온화해 다른 사람을 괴롭힌 일이 없고 예술가들에게서 존경과 사랑을 받아왔다. 나는 1524년 궁정 안의 체르토사Certosa에서 폰토르모와 함께 일할 때부터 지금까지 그와 34년간 친분을 유지하고 있다.

알레산드로 알로리Alessandro Allori(1536~1607)

브론지노는 많은 제자를 두었는데, 그중에서도 첫째로 손꼽을 사람은—지금 아카데미 회원을 이야기하고 있다—알레산드로 알로리다.그림 684 그는 브론지노에게 제자로서가 아니라 친사식처럼 귀여움

그림 684 알레산드로 알로리, 「예언자 요나」, 프레스코,
오니산티 성당, 피렌체.

을 받았다. 두 사람 사이의 교분은 그전에도 각별했으며, 지금도 변함
없이 좋은 아버지와 착한 아들이다. 알로리가 30세 될 때까지 그린 많
은 그림과 초상화를 보면 과연 거장의 유능한 제자라 할 수 있다. 그는
계속해서 부지런히 그림을 그리고 열심히 연구하면서 아름다움과 지
혜가 요구되는 완전성에 도달하고자 노력하고 있다.

그는 눈치아타Nunziata 성당의 몬타구티Montaguti 경당 제단화를 유채
화로 그리고 둥근 천장은 프레스코로 그려 혼자 힘으로 완성했다. 제단
화에는 높은 곳에 그리스도를 그린 다음 성모 마리아를 그렸으며, 많
은 조상이 최후의 심판을 지켜보는 장면을 그렸다. 이는 미켈란젤로

그림 685 알레산드로 알로리, 「신전에서 박사들과 토론하는
그리스도」, 1560~64, 프레스코, 산티시마 눈치아타 성당, 피렌체.

Michelangelo의 「최후의 심판」을 모사한 것이다. 같은 벽 제단화 옆에 예
언자이거나 복음 전도자 같은 네 사람을 그렸는데 둘은 위에, 둘은 아
래에 있다. 또 둥근 천장에는 무녀巫女들과 예언자들을 그렸는데, 그의
머릿속에 간직하고 있던 미켈란젤로의 나체를 많은 노력과 연구, 세심
한 주의를 기울여 표현했다.

또 제단을 바라보는 왼쪽 벽은 「신전에서 박사들과 토론하는 그리스
도」인데,그림 685 그들의 질문에 대답하는 소년의 훌륭한 태도, 소년의
이야기에 열심히 귀를 기울이는 박사들을 그렸다. 모든 인물이 각양각
색의 기세·태도·옷차림을 했는데 그든 중에는 알레산드로 친구들의
초상을 그려 넣었다. 맞은편 벽에는 신전 안에서 물건을 사고파는 사람

들을 쫓아내는 장면을 그렸다. 이 두 장면 위에 「성모 마리아의 생애」 중에서 몇 장면을 그렸으며, 둥근 천장에 그린 작은 조상들과 건축물 풍경은 우아하며 알레산드로가 예술에 품고 있는 사랑과 완전성을 모색하려는 디자인과 구상력을 추구하고 있다.

제단화 맞은편 높은 곳에는 에체키엘Ezekiel의 이야기를 그렸는데, 산더미같이 많은 뼈가 서로 붙고 거기에 살이 또 붙고 사지가 달린 후에 다시 옷을 입는 광경을 에체키엘이 보고 있는 장면이다. 이 그림은 이 젊은 화가가 인체의 해부학을 알려고 얼마나 열망했는지를 잘 보여주며 또 그가 얼마나 많은 관심을 갖고 공부했는지도 보여준다. 이 중요한 그의 첫 작품과 공작의 결혼식을 장식할 그림 속의 스토리를 보면 그가 계속 노력함으로써 장차 훌륭한 화가가 되리라는 것을 짐작할 수 있다. 그는 이 그림뿐만 아니라 조그만 그림들, 조상들이 가득 찬 세밀화들, 특히 최근에 피렌체Firenze의 영주 돈 프란체스코Don Francesco를 위해 그린 작품으로 많은 칭찬을 받았다.

조반 마리아 부테리Giovan Maria Butteri(?~1606)

브론지노의 제자이며 젊은 아카데미 회원인 조반 마리아 부테리도 그가 그린 그림에서 재주와 원숙함을 보여주었다. 그는 다른 여러 소품小品은 물론 미켈란젤로의 장례식과 가장 고귀한 요안나 공주가 피렌체로 내방할 때 쓰일 작품들을 제작했다.

크리스토파노 델 알티시모Cristofano del' Altissimo(?~1605)

처음에는 폰토르모의 제자였다가 후에 브론지노의 제자가 된 크리스토파노 델 알티시모는 젊었을 때 많은 유채화를 그린 다음, 코시모 공작의 명에 따라 코모Como에 파견되어 유명한 조비오Giovio가 수집한 거장들의 많은 작품 중에서 몇 점을 모사했다. 그밖에 코시모 공은 바사리의 진력으로 많은 그림을 모으고 목록을 작성했다.

크리스토파노가 부지런하게 있는 힘껏 현재까지 모사한 그림과 공작의 의상실 안의 프리즈*에 있는 것들을 합하면 모두 280점에 달하는데, 사실을 말한다면 조비오와 공작의 열성과 정성에 힘입은 바가 크다. 현재 공작의 홀뿐만 아니라 많은 개인 저택에도 그가 제작한 유명인사의 초상화가 있는데 이는 나라와 가족과 각 개인의 애착에 따른 것이다. 크리스토파노는 이런 방법으로 그림 공부를 해서 자리를 잡았다.

스테파노 피에리Stefano Pieri(1542~1629)
로렌초 델라 쉬오리나Lorenzo della Sciorina(?~1598)

브론지노의 제자 중에는 스테파노 피에리와 로렌초 델라 쉬오리나가 있는데 이들은 미켈란젤로의 장례식과 공작의 결혼식 때 훌륭한 작품을 만들어 우리 아카데미의 회원이 되었다.

바티스타 날디니Battista Naldini(1537~91)
프란체스코 다 포피Francesco da Poppi(1544~97)

폰토르모와 브론지노의 문하생 중에 바티스타 날디니가 있는데 이

---

* 이 책 「기법론」 첫머리에 있는 각 건축양식을 나타내는 원주와 지붕 그림을 참소(그림 /39).

화가에 관해서는 이미 다른 자리에서 언급했다. 바티스타는 폰토르모가 죽은 뒤 잠시 로마에 머무르면서 그림 공부를 한 후에 일가를 이루었는데 그의 많은 작품이 이것을 입증한다. 그 예로 돈 빈첸치오 보르기니Don Vincenzio Borghini는 그를 여러 번 고용하고 많이 도와주었으며, 또 공작의 결혼식 때 많은 공적을 세운 젊은 프란체스코 다 포피도 돈 빈첸치오를 도와주었다.

바사리는 지금까지 2년 이상 바티스타를 고용하고 있는데 그는 피렌체에 있는 공작 궁전의 공사에서 많은 젊은이와 경쟁하면서 눈부신 발전을 이뤄 우리 아카데미의 젊은 회원들과 어깨를 나란히 하고 있다. 그는 피렌체의 도메니코 교단 수도원의 한 경당 제단에 「십자가를 진 그리스도」와 그를 따라가는 군중을 유채화로 장식해 뛰어난 솜씨를 보여주었으며 다른 작품들도 제작했다.

마소 만추올리Maso Manzuoli(1536~71)

위에 기록한 여러 화가와 견주어 기량이나 예술성, 성과가 결코 뒤지지 않은 마소 만추올리일명 마소 다 산 프리아노Maso da San Friano는 그림의 기초를 우리 아카데미의 회원인 피에르 프란체스코 디 야코포 디 산드로Pier Francesco di Jacopo di Sandro에게 배운 30대 초반의 청년인데 그에 관해서는 이미 다른 자리에서 이야기했다. 마소는 자신이 얼마나 많은 재능이 있는지 또 자신의 많은 그림으로 우리가 기대하는 것을 보여주는 것 이외에, 최근에 그린 제단화 두 점으로 모든 사람을 만족시켜 실력을 과시했다.

이 두 점 중 하나는 피렌체의 산 아포스톨로S. Apostolo 성당에 있는 「그리스도의 탄생」이며 또 하나는 산 피에트로 마조레S. Pietro Maggiore 성당에 있는 「성모 마리아의 성녀 엘리자베스 방문」으로, 경험이 풍부한 노련한 화가의 솜씨로 보일 만큼 아름답고 우아하게 머리, 의복, 자세, 건축물 등을 처리했다. 그밖에도 미켈란젤로의 장례식 때와 공작의 결혼식 축제 때에 뛰어난 실력을 발휘한 젊은 아카데미 회원이다.

리돌포 기를란다요Ridolfo Ghirlandaio의 전기에서뿐만 아니라 다른 곳에서도 이야기했기 때문에 그의 제자 미켈레Michele와 카를로 다 로로 Carlo da Loro — 두 사람 다 아카데미 회원이지만 — 에 관해서는 특별히 더 언급하지 않겠다.

안드레아 델 밍가Andrea del Minga(?~1596)
지롤라모 디 프란체스코 크로치피사이오Girolamo di Francesco Crocifissaio 일명 마키에티Macchietti(1534~92)
미라벨로 디 살린코르노Mirabello di Salincorno(?~1572)

기를란다요의 다른 제자, 즉 아카데미 회원의 하나인 안드레아 델 밍가를 빼놓을 수 없는데, 그는 지금도 많은 작품을 만들고 있다. 26세의 지롤라모 디 프란체스코 크로치피사이오와 미라벨로 디 살린코르노는 화가인데 유채화, 프레스코, 초상화를 계속해서 그리고 있으므로 기대할 만한 성과를 얻게 될 것이다.

두 사람은 몇 해 전에 피렌체 교외 스카푸치니Scapuccini 성당에 프레스코를 함께 그리고 미켈란젤로의 장례식과 공작의 결혼식 때에도 많은 공헌을 했다. 미라벨로는 초상화를 많이 그렸으며 특히 공작의 초상화를 여러 번 그렸다.

페데리고 디 람베르토Federigo di Lamberto(1524~91)

우리 아카데미와 자신에게 많은 명예를 안겨준 화가는 플랑드르 사람인 암스테르담의 페데리고 디 람베르토다.* 그는 파도바Padova 사람 카르타로Cartaro의 양자이며, 미켈란젤로의 장례식과 코시모 공작의 결혼식 때 장식물을 만들었고, 그밖에도 크고 작은 유채화를 많이 그려서 훌륭한 솜씨를 보였다.

베르나르도 티만테 부온탈렌티Bernardo Timante Buontalenti (1536~1608)

섬세한 환상을 무한하고 풍부하게 보여준 아름다운 천재는 베르나르도 티만테 부온탈렌티**다.그림 686 그는 처음에 바사리에게 그림의 기초를 배워 계속 공부해 곧 숙달했다. 그 후 지금까지 계속해서 피렌체의 영주 돈 프란체스코 데 메디치Don Francesco de' Medici 공에게 봉사하고 있다. 공작은 계속 그에게 일을 시켰으며 그는 돈 줄리오 클로비오 Don Giulio Clovio의 수법으로 초상화와 풍경을 아주 작게 그린 세밀화를 끈기 있게 제작했다.

베르나르도는 공작의 명에 따라 아름다운 건축 설계를 했다. 흑단黑檀과 양꽃마리, 동양의 벽옥碧玉, 유리瑠璃로 장식한 원주圓柱에 돌을새

---

* 람베르토 수스테르만(Lamberto Susterman) 일명 수아비우스(Suavius)는 1524년 암스테르담 출생으로 1591년 피렌체에서 죽었다.
** 베르나르도 디 프란체스코 디 도메니코 디 리오나르도 부온탈렌티 (Bernardo di Francesco di Domenico di Lionardo Buontalenti)라는 긴 이름과 로셀리 다 산 조르조(Rosselli da San Giorgio)라는 예명을 가진 베르나르도의 부친 프란체스코와 백부 도메니코 역시 모두 화가였다.

그림 686 베르나르도 티만테 부온탈렌티, 「꽃병」, 1583,
청금석·금·에나멜·도금한 구리, 높이 41cm,
무세오 델리 아르센티, 피티 궁전, 피렌체.

그림 687 베르나르도 티만테 부온탈렌티, 「시뇨리아 광장」.
금과 보석돌로 상감 세공한 메달,
은세공제품 박물관의 홀, 피티 궁전, 피렌체.
부온탈렌티의 상자 표면이 벗겨지고 남은 부분. 이 메달은
바사리가 거의 완성되었다고 기술한 지 한참 뒤(1589)에 완성했다.
이 메달이 시뇨리아 광장의 포석을 원형대로 나타낸 것이
흥미롭다.

김한 은으로 장식한 대좌臺座와 기둥머리로 칸막이 한 장을 만들고 표
면 전체를 보석과 은으로 만든 장식과 아름다운 조상을 세밀화로그림
687 장식했다. 끝머리 장식들 사이에는 금 또는 은으로 만든 조상 한 쌍
을 넣었으며, 그 주위를 마노瑪瑙, 벽옥, 양꽃마리, 붉은 줄무늬의 마노,
홍옥수紅玉髓 기타 아름다운 돌로 둘러쌌다. 다 이야기하려면 너무 길
어서 이만 줄이겠다.
　이처럼 공작은 베르나르도의 비범한 환상력을 이용해 무거운 짐, 원

치 등을 당기는 끈, 또 수정을 손쉽게 녹이며 정제하는 방법 등을 발명하고 수정으로 여러 빛깔의 꽃병을 제작했다. 베르나르도는 이런 방법으로 도자기 꽃병을 짧은 시간에 고대 양식으로도 완전하게 만들었는데, 오늘날 이 방면의 거장은 줄리오 다 우르비노Giulio da Urbino다. 그는 페라라Ferrara의 알폰소Alfonso 2세 공작에게 봉사하면서 각종 점토로 꽃병을 만들었고, 도자기 꽃병도 사각형, 팔각형, 원형 등 다양한 모양으로 만들었다. 무늬 있는 대리석처럼 보이는 포석도 만들었는데, 공작은 이것들의 제조 방법을 다 알고 있다. 공작은 값비싼 돌로 책상을 만들어 화려하게 장식해 아버지 코시모 공작에게 보내기도 했다.

베르나르도는 얼마 전에 바사리의 디자인으로 동양풍의 설화雪花 석고를 만들었다. 거기에는 벽옥, 양꽃마리, 홍옥수, 유리, 마노의 큰 덩어리와 그밖에 돌과 보석으로 상감象嵌세공을 했는데 값이 2만 두카트나 나가는 귀중품이다. 이 책상은 피렌체 근교 레치오Leccio에 사는 베르나르디노 디 포르피리오Bernardino di Porfirio가 만들었는데, 이 사람은 그밖에도 바사리의 디자인으로 빈도 알토비티Bindo Altoviti를 위해 벽옥으로 상감세공을 한 흑단과 상아象牙로 된 팔각형 책상을 만들었다. 베르나르디노는 현재 공작에게 봉사하고 있다.

베르나르도의 이야기로 되돌아가자. 그는 작은 회화뿐만 아니라 큰 조상도 잘 그렸는데, 미켈란젤로의 장례식 때 큰 캔버스에 그렸다. 공작의 신임을 얻은 그는 공작 결혼식 때 고용되어 「꿈의 개선凱旋」이라는 가장행렬假裝行列과 궁전에서 상연된 희극의 막간 촌극村劇의 무대 배경도 그렸다. 만일 그가 젊었을 때그의 나이는 아직 30세를 넘지 않았지만 좀더 그림에 열중했다면 아마 모든 사람이 놀랄 만한 거장이 되었을 것이다. 그는 여러 방면의 예술에 집착하고 있기 때문에 좀 늦어지기는 하겠지만, 성공할 것으로 안다. 현재 그는 공작에게 고용되어 훌륭한 일을 계속하고 있다.

조반니 델라 스트라다Giovanni della Strada(1523~1605)

아카데미 회원 네 사람 중 하나인 네덜란드 사람 조반니 델라 스트라다도 훌륭한 디자인, 화려한 환상, 풍부한 구상력, 아름다운 부채법賦彩法을 체득한 화가다. 그는 당시 사회적 혼란 속에서도 10년간 바사리의 지도 밑에 궁전 안에서 수련해 유채화나 프레스코에 숙달했으며, 당시 공작에게 고용되어 있던 많은 화가와 어깨를 겨룰 만했다. 그의 주된 임무는 지금 공작과 왕자가 흥미를 가지고 만들고 있는 애라스arras 무늬의 벽에 거는 융단 밑그림을 그리는 것이며, 동시에 바사리의 지도로 궁전 안에 바사리가 그린 그림 속의 스토리에 따라 여러 종류의 융단 밑그림을 그렸다.

스트라다는 궁전 안의 사투르누스Saturnus, 옵스Ops, 케레스Ceres, 유피테르Jupiter, 헤르쿨레스Hercules*의 각 홀에 아름다운 13개 벽에 거는 융단의 밑그림을 그렸으며, 그 위층 공작이 기거하는 방 4개에도 여인의 덕을 나타내는 로마, 히브리, 그리스 및 토스카나Toscana 부인들즉 사비네스Sabines, 에스테르Ester, 페넬로페Penelope, 구알드라다Gualdrada의 이야기를 소재로 한 융단의 밑그림을 그렸다. 그밖에도 10개 융단의 밑그림을 그리고 영주가 기거하는 방 5개에 다비드, 솔로몬, 키루스Cyrus 등으로 장식했다.

또 포조 아 카이아노Poggio a Caiano 궁전의 방 20개를 장식할 융단도 지금 짜고 있다. 스트라다는 공작의 구상에 따라 각종 동물을 사냥하는 장면의 밑그림을 그렸는데 새, 물고기, 풍경, 새 사냥, 낚시질하는 방법을 표현할 때 말을 탄 사냥꾼, 걷는 사냥꾼, 각종 옷을 입은 새 사냥꾼, 벌거벗은 낚시꾼 등으로 다르게 나타내서 진기하고 아름다운 구상을

---

* 로마신화에서 유피테르(Jupiter)의 아들로 열두 가지 어려운 일을 해낸 무쌍한 영웅.

보여주었다. 스트라다는 바사리와 기타 아카데미 회원들과 함께 그의 군주에게 봉사하면서 피렌체에서 살다가 죽을 생각을 하는 이탈리아 생활양식을 잘 아는 교양 있는 사람이라 하겠다.

야코포 추키Jacopo Zucchi(1541~1604)

바사리의 또 다른 제자이자 피렌체 출신의 아카데미 회원인 피에트로 추카Pietro Zucca 일명 야코포 추키가 있는데, 25~26세밖에 안 되는 그는 가장 나이 어린 아카데미 회원이다. 그는 바사리를 도와서 궁전 안의 대부분 작업에 참여했다. 특히 큰 홀 천장의 장식에는 훌륭한 데생과 채색을 했는데 부지런하게 노력하고 정성껏 만든 작품이다. 그도 미켈란젤로의 장례식과 공작의 결혼식 때 단독으로 그림을 그려 촉망되는 젊은 화가임을 보여주었다.

산티 디 티토 티디Santi di Tito Tidi(1536~1603)

그밖에 젊은 아카데미 회원인 화가에는 산티 디 티디가 있는데 유능한 사람이다. 내가 이미 다른 자리에서 언급했지만, 그는 여러 해 동안 로마에서 공부하고 피렌체로 돌아와 여기를 고향으로 삼았다. 형제들은 보르고 아 산 세폴크로Borgo a San Sepolcro에 살고 있으며 모두 훌륭한 사람들이다. 그도 미켈란젤로의 장례식과 공작의 결혼식 때 유감없이 실력을 발휘했는데, 특히 결혼식 때 브라차노Bracciano의 공작 파올로 조르다노 오르시노Paolo Giordano Orsino를 위해 산 로렌초 광장에 오르시니 문중의 공적을 명암법으로 몇 장면 그려서 명성을 얻었다.

그러나 그를 더욱 유명하게 만든 것은 제단화 두 점으로, 하나는 오니산티Ognissanti 성당, 다른 하나는 파드리 우밀리아티Padri Umiliati 성당에 있다. 현재는 프란체스코 교단 소속의 산 살바도레 디 피오렌차 S. Salvadore di Fiorenza 성당에 있는 「성모 마리아와 그 아래의 성 요한, 성 야고보, 그밖의 성인들」의 그림, 또 하나는 산타 크로체S. Croce 성당 뒤 산 주세페S. Giuseppe 성당 안의 구아르디Guardi 경당에 있는 「그리스도의 탄생」이며, 여기에는 여러 사람의 초상화도 그려 넣었는데 실제 모습이다. 그는 「성모 마리아」를 비롯해 피렌체와 로마에서는 많은 초상화를 그렸으며 이미 다른 자리에서 언급했다.

아카데미 회원 중에는 위에 이야기한 축제와 장례식 때 참여한 젊은 화가가 아직 몇 사람 더 있는데 피렌체시와 시외에 흩어져 살고 있다.

알레산드로 델 바르비에레Alessandro del Barbiere(1543~92)

그중 25세의 청년인 알레산드로 델 바르비에레는 바사리의 지도하에 궁전의 결혼식을 장식하고 큰 홀, 공작이 다스리는 여러 도시의 지역을 그려서 성과를 올렸다. 그밖에 바사리를 여러모로 도와준 제자와 친구들은 도메니코 벤치Domenico Benci, 아레초의 알레산드로 포르토리 Alessandro Fortori, 그의 사촌 스테파노 벨트로니Stefano Veltroni와 오라치오 포르타Orazio Porta — 이 두 사람은 몬테 산소비노Monte Sansovino 출신이다 —, 톰마소 델 베로키오Tommaso del Verrocchio 등이다.

이 아카데미에는 그밖에도 훌륭한 장인匠人이 많은데, 나는 이곳저곳에서 이 사람들에 관한 내용을 이미 기록했기 때문에 여기에는 이름만 적기로 하겠다. 즉 페데리고 추케로Federigo Zucchero, 볼로냐 출신 프로스페로 폰타나Prospero Fontana와 로렌초 사바티니Lorenzo Sabatini, 마르코 다 파엔차Marco da Faenza, 티치아노 베첼리Tiziano Vecelli, 파올로 베로네세Paolo Veronese, 주세페 살비아티Giuseppe Salviati, 틴토레토Tintoretto, 알레산드로 비토리아Alessandro Vittoria, 조각가 다네세Danese, 베로나 출신의 화가 바티스타 파리나토Battista Farinato, 건축가 안드레아 팔라디오Andrea Palladio 등이다.

벤베누토 첼리니Benvenuto Cellini(1500~71)

이제부터는 아카데미 소속 조각가들과 그들의 작품을 이야기하려는데, 그들이 아직 살아 있기 때문에 전부를 언급할 수는 없다. 그중 가장 유명한 벤베누토 첼리니는 피렌체의 시민이며 회원 중 가장 연장자로서 존경받을 만한 사람이다. 그는 젊은 시절 금은세공가였을 때도 그와 견줄 만한 작가가 없었을 만큼 조상들과 다른 사물들을 낮은 돋을새김bassorilievo으로 아름답게 조각했다. 그는 놀랄 만큼 아름다운 거미발에 보석을 고정했으며 조상彫像들도 상상하기 어려울 정도로 아름답게, 또는 기묘하게 만들어놓았다. 또 그는 젊은 시절 금과 은으로 메달을 제작했는데, 놀랄 만한 정성과 근면, 뛰어난 구상력으로 만들어냈기 때문에 그 어떤 말로 칭찬해도 모자랄 정도다.

그는 로마에 있을 때 교황 클레멘티우스 7세를 위해 법의法衣에 다는 쇠단추를 만들었는데, 가운데에는 다이아몬드를 박고 주위에는 금판에 어린이들과 성부의 조상으로 아름답게 장식했다. 교황은 이에 대금을 치르고 벤베누토에게 지봉자持棒者의 자격도 주었다. 다음으로 이 교황에게서 성작聖爵, calice d'oro을 제작하라는 위촉을 받은 그는 대신덕對神德, Virtu teologiche을 나타내는 조상들이 지탱하는 컵을 금으로 만들었는데 놀랄 만한 솜씨로 완성했다. 당시 벤베누토만큼 아름다운 메달을 만드는 사람이 없었기 때문에 그는 로마 조폐국造幣局의 극인極印*

* 금속을 찍어내는 본.

그림 688 벤베누토 첼리니, 「소금 그릇」, 1540~44, 부분적으로 에나멜 처리된 금 조각, 26×33.5cm, 미술사박물관, 빈.

제조 책임자로 임명되었다.

　그러나 교황 클레멘티우스가 승하한 후 그는 피렌체로 돌아와서 피렌체의 화폐로 사용될 알레산드로Alessandro 공작의 머리 모양 극인極印을 만들었다. 정성껏 제작한 이 극인은 매우 아름다워서 마치 고대 화폐같이 소중히 여겨 현재도 잘 보존되어 있다. 나중에 그는 조각가로 일하고 싶어 프랑스에 가서 청동, 은, 금으로 작업하며 그곳 프랑수아François 왕에게 봉사했다.그림 688 고국으로 돌아온 그는 코시모 공작에게 봉사하게 되었는데 우선 금은세공 일에 고용되었고, 그 후 조각 일을 맡았다. 그는 페르세우스Perseus*가 메두사Medusa의 목을 베는 금속 조상을 만들어 피아차 델 두카Piazza del Duca의 출입문에서 가까운 두카

그림 689 벤베누토 첼리니, 「코시모 1세 대공 초상조각」,
1546~47, 청동, 높이 110cm, 바르젤로 미술관, 피렌체.

Duca 광장 대리석 대좌 위에 진열했다. 바로 그 옆에는 도나토Donato의 유명한 유디트Judith와 홀로페르네스Holofernes의 청동 조상이 있다. 벤베누토가 그 후 여러 해 동안 작은 조상들만 제작했던 것을 생각하면, 이렇게 큰 조상을 만들었다는 것은 놀랄 만한 일이다.

그는 대리석으로 「십자가에 못 박힌 그리스도」를 제작했는데 매우 보기 드문 작품이다. 공작은 이것을 매우 귀하게 여겨서 피티 궁전에 보관했으며, 당시 작은 경당에는 이런 귀한 작품이 생길 기회가 없었기에 그곳 경당에 두고 싶어 했다. 한마디로 이 작품은 아무리 칭찬해도 부족하다. 내가 그의 작품에 보충 설명을 할 수 있다 하더라도, 그가 자신의 생애와 작품에 관해 쓴 것을 본다면 별 의미가 없을 것이므로 이 짤막한 기사로 만족해야 할 것이다.

프란체스코 다 줄리아노 다 산 갈로Francesco da Giuliano da San Gallo(1494~1576)

조각가, 건축가 겸 아카데미 회원인 프란체스코 다 줄리아노 다 산 갈로는 벌써 70세인데, 그에 관해서는 그의 부친 전기에서 이미 이야기했다. 그가 실물대보다 크게 만든 큰 조상 세 개, 즉 「성녀 안나」, 「동정녀 마리아」, 「아기 예수」는 오르산미켈레Orsanmichele 성당 안에 있으며, 많은 칭찬을 받은 작품이다. 그밖에도 몬테 카시노에 있는 피에로 데 메디치의 무덤을 위한 대리석 조상과 눈치아타Nunziata 성당 안 마르지 주교의 무덤, 또 동시대의 역사를 저술한 조비오Giovio의 무덤을 위

---

* 그리스신화에서 제우스(Zeus)와 다나에(Danae) 사이에서 난 영웅. 여자 괴물 메두사를 퇴치하고 후에 안드로메다(Andromeda)를 바다의 괴물에서 구출하여 아내로 삼았다.

한 작품들이 있다. 그는 건축가로서 피렌체와 다른 곳에 아름다운 작품을 많이 만들었고, 자신과 아버지 줄리아노Giuliano의 공적으로 메디치Medici 일가로부터 많은 후원을 받아왔으며, 바초 다뇰로Baccio d'Agnolo가 죽은 다음 피렌체 대성당의 건축사 주임 자리를 물려받았다.

바르톨로메오 암마나티Bartolommeo Ammanati(1511~92)

우리 아카데미의 제일인자인 바르톨로메오 암마나티에 관해서는 야코포 산소비노Jacopo Sansovino의 작품을 기재한 곳에서 자세히 소개했으므로 더 이야기할 것이 없다. 그러나 그의 제자이며 아카데미 회원인 카라라Carrara의 안드레아 칼라메크Andrea Calamec에 관해서 한마디만 하겠다.

암마나티 밑에서 충분한 훈련을 받으면서 많은 작품을 만든 안드레아는 마르티노Martino가 죽은 후에 메시나Messina에서 초대를 받고, 프라 조반니 아뇰로Fra Giovanni Agnolo의 자리를 이어받았다. 또 한 사람, 바티스타 디 베네데토Battista di Benedetto도 젊은 조각가이며 아카데미 회원으로서 장래가 촉망되는 유능한 사람이다.

빈첸치오 데 롯시Vincenzio de'Rossi(1525~87)

피에솔레Fiesole의 빈첸치오 데 롯시도 조각가 겸 건축가이며 아카데미 회원이었다. 그의 스승인 바초 반디넬리Baccio Bandinelli의 전기에서 롯시에 관해 약간 언급했지만 몇 마디 추가하고자 한다. 그는 스승인 바초 밑을 떠나 로마에 가서 어린 나이에도 실력을 발휘했으니, 리톤다Ritonda를 위해 성 요셉과 열 살 난 그리스도 조상을 제작했는데 훌륭한 솜씨로 완성했다. 그 후 산타 마리아 델라 파체S. Maria della Pace 성당 안에 무덤 둘을 제작했다. 하나는 석관石棺 위에 조상들을 만들고, 다른 무덤에는 예언자들을 얕은 돋을새김으로 만들어 그가 뛰어난 조각가임을 입증했다.

그밖에도 로마 사람들로부터 교황 파울루스Paulus 4세의 조상을 만들라는 위촉을 받고 정성을 다해 캄피돌리오Campidoglio에 건립했으나 그 후 교황이 죽자 군중들이 밀려와서 그 조상을 땅에 쓰러뜨린 다음 부숴버렸다. 교황은 바로 얼마 전까지 이 군중들에게 극찬을 받았던 인물이다. 이 조상을 만든 후 빈첸치오는 한 덩어리의 대리석으로 실물대보다 조금 큰 조상 둘을 제작했다. 즉, 아테네의 왕 테세우스Theseus가 헬레나Helena를 마치 잘 아는 사이처럼 팔에 끼고서 빼앗아가는 모습인데 트로이Troy는 그의 발밑에 보인다.

어느 날 코시모 데 메디치Cosimo de' Medici 공이 로마에 갔을 때, 고대 유물 못지않은 현대 작품들을 구경하러 갔다가 빈첸치오의 작품을 보고 매우 칭찬했다. 마음 착한 빈첸치오는 이 조상들을 공작에게 바치면서 공에게 봉사하고 싶다는 말을 했다. 공은 얼마 후 그 선물들을 피렌체의 피티궁으로 옮겨놓고는 대가를 충분히 치르고 빈첸치오를 데려다가 헤르쿨레스Hercules의 조상을 실물대보다 크게 대리석으로 만들라고 위촉했다.

지금 그는 이 작업을 진행 중이며 「카쿠스Cacus의 도살」, 「켄타우로스Centaur와의 싸움」도 완성했다. 그는 재주 있고 판단력이 정확하며 사고력이 풍부해 그의 작품은 항상 높이 평가받고 있다.

빈첸치오의 제자인 젊은 조각가, 일라리오네 루스폴리Ilarione Ruspoli를 빼놓을 수 없다. 그는 아카데미의 동료 중에서도 뛰어났으며 미켈란젤로의 장례식과 기타 축전 때 많은 공헌을 했다.

프란체스코 카밀리아니Francesco Camilliani(?~1586)

피렌체의 아카데미 회원이며 조각가인 프란체스코 카밀리아니는 바초 반디넬리의 제자로 좋은 조각 작품을 많이 만들었으며, 돈 루이지 톨레도의 저택에 만든 분수를 장식하는 데 15년을 소비했다. 정원은 사람과 각종 동물의 조상들로 장식했으며 비용을 염두에 두지 않고 호화롭게 만들었다. 그중 실물대보다 큰 조상 둘이 있는데, 아르노Arno강과 무뇨네Mugnone강을 상징한다. 이 무뇨네는 피렌체는 물론, 이탈리아 전역에서 이것과 비교할 만한 것이 없을 정도다.

조반니 다 볼로냐Giovanni da Bologna(1524~1608)

역시 아카데미 회원의 한 사람으로서 공작의 사랑을 받고 있는 플랑드르의 조각가 도우아이Douai의 조반니 다 볼로냐는 젊고 보기 드물게 기량 있는 사람이다. 그는 최근 볼로냐의 데 시뇨리 궁전Palazzo de' Signori 맞은편에 있는 산 페트로니오S. Petronio 광장에 둘 분수를 금속으로 장식했는데 네 모퉁이의 세이렌Seiren과 이것들을 둘러싼 어린이들, 괴상한 가면들이 이채롭다. 특기할 만한 것은 분수 한복판에 세운 6브라차 높이의 넵투누스Neptune인데 매우 아름다운 주물의 하나로 손꼽힌다.

그밖에도 그는 점토, 테라코타terracotta, 밀초cera 따위로 많은 작품을 만들었으며, 대리석으로 아름다운 비너스를 만들고, 공작을 위해 두 필리스티나Philistina를 발밑에 때려눕힌 실물대보다 큰 삼손Samson을 거의 완성했다. 또 청동으로는 역시 실물대보다 크게 만든 나는 머큐리Mercury*인데,그림690 몸의 온 중심을 한쪽 다리에 싣고 서 있는 늘씬한 몸매는 상상하기 어려울 정도로 아름다운 작품으로, 믹시밀리아누스

그림 690 조반니 다 볼로냐, 「머큐리」, 1580, 청동,
높이 180cm, 바르젤로 미술관, 피렌체.

Maximilianus 황제에게 보내기로 되어 있다. 그는 앞으로도 아름다운 작

* 로마신화에서 여러 신의 심부름을 하는 신이며 웅변, 직공, 상인, 도덕의
　수호신. 그리스신화의 헤르메스(Hermes)에 해당한다.

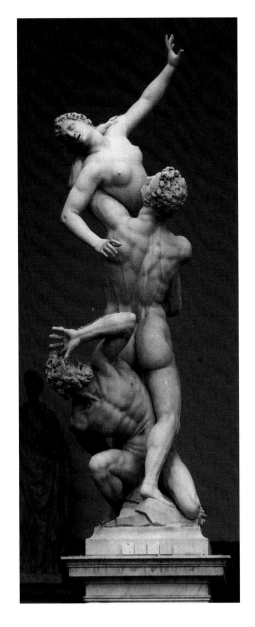

그림 691 조반니 다 볼로냐, 「사비나의 약탈」, 1581~83,
대리석, 높이 410cm, 로자 데이 란치, 피렌체.

품을 많이 만들겠지만, 최근 공작은 궁전 안에 그의 방을 마련해놓고, 5브라차 높이의 「승리」의 여신이 포로를 이끄는 조상을 그에게 위촉하여 장차 「큰 홀」, 즉 미켈란젤로의 작품 맞은편을 장식할 예정이다.

그가 제작한 많은 작품과 모델은 피렌체의 베르나르도 베키에티Bernardo Vecchietti와 베르나르도 디 모나 마테아Bernardo di Mona Mattea가 소유하고 있다. 마테아는 공작의 건축 책임자로 최근 바사리의 디자인으로 많은 공사를 했다.

빈첸치오 단티Vincenzio Danti(1530~76)

조반 볼로냐의 친구이면서 그에게 뒤지지 않는 페루자Perugia 출신 빈첸치오 단티는 코시모 공작의 비호 아래 피렌체 공화국 사람이 되었는데 그는 보기 드문 재사다. 그는 처음에 금은세공가로 출발해 후에 주조鑄造에 흥미를 갖게 되어 그의 나이 20세 때 용감하게도 교황 율리우스Julius 3세의 청동 조상의 본을 떴는데, 교황이 앉아서 강복을 주고 있는 조상의 높이가 4브라차나 된다. 그 후 피렌체로 와서 코시모 공작에게 봉사했다. 그는 헤르쿨레스가 안타이오스Antaeus를 쳐부수는 장면을 실물보다 큰 밀초 모델로 만들어 청동으로 주조했는데, 이 조상은 공작의 별장 카스텔로Castello의 정원 안 분수를 장식하게 될 예정이었다. 그러나 모델 위에 형판을 놓고 청동으로 모형을 뜨려고 했으나 두 번 다 실패로 돌아갔다. 운이 나빠서 그랬는지, 금속이 타버려서 그랬는지는 모르겠다.

그는 고생을 하고 싶지 않아서인지 마음을 바꿔 대리석으로 일을 시작해 얼마 안 되어서 대리석 덩어리 하나로 조상 둘을 만들었다. 즉 「명예」는 위에, 「기만」은 아래에 자리 잡고 있는데, 「명예」의 아름다운 머리카락 사이를 어찌나 교묘하게 뚫었는지 자연 그대로이며, 나체 역시

그림 692 빈첸치오 단티, 「모세와 놋쇠로 만든 뱀」,
1559, 청동, 82×172cm, 바르젤로 미술관, 피렌체.

잘 표현되어 있다. 이 조상은 지금 세르비Servi 거리에 있는 스포르차 알
메니의 저택 정원에 놓여 있다. 그 후에 그는 공작을 위해 얕은 돋을새
김으로 대리석과 청동 작품들을 많이 만들었으며, 조각가로서 누구에
게도 뒤지지 않는다.

그는 궁전 안 새로 지은 경당에 석쇠 모양의 쇠살대를 만들었는데,
바사리는 그곳을 그림으로 장식했다. 거기에는 얕은 돋을새김을 한 조
상을 새긴 패널도 있는데, 공작이 중요한 사무를 볼 때는 닫히게 되어
있다. 또 하나의 패널은 높이 1.5브라차, 폭 2.5브라차로 모세Moses가
뱀에게 물린 사람들을 치료하는 모습을 표현했는데,그림 692 이 작품들
은 모두 공작의 소유다.

공작은 그에게 프라토Prato의 교구 본당 성물실聖物室의 출입문을 만
들라고 했고, 그는 대리석 석관石棺에 3.5브라차 높이의 「성모 마리아」
와 옆에는 벌거벗은 소년들을 만들어 얕은 돋을새김으로 만든 카를로
데 코시모의 두부 양쪽에 하나씩 배치했다. 카를로는 형 코시모의 서자
로 프라토의 사제장司祭長이었으며, 오랫동안 벽돌무덤에 매장되어 있
던 것을 코시모 공작이 그의 뼈를 가져다 석관에 넣었다. 이처럼 명예

로운 묘지가 그에게 주어졌으나 채광採光이 나빠서인지 얕은 돋을새김의 그의 두부와 「성모 마리아」의 아름다운 모습이 두드러져 보이지 않는다.

빈첸치오는 아르노강변의 조폐국造幣局장 집 로지아 벽을 장식하려고 실물대보다 큰 벌거벗은 조상 둘을 공작의 가문이 그려진 방패 위에 붙이기로 했는데, 그 하나는 「공평」, 또 하나는 「엄격」을 상징하는 조상이다. 그는 또 실물대보다 큰 공작의 대리석 조상을 만들려고 모델도 이미 준비해놓았으며 그것이 완성되면 이 공사의 책임자인 바사리가 장식한 건물 정면과 더불어 방패 위에 올려놓기로 했다. 그는 그밖에도 실물대보다 큰 「성모 마리아와 그녀의 품에 안긴 3개월 된 아기 예수」를 제작하기로 되어 있는데 아름다운 작품이 될 것이다. 빈첸치오는 다른 수사修士들과 함께 지내고 있는 피렌체의 안젤리Angeli 수도원에서 작품을 제작하는데, 그가 머물고 있는 방은 과거에 거장 베네데토 바르키Benedetto Varchi가 거처하던 곳이다. 빈첸치오는 그의 초상화를 얕은 돋을새김으로 만들고 있으며 완성되면 매우 아름다울 것이다.

이냐치오 단티Ignazio Danti(1536~86)

빈첸치오에게는 프라 이냐치오 단티라는 형제가 있었는데 도메니코 교단의 신부였다. 그는 세계지世界誌에 관한 지식이 해박했으므로 코시모 데 메디치Cosimo de' Medici 공작이 그를 불러 과거 어느 시대에도 볼 수 없었던 위대하고 완벽한 일을 위촉했다. 코시모 공작은 바사리 감독 하에 궁전 2층의 의상실에 붙여서 새로 방을 하나 만들고, 주위를 아름답게 장식한 호두나무로 7브라차 높이의 장식장을 만들어 붙인 뒤 그 안에 귀중품을 보관하기로 했다. 이냐치오 신부는 장식장의 문 위에 가로세로 2브라차의 그림 57폭을 안배하고 나무 위에 세밀화細密畵 양식으로 정성껏 유채화를 그렸다.

프톨레마이오스Ptolemaeus의 판板, tavole을 보면, 완전하고 정확하게 측량하고 가장 권위 있는 학자가 교정했으며, 정확한 항해로航海路를 측량할 자尺, 도度 따위를 정성껏 그리고 고대에 쓰던 명칭과 더불어 오늘날 쓰는 명칭도 자세하게 적어놓았다. 홀의 주 출입구의 두툼한 칸막이 표면에는 그림 네 폭을 그렸다. 투시법透視法으로 그린 반구체半球體가 넷인데, 아래 둘은 지구地球의 세상을 묘사한 그림이고, 위의 둘은 천국을 표시한 그림이다. 문을 들어서면 오른편에 유럽이 열네 개의 그림과 판으로 구성되어 있고, 정문 맞은편 한가운데에는 수레바퀴 달린 괘종시계와 매일 움직이는 혹성惑星의 구체球體가 있는데, 피렌체의 저명한 학자 로렌초 델라 볼파이아Lorenzo della Volpaia가 제작했다.

이들 테이블 바로 위는 괘종시계까지 열한 개의 판에 아프리카 대륙이 있는데 시계 너머의 아시아는 아래쪽에 모두 열네 개의 판에 줄지어 이어져 있다. 잇달아 열네 개의 판 위에 서인도제도가 다른 지역과 마찬가지로 시계에서 시작되며 주 출입구까지 계속 이어진다. 그리하여 이들은 모두 57개 테이블로 구성되어 있다. 밑의 좌대에는 오른편으로 돌면서 같은 수의 그림이 있는데 나라마다 고유의 동식물을 그렸다. 장식장의 코니스 위에는 돌출물들이 그림들을 갈라놓았으며, 그 위에는 고대古代 제왕帝王들과 왕자들의 두상頭像들이 자리하고 있다.

조각한 나무와 그림 12폭으로 장식된 천장의 코니스 위의 벽은 과거 500여 년 동안의 유명한 인물들의 초상화 300점이 유채화로 장식되어 있는데 모두 같은 크기이며, 호두나무 장식도 모두 똑같다. 천장 중앙에 있는 폭 4브라차의 구획 두 곳에는 3.5브라차의 지구가 하나씩 들어 있다. 그중 하나는 눈에 보이지는 않지만, 윈치로 감아내려서 마루 밑의 주춧돌로 내려가 찬장에 걸린 그림들을 반사시켜서 볼 수 있다. 또하나의 지구에는 48개 천체天體 기호가 정리되어 있어 천체 관측의觀測儀를 완전하게 조작할 수 있다.

이 환상적인 구상은 코시모 공작의 창의에 따라 이루어졌으며, 하늘과 땅을 동시에 정확하게 모아놓고 각각 관측하는 즐거움을 누릴 수 있게 만들었는데, 여기에 내가 기록한 이유는 이냐치오의 예술과 공작의 위대함을 특기해야 한다고 느꼈기 때문이다.

안토니오 로렌치Antonio Lorenzi(?~1583)

우리 아카데미 회원들의 이야기로 되돌아가자. 트리볼로의 전기에서 세티냐노Settignano 출신의 조각가 안토니오 디 지노 로렌치Antonio di Gino Lorenzi를 약간 언급했지만 여기서 좀더 체계적으로 기록하려고 한다. 그는 스승 트리볼로 밑에서 아스클레피오스Aesculapius의 조상현재 카스텔로 별장에 있다과 네 소년의 조상그곳 분수를 장식한 것이다을 제작했으며, 최근에는 상록수에 둘러싸인 물고기 연못을 장식하고 있다. 동시에 그는 산 마르코S. Marco 근처의 마구간 정원을 무늬 있는 대리석으로 각종 물짐승을 제작해 장식했다. 또 피사Pisa에서는 트리볼로 지도하에 유명한 철학자이며 의사인 코르테Corte의 묘지와 아름다운 어린이들의 대리석 조상을 만들었다. 현재는 공작의 명으로 무늬 있는 대리석으로 동물과 새를 만들어 분수를 장식하고 있는데, 이 어려운 공사에서 그는 아카데미 회원의 진면목을 잘 보여줄 것이다.

스톨도 디 지노 로렌치Stoldo di Gino Lorenci(1534~83)

안토니오의 동생 스톨도 디 지노 로렌치는 30세의 젊은 나이지만 많은 조각 작품을 제작해 이름을 날렸으며, 피사에서 대리석으로 제작한 「성모영보」聖母領報, Annunziata 조상으로 솜씨를 자랑했다. 루카 마르티니가 위촉해 만든 조상을 후에 레오노라Leonora 공작부인에게 증정했는데 그녀는 그것을 남동생 돈 그라치아 디 톨레도에게 주었고, 그는 나폴리에 있는 키아이아Chiaia의 자택 정원을 장식했다. 스톨도는 바사리의 지도로 피사의 기사騎士 산 스테파노의 저택 정면의 중앙 정문 위를 공작의 가문家紋이 달린 방패로 장식했는데 그 양쪽에는 「신앙」과 「정의」의 여신이 아름다운 모습을 보여주고 있다. 또 공작은 스톨도에게 피티 궁전의 정면을 장식하도록 했는데, 공작의 결혼식 가장행렬 때의 「넵투누스의 개선」과 비슷한 조상이다.

바티스타 로렌치Batista Lorenci(1527~94)

세티냐뇨 출신 로렌초의 가족 중에 바티스타, 일명 바티스타 델 카발리에레Battista del Cavaliere가 있는데 그는 바초 반디넬리Baccio Bandinelli의 제자다. 그는 바스티아노 델 파체의 위촉으로 프랑스에 사는 구아다니에게 보낼 등신대의 대리석 조상 셋을 만들었다. 즉 벌거벗은 「봄」,「여름」,「겨울」조상인데, 당연히 따라야 할 「가을」이 없으나 모두 아름답게 제작되었다. 바티스타는 공작이 일을 위촉할 만한 자격을 갖춘 조각가였으며, 석관石棺과 미켈란젤로의 묘지를 장식할 세 개의 조상 중 하나를 제작했다. 바티스타는 미켈란젤로의 흉상과 소년들의 조상을 만들었다.

세 조상 중 둘째 것은 그의 무덤을 장식할 「그림」,「조각」,「건축」중 하나인데, 카스텔로 출신인 조반니 디 베네데토Giovanni di Benedetto에게 할당되었다. 그는 반디넬리의 제자이며, 아카데미 회원이기도 하다. 그는 현재 산타 마리아 델 피오레S. Maria del Fiore 대성당 사목위원의 위촉으로 성가내식 무위에 얕은 돋을새김 공사를 하고 있으며, 곧 인공될 것이다. 그의 작품은 선생 것을 꼭 닮았으며 기대할 만한 성과를 얻을

그림693 베키오 궁전 안 프란체스코 1세의 스투디올로(Studiolo),
1570~75, 패널과 석판에 오일.
천장: 프란체스코 모란디니 다 포피가 그린 「4원소」.
반월창: 아뇰로 브론지노의 「엘레오노라의 초상화」, 반월창
밑의 벽 윗부분, 왼쪽에서 오른쪽으로: 조반니 반디니,
「유노」, 브론즈: 마소 다 산 프리아노, 「다이아몬드 광산」;
엘리아 칸디도, 「제피루스」, 브론즈. 아랫부분, 왼쪽에서
오른쪽으로: 조반니 부테리, 「아네아스가 이탈리아 해변에
상륙하다」; 모소 다 산 프리아노, 「이카루스의 추락」.
오른쪽 벽, 윗부분 뒤로부터 앞으로: 조반니 볼로냐, 「아폴로」,
브론즈; 지롤라모 마키에티, 「포추올리에서의 목욕」; 야코포

것이다.

셋째 조상은 세티냐노 출신 발레리오 출리Valerio Cioli에게 할당되었는데 그는 조각가이자 아카데미 회원이다. 이 조각가의 다른 작품들이 아름다웠듯이 이 위대한 사람의 무덤에 놓일 조상도 훌륭할 것이다. 그는 26세밖에 안 됐지만 로마에 있는 몬테 카발로의 페라라Ferrara 추기경의 정원에 있는 고대 대리석 조상을 많이 수리했다. 또 공작은 그를 피티 궁전에 파견해 조상을 많이 만들게 했을 뿐만 아니라 홀도 장식하게 했다. 공작은 그밖에도 발레리오에게 난쟁이 모르간테Morgante를 대리석으로 제작하게 했는데, 정말 아름답고 실물과 꼭 같아서 이렇게 잘 만든 다른 괴물을 아마 본 일이 없을 것이다. 그는 또 피에트로Pietro, 일명 바르비노Barbino라고 부르는 난쟁이의 조상도 만들었다. 바르비노는 유식할 뿐만 아니라 마음이 착해서 특별히 공작의 사랑을 받았다.

그밖의 아카데미 회원들

피렌체의 조각가 프란체스코 모스키노Francesco Moschino는 다른 자리

빌 멜리오, 「화약의 발명」; 조반니 부테리, 「초자 세공업자」.
아래, 뒤에서 앞으로: 조반니 페디니, 「벨샤사 앞에 선
다니엘」; 지롤라모 마키에티, 「메데아가 아에손을 회춘
시키다」; 로렌초 스키오리니, 「헤르쿨레스가 용을 죽이다」;
산티 디 티토, 「헤르쿨레스와 이올레」; 니콜로 베티,
「도시의 포위 공격」.
후면 벽은 '공기'를, 오른쪽 벽은 '불'을, 왼쪽 벽은 '물'을
상징한다. 넷째 면 벽은(여기서 보이지는 않지만) 프란체스코
1세의 초상화이며, '대지'를 상징하는 작품들이 있다.
천장은 여러 그림과 조각으로 이 사무실을 장식했다.

에서 이야기했으므로 다만 그가 아카데미 회원이라는 것, 또 공작에게 계속 고용되어 피사의 대성당에서 일했다는 내용만 첨부하겠다. 그는 공작의 결혼식 때 공작의 궁전 정문을 장식하여 명성을 올렸다.

도메니코 포지니Domenico Poggini도 유능한 조각가이며, 메달을 만들고 대리석 조각과 주형도 많이 떴다는 것 외에는 더 이야기할 것이 없다. 그는 아카데미 회원으로서 충분한 자격을 갖췄으며, 공작의 결혼식 때 팔리아Paglia 거리 모퉁이에 만든 「신앙」의 아치로 이름을 알리고 공작의 새 메달도 만들었다.

조반니 판첼리Giovanni Fancelli, 일명 조반니 디 스토코Giovanni di Stocco도 대리석과 돌로 많은 조상을 만든 아카데미 회원이다. 그는 피렌체에 있는 조반니 코테의 저택 정면의 들창 위에 높이 올려놓은 가문家紋이 붙은 방패와 여기에 장식한 두 어린이의 조상을 만들어서 명성을 얻었다. 또 차노비 라스트리카티Zanobi Lastricati도 대리석과 주형을 떠서 많은 작품을 만들었으며 아카데미 회원으로서 활동하고 있고, 특히 로렌초 리돌피의 저택 정원에 만든 청동제 머큐리 조상으로 이름을 떨쳤다.

끝으로 앞서 이야기한 공작의 결혼식 때 존경받을 만한 훌륭한 작품을 만든 젊은 조각가들이 아카데미 회원으로 선발되었는데, 그들은 프라 조반니 아폴로의 제자인 세르비테 출신 프라 조반니 빈첸치오Fra Giovanni Vincenzio, 차노비 라스트리카티의 제자 오타비아노 델 콜레타이오Ottaviano del Collettaio, 지롤라모 젠가Girolamo Genga의 제자이며 건축가인 발다사레 다 우르비노Baldassarre da Urbino의 아들 폼필리오 란치아Pompilio Lancia다. 폼필리오는 신神의 창세기라고 부르는 가장무도회 때 기계적 발명을 하여 훌륭한 역량을 발휘했다.

지금까지 어떤 부류의 사람, 무엇이든 능력이 탁월한 사람들이 얼마나 모여서 아카데미를 구성했는지, 또 가장 존경하고 관대한 영주가 베풀어준 기회에 그들이 어떤 능력을 발휘했는지도 약간 언급했다. 끝으로 성대하게 거행되는 축제, 결혼식 때 벌어지는 장관과 호화로운 장식들을 구경할 기회가 없었던 가까운 친구들이 조금이라도 이해할 수 있기를 바란다. 다행히 이런 행사에 참여할 기회가 있었던 나로서는 짤막한 설명을 덧붙이고 여러 사건을 하나로 묶어서 그 개요를 기록하는 것이 나의 의무이며 또 동배들을 만족시키는 일이라고 여겨지므로, 간단한 노트를 만들어 이 책에 함께 묶어두는 것이 좋다고 생각한다.

토스카나의 프란체스코 왕세자 혼례 축제의
아카데미아 회원들의 작품 기록

프라토(Prato) 성문의 기록

실물을 방불케 하는 수많은 그림과 조상彫像들로 이루어진 이 모든 장식은 장인匠人들의 심미적審美的이고도 기술적인 재능 덕분에 잘 균형 잡힌 하나의 전체로 통합되었다. 지금부터 이 같은 예술적인 통합을 통해서 훌륭한 공주님을 모셔들이는 이 결혼식에 합당한 모든 예식과 치장, 장관을 연출하려고 했던 본래 취지가 얼마나 효과적이고도 아름답게 표현되었는지를 풍부한 자료가 허용하는 범위에서 명확하고도 간결하게 설명하고자 한다.*

우선 공주님이 도시로 들어올 때 통과하게 되는 프라토라는 커다란 성문城門에는 사랑스러운 딸 격인 피렌체Firenze에 다시금 우뚝 선 고대 로마의 영화를 상징하는 전문前門을 세웠다.** 이 문은 영웅적인 규모를 갖춘 것으로, 이오니아 건축양식에 따라 거대하고 화려하며 매우 정교하게 제작되었다. 문의 높이는 문 옆으로 이어지는 성벽의 높이를 훨씬 더 능가할 정도여서, 도시로 들어오는 사람들은 물론 몇 마일 떨어진 곳에서도 그 훌륭하고 뛰어난 위용을 한눈에 알아볼 수 있다.

이 문은 온통 꽃으로 화려하게 치장하고 환히 웃고 있는 젊고 아름다운 여인의 모습을 한 「피렌체」에 헌정되었다. 그녀가 항상 자신의 휘하에 있는 군주들에게 보여준 「신의」Fedeltà와 「애정」Affezione을 상징하는 사랑스러운 동반자 둘을 양옆에 거느린 「피렌체」는 마치 새로운 영

* 메디치가의 프란체스코 왕자와 오스트리아 요안나 공주의 결혼식은 1565년 12월 18일 산타 마리아 델 피오레 대성당에서 거행되었으며 이를 축하하기 위한 성대하고 다양한 축제가 1566년 3월 23일까지 3개월 동안 지속되었다. 이 축제를 위해 400여 명의 피렌체 예술가들이 총동원되었는데 전체 행사를 바사리가 주도했다.
** 프라토(Prato) 성문을 시작으로 시내 중심부의 시뇨리아 광장에 이르기까지 요안나 공주의 피렌체 입성 행사를 위해 모두 13개의 건축물이 가설되었다.

부인을 맞아들여 소개하려는 듯한 모습으로 문에서 가장 가까운 영예로운 위치에 자리 잡고 있었다. 그 옆에는 그녀의 추종자이자 동반자이며, 또 여러 가지 기예 중에서도 특히 뛰어난 무공으로 피렌체의 이름을 빛낸 많은 용사를 상징하는 그들의 지도자이자 대장 격인 군신軍神 마르스Mars가 서 있었다.

사실상 피렌체는 마르스의 후원 아래 그의 자손인 용감한 무사들이 설립했기 때문에 어떤 의미에서는 바로 그가 이 도시의 선조라고 볼 수 있다. 호전적이고 무시무시하게 생긴 그의 조상은 피렌체 여신상에서 제일 멀리 떨어진 오른쪽에 세워놓았는데, 마치 새로운 여주인을 섬기는 데 사용하려는 듯 보이는 칼을 손에 든 모습이었다. 마르스 신 조상의 발치에는 명암법明暗法에 따라 그린 거대하고 아름다운 캔버스가 보이는데이 부분의 장식에 참여한 다른 모든 작품과 마찬가지로 이것도 순백색의 대리석으로 깎아놓은 듯 보였다 거기에는 도시의 초기 설립자들인 카이사르 1세와 2세가 몹시도 아끼던 무적의 「마르스 군단」 용사들과 도시에서 출생해 이곳의 전통적인 계율을 모범적으로 따른 훌륭한 여러 사람의 모습을 그려놓음으로써 그가 피렌체를 지배하는 데 역시 손색이 없도록 했다.

그림 속의 사람들 중 대부분이 마르스 신의 사원에서 환희에 찬 표정으로 쏟아져 나왔는데, 그 사원은 지금 기독교의 권위하에 성 요한에게 헌정되었다. 그림의 가장 먼 곳에는 단지 육체적 용맹함만으로 이름을 떨친 사람들을 그려놓았고, 중앙 부분에는 주교대리proveditor와 같이 지혜와 근면함으로 유명해진 사람들을 그렸으며, 눈에 가장 잘 띄는 앞부분의 영예로운 자리에는 그만한 대우를 받을 만한 가치가 있다고 생각되는 사람들, 즉 심신 양면의 용맹함으로 뛰어난 명성과 불후의 명예를 얻은 장군과 그에 필적할 만한 여러 인물을 그려놓았다.

그중에서도 가장 선두에 마련한 영예로운 자리에는 다른 사람들처럼 말에 올라탄 존귀한 조반니 데 메디치Giovanni de' Medici 공작의 모습이 실물 그대로 그려져 있었다. 그분은 이탈리아 병법에 능통한 보기 드문 장수인 동시에 뛰어나고 용맹한 현 공작인 코시모Cosimo 각하의 부친이다. 그와 함께 야만스러운 터키인들의 간담을 서늘케 했던 필리포 스파노Filippo Spano 공과 고향 피렌체를 위기에서 구한 위인 파리나타 델리 우베르티Farinata degli Uberti를 그려놓았다. 또 용감한 피렌체 젊은이들의 선두에서 싸운 끝에 다미아타Damiata에서 처음으로 영광스러운 성벽관을 받아 명성을 얻은 부오나구이사 델라 프레사Buonaguisa della Pressa의 모습이 보였으며, 두 아들과 조카 여덟 명을 거느리고 사라센인들에 맞서 용맹한 무공을 수없이 세운 로데Rode의 기사 페데리고 폴키Federigo Folchi 장군도 보였다.

그밖에 난니 스트로치Nanni Strozzi, 만노 도나티Manno Donati, 메오 알토비티Meo Altoviti, 페데리고의 부친이며 델라 카르다라고 불린 베르나르도 우발디니Bernardo Ubaldini, 우리 시대 가장 뛰어난 장군인 우르비노 공작 등을 그려놓았다. 요안나Joanna 왕비와 최고 군주인 루이 왕을 위해 혼란스러웠던 나폴리 왕국을 헌신적으로 수호했을 뿐만 아니라 나폴리와 시칠리아 등지에서 언제나 충성스럽고 용감한 행동을 보여준 훌륭한 성주 니콜라 아차이우올리Niccola Acciaiuoli의 모습도 보였다. 비스콘티Visconti 가문과 치른 전쟁에서 이름을 날린 또 다른 조반니 데 메디치Giovanni de' Medici와 조반니 비스도미니Giovanni Bisdomini, 불운하기는 했지만 역시 남 못지않게 용맹했던 프란체스코 페루치Francesco Ferrucci도 있었다.

그보다 더 옛날 사람으로는 포레세 아디마리Forese Adimari, 코르소 도나티Corso Donati, 비에리 데 체르키Vieri de' Cerchi, 빈다초 다 리카솔리Bindaccio da Ricasoli, 루카 다 판차노Luca da Panzano 등이 있었다. 주교대리 그룹 중에는 지노 카포니Gino Capponi가 그의 아들인 네리, 조카의 아들인 피에로 등과 함께 있는 모습을 신문과 다름없이 그렸다. 그는 프랑스 왕 샤를 8세의 무례한 제안을 과감하게 거절함으로써 재치 있는 시인이 훌륭하게 표현한 대로「무수한 수탉Galli의 틈바구니 속에서 한 마리의 거세한 수탉Capponi」 울음소리만 고고하게 울려 퍼지게 했으며, 그 일로 불후의 영예를 얻었다.

La Voce d'un Cappon fra tanti Galli!

그 외에도 베르나르데토 데 메디치Bernardetto de' Medici, 루카 디 마소 델리 알비치Luca di Maso degli Albizzi, 또 지금은 델 팔라조Del Palagio라고 불리는 톰마소 디 구이도Tommaso di Guido, 아라곤Aragon인들과 치른 전쟁에서 이름을 날린 피에로 베토리Piero Vettori, 드높은 명성이 결코 무색하지 않을 정도로 훌륭한 안토니오 자코미니Antonio Giacomini, 안토니오 리돌피Antonio Ridolfi, 그밖에 일일이 열거할 수 없으리만큼 다양한 계급의 우수한 인물들을 모두 그려놓았다. 이들은 자신들의 힘으로 모국이 이만큼 성장한 것을 다 함께 모여 기뻐하는 듯한 모습이었으며, 새로운 여주인을 영접하는 기념으로 부강함과 지복, 위대함을 예고하는 듯했다. 그 같은 내용은 이미 언급한 바 있는 평방 위에 쓴 시로 더욱 훌륭하게 표현되었다.

이 조국을 자기들의 피로써
우리에게 낳아준 위대한
영웅들을 그대는 쳐다보라.
이제 그들로 하여금 보무도
당당히 기쁨에 넘친 개선을
하게 하라.
그리고 이런 군주 치하에서
피렌체를 세 번 네 번 앞다투어
부르게 하라.

Hanc peperere suo patriam qui sanguine nobis

Aspice magnanimos heroas; nunc et ovantes

Et laeti incedant, felicem terque quaterque

Certatimque vocent tali sub Principe Floram.

한편 마르스상 맞은편에는 그와 대칭되는 장소에 뮤즈Muses* 아홉 명 중 하나를 선정해 아름다운 조상을 세워놓았다. 그 여신상은 물론, 그녀의 발치에 놓아둔 캔버스에 등장하는 모든 과학자가 기쁨에 가득 찬 표정이었다. 이 캔버스 역시 마르스 신 조상의 밑에 두었던 것과 대응되는 것으로 크기도 같았다. 피렌체에는 무사들뿐 아니라 학자들도 매우 많았으며, 명성도 결코 뒤지지 않았다. 많은 사람이 바로 피렌체에서 학문이 부흥하기 시작했다는 점에 동의하는 것만 보아도 알 수 있다. 그러므로 이 그림은 곧 수많은 학자도 이미 언급한 무사들과 마찬가지로 그들의 수호자인 뮤즈 여신의 영도 아래 고귀한 신부를 받아들여 영접하도록 피렌체의 부름을 받았음을 의미하는 것이었다.

매우 여성스럽고 우아하면서도 몸에 잘 어울리는 옷을 입은 뮤즈 여신은 오른손에는 책을, 왼손에는 플루트를 들고 있었으며, 더할 나위 없이 사랑스러운 얼굴 표정은 그녀를 바라보는 모든 이로 하여금 진정한 미덕에 온 마음을 바치도록 권유하는 듯했다. 다른 작품들과 마찬가지로 명암법으로 그렸는데, 여신의 발치에 세워둔 캔버스에는 거대하고 화려한 미네르바Minerva** 여신의 사원이 보이고, 그 바깥쪽에는 올리브 화환을 쓰고 고르곤Gorgon의 방패를 든 미네르바 여신상을 세워놓았다.

* 그리스신화에서 제우스(Zeus)와 므네모시네(Mnemosyne) 사이에 태어난 문예, 학술을 맡은 9자매 신의 하나.
** 로마신화에서 공예, 예술, 전술, 지혜의 여신. 그리스신화의 아테나(Athena)에 해당.

사원의 전면과 양옆에는 마치 산책로로 만들어놓은 듯한 난간으로 둘러막은 경내가 보이며, 그 안에는 매우 즐겁고 기쁨에 넘치기는 하지만 어딘지 모르게 경이로운 분위기를 지닌 신중하고 엄숙한 일단의 사람들이 오고 갔는데, 이들 역시 실물과 같이 생생하게 묘사했다. 「신학」과 「신성」을 상징하는 인물인 피렌체의 대주교 안토니오 신부가 보이는데, 그를 위해 꼬마 천사 한 명이 감독 주교관을 떠받들고 있었다. 그와 함께 첫 번째 수사이자 추기경인 조반니 도메니치Giovanni Domenici, 카말돌리Camaldoli 대수도원장 돈 암브로조Don Ambrogio, 루베르토 데 바르디Ruberto de' Bardi, 마에스트로 루이지 마르실리Maestro Luigi Marsili, 마에스트로 레오나르도 다티Maestro Leonardo Dati 외에 많은 사람이 보였다.

다른 쪽에는 철학자 그룹을 그려놓았는데, 플라톤 학파의 마르실리오 피치노Marsilio Ficino, 프란체스코 카타니 다 디아체토Francesco Cattani da Diacceto와 그의 형인 프란체스코 베리니Francesco Verini, 도나토 아차이우올리Donato Acciaiuoli 등의 모습이 보였다. 법학자로는 위대한 아쿠르시오Accursio와 그의 아들 프란체스코, 또 로렌초 리돌피, 디노 로소니 디 무젤로Dino Rossoni di Mugello, 포레세 다 라바타Forese da Rabatta 등이 있었다. 의사들의 초상화도 그려놓았는데, 그들 중에서는 마에스트로 타데오 디노Maestro Taddeo Dino와 톰마소 델 가르보Tommaso del Garbo, 또 마에스트로 토리잔 발로리Maestro Torrigian Valori, 마에스트로 니콜로 팔쿠치Maestro Niccolò Falcucci 등이 맨 앞자리를 차지했다.

수학자들도 빼놓지 않고 그렸다. 고대 수학자인 구이도 보나토Guido Bonatto 외에 마에스트로 파올로 델 포초Maestro Paolo del Pozzo, 매우 날카롭고 예리한 감각과 고상한 성품을 지닌 레온 바티스타 알베르티Leon Battista Alberti, 안토니오 마네티Antonio Manetti와 우리 시대의 경이로운 걸작이라고 말할 수 있는 혹성 시계를 최초로 발명해낸 로렌초 델라 볼파이아Lorenzo della Volpaia 등이 보였는데, 이 시계는 현재 우리의 공작 각하 의상실에 보관되어 있다. 항해 분야에는 아메리고 베스푸치 Amerigo Vespucci가 있었는데 그가 발견한 거대한 신대륙을 그의 이름을 따서 아메리카라고 부른다는 점을 생각해본다면 그는 매우 경험 많은 훌륭한 항해사인 동시에 행운도 타고난 사람이라고 하겠다.

다음에는 다양하고 훌륭한 학문적 업적을 세운 아놀로 폴리치아노 Agnolo Poliziano가 있었는데, 라틴어와 토스카나어가 바로 그 덕분에 부흥의 전기를 마련했다는 사실은 이미 널리 알려져 있다. 그 외에도 피에트로 크리니토Pietro Crinito, 잔노초 마네티Giannozzo Manetti, 프란체스코 푸치Francesco Pucci, 바르톨로메오 폰치오Bartolommeo Fonzio, 알레산드로 데 파지Alessandro de' Pazzi, 끝으로 지금은 일 마르첼리노Il Marcellino라고 불리는 재능 있고 박식한 조반 바티스타Giovan Battista의 부친인 마르첼로 베르질리오 아드리아니Marcello Vergilio Adriani가 보였는데 그는 아직 살아 있으며, 현재 피렌체 대학 강단에서 훌륭한 강좌를 이어갈뿐더러 탁월한 각하의 명에 따라 새로운 피렌체 역사를 집필하고 있다.

크리스토파노 란디니Cristofano Landini, 콜루초 살루타티Coluccio Salutati, 단테에 정통한 브루네토 라티니Brunetto Latini 등이 보였다. 클라우디안처럼 라틴어로 시를 썼던 시인과 카를로 마르수피니Carlo Marsuppini, 차노비 스트라다Zanobi Strada와 같은 현대 시인의 모습도 볼 수 있었다. 역사가로는 프란체스코 구이차르디니Francesco Guicciardini, 니콜로 마키아벨리Niccolò Machiavelli*, 레오나르도 브루니Leonardo Bruni, 포조Poggio, 마태오 팔미에리Matteo Palmieri를 비롯해 초기 사가에 속하는 조반니 빌라니Giovanni Villani와 마태오 빌라니Matteo Villani, 고대 역사가인 리코르다노 말레스피니Ricordano Malespini 등이 있었다. 이들 대

---

* 니콜로 디 베르나르도 마키아벨리(Niccolò di Bernardo Machiavelli, 1469~1527). 피렌체의 외교가, 정치가, 정치학자. 저서 『군주론』으로 유명하다.

부분은 구경꾼들이 그들을 좀더 잘 알아볼 수 있도록 자신의 이름이나 가장 대표적인 작품명이 적힌 두루마리 종이 혹은 책 등을 마치 우연인 듯 자연스럽게 들고 있었다. 그리고 앞에 기록한 무사들의 경우와 마찬 가지로 역시 캔버스 위에 쓰인 다음과 같은 4행 시구가 그들이 모두 이 자리에 모이게 된 연유를 더욱 확실하게 알려주었다.

> 라티움과 그리스의
> 미네르바 여신의 뛰어난 예술들로
> 언제나 꽃피는 에트루리오 사람들을 누가 감탄하지 않으랴?
> 그들은 이 시대에 아버지 코시모와 그 후예의 총애로 더욱 흥왕하
> 리라.
> Artibus egregiis Latiæ Graiæque Minervæ
> Florentes semper quis non miretur Etruscos?
> Sed magis hoc illos ævo florere necesse est
> Et Cosmo genitore et Cosmi prole favente.

다음에는 마르스 조상의 옆에 놓였으되 그보다 피렌체상에 더 가까이 놓인 조상에 관해 말하려고 하는데, 먼저 이 모든 위치 배열이 얼마나 독특한 기교와 뛰어난 판단력에 따라 이루어졌는지 잠시만 살펴보고자 한다. 즉, 여섯 신이 피렌체와 동반케 한 것은 이 도시가 가장 자랑할 만한 능력들을 각각 나타내기 위함이었으나, 사실상 이미 묘사한 마르스 신과 뮤즈 여신에 대해서는 다른 도시들도 피렌체 못지않게 요구권을 주장할 만한 자격이 있으므로 피렌체의 고유 신이라고는 할 수 없어 다른 신들보다 더 먼 위치에 세웠다. 더구나 나머지 네 조상으로 이루어진 널따란 현관이나 통로와 별도로, 위의 두 조상은 입구 쪽에 놓아 일종의 날개 또는 머리 역할을 하게 했으며, 그중 하나는 성 쪽을, 나머지 하나는 아르노강 쪽을 향하게 했다.

그러나 통로를 형성하기 시작한 다음에 만든 두 조상은 다른 도시들이 거의 지니지 못한 특징을 상징했으므로 피렌체 조상에 좀더 가깝게 세워놓았다. 특히 마지막 두 조상은 완전히 피렌체 고유의 특징을 반영해 어느 다른 도시도 그 특징을 공유하지 않았다. 좀더 정확히 말하면, 그 점에서만은 그 어느 도시도 피렌체를 감히 능가할 수 없기 때문에 ─만약에 단테와 페트라르카Petrarca,* 보카치오Boccaccio**의 작품을 각각 내놓는다면 서로 자신들이 더 우수하다면서 피렌체와 다투게 될지도 모르는 토스카나의 다른 도시 사람들이 이 말을 듣고 성내지 않기를 바란다─다른 조상들과 비교해 피렌체 조상에서 제일 가까운 곳에 세운 것이다.

다시 본론으로 돌아가자. 마르스 조상 옆에는 경작과 들판의 여신인 케레스Ceres*** 조상이 있었는데 이 또한 다른 조상들 못지않게 아름답고 훌륭했다. 질서 잡힌 도시를 운영해가려면 농업을 숭상해야 하며, 또 그것이 얼마나 가치 있는 일인지는 이미 고대 로마 시대부터 잘 인식하고 있었다. 로마인들은 미개한 부족들에게 농업의 귀중함을 일깨워주었다. 그러한 사실은 카토Cato**** 외의 많은 사람이 농업을 용감무쌍한 공화국의 힘줄이라고 불렀을 뿐 아니라, 플리니우스Plinius*****는 황제가 직접 밭을 경작한 사실을 지적하면서 대지도 명예로운 승리자의 손길로 가꾸어지는 것을 기뻐했음에 틀림없다고 강조한 점 등을 미루어 능히

---

* 프란체스코 페트라르카(Francesco Petrarca, 1304~74). 이탈리아의 시인, 인문주의자로 이탈리아 인문주의의 주창자.
** 조반니 보카치오(Giovanni Boccaccio, 1313~74). 이탈리아의 시인, 작가. 그의 작품『데카메론』(*Decameron*)으로 유명하다.
*** 로마신화에서 곡식 수확의 여신.
**** 마르쿠스 포르키우스 카토(Marcus Porcius Cato, 기원전 234~기원전 149). 로마의 정치가, 학자, 군인.
***** 가이우스 플리니우스 세쿤두스(Gaius Plinius Secundus, 23~79). 로마의 박물학자, 백과사전 편찬자, 서술가.

짐작할 수 있다.

　케레스 여신은 관례에 따라 여러 가지 곡식의 이삭을 엮어 만든 관을 썼으며 오른손에는 낫을, 왼손에는 이삭 한 다발을 들고 있었다. 과연 피렌체가 농업 면에서 스스로 자랑할 만한 도시인가 하는 점에 의문을 느끼는 사람은 누구든지 인근에 퍼져 있는 아름답고 잘 경작된 토양을 한번 둘러보라고 권하고 싶다. 왜냐하면 각지에 흩어져 있는 화려하고 좋은 시설을 갖춘 수많은 궁전을 보면 우리가 익히 알고 있는 아름다운 도시들에 비해 나무랄 점이 없으나, 대지는 더욱더 아름다워 이를 능가할 만한 도시가 없어서 피렌체를 유럽의 정원이라고 불러도 결코 지나친 말이 아니라고 할 정도다. 토양의 비옥함도 두말할 나위가 없다. 비록 대부분이 산지이고 그다지 넓지는 않지만 농부들 모두가 상당히 열심히 땀 흘려 일하는 덕분에 이곳에 사는 방대한 인구와 끊임없이 몰려드는 수많은 이방인에게 충분한 식량을 제공함은 물론 가깝고 먼 이웃 지방에도 종종 원조 식량을 관대히 나누어줄 정도다.

　케레스 여신상 밑에 놓아둔 캔버스도—다시 우리 주제로 돌아가서—다른 것과 모양과 크기가 비슷하며, 그 위에는 뛰어난 화가의 솜씨로 수없이 다양한 나무로 치장된 매우 아름답고 자그마한 풍경화를 그려놓았다. 그림의 제일 먼 곳에는 케레스 여신을 기리던 오래되고 화려한 소규모 사당이 하나 있는데, 문이 열린 데다 주랑 위 높은 곳에 있어 그 안에서 제물을 바치는 여러 사람을 볼 수 있었다. 조금 동떨어진 반대편에는 사냥의 님프들이 서늘하고 매우 맑은 샘가에 둘러서 있었다. 그들은 모두 경이에 찬 표정으로 새로 맞는 신부에게 사냥의 갖가지 즐거움을 선사하려는 듯한 모습이었는데, 아마도 토스카나는 사냥에서는 이탈리아의 어느 도시에도 뒤지지 않으리라고 생각한다.

　다른 한쪽에는 각종 야생동물과 길들인 동물들을 끌고 오는 시골 청년들과 함께, 소박하지만 매우 우아한 맵시로 단장하고 화환을 엮거나 갖가지 과일을 들고 나오는 젊고 아름다운 시골 처녀들의 모습이 보였다. 이들 역시 새 여주인을 영접하려고 나온 듯한 모습이었다. 이 장면 위에도 다른 그림에서처럼 모든 토스카나인이 큰 자랑거리로 삼을 만한 다음과 같은 베르길리우스Vergilius*의 시구가 적혀 있었다.

> 이 생활을 일찍이 옛 사비나 사람들이 가꾸었고
> 이 생활을 레무스와 그의 형제도 가꾸었거니와
> 강인한 에트루리아도 그렇게 신장하였는데
> 그 역사상 가장 아름다운 플로라가 되었도다.
> 농기구와 땅의 풍요로 세력을 떨친
> 옛 도시 플로라가 된 것이다.
> Hanc olim veteres vitam coluere Sabini,
> Hanc Remus et frater, sic fortis Etruria crevit,
> Scilicet et rerum facta est pulcherrima Flora,
> Urbs antiqua, potens armis atque ubere glebæ.

다음으로 위에 묘사한 케레스 여신상 맞은편에는 「산업」의 여신상이 서 있었다. 여기서 산업은 상업적인 거래를 칭할 때 흔히 사용하는 의미를 막연하게 나타내려는 것이 아니라, 자신들이 종사하는 모든 분야에서 피렌체인들이 보여준 탁월하고도 재능 있는 솜씨를 구체적으로 말하는 것이다. 그 때문에 많은 사람, 특히 탁월한 판단력을 지닌 시인이 매우 당연한 일이지만 이들에게 '근면함'이라는 칭호를 부여했다. 이같은 산업 활동이 피렌체에 얼마나 큰 이익을 가져다주었으며, 피렌체인들이 산업을 얼마나 숭상하고 중시했는지는 도시에서 자체 법인을 만들어서 길드Guild에 소속되지 않은 사람은 시민권을 얻을 수 없다고

---

* 푸블리우스 베르길리우스 마로(Publius Vergilius Maro, 기원전 70~기원전 19). 로마의 시인.

법령을 포고한 점과, 그 같은 산업 장려책 덕분에 도시가 만만치 않은 세력으로 성장하게 된 점 등을 기억하면 쉽게 알 수 있다.

산업의 여신상은 가볍고 편한 옷을 입고 손에는 홀을 들었는데, 홀의 꼭대기에는 한가운데 눈이 달린 손바닥과 조그마한 쌍날개가 달려 있어서 머큐리 신의 지팡이를 연상케 했다. 이 여신상 밑에 놓인 캔버스에는 거대하고 매우 화려한 주랑柱廊 현관 혹은 광장으로 보이는 장소를 그려놓았다. 그곳은 피렌체 상인들이 사업상 모여들던 메르카토 누오보Mercato Nuovo라는 장소와 매우 비슷해 보였는데, 한쪽 벽에서 시계를 쳐서 시각을 알려주는 한 소년의 모습을 보면 더욱 확실히 알 수 있었다.

정교한 솜씨로 산업의 특정 신들을 한데 모아놓은 한쪽 편에는즉, 한쪽에는 수레바퀴에 올라탄 운명의 여신상이 있었고, 다른 한쪽에는 지팡이와 지갑을 손에 든 머큐리 신이 있었다 특히 피렌체에서 탁월하게 솜씨를 발휘한 훌륭한 장인들이 대거 모여 있었다. 이들은 각각 자신이 만든 상품을 손에 들고 그것들을 새로 모시는 공주님께 바치려는 듯한 모습이었다. 장인들 가운데 일부는 금박을 입혔거나 비단실로 짠 옷 혹은 가장 좋은 천으로 만든 옷을 입었고, 또 다른 이들은 매우 아름답고 신기한 수를 놓은 옷을 입고 있었으며, 모두 하나같이 기쁨에 찬 표정이었다.

다른 쪽에는 각양각색의 옷을 입고 걸어다니면서 상품을 매매하는 상인들, 아름다운 목공예품과 쪽나무 세공품을 파는 조금 지체가 낮은 상인들, 그밖에 공, 가면, 딸랑이 등 어린아이들의 장난감들을 파는 장사꾼들이 보였으며, 이들 역시 기쁘고 만족스러운 표정이었다. 이상의 모든 것이 지닌 이점들과 그것들이 실제로 피렌체에 가져다준 이윤과 영광은 다른 그림에서처럼 그림 위에 적힌 시에 명백히 명시되었다.

창의성으로 어떤 예술품들이 만들어지며
일상생활로 어떻게 보존되는지를,

황금밭의 피렌체는 일찍이 세상 사람들에게 널리 보여주었다.
실로 피렌체는 그 예리한 재능과 뛰어난 노력으로
사람들에게 자신의 복된 삶을 마련할 길을 애써 일러주었다.
Quas artes pariat solertia, nutriat usus,
Aurea monstravit quondam Florentia cunctis.
Pandere namque acri ingenio atque enixa labore est
Præstanti, unde paret vitam sibi quisque beatam.

　나머지 두 신 혹은 「미덕」 중에서 이미 우리가 말한 바대로 시인의 수효나 질적 우수성에서만큼은 피렌체가 여타 도시에 비해 훨씬 더 자랑스럽게 여길 만한 자격이 충분하며 그 고유성이 인정되므로, 케레스 여신상의 오른편에 토스카나 시인들에게 토스카나의 시적 영감을 불어넣어 주는 토스카나의 아폴로Apollo* 신을 상징하는 아폴로 신의 조상을 세웠다. 다른 것과 마찬가지로 그 조상 밑에 세워둔 캔버스에는 천마 페가수스Pegasus**의 모습으로 미루어 헬리콘Helicon***산으로 생각되는 매우 사랑스러운 산봉우리 위에 펼쳐진 넓고 아름다운 풀밭이 보인다. 그 한가운데에는 뮤즈Muses**** 아홉 명이 즐겁게 담화를 나누며 둘러

---

* 고대 그리스로마신화에서 늠름하고 아름다운 청년으로 시가, 음악, 예언, 의술 따위를 맡아보았다.

** 그리스신화에서 페르세우스(Perseus)가 메두사(Medusa)를 살해했을 때 그 피에서 태어났다는 날개 돋친 천마(天馬).

*** 그리스 남부의 산(1,750미터). 아폴로(Apollo)와 뮤즈(Muses)가 살던 곳이라고 한다.

**** 9인의 뮤즈(Muses)는 칼리오페(Calliope), 클리오(Clio), 에르크토(Ercto), 엔테르페(Enterpe), 멜포메네(Melpomene), 폴리빔니아(Polybymnia), 테르프시코레(Terpsichore), 탈리아(Thalia), 우라니아(Urania)다.

토스카나의 프란체스코 왕세자 혼례 축제의 아카데미아 회원들의 작품 기록

서 있는 모습으로 알아볼 수 있는 성스러운 아가니페Aganippe* 샘물이 있으며, 온 산을 뒤덮고 있는 푸르른 월계수 그늘 아래에는 제각기 앉아 있거나 걸으면서 담소를 즐기거나, 수금에 맞춰 노래를 부르는 여러 시인의 모습이 보였다.

한편 월계수 위에서는 꼬마 큐피드들이 화살을 쏘거나 월계수 관을 이리저리 던지면서 뛰놀고 있다. 이 시인들 중에서도 심오한 단테 Dante,** 우아한 페트라르카, 상상력이 풍부한 보카치오 등이 가장 영예로운 자리를 차지했다. 따뜻한 미소를 머금은 이 시인들은 자신들의 생전에 이같이 고귀한 신부를 영접하는 시를 쓰는 영광을 맛보지 못한 대신에, 현재의 피렌체 지식인들에게 그녀에게 합당한 훌륭한 노래를 지을 수 있는 영감을 불러일으키겠다는 약속을 해주는 듯한 모습이었다. 만약 그들을 모방할 만한 인물만 발견되면 그들은 자신의 작품을 본보기로 하여 넓고도 쉬운 길을 터주었을 것이다.

그 옆에는 그들과 함께 이야기를 나누는 치노 다 피스토이아Cino da Pistoia, 몬테마뇨Montemagno, 구이도 카발칸티Guido Cavalcanti, 구이토네 다레초Guittone d'Arezzo, 단테 다 마이아노Dante da Maiano 등이 실물과 같이 생생하게 그려져 있었다. 이들은 모두 같은 시대에 활동했을 뿐 아니라 그 당시 뛰어난 실력을 발휘한 시인들이었다. 또 다른 한편에는 조반니 델라 카사 몬시뇨르Giovanni della Casa Monsignor, 루이지 알라만니 Luigi Alamanni, 로도비코 마르텔리Lodovico Martelli가 보였고, 또 조금 떨어진 곳에 빈첸치오Vincenzio가 있었으며, 비극 작가인 조반니 루첼라이 Giovanni Rucellai와 지롤라모 베니비에니Girolamo Benivieni의 모습도 보였다. 만약 베네데토 바르키Benedetto Varchi가 그 당시에 살아 있지만 않았

---

* 그리스신화에서 시상(詩想)의 원천이 된다는 영천(靈泉)으로 헬리콘 (Helicon)산이 있다.
** 단테 알리기에리(Dante Alighieri, 1261~1321), 이탈리아의 시인.

어도 그의 초상화도 위의 시인들 틈에서 좋은 자리를 차지했을 것이다. 그는 얼마 후 좀더 나은 삶을 위해 인생 행로를 바꾸었다.

또 다른 한쪽에는 무려 300여 편의 단편을 쓴 프란코 사케티Franco Sacchetti가 보였고, 비록 당시에는 크게 이름을 떨치지 못했으나 로만스라는 장르에 적지 않은 공헌을 했기 때문에 이 자리에 둘 만하다고 판단되는 루이지 풀치Luigi Pulci와 그의 형제 베르나르도Bernardo와 루카Luca가 있었으며, 체오Ceo와 알티시모Altissimo의 모습도 보였다. 토스카나 풍자시의 창시자이자 아버지참으로 뛰어난 선구자다로 불리는 베르니Berni와 부르키엘로Burchiello, 안토니오 알라만니Antonio Alamanni, 우니코 아콜티Unico Accolti, 그는 조금 떨어져 서 있었다 등도 다른 시인들 못지않게 즐거운 표정이었다.

한편 월계수관을 씌워주는 두 어린아이를 거느리고 예의 모습대로 사자 등에 기대어 있는 아르노강과 머리에는 별이 박힌 관을 쓰고 아틀라스 신의 딸임을 나타내기 위해 이마에는 달을 달고 그의 곁에 서 있는 님프를 보고 식별할 수 있는 무뇨네Mugnone가 보였는데, 그 님프는 피에솔레Fiesole를 상징한다. 이 둘도 기쁨과 만족에 넘친 표정을 했음은 말할 나위가 없다. 이상에서 설명한 모든 내용도 역시 평방平仿 위에 적힌 4행의 시로 훌륭하게 요약·표현되었다.

피렌체여, 그대에게 뛰어난 예언자들이 왔지만,
이 왕족의 혼례를 저들의 거룩한 노래로 어울리게 축하할 수 없었기에
헬리코네의 푸른 산을 뒤로하고
뮤즈 여신들의 무리가 여기서 위세를 떨치고 있다.
Musarum hic regnat chorus, atque Helicone virente
Posthabito, venere tibi Florentia vates
Eximii, quoniam celebrare hæc regia digno

Non potuere suo et connubia carmine sacro.

그 맞은편인 왼쪽에는 앞에 말한 시 분야 못지않게 피렌체 사람들이 재능을 발휘한 미술, 조각, 건축 등을 관장하는 「디세뇨」desegno의 조상이 서 있었다. 이 신은 비록 피렌체가 발생지라고 말할 수는 없다 하더라도, 앞에서 말한 문학 분야에서처럼 여기서 다시 태어나서 그 둥우리 안에서 영양분을 공급받고 성장했다고 할 수 있겠다. 이 신의 조상은 완전히 벌거벗었으며, 그가 다스리는 세 가지 예술 분야를 각각 관장하는, 비슷하게 생긴 머리 세 개를 달고 있었다. 그들은 각자의 손에 몇몇 악기를 들고 있었으나 명확히 구별하기는 어려웠다.

조상 밑에 있는 캔버스에는 널찍한 궁정의 뜰을 그려놓았으며, 그 안에는 고대와 현대의 조각과 그림들을 요모조모 들여놓아 화려하게 꾸몄는데, 그 작품들은 모두 각 부문 전문가들이 그리거나 복제하는 중이었다. 한쪽에서는 해부학 강의 준비가 한창이었고 여럿이 모여 그것을 관찰하며 매우 찬찬히 그리는 모습을 볼 수 있었다. 또 한쪽에서는 여러 명이 건축물의 구조와 법칙을 관찰하면서 무엇인가를 매우 세밀하게 측정하고 있었다.

한편 건축의 위대한 대부 격인 훌륭한 미켈란젤로가 손에 작은 고리 세 개가 사용한 고대 기구다를 들고, 그의 주위에 그를 숭배하는 듯한 태도로 몰려든 안드레아 델 사르토Andrea del Sarto, 레오나르도 다 빈치Leonardo da Vinci, 폰토르모Pontormo, 롯소Rosso, 페리노 델 바가Perino del Vaga, 프란체스코 살비아티Francesco Salviati, 안토니오 다 산 갈로Antonio da San Gallo, 루스티치Rustici 등에게 손짓하면서 귀하신 새 여주인의 당당한 입성을 환희에 찬 표정으로 가리키고 있었다. 다른 쪽에는 고대의 화가 치마부에Cimabue가 제자들을 가르치고 있었으며, 그의 곁에는 단테가 적절하게 표현한 대로 그가 제일이라고 생각하던 미술 분야에서 오히려 스승을 제치고 올라선 조토Giotto가 그를 향해 미소 짓고 있었다.

조토 옆에는 가디Gaddi, 부팔마코Buffalmacco, 베노초Benozzo를 비롯해 같은 시대에 활약한 많은 화가의 모습이 보였다. 또 다른 한쪽에는 약간 모양을 달리해 예술에 커다란 공헌을 했을 뿐 아니라, 이상의 대가들이 그들에게서 큰 은혜를 입었다고 볼 수 있는 노장파 예술가들이 기쁜 표정으로 함께 담소를 즐기는 모습을 그려놓았다. 그들은 위대한 도나텔로Donatello, 필리포 디 세르 브루넬레스키Filippo di Ser Brunelleschi, 로렌초 기베르티Lorenzo Ghiberti, 프라 필리포Fra Filippo, 탁월한 마사초Masaccio, 데시데리오Desiderio, 베로키오Verrocchio 외 다수였으며, 모두가 실물과 똑같아 보였다. 그러나 이들은 앞의 책에서 이미 언급했으므로 다시 되풀이해 독자들을 지루하게 하지 않도록 더는 설명하지 않겠다. 이들이 누구이며, 또 무엇 때문에 이처럼 한자리에 모여들었는지도 그림 위에 쓴 4행의 시에서 설명했다.

> 그림도 대리석상도 동상도 그리고 토스카나의 아치도
> 이 엄청난 사실들을 충분히 드러내지 못했다.
> 장차 일어날 미래의 일들에 대해서는 더욱 그러하다.
> 누가 이제 프락시텔레스의 조각을 해내며,
> 누가 아펠레스의 그림을 그려내랴?
>
> Non pictura satis, non possunt marmora et æra
> Tuscaque non arcus testari ingentia facta,
> Atque ea præcipue quæ mox ventura trahuntur;
> Quis nunc Praxiteles cælet, quis pingat Apelles?

커다랗고 아름다운 캔버스 여섯 개의 아랫부분에는 모두 사랑스러운 어린이들의 무리를 하나씩 그려놓았다. 그들은 세 시기 사신이 속한 캔버스의 내용에 적합한 일에 몰두한 모습이었는데, 장식적 효과 외에 위에 그려진 각 분야 대가들이 처음에는 어떤 일부터 시작해 그 같은 경지에 도달하게 되었는지 정확하게 알려주는 역할도 했다. 게다가 뛰어난 판단력과 독창적인 기교를 발휘해 위의 캔버스들 사이에 둥글고 높다란 각종 장식기둥을 세워 서로 구분을 지었으며, 그림 내용에 알맞은 다양한 트로피를 주위에 놓아 아름답게 장식했다.

그러나 무엇보다도 우아하고 사랑스러운 장식품은 문장 열 가지, 즉 좀더 정확히 말해서 메달 뒷면에 아로새긴 열 가지 무늬였다. 이것들 중 몇 가지는 이미 오래전부터 도시에 있어왔던 것도 있지만 일부는 이번에 새로 만들었으며, 이미 설명한 대로 조각상들을 구분하는 역할을 하는 동시에 각종 발명품에 잘 어울리도록 세운 기둥들 위에 있는 칸막이 구획 내에 그려놓았다.

그중 첫 번째 그림은 식민지의 공제控除를 나타내는 것으로, 멍에를 멘 암수 두 마리 소 뒤에 고대 점쟁이들처럼 머리에 두건을 쓰고 손에는 지팡이를 든 농부 한 명이 따라왔으며, ‘COL. JUL. FLORENTIA’라는 글귀가 적혀 있었다.

두 번째 그림은—이 그림은 오래전부터 도시에서 익히 보아온 것으로, 대개 공공문서를 봉인할 때 사용되었다—곤봉과 네메아Nemea*숲에서 잡은 사자 가죽을 든 헤르쿨레스Hercules**였으며, 별다른 문구는 적혀 있지 않았다.

세 번째는 헬리콘 산정 위에 샘물을 솟아나게 했을 때처럼, 아르노강이 들고 있는 항아리를 뒷발로 걷어차는 천마 페가수스의 그림이었다. 항아리에서 봇물 터지듯이 쏟아져 나온 물은 수정처럼 맑은 강물을 이루었고, 그 위로는 온통 백조들이 떠다녔다. 그러나 여기에도 다른 문

---

* 그리스 동남부 주피터(Jupiter) 신전이 있는 곳.
** 그리스로마신화에서 주피터의 아들로 열두 가지 어려운 일을 해낸 강력 무쌍한 영웅.

구는 적혀 있지 않았다.

네 번째 그림은 고대 홍옥수紅玉髓에서 많이 보았듯이 손에는 그 유명한 지팡이와 지갑을 들고 모자를 눌러쓴 머큐리 신이 보였으며, 역시 다른 글귀는 적혀 있지 않았다.

다섯 번째 그림에는 처음에 지적한대로 피렌체의 동반자로 등장했던 「애정」과 조화를 이루기 위해 두 사람에게서 월계관을 받는 젊은 여인이 등장했다. 그녀 양옆에 서 있는 두 사람은 장성들이 입는 외투로 무장하고 역시 월계관을 쓴 모습으로 미루어 집정관 내지는 황제로 보였다. 여기에는 'GLORIA POP. FLOREN'이라는 글귀가 적혀 있었다.

여섯 번째 그림에는 역시 피렌체의 동반자였던 「신의」와 조화를 맞추기 위해 자리에 앉은 한 여인을 그려놓았다. 그녀는 자기 옆에 놓인 제단 위에 한 손을 올려놓았으며, 다른 한 손은 높이 쳐들고, 그중 둘째 손가락은 흔히 맹세할 때처럼 위로 올린 채 그곳에 적힌 'FIDES. POP. FLOR'라는 글귀 내용을 자신의 좌우명으로 밝히는 듯한 모습이었다.

일곱 번째 그림에는 곡식 이삭들이 서로 얽힌 채 가득 들어 있는 풍요의 뿔 두 개를 그려놓았는데, 아무런 글귀가 보이지 않았다.

여덟 번째 그림에도 글귀는 적혀 있지 않았고 회화, 조각, 건축 세 가지 예술이 마치 미의 세 여신처럼 의지하는 모습을 나타내기 위해 서로 손을 맞잡고 있는 그림이었다. 이 그림은 산양좌가 그려진 받침대 위에 무엇보다도 우아하게 놓여 있었다.

아홉 번째 그림은 언제나처럼 옆에 사자를 거느린 피렌체의 모습이었는데 아르노강에 더욱 가깝게 놓여 있었다. 그녀는 주위에 둘러선 사람들에게서 갖가지 월계수 가지를 받고 있었다. 이는 곧 널리 알려진 대로 피렌체에서 편지가 부활되기 시작함으로써 그들이 얻게 된 이익에 감사를 표하는 모습이었다.

마지막 열 번째 그림에는 사사가 떠받치고 있는 방패 위에 '스캅티아 부족장'TRIBU SCAPTIA이라는 글귀가 새겨져 있었다. 그들은 피렌체

설립자인 아우구스투스Augustus 휘하에 있던 부족들로, 고대에는 피렌체가 그들 이름으로 기록되곤 했다.

그러나 높은 각하들, 영명한 왕자의 무기, 도시의 문장이 새겨진 아름다운 방패, 피렌체가 선보인 훌륭한 공작 각하의 황금관보다 더 훌륭한 장식품은 도시를 상징하기 위해 모든 방패마다 아로새긴 대표적인 문장의 무늬였다. 그것은 초겨울에 바닷가에서 둥지를 틀고 있는 물총새 두 마리의 그림이었다. 이것은 그곳에 일부만 그려진 12궁도 내에서 태양이 산양좌 쪽으로 막 기울고 있는 상태임을 보고 더욱 분명한 내용을 짐작할 수 있었다. 함께 적힌 'HOC FIDUNT'라는 글귀는 바다를 잔잔하고 평온하게 하는 산양좌 쪽으로 태양이 움직이는 시기에는 물총새까지도 자연의 은총을 입어 안전하게 둥지를 틀 수 있다는 것을 의미했다그러므로 그 같은 시기를 '물총새 시기'halcyon days라고 불렀다.

그러므로 훌륭한 공작께서 오래전부터 귀한 문장으로 아껴온 산양좌를 자신의 별자리로 차지한 피렌체 또한 지금까지 역사가 증명해주듯이 항상 무한한 지복과 평화 속에서 최대 번영을 누려왔다고 볼 수 있다. 이 모든 내용이 이미 언급해온 다른 것들과 함께 가장 화려하고 아름다운 장소에 쓰여 귀하신 신부께 바쳐진 다음과 같은 문구에서 거의 대부분 표현되었다.

가장 존귀한 아가씨야,
행복한 혼례로 그대 것이 된 도시로 걸어 들어오너라.
믿음과 재능과 온갖 찬미로 뛰어난 이 도시로;
소중한 그대의 현존과 탁월한 미덕과 소망의 풍요로
고귀한 군주들의 조상 대대의 명문을 더욱 빛나게 하고
충성 지극한 시민들의 기쁨과
꽃피는 이 도시에 영광과 행운을 더해주어라.
INGREDERE URBEM FELICISSIMO CONJUGIO FACTAM TUAM,

AUGUSTISSIMA VIRGO, FIDE, INGENIIS, ET OMNI LAUDE PRÆSTANTEM;

OPTATAQUE PRÆSENTIA TUA, ET EXIMIA VIRTUTE, SPERATAQUE FECUNDITATE, OPTIMORUM PRINCIPUM PATERNAM ET AVITAM CLARITATEM, FIDELISSIMORUM CIVIUM LÆTITIAM, FLORENTIS URBIS GLORIAM ET FELICITATEM AUGE.

오니산티 거리 입구에 관하여

모든 사람이 잘 알고 있듯이 가장 아름답고 넓으며 곧게 뻗은 오니산티Ognissanti 거리를 향해 나아가다보면, 입구에 엄청나게 커다란 두 인물이 서 있는 것을 보게 된다. 그중 하나는 오스트리아를 상징하는 것으로, 고대 관습에 따라 완전무장을 하고 손에는 제국의 위용으로 구체화되었다고 볼 수 있는 막강한 군사력을 의미하는 홀笏을 든 젊은 여인의 상이다. 그 제국의 거주자들이 지금은 오스트리아에 거의 몰려 있어 인구 집중현상을 나타내는 듯했다. 다른 하나는 토스카나를 상징하는 것으로, 종교예복을 차려입고 손에는 사제의 지팡이를 들고 있었다. 이는 곧 토스카나 국민이 예부터 신성한 예배의식을 치르는 데 남다른 우수성을 보여주었음을 나타낸다. 이는 오늘날에 이르러 교황을 비롯한 로마 교황청의 고위 성직자들이 그들의 으뜸가는 주요 소재지를 토스카나에 두도록 결정할 만큼 익히 알려진 사실이다.

이들 옆에는 벌거벗은 사랑스러운 아기 천사가 한 명씩 붙어 있는데, 그중 한 명은 제국의 왕관을, 또 한 명은 교황들이 대대로 써온 관을 보호하는 모습이나. 앞에 말한 천사는 다른 천사에게 지극히 사랑스러운 자태로 손을 내밀었다. 이는 마치 오스트리아Austria 공국이 그 밑에 거

그림 694 조르조 바사리, 「보르고 오니산티 입구 아치의 설계」,
펜과 잉크와 엷은 칠, 밀톤 에발드 컬렉션, 로마.

느린 모든 도시—이 도시들은 포르타 성문 쪽을 마주 보고 서 있는 거리의 입구에 장식 겸 상인방上引枋을 세워둔 거대한 캔버스에 각양각색으로 그려놓았다—와 함께 훌륭한 신혼부부를 경하하는 축제에 어버이로서 참석할 뿐 아니라, 아름다운 토스카나를 직접 만나 포옹함으로써 어떤 의미에서는 가장 강력한 두 가지 힘, 즉 정신적 힘과 세속적 힘의 결합을 이루고자 왔음을 나타내는 듯했다. 이상의 내용은 적당한 장소에 써놓은 다음과 같은 시구에서 훌륭히 표현되었다.그림 694

나 오스트리아는 존귀한 아씨 옆에 후행으로 서 있노라.

위대한 황제의 딸로 태어난 이 아씨의 오빠도 황제다.

그의 삼촌은 저 유명한 카롤루스이며

조상 대대로 왕들을 배출해 수많은 승리를 거둔 그의 가문은

지금도 빛나는 통치를 계속하고 있다.

빛나는 투시아*여,

우리는 너에게 기쁨과 평화를 가져왔으며

감미로운 축혼가祝婚歌와 평온한 안식을 가져왔노라.

Augustæ en adsum sponsæ comes Austria; magni

Cæsaris hæc nata est, Cæsaris atque soror.

Carolus est patruus, gens et fæcunda triumphis,

Imperio fulget, regibus et proavis.

Lætitiam et pacem adferimus dulcesque Hymeneos

Et placidam requiem, Tuscia clara, tibi.

한편 맞은편에 서 있는 토스카나는 그녀의 주인이자 여왕인 피렌체에 첫 번째 문에서 선두 자리를 양보했지만, 그토록 뛰어난 공주님을 맞이하게 된 기쁨에 사로잡힌 모습이었다. 그녀 옆에 놓은 화판에는 토스카나에 속한 유명한 도시들인 피에솔레Fiesole, 피사Pisa, 시에나Siena, 아레초Arezzo 등이 옴브로네Ombrone, 아르비아Arbia, 세르키오Serchio, 키아나Chiana 사람들과 함께 관례에 따라 여러 가지 형태로 묘사되어 있었다. 다른 것들처럼 적당한 자리에 써놓은 다음과 같은 시에서 토스카나 사람들의 만족감이 충분히 표현되었다.

온갖 번영과 만물의 영상을 나는 기뻐하며

* 투시아(Tuscia)는 토스카나(Toscana)의 옛말.

공주 아씨를 가까이 쳐다보노라.

우리의 빛나는 이 도시는 여러 도시,

이 성채城砦와 전원 모두가 그대 것이로다.

그대는 그것들에 법을 주어 다스릴 수 있으리라.

그대는 천지에 울려 퍼지는 환호성이 들리는가.

온 오스트리아가 갈채와 축제로 떠들썩한 소리가 들리는가?

Ominibus faustis et lætor imagine rerum,

Virginis aspectu Cæsareæque fruor.

Hæ nostræ insignes urbes, hæc oppida et agri,

Hæc tua sunt; illis tu dare jura potes.

Audis ut resonet lætis clamoribus æther,

Et plausu et ludis Austria cuncta fremat?

카라이아 다리에 관하여

화려한 결혼식에 상서로운 예언으로 축복을 더해주기 위해서 카라이아Carraia가 시작되는 곳에 있는 리카솔리Ricasoli에는 도리아 방식으로 건조해 결혼의 신 히멘Hymen*에게 바친 세 번째 장식품이 서 있었다. 이것은 오니산티 거리를 거쳐온 모든 사람의 눈에 즐거움을 한층 더해준 독특한 미를 지닌 상인방上引枋과 함께 매우 높고 장중하게 세운 문 두 개였다. 이들 중에서 라 비냐La Vigna라는 거리로 이어지는 통로를 열어준 문 위에는 신중한 판단력으로 만든 생산의 신 비너스 제네트릭스Venus Genetrix가 놓여 있었다. 이는 비너스 여신에 기원을 둔 황제 폐하의 가문을 상기하는 것으로 볼 수도 있고, 혹은 신혼부부에게

* 그리스신화에서 결혼의 신.

복된 출산과 다산의 복을 내리려는 의도로 보이기도 했다. 여기에는 테오크리투스Theocritus*의 축혼가에서 따온 다음과 같은 글귀가 함께 적혀 있었다.

키프로스여, 키프로스의 여신이여, 너희 서로를 동등하게 사랑하게 하라.

Κύπρις δὲ, Θεὰ Κύπρις, ἶσον ἔρασθαι ἀλλάλων.

축하 행렬은 아르노 강둑으로 이어지는 길에 세운 다른 쪽 문을 통해서 지나갔으며, 그 문 위에는 불임이나 질투심 많은 유노Juno 여신의 훼방을 막기 위한 것으로 보이는 양육의 여신 라토나Latona의 조상이 서 있었다. 그곳에 적힌 글귀는 다음과 같다.

라토가 주노니, 라토는 아들에게 젖을 주는 여인이 될 수 있도록 순산을 도와주노라.

Δατὼ μὲν δοίη, Δατὼ κουροτρόφος ὕμμιν εὐτεκνίαν.

이들 중 한 문을 받치고 있는 거대한 대좌 위에는 위에서 설명한 장식들과 조화를 이루기 위해 독창적인 기교를 부려 만든 아르노강의 조상이 한쪽에 서 있었다. 그는 지금 막 물속에서 솟아나온 듯한 싱싱한 몸매에 백합꽃 화환을 청아하게 두른 매우 아름다운 거인의 모습이었다. 그는 결혼의 축복을 예시하려는 듯이 잎사귀와 사과 열매로 엮은 화환을 두른 시에베Sieve를 힘껏 포옹하고 있었다. 이 사과들은 그들이 지닌 의미의 기원을 이루는 메디치Medici 가문 무도회를 연상시켰으며, 순백색의 대리석과 잘 어울렸던 것을 떠올리면 장밋빛이었던 것으로 기억된다. 기쁨에 넘친 아르노강은 그의 새 여주인에게 다음 글에 적힌

* 3세기경의 그리스 전원시인.

말을 하는 것처럼 보였다.

아르노강은 지금 황금빛 모래를 흘려보내려 하니
은보다 더 깨끗한 물결이 흐를 것이다.
황제의 무적의 무기가 지금 에트루리아 사람들을 따라다니니
나는 높이 하늘을 향하여 머리를 쳐들리라.
운명의 여신은 이제 나로 하여금
이렇듯이 위대한 역사의 명예와 영광으로 티베르강을 이기게 해
줄 것이다.

In mare nunc auro flaventes Arnus arenas

Volvam, atque argento purior unda fluet.

Etruscos nunc invictis comitantibus armis

Cæsareis, tollam sidera ad alta caput.

Nunc mihi fama etiam Tibrim fulgoreque rerum

Tantarum longe vincere fata dabunt.

그 맞은편 문에도 아르노강과 짝을 맞추기 위해 비슷한 모양의 대좌
위에 다뉴브강과 그 지류인 드라바Drava강이 꼭 껴안고 있었으며, 맞은
편 강들이 사자를 데리고 있었듯이 이들도 상징 겸 지주로서 독수리를
데리고 있었다. 또 장미꽃을 비롯한 수천 가지의 조그마한 꽃으로 화환
을 만들어 썼으며, 아르노강이 그러했듯이 피렌체에 다음과 같은 시를
읊어주는 듯이 보였다.

이름난 플로라야, 비록 내가 네 영토 안에서 헤매기는 하지만
나는 일곱 갑절이나 물결 센 도나우강이다.
존귀한 아가씨의 동반자는 그의 발자취를 살피면서 따라가노라.
생각건대 강들이 어떤 신을 가지고 있다면

나는 너를 위해 부귀다산富貴多産의 혼인과 네스토르 같은 장수長壽와

토스카나의 통치를 널리 전하리라.

Quamvis Flora tuis celeberrima finibus errem,

Sum septemgeminus Danubiusque ferox;

Virginis Augustæ comes, et vestigia lustro,

Ut reor, et si quod flumina numen habent,

Conjugium faustum et fœcundum et Nestoris annos,

Tuscorum et late nuntio regna tibi.

영예로운 자리인 상인방上引枋의 꼭대기에는 순백색 대리석으로 깎아놓은 듯한 젊은 히멘의 조상이 보였다. 그는 꽃이 만발한 박하나무 화환을 두르고 횃불과 베일을 들고 있었으며, 그의 발치에는 '행복한 사랑의 결합'BONI CONJUGATOR AMORIS이라는 글귀가 적혀 있었다. 그의 한쪽 편에는 매우 나른한 모습으로 비스듬히 누워 있는 「사랑」이 있었고, 다른 한쪽에는 양팔을 서로 꽉 끼고 있는 「결혼 생활의 신의」가 있었다. 이들 모두가 너무나도 즐거워 보였고, 매력이 넘쳤으며, 지극히 아름다웠을 뿐 아니라 구경하기에 편리하도록 잘 배치되었으므로 사실상 말로 표현하기가 어려울 정도다.

이 장식품을 대표하는 관은—모든 장식마다 대표적인 왕관과 문장이 놓여 있었다—위에 말한 히멘이 자신의 머리를 장식한 것과 똑같은 박하꽃으로 만든 화환 두 개였다. 그는 그 화환을 이제 새로 맺어질 행복한 부부에게 선사하려는 듯이 보였다. 그러나 무엇보다도 사랑스럽고 아름다우며 최고로 잘 만들어진 것은 두 기둥이 거대한 전면을 나누고 있는 삼면에 그린 넓은 그림이었다. 이 그림은 히멘의 발치에 멋지게 놓여 있었으며, 그 안에는 결혼이 가져다주는 온갖 이득과 기쁨을 비롯해 모든 소망스러운 일을 가득 그려놓았다. 반면에 언짢고 당혹스

러운 일들은 섬세한 솜씨로 몽땅 쫓아버렸다. 이 그림 중 한 면, 즉 가운데 면에는 예의 모습대로 온통 환희와 기쁨에 가득 찬 미의 세 여신을 그려놓았다. 그들은 다음과 같은 시구에 부드럽게 화음을 맞추어 노래를 부르는 것처럼 보였다.

훌륭한 부모의 혈통을 이어
자기 선조에 어울리는 이렇듯이 훌륭한 자손이 또 어디 있겠는가?
에트루리아에는 오스트리아와 메디치 일가의 혼인으로
이보다 더 큰 영광이 있으랴!
너희는 행복하게 살아라.
희망은 헛되지 않으니
사랑의 세 여신이 소리 높여 노래 부른다.

Quæ tam præclara nascetur stirpe parentum
Inclita progenies, digna atavisque suis?
Etrusca attollet se quantis gloria rebus
Conjugio Austriacæ Mediceæque Domus?
Vivite felices; non est spes irrita, namque
Divina Charites talia voce canunt.

이들의 한쪽 옆에는 마치 합창단이 둘러선 모양으로 「젊음」, 「기쁨」, 「만족」을 품에 안은 「아름다움」이 서로 어울려 짝을 짓고 서 있었다. 다른 한쪽에는 역시 같은 모양으로 짝을 이룬 「즐거움」과 「유희」, 「풍요」와 「휴식」이 각각 보였다. 이들 모두가 자태가 우아할 뿐 아니라 그들의 성격에 꼭 어울려 보였으며, 솜씨 좋은 화가가 워낙 훌륭하게 그려놓은지라 쉽게 식별할 수 있었다.

이 그림의 오른쪽에 있는 그림에는 「사랑」과 「신의」 외에 「만족」, 「기쁨」, 「휴식」 등이 저마다 손에 횃불을 들고서 인간의 마음을 자주 괴롭히는 「질투」, 「논쟁」, 「괴로움」, 「슬픔」, 「탄식」, 「기만」, 「불모」 등 온갖 당혹스럽고 불쾌한 것들을 이 세상에서 쫓아내 깊숙한 심연의 밑바닥으로 추방해버리는 모습을 묘사했다.

한편, 왼쪽에 있는 다른 그림에는 「유노」 여신, 「비너스」 여신, 「화합」, 「사랑」, 「비옥」, 「수면」, 「파시테아」Pasithea*, 「탈라시우스」Thalassius** 등을 거느린 미의 세 여신이 관례에 따라 횃불과 향, 화환, 꽃 등 고대 종교적인 격식을 차려 신혼부부의 잠자리를 정돈하는 모습이 보였다. 또 수많은 어린 사랑의 요정도 즐겁게 날아다니면서 적지 않은 꽃을 침대 위에 뿌리고 있었다.

이 그림들 위에는 매우 아름다운 격자 속에 넣은 그림 두 편이 놓여 있었는데, 앞에 설명한 그림들보다 조금 작은 이 그림들은 히멘의 조각상 양옆에 하나씩 걸려 있었다. 이 중 하나에는 카툴루스Catullus***가 훌륭하게 설명한 바 있는 고대 풍습을 모방해 매우 아름다운 처녀들로 이루어진 품위 있고 오붓한 무리에 둘러싸인 훌륭한 공주님의 초상화를 그려놓았다. 그 처녀들은 처녀다운 옷을 차려입고 꽃으로 치장했으며, 손에는 모두 횃불을 하나씩 들고 있었다. 또 이들에 의해 움직이기 시작한 것처럼 우아한 동작으로 히멘을 향해 떠오르는 금성金星을 손가락으로 가리키고 있었다. 여기에는 '오! 배필과의 영예로운 만남이여' O DIGNA CONJUNCTA VIRO라는 글귀가 적혀 있었다.

맞은편 그림에는 역시 화환을 둘러쓰고, 사랑에 불타는 듯한 열정적인 젊은 청년들 틈에 서 있는 훌륭한 왕자의 초상이 보였다. 청년들도 처녀들처럼 혼인의 횃불을 열심히 밝혀 들고 있었으며, 새로 떠오른 별

---

* 그리스신화에서 미노스(Minos)의 아내이고 아리아드네(Ariadne)의 어머니.
** 탈라사(Thalassa)가 그리스 말로 '바다'를 뜻하므로 바다의 신으로 추정됨.
*** 기원전 84?~기원전 54?, 로마의 서정시인.

그림 695 브론지노파의 그림, 「비너스와 세 자매의 여신」,
펜과 잉크와 엷은 칠, 루브르 박물관, 파리.
베렌슨은 이 작품을 브론지노파의 작품으로 추정하며
알레산드로 알로리가 모사한 것으로 생각한다.
원화는 메디치가 결혼식 축제 때 브론지노가 주문받은
캔버스(현재 망실)라고 주장한다.

을 가리키면서 처녀들만큼, 아니 오히려 더 애타는 모습으로 그 별을 향해 나아가고자 하는 신호를 보내고 있었다.그림 695 여기에도 '오! 순조로운 혼례와 함께'O TAEDIS FELICIBUS AUCTE라는 글귀가 적혀 있었다.

매우 품위 있게 배열된 이 그림들 위에는 이 모두를 종합적으로 상징하는 대표적인 디자인이 아치형 문 꼭대기에 놓여 있었다. 그것은 결혼반지와 그 상징석을 이어서 만든 금박 입힌 줄인데, 천상으로부터 늘어뜨려져서 지상의 세계를 지탱하는 것처럼 보였다. 이는 어떤 의미에서는 호메로스Homeros가 말한 '제우스 신의 사슬'을 연상시키는 동시에 결혼으로 천상의 이치가 지상의 삶과 결합됨으로써 자연의 순리와 지상의 세계가 함께 보존되고 영원성을 얻게 됨을 나타내기도 했다. 이 내용을 나타내는 문구는 '자연은 사랑의 큐피드를 수반한다'NATURA SEQUITUR CUPIDE였다. 그밖에 셀 수 없이 많은 대좌와 기둥, 꽃줄, 기타 장식품 사이에는 하나같이 우아하고 유쾌해 보이는 아기 천사와 어린 큐피드들이 각각 적재적소에 흩어져 자리 잡고 있었다.

이들은 모두 기쁨에 넘친 표정이었으며, 이미 말했듯이 사랑스럽고도 품위 있게 배열해놓은 커다란 그림과 전면을 나누어주는 두 기둥 사이에 생긴 공간 내에서 꽃이나 화환을 뿌리거나, 건축물로서 세 군데에 전면이 있는 하나의 상인방上引枋으로 구성되었다. 그중에서 카라이아 다리 쪽을 향한 전면은 중앙의 것과 결합되었고, 이것은 약간 구부러져서 스피니Spini 궁전과 산타 트리니타 성당 쪽으로 향해 있는 다른 면과 연결되도록 만들었다. 그러므로 이 건축물은 구경꾼들이 어느 쪽 거리에서 보든지 전면을 완전히 감상할 수 있었으므로 저마다 자신의 관점에서 다음에 적은 송가를 감미롭게 노래했다.

존귀한 황제 가문의
에트루리아 군주에게

출가한 왕녀
상서로운 경사 맞아
유유히 흐르는 도나우강을 버리고
조국을 떠났다.

오빠, 아버지, 삼촌 그리고
많은 조상이 예부터
그 이름에 어울리는 황제 되어
제국의 고귀한 가문으로 왕녀를 빛냈다.

그러니 아르노강이여,
마음씨 고운 공주에게
손길을 공손히 펼쳐주어라
플로라여, 아롱진 빛깔의 제비꽃들로
그의 아름다운 가르마를 꾸며주어라.

귀족들로 하여금 그녀에게
마치 하늘로부터 쪼이는
금빛 빛깔 같은 영광을 주도록 하소서.
또 그들로 하여금 신의 궁전과 신앙심 깊은 예식으로
신성한 제단을 가득 채우게 하소서.

이러한 일치단결이 기쁜 평화를 되찾게 했고
풍성한 케레스는 땅 위의 과실을 배로 늘렸으며
사투르누스의 황금시대는 되돌아오고
온 누리는 행복을 노래한다.

그대의 인도로 말미암아 푸리스가 나타날 징조와
타르타르의 괴물들은 영토에서 멀리 추방되고
전쟁의 야만적인 광란도 이 땅에서 사라지고
피에 목마른 마보르도 도망쳤다.

어둠의 장막은 이미 드리우고
새색시는 들러리 유노여신와
매혹적이며 벌거벗은 세 여신과 함께
도착하였다.

그녀는 흰 백합꽃으로 머리를 장식하고
붉은 장미꽃과 부드러운 제비꽃으로 짠 꽃줄을 입고
아름다운 마조람으로
처녀의 머리를 꾸몄다.

즐거움과 행복의 고요와 아름다움 속에
왕가의 새색시 침실 문 앞에서
히멘*의 갈채가 울려 퍼지는 가운데
큐피드의 한 무리가 여기저기에 날고 있다.

젊은이들이여,
신방 침대의 즐거움을 탐닉하는 데 상관 말고 의연하여라.
당신들의 즐거운 세월이 아직 원하고 있는 동안
익살과 춤과 향락을 버려라.

＊ 그리스신화에서 혼인의 신.

네 두 팔이 담쟁이덩굴보다 더 유연해야 할 것이며
감미로운 키스가 섭조개보다 더 부드러워야 할 것이다.
감미롭고 즐거운 푸념이
가장 깊은 뱃속에서부터 흘러나오게 하라.

주피터로 하여금 무쌍한 힘과 국토를 주도록 하고
라토나*로 하여금
아버지를 닮은 자녀를 얻게 하소서.
비너스와 큐피드로 하여금
서로 사랑하는 정열을 주도록 하소서.
Augusti soboles regia Cæsaris,

Summo nupta viro Principi Etruriæ,

Faustis auspiciis deseruit vagum

Istrum regnaque patria.

Cui frater, genitor, patruus, atque avi

Fulgent innumeri stemmate nobiles

Præclaro Imperii, prisca ab origine

Digno nomine Cæsares.

Ergo magnanimæ virgini et inclytæ

Jam nunc Arne pater suppliciter manus

Libes, et violis versicoloribus

Pulchram Flora premas comam.

* 제우스(Zeus)의 사랑을 받아 아폴로(Apollo)와 아르테미아(Artemia)의
어머니가 된 여신. 그리스신화의 레토(Leto).

Assurgant proceres, ac velut aureum
Et cæleste jubar rite colant eam.
Omnes accumulent templa Deum, et piis
Aras muneribus sacras.

Tali conjugio Pax hilaris redit,
Fruges alma Ceres porrigit uberes,
Saturni remeant aurea sæcula,
Orbis lætitia fremit.

Quin diræ Eumenides monstraque Tartari
His longe duce te finibus exulant.
Bellorum rabies hinc abit effera,
Mavors sanguineus fugit.

Sed jam nox ruit et sidera concidunt;
Et nymphæ adveniunt, Junoque pronuba
Arridet pariter, blandaque Gratia
Nudis juncta sororibus.

Hæc cingit niveis tempora liliis,
Hæc e purpureis serta gerit rosis,
Huic molles violæ et suavis amaracus
Nectunt virgineum caput.

Lusus, læta Quies cernitur et Decor;
Quos circum volitat turba Cupidinum,

Et plaudens recinit hæc Hymeneus ad
Regalis thalami fores.

Quid statis juvenes tam genialibus
Indulgere toris immemores? Joci
Cessent et choreæ; ludere vos simul
Poscunt tempora mollius.

Non vincant hederæ bracchia flexiles,
Conchæ non superent oscula dulcia,
Emanet pariter sudor et ossibus
Grato murmure ab intimis.

Det summum imperium regnaque Juppiter,
Det Latona parem progeniem patri;
Ardorem unanimem det Venus, atque Amor
Aspirans face mutua.

스피니 궁전에 관하여

그처럼 행복한 결혼식 자리에 양국의 모습이 하나라도 빠지지 않게
하려고 산타 트리니타S. Trinita 다리와 그 다리가 시작되는 지점에서 보
이는 스피니Spini 궁전에 네 번째 장식품을 세웠다. 그것 역시 다른 것
에 뒤지지 않는 장대한 구조를 지닌 건축물이었으며, 세 군데에 전면
을 둔 하나의 상인방上引枋으로 건조되었다고 생각하게끔 고안한 듯했
다. 이는 그것을 찬찬히 살펴보는 사람에게는 매우 독창적인 예술품으

로 여겨질 뿐 아니라, 그 자체만으로도 피렌체 내에서 어느 곳 못지않게 당당하고 화려한 그 거리를 믿기 어려울 만큼 더욱 당당하고 아름다워 보이도록 했다.

중앙에 있는 전면의 커다란 대좌 위에는 바라보기만 해도 장대하고 훌륭해 보이는 두 거인을 만들어놓았다. 그들은 두 괴물과 바닷속에서 헤엄치는 듯한 괴상한 물고기들의 지지를 받고 있었으며, 바다 님프 둘을 거느리고 있었다. 그들 중 한 명은 거대한 「대양」Grande Oceano을 상징하고, 다른 한 명은 「티레노해」Il mare Tirreno*를 상징했다. 그들은 거의 반쯤 누운 자세로 수없이 많은 아름다운 산호가지와 진주층을 품은 커다란 조개껍데기 외에 그들이 손에 들고 있던 진귀한 바다의 특산품들은 물론, 자신의 행렬 뒤에 거느리고 등장한 새로운 섬, 토지, 왕국 등을 이 훌륭한 신혼부부에게 다정하고도 관대하게 선사하려는 듯이 보였다.

그들 뒤에는 이상의 모든 장식품이 더욱 사랑스럽고 당당하게 보이도록 하려고 코니스와 프리즈, 평방을 차례대로 괴어 올린 커다란 반기둥 두 개가 대좌 위의 주춧돌에서부터 조금씩 솟아오르게 만들었다. 그 때문에 앞에서 묘사한 바다 신들의 뒤에는 거의 아치형의 개선문과 유사한 형태의 널따란 사각 공간이 생겨났다. 두 기둥과 평방의 표면에는 덩굴식물로 뒤덮인 멋진 벽기둥 두 개를 덧붙여놓았다. 그 벽기둥에도 코니스가 하나씩 달려 있었는데, 그것은 상부 꼭대기에서 매우 훌륭하고 대담한 합각머리를 형성했다. 이 코니스 위와 이미 설명한 벽기둥의 덩굴 장식 위에 갖가지 바다 특산품이 수없이 들어차서 넘쳐흐르는 커다란 금화병 세 개가 놓여 있었다.

평방과 합각머리 사이의 공간에는 바다의 여신이자 여왕인 테티스

---

* 이탈리아 본토와 사르데냐 및 시칠리아섬에 둘러싸인 바다.

Tethys* 여신 혹은 암피트리테Amphitrite** 여신으로 보이는 기품 있는 님프 한 명이 매우 위엄 있는 자태로 누워 있었다. 그녀는 매우 엄숙한 태도로 이 자리를 대표하는 관인「해전관」을 선사하는 모습이었다. 이 관은 해전에서 승리한 자에게 수여했는데, 여신의 모토인 '바다를 정복하라'VINCE MARI에 더해 '이제 육지는 너의 것이다'JAM TERRA TUA EST라는 글귀가 함께 적혀 있었다.

거인들의 뒤에 놓인 그림과 전면에서처럼, 실제 자연 동굴을 방불케 하는 거대한 벽감 내부에는 갖가지 바다 괴물들 틈에 베르길리우스Vergilius의 농경시에 나오는 아리스타에우스Aristaeus에게 사로잡힌 프로테우스Proteus***의 모습을 그려놓았다. 그는 손가락으로 그의 위에 적힌 시를 가리키면서, 잘 맺어진 부부에게 행운과 승리, 특히 해상에서 일어나는 만사가 그들 뜻대로 이루어지리라는 예언을 다음과 같이 말하고자 하는 듯이 보였다.

오! 장엄한 꽃, 독일의 처녀여,
결혼의 여신 히멘의 후손이
튼튼한 끈으로 말쑥한 사랑을 묶어서
하나가 되도록 당신에게로 오리라.
오! 이탈리아의 왕관, 얼마나 많은
기쁜 소식이 이 결혼을 뒤따르리오.
오! 아버지 아르노, 오! 꽃피는 어머니.
얼마나 많은 영광이 그대들의 것이리오.

* 그리스신화에서 네레우스(Nereus)의 딸로 펠레우스(Peleus)의 아내이며 아킬레스(Achilles)의 어머니.
** 그리스신화에서 바다의 여신 네레우스의 딸 50명 중 하나이며 포세이돈(Poseidon)의 아내.
*** 로마신화에서 모습을 마음대로 바꾸고 예언하는 힘을 가졌던 바다의 신.

프로메테우스는 자신의 후손에게 실망하지 않으리라.

Germana adveniet felici cum alite virgo,

Flora, tibi, adveniet soboles Augusta, Hymenei

Cui pulcher Juvenis jungatur fœdere certo

Regius Italiæ columen, bona quanta sequentur

Conjugium? Pater Arne tibi, et tibi Florida Mater,

Gloria quanta aderit? Protheum nil postera fallunt.

이미 말했듯이 이 동굴이 있는 전면은 각각 산타 트리니타 성당과 카라이아 다리 쪽을 향해 있는 나머지 두 전면 사이에 자리하고 있었으므로. 크기와 높이가 같은 나머지 전면들도 중앙의 것과 비슷한 반기둥이 테를 두르고 있었다. 이 기둥 위에도 평방과 프리즈, 코니스 등이 4분의 1 원형 형태로 놓여 있었다. 그 위에는 양쪽 모두 주춧돌 세 개 위에 세워놓은 소년 조각상 세 개가 보였는데 그들은 소라, 조개껍데기, 산호, 가느다란 풀, 해초 등을 능란하게 연결해 만든 매우 화려한 금 꽃줄을 들고 있었으며, 전체 건축물의 마무리 장식으로서 전혀 손색없는 우아한 분위기를 자아냈다.

그러면 곧게 뻗은 길에서 꺾여 스피니 궁전 쪽으로 향하는 전면의 공간 부분을 다시 살펴보겠다. 그 안에는 명암법에 따라 그린 수많은 신기한 동물 틈에 둘러싸여 아무런 장식도 없이 거의 벌거벗다시피한 님프 한 명을 그려놓았다. 이는 새롭게 발견되어 복된 오스트리아 가문의 통치를 받게 된 페루 및 서인도 제도의 몇몇 지역을 상징했다. 이 님프는 공중에 매달린 십자가 위에 빛나는 모습이었는데이는 최근 그 지역 사람들이 발견한 십자가 형상의 네 별을 상징하는 것으로 그 별들은 특히 빛의 강도가 다른 별보다 높다고 한다, 마치 짙은 구름 사이로 찬연한 빛을 내며 모습을 드러내는 태양처럼 눈부시게 등장한 우리 주 예수 그리스도의 형상을 향하고 있었다.

그녀는 오스트리아 황제 일가의 도움으로 성스러운 종교의 숭배자로, 또 진정한 기독교 신자로 개종되었기 때문에 그 사실을 특히 이 가문 사람에게 감사드리는 것처럼 보였다. 그녀 밑에는 다음과 같은 시구가 적혀 있었다.

당당한 가계여, 오스트리아의 가문
그대에게 어울리는 보답을 바칠 것입니다.
정복된 나라 페루를 해방시키고
페루로 하여금 태양을 볼 수 있게 만든 그대에게
또 이런 암흑 속에 그리스도를
알 수 있도록 만든 그대에게.
Di tibi pro meritis tantis, Augusta propago,
Præmia digna ferant, quæ vinctam mille catenis
Heu duris solvis, quæ clarum cernere solem
E tenebris tantis et Christum noscere donas.

전면 전체를 지탱하며 거인을 받치고 있는 것과 같은 선상에 있으면서도 밖으로 돌출해 보이지 않는 대좌 위에는 페르세우스가 잔인한 바다 괴물의 손아귀에서 구출한 안드로메다의 이야기를 우화 양식으로 그려놓은 것을 볼 수 있었다. 옆으로 돌아서 아르노강과 카라이아 다리 쪽을 마주 보고 있는 대좌에는 작지만 유명한 엘바섬을 커다란 바위 위에 앉은 무장한 전사의 모습으로 그려놓았다. 그녀는 오른손에 바다 신의 삼지창을 들고 있었고, 한쪽 옆에는 돌고래와 함께 즐겁게 놀고 있는 어린 소년을 데리고 있었다. 그 반대편에는 역시 닻을 붙잡고 있는 소년과 함께 엘바섬 근해를 선회하는 많은 군함을 그려놓았다.

그녀의 발치에 있는 대좌에는 윗부분의 전면 그림과 보조를 맞추려고 스트라보Strabo*가 전하는 신화를 그려놓았다. 그 내용은 황금 양털을 빼앗아 가지고 돌아오던 아르고 원정대 일행Argonaut**이 메데아Medea와 함께 엘바섬에 도착했을 때, 그곳에 제단을 세우고 유피테르Jupiter*** 신에게 희생제물을 바쳤다는 것이다. 이는 아마도 언젠가는 우리의 훌륭한 공작 각하가 그들 일행처럼 황금 양털에 힘입어 섬의 국방을 튼튼히 하고 시달린 선원들을 보호해줌으로써 과거의 영광된 기억을 회상하게 될 것을 예언하거나 기원하는 뜻으로 보였다. 그러한 내용은 적당한 장소에 써놓은 다음과 같은 시에서 유감없이 잘 표현되었다.

> 지난날 이 해변의 도량이 큰 영웅이
> 엄숙한 약속을 얻으려고 신에게로 갔다.
> 보아라, 엘바는 코시모 공의 강력한 지원 아래
> 많은 요새와 병력으로 강화했다.
> 바닷사람들이여, 겁내지 말고
> 평화스러운 바다로 배 타고 나가라.
> Evenere olim Heroes qui littore in isto
> Magnanimi votis petiere. En Ilva potentis
> Auspiciis Cosmi multa munita opera ac vi;
> Pacatum pelagus securi currite nautæ.

그러나 그 무엇보다도 가장 아름답고 신기하며 환상적인 데다가 화려한 장식으로 돋보인 것은—다양한 무늬와 트로피 그리고 헤엄치는

돌고래의 등에 올라타고 바다를 즐겁게 돌아다니는 아리온Arion* 외에도—프리즈, 주춧돌, 대좌 등 공간과 그 아름다움을 함께 갖춘 장소라면 어디에라도 골고루 묘사해놓은 수없이 많은 진귀한 바닷물고기와 네레이드Nereid**, 트리톤Triton***들이 펼친 장관이었다. 거인들을 받쳐준 커다란 대좌에서와 같이, 매우 큰 물고기의 머리 위에 올라앉은 아름다운 세이렌Seiren****의 모습에서도 또 다른 품위를 엿볼 수 있었다. 그 물고기는 쐐기를 돌릴 때마다 마치 세이렌의 가슴으로부터 매우 넓고 화려한 물통 속으로 철철 넘쳐 흘러내리는 백포도주와 적포도주를 마시고 싶어 안달이 난 듯한 모습으로 입에서 물을 뿜어대 이를 지켜보던 사람들이 웃음을 터뜨리기도 했다.

행렬대와 마찬가지로 카라이아 다리로부터 스피니 궁전 쪽을 향해 오는 사람들의 눈에 처음 들어온 것은 엘바섬을 그려놓은 전면의 굴곡부였다. 그러므로 이곳을 담당한 발명가는 필연적으로 뒷면에 놓일 수밖에 없는 건축물의 뼈대나 목조품들이 보기 싫게 드러나는 것을 감추려고 이미 말한 전면 세 개와 유사한 새 전면을 똑같은 높이로 만들어 세우는 것이 좋겠다고 생각했다. 더구나 그렇게 될 경우 전체적인 조망은 축제 분위기에 더욱 잘 어울리는 화려한 것이 될 수 있기 때문이었다.

그리고 그는 바로 그곳에 전체 건축물의 개념을 포괄적으로 상징하는 대표적인 문장을 새겨 넣은 커다란 타원형 장식품을 설치하는 것이 좋겠다고 생각했다. 또 그러한 취지로 그곳에는 베르길리우스가 묘사한 대로, 예의 수레에 올라타 삼지창을 휘두르면서 성가신 폭풍을 몰아

---

* 기원전 700년경에 활동한 그리스의 서정시인.
** 그리스신화에서 바다의 요정.
*** 그리스신화에서 반인반어의 바다의 신. 포세이돈(Poseidon)의 아들.
**** 그리스신화에서 시칠리아섬 근처의 작은 섬에 살았다는 반인반조(半人半鳥)의 바다 요정.

내는 위대한 넵투누스* 신의 모습을 묘사했다. 동시에 복된 신혼부부에게 그의 영역인 바다에서만큼은 행복과 평화, 평정을 보장해주겠다는 약속을 하려는 듯이 '서둘러서 도망치다'MATURATE FUGAM라는 모토를 보여주었다.

기둥에 관하여

불과 얼마 전에는 아름다운 바르톨리니Bartolini 궁전 맞은편에 독특한 기교를 발휘해 더욱 견고하고 탄탄하게 만든 장식품을 세웠다. 그것은 로마 황제 안토니누스의 욕실Baths of Antoninus에서 가져온 뒤, 교황 피우스Pius 4세가 훌륭한 우리 공작에게 선사하자, 그가 상당한 비용을 감수하고 피렌체로 가져와 관대하게도 공공 장식물로 사용하도록 하사한 고대의 거대한 화강암 기둥이었다.

기둥의 아름다운 대접받침은 대좌처럼 청동제품의 외관을 지녔으며, 현재 진짜 청동으로 제작하는 중이다. 그 위에는 뛰어난 솜씨로 만든 거대한 조각상을 세워놓았다이 조상은 점토로 만들었지만 마치 반암斑岩으로 깎은 듯한 색조를 띠었다. 그것은 완전무장을 하고 머리에는 투구를 쓴 여인의 조상인데, 오른손에는 칼을, 왼손에는 저울대를 든 것으로 미루어 순결하고 용감무쌍한 정의의 여신을 나타냈음을 알 수 있다.

토르나퀸치 길모퉁이에 관하여

여섯 번째 장식품은 토르나퀸치Tornaquinci 길모퉁이에 세웠다. 여기

* 로마신화에서 바다의 신.

서 나는 그것을 직접 보지 못한 사람은 도저히 믿지 못할 것이라고 생각했다. 즉, 이 장식품은 너무나 장려하고, 위풍당당할 정도로 화려하며, 대단한 예술성과 웅장함을 겸비했다. 옆에 제아무리 훌륭한 것이 놓여도 아무것도 아닌 것으로 만들어버릴 만큼 화려한 스트로치 궁전에 아주 인접해 있을 뿐 아니라, 그 지점과 연결된 거리들의 높이가 고르지 않아 공사가 위험할 수도 있는 장소에 자리한 것 외에도 여러 가지 악조건을 갖추었다. 하지만 건축가의 재능이 워낙 탁월하고 작업 과정이 매우 효율적이었기 때문에 모든 난관은 오히려 이 장식품을 더욱 감탄할 만하고 아름다운 예술품으로 승화하기 위해 가로놓였던 것으로 생각될 정도였다.

아름다운 궁전은 이 장식품의 화려함이나, 아치의 높이 및 문장과 트로피로 빽빽하게 꾸며놓은 기둥의 장관, 그 전체의 꼭대기에 높이 솟은 커다란 조상들과 멋지게 어울리며 조화를 이루었다. 따라서 누가 보더라도 그 궁전의 짝은 다름 아닌 이 장식품이며, 반대로 이 장식품 짝도 다름 아닌 그 궁전이라고 판단하는 데 전혀 무리가 없었다. 이 같은 사실을 좀더 쉽게 이해하고, 또 이 작품이 어떤 과정을 거쳐 완성되었는지를 좀더 분명하고 상세하게 보여주기 위해서 미술 분야가 전공이 아닌 사람들의 양해를 구하고라도 여기에 흥미가 있는 사람들에게 그밖의 사람들이 적당하다고 느끼는 수준보다는 좀더 자세하게 아치형 문의 장소와 형태를 묘사하려고 한다. 이것은 장식품과 여타 발명품을 적재적소에 배치해 우아함과 아름다움을 지니도록 하는 데 얼마나 숭고한 지성이 발휘되었는지를 보여주기 위해서도 꼭 필요한 일이다.

우선 언급해야 할 점은 「기둥」에서 토르나퀸치까지 이르는 도로는 잘 알다시피 매우 넓은 데다가, 그곳에서 토르나부오니Tornabuoni 거리로 지나갈 경우, 이 거리가 워낙 협소해 자연히 지나가는 사람들 대부분이 거리를 반가량이나 차지한 별로 장식이 없는 토르나퀸치탑을 보게 된다는 사실이다. 그러므로 그 같은 난점을 해결하고 좀더 멋진 효과를 창출해내기 위해서라도 앞에서 말한 거리 위에 화려한 기둥을 사이에 둔 아치 두 개를 혼합식으로 건조하는 것이 편리하리라고 여겼다. 그중 한 개는 이미 말한 토르나부오니 거리를 통과해 지나간 행렬에 통로를 열어주는 셈이 되었다. 한편 탑의 전망을 가린 다른 하나는 뛰어난 재주를 부려 거기에 그려놓은 전망 경치 덕분에 마치 앞에 말한 토르나부오니 거리와 매우 흡사한 또 다른 거리로 이어지는 듯한 착각을 일으켰다.

그 그림에는 태피스트리로 장식한 집과 창문마다 남녀 사람들이 가득 차서 바깥의 장관을 열심히 구경하는 듯한 모습은 물론, 하인들을 거느린 채 새하얀 승마용 말에 올라탄 사랑스러운 처녀의 아름다운 자태를 그려놓아 마치 진짜와 같은 유쾌한 환상을 자아냈다. 더군다나 말 위의 처녀는 자신이 서 있는 자리에서 그곳으로 향해 가는 사람들 쪽으로 오는 듯 보였으나 행렬이 지나간 당일은 물론, 그 이후 내내 제자리에 남아 있었기 때문에 적지 않은 사람이 그녀를 만나러 그쪽으로 직접 가든지, 아니면 그녀가 지나갈 때까지 기다리려는 충동을 일으켰다.

이미 말한 대로 가운데 있는 기둥 외에도 이 두 아치는 평방과 프리즈, 코니스를 모두 갖춘 같은 크기의 기둥들이 테두리 역할을 해주었다. 각각의 아치 위에는 아름다운 장식품이 놓여 있었으며, 거기에는 명암법으로 곧 설명하게 될 이야기들을 그려놓았다. 전체 작품 위에는 나머지 장식품이 지닌 사랑스러움과 웅장함, 화려함 등에 부합하는 장식물들을 갖춘 하나의 거대한 코니스를 올려놓았다. 그 위에는 넉넉잡아 땅에서 25브라차 정도 되는 높이의 조각상들이 서 있었다. 그것들은 무척 컸지만 균형이 잘 잡혀 있어 보기 좋았으며, 멀리서도 장식의 세세한 점이나 아름다운 면모를 하나도 놓치지 않고 잘 볼 수 있었다.

두 아치 옆에는 마치 날개처럼 다른 아치 두 개가 각각 양옆에 같은 모양으로 서 있었다. 그중에서 스트로치 궁전에 인접해 토르나퀸치탑으로 이어지는 한 아치는 메르카토 베키오Mercato Vecchio로 발길을 돌리려는 사람들에게 통로를 열어주었다. 맞은편에 있는 아치도 라 비냐 La Vigna 거리로 가려는 사람들에게 길을 열어주었다.

그러므로 이미 말한 대로 폭이 매우 넓은 산타 트리니타 거리는 아치 네 개가 서 있는 곳에서 끝남으로써 매우 아름답고 영웅적인 전망과 사랑스러움을 느끼게 해주어 보는 이의 눈을 이보다 즐겁게 해줄 수는 없을 것으로 생각되었다. 이것이 아치 네 개로 이루어진 앞부분이다. 즉 하나는 가공의 것이고 하나는 진짜인 중심 아치 두 개는 토르나부오니 거리로 통했고, 옆에 날개 모양으로 붙어 있는 또 다른 두 아치는 십자로 두 개 쪽을 향했다.

라 비냐 옆에 왼편으로 나 있는 토르나부오니 거리에 들어서면모두 잘 알다시피 토르나퀸치탑의 측면을 지나는 산토 시스토 S. Sisto 거리가 나타나는데 여기에도 역시 앞의 것과 비슷한 전망 경치를 그려 넣어 보기 싫은 부분을 감추려는 작업이 시도되었다. 이 그림 덕분에 마치 길이 각양각색의 집들이 줄지어 서 있는 거리로 계속 연결되는 듯 보였다. 그곳에는 수정처럼 맑은 물이 넘쳐흐르는 아름다운 분수대도 보였으며, 어린아이를 데리고 있는 한 여인이 물을 길어 올리고 있었는데, 얼마 떨어지지 않은 곳에서 보는 사람들은 분명히 그녀가 그림이 아니라 진짜 살아 있는 사람이라고 느낄 정도였다.

다시 앞으로 돌아가자. 아치문 네 개는 이미 묘사한 대로 장식한 기둥 다섯 개가 떠받치면서 서로 구분하고 있으며, 그 기둥들은 직사각형 모양이다. 이 기둥들과 한 줄에 있는 맨 꼭대기의 코니스와 건축물의 최상부에는 가장 아름다운 자리가 있었다. 한편 각 아치문의 중앙에도 자리가 네 개 놓여서 이를 합치면 모두 아홉 개가 되었다. 이들 중 여덟 자리에는 갑옷, 평상복, 황제 예복 등 인물의 성격에 따라 다른 옷을 입고 매우 당당한 위용을 갖춘 조각상들을 한 명씩 앉혔다. 아홉 번째 자리인 중앙 기둥 위에는 바로 이 건축물이 헌정되는 오스트리아 황제 일가의 왕관을 든 커다란 승리의 여신 두 명이 떠받치고 있는 가문家紋이 붙은 방패를 놓아두었다. 이것은 방패 밑에 우아하고도 아름답게 세워둔 매우 커다란 비문에 적힌 다음과 같은 글에서 분명히 명시되었다.

무적無敵의 오스트리아 가족의 행복과 선의를 위하여
과거에 번영하였고 현재도 꽃피는 가문의
수많은 왕과 황제의 위엄과 더불어
피렌체시는 장엄한 결혼식을 거행함으로써
같은 행복을 누렸다.
VIRTUTI FELICITATIQUE INVICTISSIMÆ DOMUS AUSTRIÆ,
MAJESTATIQUE TOT ET TANTORUM IMPERATORUM AC REGUM,
QUI IN IPSA FLORUERUNT ET NUNC MAXIME FLORENT,
FLORENTIA AUGUSTO CONJUGIO PARTICEPS ILLIUS FELICITATIS,
GRATO PIOQUE ANIMO DICAT.

위와 같은 장식 절차의 의도는 이와 같이 성대한 결혼식에 도시, 강, 근해를 빠짐없이 포함한 오스트리아 전 영역을 먼저 초대해 들이고, 전 도시와 아르노강, 티레니아해를 거느린 토스카나가 그들을 영접하도록 한 이후에 결혼식 참석 관례가 으레 그러하듯이 눈부시게 화려하고 위풍당당하게 차린 위대하고 영광된 황제 일가를 모시려고 한 것이다. 이는 마치 그곳까지 신부를 인도해온 그들이 먼저 메디치 가문의 일족들과 만나서 그들이 데려온 귀한 처녀가 어떤 혈통의 사람이며 또 얼마나 훌륭한 신붓감인지를 증명하려는 듯이 보였다.

위에서 언급한 여덟 조상은 존엄한 가문에서 출생하신 여덟 황제를 나타냈다. 그중에서 이미 말한 가문이 붙은 방패의 오른쪽에 있는 자리이며, 행렬이 지나가게 되는 아치문 위에 있는 조각상은 바로 현재 통치자인 관후하고 뛰어난 황제이자 신부이 오라버니인 마시밀리아누스 Maximilianus 2세를 나타내는 것이었다. 그 조각상 밑에 있는 커다란 그림에는 그의 화려한 황제 취임식 장면을 더할 나위 없이 아름답게 묘사했다. 황제는 정신적·세속적인 선거후選擧候들에 둘러싸여 앉아 있었는데, 정신적인 선거후들은 그들이 입고 있는 긴 옷의 자락과 그들 발치에 있는「믿음」을 보고 알아볼 수 있다면, 세속적인 선거후들은 역시 같은 위치에 자리한「희망」을 보고 확인할 수 있었다.

황제 머리 위의 공중에는 어린 천사들이 짙게 깔린 검은 구름으로부터 많은 사악한 정령을 내쫓아버리는 모습이 보였다. 이 모습은 전 세계적으로 세력을 떨치고 있는 영원불멸의 제국에서 언제부터인지 종교적인 분쟁이 야기해온 불미스러운 혼란상들을 언젠가는 말끔히 해소해 원래대로 순결함과 평정한 조화가 가져다주는 평온함을 회복하게 되리라는 희망을 암시하기 위한 것으로 추측된다. 혹은 그 같은 행위로 모든 분열이 해소됨으로써 그처럼 각양각색의 의견과 종교를 저마다 내세우는 독일 군주 국가들로부터 놀랍게도 만장일치의 동의를 얻고 황제 취임식이 거행되는 역사적인 순간을 나타내려 한 것으로 보이기도 했다. 이는 다음과 같은 글로 설명했다.

막시밀리아누스 2세는
선의의 모든 사람의 행복과
기독교적 신앙심의 환희로
독일 국민 대다수의 동의로서
황제로 환영받다.
MAXIMILIANUS II SALUTATUR IMP. MAGNO CONSENSU
GERMANORUM, ATQUE INGENTI LÆTITIA BONORUM OMNIUM,
ET CHRISTIANÆ PIETATIS FELICITATE.

막시밀리아누스 황제의 조상 옆으로 모서리에 있는 기둥에 대응하는 위치에 있는 자리에는 천하무적의 황제 샤를Charles 5세의 조상을 세웠다. 라 비냐 거리를 조망할 수 있는 건물 날개 쪽의 아치문 위에는 비록 재위 기간은 짧았으나 매우 강인한 용기로 이름을 남긴 알브레히트 2세의 상이 보였다. 머리 부분의 기둥 위에는 위대한 루돌프Rudolph 1세의 상이 있었는데, 그는 이 고귀한 가문에 제국의 위엄을 처음으로 부여했을 뿐 아니라, 위대한 「오스트리아 대공국」의 명예로운 지위를 더해 한층 더 명예를 드높인 인물이다. 이는 후계자가 없어서 그가 황제로 선출된 이후에 자신의 아들 알브레히트에게 내린 지위였으며, 그 이후로 오스트리아의 황제 가문은 그 이름을 계속 이어왔다. 이처럼 중대한 역사적인 사실을 기념하기 위해서 이상의 모든 것을 아치 위의 프리즈에 아름답게 그려서 나타냈으며, 하단부에는 다음과 같은 문구를 새겨놓았다.

가문의 제1인자 루돌푸스 왕은
알브레히트를 오스트리아의
초대 대공 직위에 서하다.
RODULPHUS PRIMUS EX HAC FAMILIA IMP. ALBERTUM
PRIMUM AUSTRIÆ PRINCIPATU DONAT.

이제 역시 가운데의 같은 지점에서 출발해 왼쪽으로 이어지는 부분을 살펴보겠다. 문장紋章이 붙은 방패 옆이며, 토르나퀸치탑을 가리는 그림 속의 아치문 위에는 신부의 부친인 성스러운 페르디난드Ferdinand 황제의 조상이 보였다. 그의 발아래 놓인 그림에는 1529년에 터키인들의 맹렬한 공격에 대항해 비엔나를 사수하기 위해 그가 보여준 용맹스럽고도 필사적인 전투 장면을 묘사했다. 그 위에는 다음과 같은 글귀를 새겨 그 내용을 설명했다.

페르디난두스 황제는

터키 왕과 그의 대군을 격파하여

용감하게 그리고 성공적으로

비엔나시를 방어하였다.

FERDINANDUS PRIMUS IMP., INGENTIBUS COPIIS TURCORUM
CUM REGE IPSORUM PULSIS, VIENNAM NOBILEM URBEM
FORTISSIME FELICISSIMEQUE DEFENDIT.

모서리 쪽에는 가장 명성이 드높은 막시밀리아누스 1세의 조상이 있었고, 스트로치 궁전 쪽으로 기울어지는 아치문 위에는 그의 부친인 평화주의자 프레데리크Frederick 황제가 올리브 그루터기에 기대어 앉아 있었다. 스트로치 궁전에 맞닿은 마지막 기둥 위에는 이미 말한 바와 같이, 부친인 루돌푸스 황제로부터 처음으로 대오스트리아 제국의 통치권을 받았으며, 자신의 훌륭한 가문에 지금까지 전해 내려오는 문장紋章을 만들어준 알브레히트 1세의 조상이 보였다. 이전에 사용된 문장은 황금색 토양 위에 종달새 다섯 마리가 있는 모양이었는데, 그가 새로 만든 문장은 다들 알다시피 붉은 바탕에 흰 줄이 그어져 있다.

이 같은 문장을 만들게 된 이유는 알브레히트 황제의 조상 밑에 놓은 커다란 그림에서 나타난 바와 같이, 황제 자리에서 폐위된 아돌프Adolf와 처절한 싸움에서 알브레히트가 아돌프를 죽이고 스폴리아 오피마Spolia Opima*를 차지하게 된 전투를 기념하기 위해서였다. 전투 당일 갑옷으로 가리고 있던 몸의 중간 부분을 제외하고는 온몸이 피로 얼룩져 있음을 발견한 그는 그와 같은 형태와 색깔로 자신의 문장을 만들어 그의 후계자들이 가문 대대로 그 문장을 명예롭게 보존할 수 있게 하라고 명했다. 그림 밑에는 다음과 같은 문구를 새겨놓았다.

* (옛 로마의) 장군이 적군의 장군과 일대일로 싸워서 빼앗은 무기.

알브레히트 1세 왕은 큰 전투에서
왕위에서 해임된 아돌프를
맨 먼저 격파하고
많은 전리품을 노획하였다.
ALBERTUS I IMP. ADOLPHUM, CUI LEGIBUS IMPERIUM
ABROGATUM FUERAT, MAGNO PRŒLIO VINCIT ET SPOLIA
OPIMA REFERT.

지금까지 나열한 여덟 황제는 그들의 가문을 대표하는 공용 문장 외에 재위 기간 개별적인 개인 문장들을 따로 만들어 사용했다. 그러므로 각각의 조상이 어떤 황제를 나타내는지 더욱 명확하게 보여주려고 각 조상들 밑에 놓인 매우 아름다운 방패 위에 개인별 고유 문장을 올려놓았다. 이 모두가 주춧돌 위에 만족스럽게 잘 어울리도록 그려놓은 작은 그림들과 더불어 장대하고 영웅적이며, 매우 화려한 효과를 자아냈다. 그밖에 트로피나 문장 외에 기둥과 장식이 가능한 모든 부분에도 「성 안드레아의 십자가」,「수발총」邃發銃, '저쪽 멀리'PLUS ULTRA라는 문구가 적힌 「헤르쿨레스의 기둥」Pillars of Hercules,* 아치문의 대표적 문장 등 황제 가문의 일족들이 사용해온 갖가지 기념품들로 빠짐없이 장식했다. 이상이 행렬을 따라 곧바로 지나간 사람들이 우선적으로 보게 되는 광경이었다.

그러나 토르나부오니 거리에서 토르나퀸치를 향해서 오게 되는 반대 방향을 택한 사람들도 협소한 거리를 최대한 활용해 전면에 못지않은 아름다운 장식과 함께 잘 배열해놓은 유사한 광경을 구경할 수 있었다. 지금부터 '뒷면'이라고 부르게 될 이쪽 편에는 이미 묘사한 전면 부분과 유사한 구조물을 세워놓았다. 단지 다른 점은 거리가 좁아 전면에

---

* 지브롤터 해협 동쪽 끝의 양 기슭에 솟아 있는 두 해각(海角).

는 아치를 네 개 세운 반면 이쪽에는 세 개만 세웠다는 점이다. 그중 하나는 이미 말한 대로 현 황제인 막시밀리아누스 2세의 조상을 세워놓은 문에 프리즈와 코니스로 접합해 이중문으로 보이게 했다. 그리고 또 한 문도 이미 말한 대로 탑을 가려주는 전망 경치에 같은 방식으로 접합되어 있었으므로 뒤에 사변형의 작은 광장이 있는 세 번째 문이 행렬을 따라오는 사람에게는 마지막 문이었고, 반대로 토르나부오니 거리 쪽에서 오는 사람에게는 첫 번째 문으로 보였다.

이미 설명한 것들과 형태가 같은 이 마지막 문 위에도 황제들의 조상이 서 있던 문들과 마찬가지로 펠리페 왕 두 분이 우뚝 서 있다. 한 분은 위대한 카를로Carlo 5세의 부친이고 다른 한 분은 그 아들이니, 말하자면 펠리페 1세와 펠리페 2세다. 관용과 정의감이 출중한 펠리페 2세는 오늘날 가장 훌륭하고 용감한 왕으로 손꼽히는 분이다. 그와 그 조부의 조각상 사이에는 원형 프리즈에 바로 펠리페 2세가 위엄 있게 앉아 있고, 그 앞에 무장한 키 큰 여인이 서 있는 그림을 그려놓았다. 가슴에 걸고 있는 하얀 십자가로 보아 그녀가 몰타Malta섬을 상징함을 알 수 있었다. 이 섬은 역시 거기에 그려놓은 돈 가르치아 디 톨레도Don Garzia di Toledo 경의 눈부신 용맹에 힘입어 펠리페 2세 치세 때 터키인들의 식민지 압제로부터 해방되었다. 그녀는 그처럼 큰 은혜에 감사하는 뜻에서 왕께 개밀로 엮어 만든 공략攻略관을 선사하려는 듯했고, 밑에 새겨놓은 다음과 같은 글귀에서 이를 분명히 나타냈다.

수많은 적으로부터 구조된 몰타는
신심 깊은 펠리페 왕의
원조에 대하여 감사하면서
이 풀잎의 왕관을 바치도다.
MELITA, EREPTA E FAUCIBUS IMMANISSIMORUM HOSTIUM
STUDIO ET AUXILIIS PIISSIMI REGIS PHILIPPI, CONSERVATOREM

SUUM CORONA GRAMINEA DONAT.

그리고 라 비냐 거리 쪽을 향한 부분에도 이에 준하는 장식을 하려고 조상들이 서 있는 끄트머리 코니스와 커다란 공간이 있는 아치문 사이에 다음과 같은 내용의 비문을 커다랗게 새겨 넣어 전체 건축물이 함축한 의의를 만천하에 밝히려고 했다.

넓은 왕국의 고귀한 왕들을 보라.
오스트리아의 가장 존엄한 왕가는
온 세상에 군림하였다.
그 덕분에 미덕은 정복될 수 없고
모든 것이 그들의 지배를 받으며
대지는 길들여졌고 바다는 노예가 되었다.
IMPERIO LATE FULGENTES ASPICE REGES;
AUSTRIACA HOS OMNES EDIDIT ALTA DOMUS.
HIS INVICTA FUIT VIRTUS, HIS CUNCTA SUBACTA,
HIS DOMITA EST TELLUS, SERVIT ET OCEANUS.

또 메르카토 베키오Mercato Vecchio 쪽을 향한 부분에도 같은 이유로 같은 내용의 비문을 똑같이 새겨 넣었다.

오! 승리와 하늘에서 내려온
왕국을 위하여 태어난 백성들이여.
그리고 너! 화려한 에트루리아
나라를 비옥하게 만들려고 내려온
반짝이는 신의 후예여.
만일 내가 오직 네가 가꾼 열매를 주며,

이 새로운 후예들 가운데서 선조를 이해할 수 있다면
그러면 모든 선을 함께 가져다주는
행복이 깃든 이 도시를
피렌체라고 이름 지을 수 있을 것이다.
IMPERIIS GENS NATA BONIS ET NATA TRIUMPHIS,
QUAM GENUS E CŒLO DUCERE NEMO NEGET;
TUQUE NITENS GERMEN DIVINÆ STIRPIS ETRUSCIS
TRADITUM AGRIS NITIDIS, UT SOLA CULTA BEES;
SI MIHI CONTINGAT VESTRO DE SEMINE FRUCTUM
CARPERE ET IN NATIS CERNERE DETUR AVOS,
O FORTUNATAM! VERO TUNC NOMINE FLORENS
URBS FERAR, IN QUAM FORS CONGERAT OMNE BONUM.

카르네세키 길모퉁이에 관하여

지금까지 살펴본 대로 영예로운 황제들을 모두 보여주었으므로, 이제는 그에 못지않은 화려한 장관을 갖추어 그리 멀지 않은 카르네세키 Carnesecchi 길모퉁이에는 덕이 높은 메디치 가문의 조상들을 나타내는 것이 어울릴 것으로 보였다. 이는 관례에 따라 황제들을 예의 바르게 영접함은 물론, 호화로운 축하연을 베풀고 고대하던 새 신부에게 경의를 표하기 위해 온 것처럼 보였다. 여기서도 앞으로 종종 나올 몇몇 구절 못지않게 우리와 전공 분야가 다른 독자들에게 아치문과 여타 장식품의 형태나 위치 등을 매우 세세하게 설명하게 된 점에 미리 양해를 구하려고 한다. 왜냐하면 전체 계획을 세우고 작품을 기획한 사람의 출중함과 날카로운 두뇌 못지않게 실제로 작품을 만든 장인들의 솜씨와 붓끝 하나하나가 얼마나 뛰어났는지 보여주려는 것이 내 의도이기 때문이다.

특히 이 지역의 공사 현장은 이미 설명한 곳이나 앞으로 설명하려는 그 어느 곳보다도 일을 착수하기가 더 위험하고 어려웠다. 이곳의 도로는 폭이 다소 넓어지는 산타 마리아 델 피오레S. Maria del Fiore 대성당 쪽을 향해 돌아서, 우리 분야 전문가들이 보기에 둔각을 이루고 있었다. 이쪽은 오른쪽이고, 맞은편인 왼쪽에는 두 거리가 합류해 들어오는 작은 광장이 있었다. 한 길은 산타 마리아 노벨라S. Maria Novella 성당의 커다란 광장과 이어져 있었고, 다른 한 길은 피아차 베키아Piazza Vecchia라고 부르는 광장과 이어졌다. 이 두 길이 합류해 들어오는 작은 광장은 사실상 균형이 제대로 잡히지 않은 곳이었다.

그곳의 아랫부분에는 팔각형 극장 형태에 각 문은 직사각형의 토스카나 양식으로 만든 건축물을 세웠다. 이 문들 위에는 코니스와 평방 외에도 화려하고 당당한 다른 장식품들로 꾸민 도리아식 두 기둥 사이에 벽감壁龕이 한 개씩 있었다. 그리고 조금 더 높은 세 번째 단에는 방금 말한 벽감 윗부분의 각 공간에 아름다운 그림을 그려 장식한 컴파트먼트들이 있었다. 아랫부분의 문들은 직사각형의 토스카나 양식이라고 말했지만 중심 도로가 관통해 지나가기 때문에 행렬이 통과하게 되는 두 문은 아치형으로 만들었으며, 멀리서 보면 각각 하나는 입구, 또 하나는 출구 쪽의 현관으로 보이도록 꾸몄다. 물론 두 문 다 적절히 균형을 맞추어 바깥쪽 전면을 화려하게 장식했다.

이상에서 전체 건축물의 윤곽을 대강 설명했으니 이제는 좀더 세부적인 설명으로 들어가겠다. 우선, 지나가는 사람들이 제일 먼저 보게 되는 것이며, 이미 말한 대로 코린트 방식의 개선문 양식에 따라 세운 앞부분부터 설명하겠다. 이 아치는 양편에 무장한 매우 호전적인 조각상들이 서 있었으며, 우아한 작은 문 위에 놓인 이 조상들은 각각 균형이 잘 잡힌 두 기둥 사이에 자리한 벽감에서 튀어나온 것처럼 느껴졌나. 이 조각상 중에서 오른쪽에 있는 것은 위대한 황제 카를 5세의 사위 알레산드로Alessandro 공작을 나타냈다.

그는 기개가 높고 담대하면서도 항상 고상한 품위를 잃지 않았던 왕자로, 한 손에는 칼을 들고 또 다른 손에는 공작의 지팡이를 들고 있었으며, 발치에는 그의 때 이른 죽음을 애도하는 '만일 당신이 악운을 헤쳐난다면'SI FATA ASPERA RUMPAS, ALEXANDER ERIS이라는 문구가 적혀 있었다. 왼쪽 조상은 매우 용맹했던 조반니 경을 상징하는데 다른 것과 마찬가지로 실물을 방불케 했으며, 손에는 부러진 창 자루를 쥐고 있었다. 역시 발치에는 '이탈리아의 가장 강력한 지도자'ITALUM FORTISS. DUCTOR라는 그의 모토가 적혀 있었다.

이미 설명한 네 기둥에 딸린 평방 위에는 적당한 비율을 고려해 상당히 넓은 프리즈를 얹어놓았기 때문에 각 조상들 위에는 벽감의 너비만큼 두 벽기둥 사이에 컴파트먼트를 하나씩 마련했다. 알레산드로 공작 조상 위에 있는 컴파트먼트 내부에는 그가 사용했던 코뿔소 문장을 그리고, '나는 승리하지 않고는 돌아오지 않을 것이다'NON BUELVO SIN VENCER라는 문구를 적어넣었다. 같은 방식으로 조반니 경 조상 위의 컴파트먼트에도 번쩍이는 벼락 문장을 그렸다. 중심부의 아치는 너비가 7브라차를 넘고 높이는 2스퀘어 이상이므로 지나가는 행렬에 넓은 공간을 제공해주었고, 아치 위의 코니스와 합각머리 윗부분에는 행복한 신랑의 훌륭한 부친인 현명하고 용감한 코시모 공작께서 위엄스럽고 아름답게 앉아 있었다. 그의 발치에도 '군인으로서 용감한 행위와 의협심이 남다르다'PIETATE INSIGNIS ET ARMIS라는 글귀가 적혀 있었다. 그의 양옆에는 암컷 늑대와 사자가 있었는데, 이는 공작이 사랑을 바쳐 후원하고 돌보아준 시에나Siena와 피렌체를 각각 상징하며 그의 곁에서 모두 편안히 쉬고 있는 듯했다.

공작의 조상은 아치와 정확히 일렬을 이루면서 이미 묘사한 문장의 그림들 사이에 있는 프리즈 내에 고정되어 있었다. 맨 꼭대기의 코니스 위에는 그와 같은 너비로 비율이 알맞은 장식벽과 코니스 및 여타 장식을 고루 갖춘 또 다른 컴파트먼트가 높이 솟아 있었다. 그 안에는 코시모 공작의 선출을 암시하려고 사무엘이 젊은 다윗에게 기름을 부어 왕으로 임명하는 그림을 그렸으며, '이 행위는 곧 하느님의 행위다'A DOMINO FACTUM EST ISTUD라는 문구를 새겨 넣었다. 지상으로부터 상당히 높이 올려 만든 마지막 코니스 위에는 모험심이 뛰어난 이 가문의 고유 방패가 보였다. 그것은 당연히 크고 장대했으며, 공작의 관과 이 방패를 모조 대리석으로 깎은 승리의 여신상이 떠받들고 있었다. 그리고 가장 적절한 장소인 아치문의 첫 번째 입구에 다음과 같은 글을 새겨 넣었다.

> 고마워하는 조국은 이 기념물을
> 언제나 이 나라의 영광이며
> 빛나는 메디치 가족에게 바친다.
> 에트루리아의 빛이며 지금 제왕의 가계가 된 이 가족은
> 시민의 안전을 보장하며
> 온 제국의 위신을 증진시켰다.
> VIRTUTI FELICITATIQUE ILLUSTRISSIMÆ MEDICEÆ FAMILIÆ, QUÆ FLOS ITALIÆ, LUMEN ETRURIÆ, DECUS PATRIÆ SEMPER FUIT, NUNC ASCITA SIBI CÆSAREA SOBOLE CIVIBUS SECURITATEM ET OMNI SUO IMPERIO DIGNITATEM AUXIT, GRATA PATRIA DICAT.

아치문을 들어서면 넓고 기다란 로지아 형태의 방에 이르는데, 이 방의 둥근 천장 내부에는 신기하고 아름다운 장식과 각종 무늬를 아로새겨 넣게 화려하게 치장했다. 앞에서 언급한 극장 안으로 연결되는 아치 밑에 마주 보고 서 있는 두 벽기둥에는 각각 매우 아름다운 벽감이 파여 있는데, 그것은 두 번째 아치와 접해 있었다. 그 벽감과 처음에 설

명한 아치 사이에는 마치 로지아를 지탱하는 듯한 가공의 벽이 있었다. 거기에는 그림을 그려놓은 커다란 홀 두 개가 보였으며, 그림의 내용은 홀을 각각 떠받들고 있는 조상과 잘 어울렸다. 그중에서 오른쪽에 있는 조상은 '원로'로 불리는 훌륭하신 코시모 공을 나타낸 것이었다.

그 이전에도 메디치 가문에는 무예와 행정 면에서 고상하고 탁월한 어른이 많이 계셨지만, 코시모 공이야말로 이 가문의 탁월한 명성을 처음으로 공고히 하신 분이다. 그 때문에 그 이후 화려하게 피어난 가문의 세력을 나무에 비유한다면 가히 그 뿌리라고 할 만큼 훌륭한 분이다. 그의 그림에는 모국인 피렌체의 원로원이 그를 국부Pater Patriae로 높이 추앙함으로써 최고 영예를 부여하는 장면을 그려놓았다. 이는 밑에 새겨놓은 다음과 같은 문구에 매우 훌륭하게 나타나 있었다.

메디치의 코시모 공작은
원로원 의원 전원의 경신된 협의에 따라
나라의 아버지임을 선포하였다.
COSMUS MEDICES, VETERE HONESTISSIMO OMNIUM
SENATUS CONSULTO RENOVATO, PARENS PATRIÆ APPELLATUR.

벽감이 파인 벽기둥 상부에는 주위와 잘 어울리는 자그마한 그림 속에 코시모 공의 아들이며 영예로운 로렌초 공의 부친으로 역시 '원로'로 추앙받는 위대한 피에로Piero 공의 초상화가 보였다. 그는 당대의 유일무이하고도 진정한 문예 보호자인 동시에 관후한 인품으로 이탈리아의 평화를 지킨 분이다. 그의 조상은 이미 언급한 또 하나의 벽감 속에 놓여 코시모 공의 조상과 짝을 이루고 있었다. 그의 머리 위에 걸어놓은 작은 그림은 그의 형제이며 교황 클레멘티우스Clementius의 부친인 위대한 줄리아노Giuliano의 초상화였다. 코시모 공의 그림과 상응할 만큼 커다란 그림에는 이탈리아의 모든 왕자가 참석한 공공평의회 장면을 묘사했다. 이 그림을 보면 왕자들이 로렌초 공의 충고에 따라 매우 돈독하고도 신중한 유대 관계를 형성했으며, 로렌초 공 생존 시에는 그 관계가 계속 유지되어 이탈리아 최고 전성기를 누렸음을 알 수 있다. 그러나 이후 그가 죽고 평의회가 해체되자 이탈리아는 혼란과 재난의 소용돌이 속으로 곤두박질쳐서 폐허가 되다시피 했다. 이 같은 사실 역시 밑에 새겨놓은 글에 분명히 나타나 있었다.

로렌초 데 메디치는 전쟁과 평화의 기술에 능숙하며
그의 탁월한 충고에 의하여 이 넓은 이탈리아 나라가
평화와 온건을 획득하게 되었으니
그는 우리 세기세대의 아버지라고 불린다. LAURENTIUS MEDICES, BELLI ET PACIS ARTIBUS EXCELLENS, DIVINO SUO CONSILIO CONJUNCTIS ANIMIS ET OPIBUS PRINCIPUM ITALORUM ET INGENTI ITALIÆ TRANQUILLITATE PARTA, PARENS OPTIMI SÆCULI APPELLATUR.

이제는 이미 설명한 대로 팔각형 극장이라고 부르게 될 건축물이 서 있는 작은 광장으로 되돌아와서, 첫 번째 입구에서 시작해 오른쪽 방향으로 가면서 차례차례 설명하겠다. 첫 번째 입구의 아치 위에는 극장의 세 번째 및 마지막 열과 같은 높이의 프리즈가 있었고, 그곳에는 초상화들을 담은 타원형 네 개가 있었다. 즉, 원로 코시모 공의 부친인 조반니 디 비치Giovanni di Bicci, 그의 아들이며 코시모 공의 형제로 메디치 가문이 현재 누리고 있는 복된 번영을 이룩하신 로렌초 공, 로렌초 공의 아들인 피에르 프란체스코, 이미 언급한 바 있는 용장 조반니 공의 부친인 조반니 경의 초상화가 보였다.

팔각형 중에서 입구와 여격된 두 번째 전면에는 매우 화려하게 장식한 두 기둥 사이에 커다란 벽감이 있었다. 그 속에는 다른 모든 조상처럼 대리석으로 깎아 만든 프랑스의 용감한 여왕 카테리나Caterina의 조상이 들어 있었다. 여왕은 손에 제왕의 홀을 들고 있었으며, 그 주위에는 사랑스러우면서도 영웅적인 건축물에 합당한 온갖 장식품이 갖추어져 있었다. 이미 말한 대로 그림을 그려놓은 홀에 있는 세 번째 열에는 위엄 있는 모습으로 앉아 계신 여왕 앞에 아름다운 두 여인이 무장한 채 경배하고 있는 장면을 묘사했다. 그중에서 무릎을 꿇고 있는 한 여인은 프랑스를 상징했는데, 그녀는 여왕께 왕관을 쓴 잘생긴 소년을 선사하고 있었다. 한편 스페인을 상징하는 다른 여인은 서 있었는데, 역시 여왕께 무척 사랑스러운 한 소녀를 선사하고 있었다. 소년은 곧 현재 프랑스의 국왕이며 신앙심이 돈독한 샤를 9세를, 소녀는 펠리페 왕의 부인인 고귀한 스페인 여왕을 나타냈다.

그밖에 카테리나 여왕 주위에 공손한 태도로 서 있는 작은 소년들은 여왕의 다른 어린아이들을 나타내는데, 그들에게 운명의 여신이 왕홀, 왕관, 영토 등을 쥐어주려는 듯이 보였다. 벽감과 입구의 아치 사이에는 고르지 않은 지대 때문에 아치가 보기 흉하게 구부러지지 않고 제대로 균형을 잡고 곧게 뻗어나가도록 약간 공간을 벌여놓은 곳이 있었다. 이 공간에는 그림 한 점이 보였는데, 거기에는 꼭 껴안고 있는 「신중」과 「관대함」의 모습을 그려놓아 메디치 가문이 그토록 크게 번성하게 된 비결이 과연 무엇이었는지를 암암리에 시사했다. 그 위에는 세 번째 열에 있는 그림들과 폭이 같은 작은 그림이 걸려 있었다. 거기에는 옆에 황새 한 마리가 있는 것을 보고 알 수 있는 겸허하고 헌신적인 「경건함」을 그려놓았고, 그 주위에는 수많은 아기 천사가 빙 둘러서 그녀에게 훌륭하고 신앙심이 깊은 이 가문이 세운 많은 교회와 각종 수도원의 다양한 문장과 모형을 보여주고 있었다.

이제 극장에서 나오는 아치문이 있는 팔각형의 세 번째 면을 살펴보겠다. 아치문의 합각머리 상부에는 수없이 많은 귀족 중에서도 주인공이라고 할 수 있는 기품 있고 사랑스러운 왕자와 그 배필의 조상이 있었으며, 그의 발밑에는 '플로라의 다른 희망'SPES ALTERA FLORAE이라는 문구가 적혀 있었다. 그 위의 프리즈에는—전처럼 이것은 세 번째 열과 같은 높이에 있었다—이미 말한 대로 네 초상화가 놓여 있던 다른 아치문의 것에 상응할 수 있도록 왕자의 훌륭한 네 형제의 초상화를 비슷한 방식으로 놓아두었다. 즉, 두 분 모두 존경받는 추기경인, 모두의 기억 속에서 추앙받는 조반니와 기품 있는 페르디난도의 초상화와 함께 늠름한 돈 가르치아Don Garzia 경과 사랑스러운 돈 피에트로Don Pietro 경의 초상화가 그것이었다. 네 번째 면은 그 지역에 있는 가옥들의 모서리가 자리를 차지했기 때문에 다른 면들처럼 벽감을 만들 만한 공간이 충분하지 않아 벽감 못지않은 아름다운 세공품을 만들고 다음과 같은 내용의 거대한 명문銘文을 새겨 넣었다.

삼중관三重冠으로 머리를 장식한 로마 교황들은 깊은 신앙심을 가지고
로마와 성실한 성성聖省과 민중 사이에서
영웅같이 솟아난 사람들을 지배했으며
군사적 용감성과 정치적 통찰력을 가지고
건전한 지배력을 가진 모국을 만들었다.
이들 교황과 영웅들은 이탈리아에 황금의 세기를 안겼으며
영예를 그리고 나라를 굳세게 만들었다.
HI, QUOS SACRA VIDES REDIMITOS TEMPORA MITRA
PONTIFICES TRIPLICI, ROMAM TOTUMQUE PIORUM
CONCILIUM REXERE PII; SED QUI PROPE FULGENT
ILLUSTRI E GENTE INSIGNES SAGULISVE TOGISVE
HEROES, CLARAM PATRIAM POPULUMQUE POTENTEM
IMPERIIS AUXERE SUIS CERTAQUE SALUTE.
NAM SEMEL ITALIAM DONARUNT AUREA SÆCLA,

CONJUGIO AUGUSTO DECORANT NUNC ET MAGE FIRMANT.

그 위에는 배경 장면과 그림 대신에 두 타원형 안에 각각 문장紋章을 하나씩 그려 넣었다. 하나는 축복받은 공작의 것으로, 별 일곱 개를 거느린 산양좌의 그림과 함께 '운명의 비밀'FIDUCIA FATI이라는 문구가 적혀 있었고, 다른 하나는 훌륭한 왕자의 것으로 족제비 그림과 함께 '승리는 의협심을 존중한다'AMAT VICTORIA CURAM라는 문구가 적혀 있었다. 그다음으로 연결되는 전면 세 개에 만들어놓은 세 벽감 속에는 이 가문 출신인 로마 교황 세 분의 조상이 들어 있었다. 더구나 그들은 이처럼 큰 경사를 맞아 훌륭한 선물을 아낌없이 내놓음으로써 세속적이고 신성한 모든 은총과 무예, 문예, 지혜, 종교와 온갖 종류의 권력 면에서 제일인자가 되리라는 축복들이 서로 다투어서 이 빛나는 결혼식을 더욱 당당하고 행복하게 만들어주려고 몰려든 듯한 기분이었다.

세 교황 중 한 분은 얼마 전 하느님 품으로 돌아간 교황 피우스Pius 4세였다. 그의 머리 위에 걸린 그림에는 트렌토Trento에서 일어난 분쟁이 해결되고 신성한 회담이 종결된 후에 두 교황의 전권사절이 그에게 신성불가침의 법령을 위임한 사실을 묘사했다. 교황 레오Leo 10세의 그림에도 그가 프랑스 국왕 프랑수아François 1세와 회담하는 장면을 그려놓았다. 여기서 그는 매우 신중한 외교 솜씨를 발휘해 호전적이고도 용맹한 프랑수아 왕자의 격정을 가라앉힘으로써 그가 꾀했고 또 충분히 해내고도 남았을 이탈리아 정복 계획을 무마시켰다. 교황 클레멘티우스 7세의 그림에는 그가 주도해 볼로냐에서 치른 위대한 카를로 5세의 대관식 장면을 그려놓았다.

끝으로 마지막 전면은 카르네세키의 주택 모서리 부분과 충돌했기 때문에 실상 팔각형의 한 면을 마저 곧바르게 만드는 데 적지 않은 방해를 받는 형편이었지만, 이곳에도 매우 훌륭하고 멋진 솜씨로 다른 것과 마찬가지로 걸출한 명문銘文을 새겨놓았다. 단지 다른 것과 달리 약간 바깥쪽으로 굴곡을 이룬 이 명문에는 다음과 같은 글을 적어놓았다.

명문 메디치 일가는
세상에 교황 레오, 계속해서 교황 클레멘티우스를 내보냈다.
그들의 유지를 오늘날 교황 피우스가 이어받았다.
남달리 신앙심 깊고 도량 넓은 인사들과 뛰어난 지도자가
얼마나 많이 배출되었던가.
그중에서도 선왕의 황후이며 왕의 어머니이신
프랑스의 여왕은 사방에 빛을 낸다.
PONTIFICES SUMMOS MEDICUM DOMUS ALTA LEONEM,
CLEMENTEM DEINCEPS, EDIDIT INDE PIUM.
QUID TOT NUNC REFERAM INSIGNES PIETATE VEL ARMIS
MAGNANIMOSQUE DUCES EGREGIOSQUE VIROS?
GALLORUM INTER QUOS LATE REGINA REFULGET,
HÆC REGIS CONJUNX, HÆC EADEM GENITRIX.

극장의 내부 장식은 대체로 위에서 묘사한 바와 같다. 이상의 기록만으로도 충분히 상세하게 설명했다고 볼 수 있지만, 사실은 도리아 방식 코니스 위와 그밖에 편리한 공간에 놓인 화려하고도 우아한 분위기를 자아낸 가지각색의 장식품, 그림, 문장과 신기하고 아름다우며 환상적인 수천 가지 무늬는 조금도 설명하지 않았다. 그 이유는 꼭 필요한 설명만으로도 이미 피곤해졌을 독자들을 지루하게 만들지 않기 위해서다. 단지 그같이 세부적인 사항에 호기심과 흥미를 느끼는 사람들은 이 건물의 구석구석까지 최고의 기교적 능란함과 탁월한 판단력, 무한히 아름다운 예술적 손길이 미치지 않은 곳이 없다고 상상한다면 거의 틀림없을 것으로 생각한다.

무엇보다도 가장 보기 좋고 아름다운 장식으로 마무리한 부분은 여

러 가지 문장을 균형 있게 잘 배열해놓은 제일 꼭대기 열이었다. 그것들을 차례대로 살펴보면, 우선 신랑이신 훌륭한 왕자님과 신부이신 공주님의 결혼을 의미하는 메디치가 문장紋章과 오스트리아가 문장이 나란히 있었고, 신랑의 부친인 공작을 위해 만든 메디치가와 톨레도Toledo가의 문장이 있었다. 다음에는 세 깃털 문양으로 미루어 그의 선대인 알레산드로를 위한 것임을 알아볼 수 있는 메디치가와 오스트리아가의 문장이 다시 한번 보였고, 우르비노Urbino 공작인 로렌초를 위한 메디치가 문장과 피카르디 지방의 볼로냐가 문장이 있었으며, 그 옆으로 줄리아노 공작을 위한 메디치가와 사보이가의 문장이 보였다.

이어서 원로이신 로렌초 공과 그의 아들 피에로에 의해 겹사돈을 맺은 메디치가와 오르시니Orsini가의 문장이 있었고, 앞에서 언급한 카테리나 스포르차Caterina Sforza의 부군인 조반니 경을 위해 만든 메디치가와 살비아티Salviati가의 문장도 있었다. 또 그들의 아들인 영예로운 조반니 경을 위해 메디치가와 살비아티가의 문장을 놓아두었으며, 온후한 여왕 전하를 위해 만든 프랑스 왕가와 메디치가의 문장도 보였다. 그밖에도 공작과 훌륭한 신랑의 여동생 중 한 분과 결혼함을 의미하는 페라라Ferrara가와 메디치가의 문장이 보였고, 끝으로 훌륭한 브라차노Bracciano 공작인 파올로 조르다노Paolo Giordano 경과 결혼한 또 다른 아름다운 여동생을 위해서 만든 오르시니가와 메디치가의 문장이 보였다.

이제 남은 일은 극장의 마지막 부분과 출구를 설명하는 일뿐이다. 그러나 이곳은 크기나 분할 비율, 여러 측면에서 앞에서 설명한 입구 부분과 크게 다르지 않으므로 총명한 독자 여러분에게 따로 설명할 만한 것이 거의 없다고 생각한다. 단지 산타 마리아 델 피오레 대성당 쪽을 마주 보고 있으므로 이쪽 부분의 전면을 형성하고 있는 아치문은 입구 쪽과 달리 큰 비중을 차지하지 않는 것으로 여겨졌으므로 조각상이나 장대한 장식품은 없었고 그 대신 문 위에 다음과 같은 글을 새긴 커다란 명문을 올려놓았다.

한때 이름난 에트루리아 제국을 지배했던
비상한 능력을 지닌 빛나는 민족
그 땅을 코시모는 훌륭한 군사력으로
다시 광명을 찾게 하였으며
현명하고 정당하게 통치하였다.
현재 같은 가문에서 요아남이
정권을 장악하고 결혼함으로써 하나가 되었다.*
그녀가 장차 같은 자손을 낳는다면
에트루리아 땅에 황금의 자손이 나타나리라.
VIRTUS RARA TIBI, STIRPS ILLUSTRISSIMA, QUONDAM
CLARUM TUSCORUM DETULIT IMPERIUM;
QUOD COSMUS FORTI PRÆFUNCTUS MUNERE MARTIS
PROTULIT ET JUSTA CUM DITIONE REGIT:
NUNC EADEM MAJOR DIVINA E GENTE JOANNAM
ALLICIT IN REGNUM CONCILIATQUE TORO.
QUÆ SI CRESCET ITEM VENTURA IN PROLE NEPOTES,
AUREA GENS TUSCIS EXORIETUR AGRIS.

통로 또는 현관이라고 할 수 있는 곳이 시작되는 자리에 세워놓은 두 벽기둥—이 벽기둥 위로 출구를 이루는 아치가 솟아 있었고, 그 위에 훌륭한 신랑의 조각상이 있었다—안에는 벽감 두 개가 있었다. 그중 한 벽감 속에는 느무르Nemours의 공작이며 레오Leo의 남동생으로서 교

* 조반니 델레 반데 네레(Giovanni delle bande Nere, 1498~1526)와 마리아 살비아티(Maria Salviati)의 결혼을 말한다.

회국가의 장관이기도 했던 온화한 줄리아노 경의 조상이 있었다. 그 위에 있는 작은 그림에는 그의 아들인 관대한 이폴리토Ippolito 주교의 초상화가 보였다. 한편 출구 쪽으로 뻗어나간 그림에는 1513년 로마 시민들이 그에게 헌정한 카피톨리네Capitoline 극장의 전경이 보였으며, 그 같은 사실을 좀더 확실하게 나타내기 위해 다음과 같은 글을 함께 새겨놓았다.

> 줄리아노 메디치는
> 그의 뛰어난 선의와 미덕 때문에
> 로마 시민들에게서 최고 영예를 받았다.
> 그 덕분으로 고대의 권위와 우미와 아름다움을 되찾게 되었다.
> JULIANUS MEDICES EXIMIÆ VIRTUTIS ET PROBITATIS ERGO
> SUMMIS A POP. ROM. HONORIBUS DECORATUR, RENOVATA
> SPECIE ANTIQUÆ DIGNITATIS AC LÆTITIÆ.

또 다른 벽감 속에는 첫 번째 조상의 모습과 상응하는 것을 만들었는데, 무장하고 한 손에는 칼을 쥐고 우뚝 선 우르비노 공작인 동생 로렌초 경의 조상이 보였다. 그의 위치에 있는 그림에는 부친인 피에로 경의 초상화가 있었다. 또 다른 그림에는 그의 모국 피렌체가 상서로운 축복과 함께 그에게 영예로운 장군의 지휘봉을 건네주는 장면을 그렸으며, 다음과 같은 글을 새겨 넣어 이를 설명했다.

> 정복할 수 없는 용맹을 지닌 로렌초는
> 동료 시민들에게서 희망과 사랑을 받으면서
> 군인의 최고 계급을 수여받았다.
> LAURENTIUS MED. JUNIOR MAXIMA INVICTÆ VIRTUTIS
> INDOLE, SUMMUM IN RE MILITARI IMPERIUM MAXIMO SUORUM

CIVIUM AMORE ET SPE ADIPISCITUR.

팔리아 길모퉁이에 관하여

다음에는 짚의 산지로 유명해 팔리아 길모퉁이Canto alla Paglia라는 이름을 갖게 된 지역에 매우 아름다울 뿐 아니라 그 어느 것 못지않게 화려하고 장대한 아치를 만들어 세웠다. 그런데 지금까지 거의 모든 장식품을 설명할 때 아름다움이나 기교의 뛰어남, 위용이나 화려함이 최고라고 극찬해왔기 때문에 혹시 어떤 독자들은 이것이 단순히 지나친 칭찬이나 과장으로 흐르기 십상인 글의 상투적 표현이 아닌가 하고 의심을 품을지도 모르겠다. 그러나 모든 작품이 바로 그 도시나 다른 지역에서 이미 만들어졌던 유사 작품들의 수준을 훨씬 능가함은 물론, 관후한 귀족들이 매우 아량 있고 후하게 지원해준 덕분에 화려함과 장대함이 놀라웠을 뿐 아니라, 직접 작업한 장인들의 솜씨도 기대치를 훨씬 넘어설 만큼 훌륭했다는 점은 사실로 받아들여도 좋다고 확신할 수 있다. 그러므로 아무리 실력 있고 뛰어난 작가라도 실물의 뛰어남을 글로 충분히 전달할 수는 없을 정도다.

다시 본론으로 돌아가자. 대주교관에서 보르고 산 로렌초Borgo S. Lorenzo로 이르는 거리가 앞에서 언급한 팔리아가를 분할하고 지나감에 따라 완벽한 십자가를 형성하는 지역에 고대 야누스Janus* 신의 사각형 사원을 닮은 장식물을 만들어놓았다. 그런데 바로 이곳에서 대성당의 모습이 보였기 때문에 신앙심이 깊은 왕자들께서 이 장식물을 신성한 「종교」에 헌정하도록 명을 내리셨다. 모든 토스카나 국민, 특히

---

* 고대 이탈리아 사람들의 신으로 머리 앞뒤로 얼굴이 있다. 일의 시작과 끝을 맡아 다스리며 문이나 출입구의 수호신이다.

피렌체 백성들이 항상 뛰어난 신앙심을 지녀왔다는 점은 내가 따로 길게 설명하지 않아도 익히 알려져 있을 것으로 믿는다.

처음에 이미 살펴본 대로 피렌체는 새 신부에게 첫인사를 드리려고 피렌체를 이만큼 성장하도록 만들었을 뿐 아니라, 스스로도 충분히 자랑할 만한 대표적인 미덕과 특징을 동반자로서 거느리고 나왔다. 다만 「종교」만은 이곳에서 신부를 영접해 바로 근처에 있는 거대하고 눈부신 대성당으로 직접 안내해 들이는 임무를 맡기기 위해 남겨두었던 것으로 보였다. 널찍한 거리에 자리 잡고 있는 이 아치는 이미 말한 대로 매우 화려하게 장식한 전면 네 개로 이루어져 있었다. 그중 하나는 카르네세키Carnesecchi 방향으로 걷는 사람들의 눈에 바로 보였으며, 그것과 같은 십자로 줄기에 있는 또 다른 전면은 산 조반니S. Giovanni 세례당과 산타 마리아 델 피오레S. Maria del Fiore 대성당 쪽을 향하고 있었다. 이들과 교차되는 십자로 줄기에 있는 나머지 두 전면 중 하나는 산 로렌초S. Lorenzo 성당 쪽을, 또 하나는 대주교관 쪽을 향하고 있었다.

이제는 전체적인 건축물의 구조와 예술성을 순서대로 최대한 명백히 설명하겠다. 즉, 다시 앞부분부터 시작할 텐데 그 뒷면은 장식품의 구성이 앞면과 거의 한 군데도 빠짐없이 똑같았음을 미리 알아두기 바란다. 널따란 거리의 중앙에 아치의 널찍한 입구가 보였다. 그것은 아름답게 균형을 이룰 만큼 적당한 높이로 솟아 있었고, 양쪽에는 비슷하게 생긴 코린트 방식 기둥으로 둘러싸인 커다란 벽감이 두 개 있었다. 이 기둥에는 트로피나 전리품 대신에 성서, 주교관, 향로, 성작 등 그밖에 성직을 수행하는 데 필요한 여러 가지 도구를 그려놓았다.

이 위에는 중앙 아치 위에 있는 것과 높이는 똑같으나 단지 조금 더 앞으로 튀어나온 일상적인 코니스와 프리즈가 있었으며, 그 위로 코니스가 하나 더 보였다. 이것은 흡사 문이나 창문 위의 장식처럼 위에 말한 두 기둥 사이로 4분의 1 원형의 곡선을 이루었으며, 마치 별도의 벽감을 형성하는 것처럼 보여서 매우 우아하고 사랑스러운 분위기를 자아냈다. 이 코니스 위에는 그처럼 당당했던 시작에 합당한 높이와 위용을 갖춘 프리즈가 있었으며, 그 밑에는 금으로 깎아 만든 화려하고 커다란 소용돌이형 까치발이 달려 있었는데, 이것은 이미 설명한 기둥과 정확하게 직각을 이루고 있었다. 그것들 위에 커다란 가지촛대 네 개가 달린 웅장하고 화려한 코니스가 또 하나 보였다. 그 촛대들도 금을 입혔는데, 다른 모든 기둥과 대좌, 대접받침, 코니스, 평방 외 모든 장식품과 마찬가지로 다양한 조각과 색조가 돋보이는 명품이어서 위에서 설명한 커다란 소용돌이형 까치발이나 기둥들과 멋지게 어울렸다.

한편 중앙에는 그 까치발 위에 솟아 있는 코니스 두 개가 보였다. 그것들은 조금씩 각을 이루다가 결국에는 서로 만나서 합각머리를 이루었다. 그 위에는 화려하고 아름다운 대좌 위에 가장 성스러운 「기독교」를 상징하는 거대한 조상이 손에 십자가를 들고 앉아 있었다. 그 조상의 발치 양편에는 서로 비슷하게 생긴 두 조각상이 위에서 말한 합각머리의 코니스 위에 길게 누워 있는 것처럼 보였다. 그중 오른편에서 세 어린이를 거느리고 있는 조각상은 「자비」를 나타냈고, 왼편의 조각상은 「희망」을 나타냈다. 합각머리의 공간, 아니 좀더 정확히 말해서 각진 내부에는 아치의 대표 문장인 십자가가 그려진 후기 로마제국의 군기Labarum*가 보였으며, 콘스탄틴으로 보냈던 '이것을 가지고 너를 이기리라'IN HOC VINCES라는 문구가 함께 적혀 있었다.

그 아래에는 이상에서 「종교」를 표현한 상징적 장식과 더불어 메디치 가문이 배출해낸 세 교황을 기리려고 교황의 관 세 개를 그려 넣은 메디치 가문의 전통적 방패를 우아하게 놓아둔 것이 보였다. 첫 번째 단을 이루는 코니스 위에는 이미 묘사했듯이 두 기둥 사이에 있는 벽감과 어울리는 조상들이 양쪽에 놓여 있었다. 오른쪽에는 고대 미네르바

---

* 후기 로마제국의 군기(軍旗). 콘스탄티누스 대제 때 그리스 말의 머리글자 XP를 써서 기표(旗標)로 삼았다.

Minerva 여신을 나타낼 때처럼 완전무장을 하고 창과 방패를 든 젊고 아름다운 여인의 조상이 있었다. 메두사Medusa의 머리 대신에 그녀의 가슴에는 커다랗고 붉은 십자가가 붙어 있었는데, 그것을 보고 그녀가 바로 영광되시고 관후한 공작께서 헌신적으로 창설한 새로운 산 스테파노 교단을 나타내는 것임을 쉽게 알 수 있었다. 왼쪽에 있던 또 다른 조상은 갑옷 대신에 성직자와 시민의 예복으로 온몸을 치장하고, 손에는 창 대신에 커다란 십자가를 들고 있었다. 이 조상들은 다른 것들과 아름답게 조화를 이루어가면서 전체 건축물 위로 높이 솟아올라서 매우 위풍당당하고 놀라운 효과를 자아냈다.

다음으로, 마지막 코니스와 기둥 위에 놓인 평방 사이에 자리한 프리즈에는 건축 구성의 순서에 따라 홀 세 개를 만들고, 그 안에 세상이 창조된 이래 지금까지 있어온 것들 중 가장 진실된 종교 세 개를 그려 넣었다. 그들 중 무장한 조상 밑의 오른쪽에 있는 첫 번째 홀에는 자연 법칙이 다스리던 시대의 종교로서 비록 신을 완전히 이해하지는 못했지만 진실하고 선한 원칙에 따라 살았던 소수의 사람이 지녔던 원시적인 종교 형태를 묘사했다. 여기에는 빵과 포도주, 땅에서 난 과실들을 나누어주는 멜기체데크Melchizedek*의 모습을 그렸다.

오른쪽 것과 비슷하게 평화로운 「종교」의 조각상 왼편 밑에 걸어놓은 그림에는 하느님께서 모세를 통해 정해주신 또 다른 형태의 종교를 묘사했다. 물론 첫 번째 것보다는 완전하나 아직도 여러 가지 이미지와 형상에 그 본체가 가려져 신성한 종교적인 숭배 모습이 완전하고도 명확하게 드러나지는 못한 단계에 머물렀다. 이를 나타내기 위해서 모세와 아론이 하느님께 파스카Pascha**에 바치는 어린양을 희생 제물

---

* 살렘(Salem)의 왕으로 사제(司祭).
** 유대인들이 지키는 3절기(節氣) 중 봄의 절기[春節]인 과월절에 지내는 축제.

로 드리는 모습을 그렸다. 그러나 위에서 설명했던 거대한 「종교」, 「자비」, 「희망」을 상징하는 조상들 바로 밑에 있으면서 중심 아치 위에 놓인 가운데 그림은 넓은 공간에 비례해 그림 자체도 훨씬 컸을 뿐 아니라, 진정한 복음주의적 성찬식聖餐式을 나타내는 것으로서 성체聖體를 모신 성작聖爵을 올려놓은 제단祭壇을 그렸다. 그 주위에는 몇몇 신자가 무릎을 꿇고 있었으며, 그 위에는 수많은 아기 천사에게 둘러싸인 성신의 모습이 보였다. 또 천사들은 손에 '정신과 진실과'IN SPIRITU ET VERITATE라고 적힌 두루마리를 들고 있어 마치 그들이 그 말을 노래로 되풀이해 부르는 것처럼 보였다. 영靈, Spiritus은 자연적이거나 물질적인 모든 희생을 통칭하며, 진리Veritas는 법률에 관한 모든 것을 포함한다. 즉, 이 같은 의미를 그림에 나타난 모든 형상과 사람들의 모습을 보고 한눈에 알아볼 수 있었다. 이상의 모든 장면 아래에는 두 천사가 떠받들고 있는 명문을 중앙 아치의 코니스 위에 괴어놓았는데, 거기에는 다음과 같이 매우 아름다운 내용이 적혀 있다.

진정한 신앙과 일상 업무와
모든 인간의 생활의 빛을 지탱하기 위하여
피렌체는 에트루리아 지방에서
항상 지도자로서 자진하여
고대의 신앙의 영광과 또 자신의 영광을 위하여
헌신하였다.
VERÆ RELIGIONI, QUÆ VIRTUTUM OMNIUM FUNDAMENTUM, PUBLICARUM RERUM FIRMAMENTUM, PRIVATARUM ORNAMENTUM, ET HUMANÆ TOTIUS VITÆ LUMEN CONTINET, ETRURIA SEMPER DUX ET MAGISTRA ILLIUS HABITA, ET EADEM NUNC ANTIQUA ET SUA PROPRIA LAUDE MAXIME FLORENS, LIBENTISSIME CONSECRAVIT.

조금 더 아래로 내려와서 오른편에 있는 벽감 쪽에는 기둥 두 개와 무장한 「종교」의 모습이 보였다. 이것은 단지 그림일 뿐인데도 명암법으로 처리했기 때문에 마치 실물처럼 두드러져 보였다. 바로 그 기둥 사이와 「종교」의 아래쪽에는 산 스테파노 교단敎團의 기사 복장을 하고 손에 십자가를 들고 있는 독실한 공작의 조상이 보였다. 그의 머리 위에 있는 벽감 위쪽에는 실제로 조각한 것처럼 보이는 다음과 같은 내용의 문구가 적혀 있었다.

피렌체와 시에나의 두 번째 공작인
코시모 데 메디치는 1561년에
그리스도교적인 신성한 군인 포고와
성 스테파노의 군인 미덕을 제정하였다.
COSMUS MEDIC. FLOREN. ET SENAR. DUX II, SACRAM D.
STEPHANI MILITIAM CHRISTIANÆ PIETATIS ET BELLICÆ
VIRTUTIS DOMICILIUM FUNDAVIT, ANNO MDLXI.

코린트 방식 분할법에 따라 만든 기둥의 두 주춧돌 사이에 있는 위쪽 벽감의 대좌에는 피렌체의 용감한 기사들이 용전분투해 다미아타 Damiata를 차지하는 장면을 그려놓았다. 이는 마치 피렌체의 새로운 기사들에게도 그와 같은 용기와 영광이 내려지기를 기원하는 뜻으로 보였다. 두 기둥 위에 있는 반월창半月窓에는 공작만 사용했던 고유한 가문 방패가 있었다. 그 방패에는 붉은 십자가를 아름답게 그려 넣어서 그것이 기사단 단장과 교단 우두머리의 것임을 더욱 명백히 했다.

이제 공적이고 보편적인 만족감을 채워주기 위해서, 또 이 도시와 지방에서 태어나서 고결한 인품이나 성스러운 삶으로 유명해진 사람들, 존경받는 교단의 몇몇 창설자의 기억을 되살리기 위해서, 더 나아가 보는 이들의 마음속에 그들의 선함과 완벽함을 본받고자 하는 숙연한 생각을 불러일으키기 위해서 다른 장식의 필요성이 절실하고도 합당한 것으로 대두되었다. 즉 이미 말한 대로 오른쪽에는 성스러운 산 스테파노 군인 교단의 창설자인 공작의 조상을 놓았으므로, 그 반대편에는 당시 관습에 따라 한 가족에 속하는 기사이며, 발롬브로사Vallombrosa 교단의 창립자이자 대부인 산 조반니 구알베르토S. Giovanni Gualberto의 조상을 놓았다. 공작의 조상이 무장한 「종교」의 조상 밑에 놓여 있었듯이, 그의 조상도 그에게 어울리도록 사제 복장을 한 「종교」 조상 밑에 있었으며, 기사복을 입고서 적을 용서해주는 모습이었다.

벽감 위의 합각머리에는 주교관主敎冠 세 개를 그려놓은 메디치 가문의 방패가 있었고, 대좌에는 세티모Settimo 수도원에서 일어난 기적의 내용을 그려놓았다. 그것은 한 수사가 위에 말한 산 조반니 구알베르토의 명에 따라 손에 십자가를 들고 기도를 드리며 이글거리는 불길 속을 태연히 지나가서 이교도와 성직 매매자들Simonists을 당황하게 만들었던 사건이다. 그 그림 위의 작은 명판에 써놓은 다음과 같은 글귀가 이 모든 내용을 명확하게 말해주었다.

가장 고상한 피렌체의 기사騎士
요하네스 구알베르토는
1061년에 발롬브로사 교단의
창설자가 되었다.
JOANNES GUALBERTUS, EQUES NOBILISS. FLOREN., VALLIS
UMBROSÆ FAMILIÆ AUCTOR FUIT, ANNO MLXI.

이를 끝으로 화려하고도 아름다운 주요 전문의 장식을 마무리 지었다.

그 아치를 지나서 안으로 들어서면 사람들이 지나갈 수 있는 널따란 로지아 혹은 통로, 아니면 현관 등 여러 이름을 붙일 수 있는 공간에 다

다르게 된다. 그곳에는 아치와 똑같이 생긴 또 다른 입구 세 개가 보였으며, 이들은 두 거리 교차점에서 서로 연결됨으로써 중앙에 한변이 8브라차 정도의 사각 공간을 형성하고 있었다. 그 안에 또다시 아치 네 개가 밖에 있는 아치들과 같은 높이로 솟아올랐으며, 귀가 꺾여 올라간 부분은 아치형 천장처럼 구부러져 마치 위에 자그마한 둥근 천장을 얹어놓은 것처럼 보였다. 진짜 둥근 천장인 듯 구부러진 곡선이 시작되었음 직한 부분에 오른쪽으로 꺾인 코니스가 있었다. 그곳에는 금빛 찬란한 난간을 두른 발코니계랑階廊가 있었고, 그 위에는 둥그런 원을 그리면서 우아한 춤을 추고, 감미로운 화음으로 노래를 부르는 매우 아름다운 천사들의 성가대가 보였다. 이 모든 것에 우아함을 더하고, 또한 아치 밑의 모든 곳을 환히 빛나게 하려고 둥근 지붕 대신에 넓고 푸른 하늘이 그대로 보이도록 만들었다.

한편 네 천사가 있는 공간 혹은 삼각소간이라고 부를 수도 있는 부분은 천사들이 솟아나오는 부분은 좁다가 그들이 코니스 쪽을 향해 올라감에 따라 아치의 곡선에 맞추어 점차 벌어졌다. 이 삼각소간의 둥근 부분에는 에제키엘Ezekiel*과 세례자 요한이 성스러운 복음서 편찬자 네 명을 위해 상상해낸 신비스러운 짐승 네 마리를 각각 그려 넣었다.

그러면 다시 앞에서 지적했던 로지아 혹은 현관이라고 부를 수 있는 네 개를 살펴보겠다. 우선 아치형 천장은 우아하고 아름답게 분할해 작은 그림 여러 가지를 그려 넣었으며, 그 위와 옆에는 각각의 그림과 관련된 종교 교단의 문장이나 고유 도안들로 장식해 보는 이들의 이해를 도왔다. 공작의 벽감과 연결되는 오른쪽에 있는 첫 번째 로지아의 전면에는 공작이 의례적인 계율戒律과 의식에 따라 기사들에게 기사복을 수여하는 장면을 그려놓은 커다란 그림이 있었다. 제일 멀리 떨어진 곳에는 피사 지방을 나타내는 고상한 궁정, 교회, 병원 등의 건축물이 보

---

* 기원전 6세기경 헤브라이의 대예언자.

였으며 대좌에는 이상의 장면을 설명하는 글귀를 새겨놓았다.

피렌체와 시에나의 두 번째 공작
코시모 데 메디치는
신의 영감을 받아
기사들을 임명한 후
신심 깊게 그리고 장엄하게
그들에게 제복과 계급을 부여하고
또 모든 것을 주었다.
COSMUS MED. FLOR. ET SENAR. DUX II, EQUITIBUS SUIS
DIVINO CONSILIO CREATIS MAGNIFICE PIEQUE INSIGNIA ET
SEDEM PRÆBET LARGEQUE REBUS OMNIBUS INSTRUIT.

산 조반니 구알베르토의 벽감과 연결되는 맞은편 전면에는 이 훌륭한 성인께서 어떻게 황량한 삼림지대에 자신의 첫 번째 수도원을 세웠는지를 묘사했으며, 대좌에는 다음과 같은 글귀를 새겨놓았다.

성 요하네스 구알베르토는
동료 신앙인 집을
시기를 놓친 방문자들에게서
아득히 먼 곳 발롬브로사 산속에 암자를 지었다.
S. JO. GUALBERTUS IN VALLOMBROSIANO MONTE, AB
INTERVENTORIBUS ET ILLECEBRIS OMNIBUS REMOTO LOCO,
DOMICILIUM PONIT SACRIS SUIS SODALIBUS.

바깥쪽 전면은 이 정도로 간략하게 끝내고 안쪽으로 넘어가서 되도록 명확하게 이해할 수 있게 똑같은 방식으로 설명하겠다. 이미 말한 바와 같이 높이, 크기, 칸막이, 기둥은 물론 다른 모든 장식이 이미 설명한 바깥쪽 전면과 완벽하게 일치했다. 단지 앞의 것은 이미 설명한 대로 가운데 꼭대기에 「종교」, 「자비」, 「희망」을 상징하는 커다란 조상 세 개가 있었던 반면에, 여기에는 그 대신에 고대 풍습에 따라 만들고 장식한 매우 아름다운 제단만 있었고, 그 위에는 베스타Vesta* 여신의 제단을 연상시키는 매우 밝은 불꽃이 타오르고 있었다.

산 조반니S. Giovanni 세례당 쪽을 향한 오른쪽에는 「명상적인 삶」을 나타내는 거대한 조각상이 그에 어울리는 복장을 하고 하늘을 진지하게 바라보며 서 있었다. 이 조상은 다른 전면에서 설명한 대로 두 기둥 사이에 자리한 커다란 벽감과 정확히 수직을 이루었다. 그 맞은편에도 그만큼 커다란 조상이 있었는데, 그것은 매우 활동적인 모습으로 팔을 다 드러내고 머리를 화환으로 장식한 「활동적인 삶」이었다. 이 두 조상은 기독교와 관련된 모든 특질을 매우 적절하게 포괄해 나타냈다.

두 코니스 사이에 있는 프리즈도 맞은편의 것과 똑같아서 홀 세 개로 분리되어 있었다. 그중에서 중앙에 있는 제일 큰 홀에는 로마 옷을 입은 세 사람이 나이 들고 인품이 훌륭해 보이는 몇몇 토스카나 노인에게 어린아이 열두 명을 바치는 그림을 그려놓았다. 이는 고대에 로마를 비롯한 여러 국가의 시민들이 토스카나인에게서 종교를 배웠을 뿐 아니라, 토스카나 종교를 얼마나 높이 받들었는지를 나타냈다. 이를 설명하는 문구는 키케로Cicero의 완벽한 법률에서 따온 '에트루리아여, 왕자에게 명령하라'ETRURIA PRINCIPES DISCIPLINAM DOCETO였다. 이 그림 밑에는 이미 다른 전면에서 보았던 것과 마찬가지로 다음과 같은 글을 새긴 명문이 있었다.

---

* 로마신화에서 화로의 여신. 그 제단에는 끊임없이 타오르는 성화가 모셔져 있었다.

학식 있는 아테네 사람들은

그들의 유용한 발명 때문에 칭찬받으며,

호전적인 로마 사람들은

강력한 군대와 제국으로 그러하다.

그러나 에트루리아의 우리 겸손한 마을은

신에 대한 신성하고 고상한 봉사로

그들과 구별되며 하느님을 기리고

신성한 종교의식을 가르친다.

지금 에트루리아는 진정한 종교적인 경건한 곳이며

영원히 그럴 것이다.

FRUGIBUS INVENTIS DOCTÆ CELEBRANTUR ATHENÆ,

ROMA FEROX ARMIS IMPERIOQUE POTENS.

AT NOSTRA HÆC MITIS PROVINCIA ETRURIA RITU

DIVINO ET CULTU NOBILIORE DEI,

UNAM QUAM PERHIBENT ARTES TENUISSE PIANDI

NUMINIS, ET RITUS EDOCUISSE SACROS;

NUNC EADEM SEDES VERÆ EST PIETATIS, ET ILLI

HOS NUMQUAM TITULOS AUFERET ULLA DIES.

한편 고대 이교도異教徒들의 종교는 이에 관한 그림이 서쪽에 놓인 것은 물론 우연이 아니었다 대개 두 가지로 나뉘며, 그것은 주로 점과 희생 제물로 이루어진다고 생각했다. 그 때문에 양옆에 있는 작은 그림 두 개 중 오른쪽 그림에는 그 같은 풍습에 따라 놀라울 정도로 열망에 가득 찬 고대의 사제 한 사람이 희생제를 주관하는 제관祭官들이 그의 앞에다 갖다놓은 커다란 수반에 담긴 희생 동물들의 꼬리들을 뚫어져라 쳐다보면서 서 있는 모습을 그려놓았다. 왼쪽 그림에는 손에 구부러진 지팡이를 든 이교의 점쟁이가 그 위에 날아다니는 어떤 새들로부터 점괘를 얻어내는 데 필요한 영역만큼 허공에 선을 긋는 모습을 그려놓았다.

이제 아래로 내려와서 벽감을 살펴보겠다. 오른쪽 벽감에는 자연에 의해 지리적으로 동떨어져 오히려 종교적 신성함을 보존할 수 있는 이 나라에서, 황량한 아펜니노Apennine산맥 지대에 성스러운 카말돌리 Camaldoli 수도원을 세움으로써 그 이래로 이어져온 카말돌리 교단敎團의 시조가 되신 성 로무알도S. Romualdo의 모습을 그려놓았다. 벽감 위에는 다음과 같은 글을 새겨놓았다.

로무알두스는
이 땅, 성인이 가득한 곳에
1012년, 카말돌리 수도원을 세웠다.
ROMUALDUS IN HAC NOSTRA PLENA SANCTITATIS TERRA,
CAMALDULENSIUM ORDINEM COLLOCAVIT ANNO MXII.

대좌臺座에는 잠을 자다가 꿈속에서 야곱의 것과 같이 구름을 뚫고 높이 솟아 하늘까지 닿은 사다리를 본 은자隱者의 이야기를 묘사했다. 벽감과 연결되는 동시에 다른 것처럼 현관 아래로 지나가는 전면에는 황야 위에 놀랍도록 조심스럽고도 장대하게 지어놓은 위의 수도원 건물을 그려놓았다. 다음과 같은 명문 속 문구가 이를 설명해주었다.

성 로무알두스는
엄격한 카말돌리 교단을 카말돌리의 시골에 설치하였는데
이곳은 하느님이 그에게 계시啓示한 곳이며
신성神性을 명상하기에 가장 적합하다.
SANCTUS ROMUALDUS IN CAMALDULENSI SYLVESTRI LOCO,
DIVINITUS SIBI OSTENSO ET DIVINÆ CONTEMPLATIONI
APTISSIMO, SUO GRAVISSIMO COLLEGIO SEDES QUIETISSIMAS

EXTRUIT.

왼쪽 벽감에는 우리 시민 중 한 분인 축복받은 필리포 베니치Filippo Benizi가 보였다. 그는 사실상 세르비테스 교단 창시자였을 뿐 아니라 처음으로 서품敍品을 받은 사람임이 틀림없다. 고귀한 피렌체인 일곱 명이 그를 둘러싸고 있어 벽감 하나에 그들을 모두 수용한다는 것이 다소 무리가 있어 보였는데, 그만은 홀로 떼어놓아 합당한 예우를 해주었다. 그 위에는 다음과 같은 글을 새겨놓았다.

우리 시민 필리포 베니치는
1285년 세르비테스 교단을 창설하고
필요한 모든 사물을 공급하였다.
PHILIPPUS BENITIUS CIVIS NOSTER INSTITUIT ET REBUS
OMNIBUS ORNAVIT SERVORUM FAMILIAM, ANNO MCCLXXXV.

대좌에는 「성모영보」의 이야기와 함께 많은 아기 천사에게 둘러싸인 성모 마리아가 보였다. 한 천사는 아름다운 화병에서 꽃을 뽑아 열심히 기도를 올리면서 서 있는 많은 사람의 머리 위에 뿌리고 있었다. 이는 자신의 영혼을 헌신적으로 마리아님께 바치는 신자들이 매일 그녀의 중재로 하느님께 수없이 많은 은혜를 받는 모습을 나타냈다. 통로 아래쪽에 걸린 커다란 그림에는 성 필리포S. Filippo를 비롯해 위에 이미 언급한 고결한 시민 일곱 명이 피렌체 시민의 평상복을 벗어던지고 세르비테 교단의 복장으로 갈아입는 모습이 보였다. 이들은 모두 당시에는 도시 밖에 있었지만 지금은 피렌체 시내에 자리 잡게 된 그들의 아름다운 수도원과 오랫동안 수많은 기적이 행해짐으로써 세계적으로 유명해졌을 뿐 아니라 지금껏 교단의 본부였던 아주 깊고 화려한 눈치아타Nunziata 교회를 건축하는 데 몰두했다. 여기에는 아래와 같은 문구가 적혀 있었다.

> 우리 고귀한 7인의 시민이
> 신심信心과 성인의 지위로 온 세상에 이름난
> 우리 고장 눈치아타 성당에서
> 그들의 생애를 신앙생활에 바치면서
> 복되신 동정 마리아의 세르비테스 교단을 창설하였다.
> SEPTEM NOBILES CIVES NOSTRI IN SACELLO NOSTRÆ
> URBIS, TOTO NUNC ORBE RELIGIONIS ET SANCTITATIS FAMA
> CLARISSIMO, SE TOTOS RELIGIONI DEDUNT ET SEMINA JACIUNT
> ORDINIS SERVORUM D. MARIÆ VIRG.

세로로 쭉 내려뻗은 십자로 줄기에 일종의 양팔 역할을 해주는 가로선에는 이미 말한 대로 전면 두 개가 있었다. 이쪽에서 뻗어 나간 두 길은 다소 좁았기 때문에 이들은 앞에 설명한 전면들보다 작았다. 웅대한 작품을 세우기에는 공간이 조금 부족했기 때문에 작은 크기에 어울리는 높이로 만들려고 여러모로 판단해 통로를 마련해주는 아치의 양옆에 벽감 대신 기둥만 하나 세웠다. 그 위에 적당한 비율을 고려해 만든 프리즈가 솟아 있었고, 그 가운데에는 이 전면의 전체 장식을 대표하는 그림을 그려놓았다. 물론 그 같은 장소에 합당한 그밖의 여러 가지 장식품, 문장, 그림들도 빠짐없이 갖추어놓았다.

전체 건축물은 진정한 종교의 영광과 권력을 찬미함과 동시에 그러한 종교가 거둔 영예로운 승리를 기리는 데 헌정되었다. 그러므로 종교가 가장 강력하고 구체적인 적수, 즉 철학자와 이교도들이 전수하는 인간의 지혜와 세속적인 권력에 대항해 일찍이 거둔 바 있는 가장 고귀하고도 중요한 승리 두 가지를 선정해 보여주었다. 대주교관을 마주 보는 쪽에는 성령聖靈으로 가득한 성 베드로와 성 바오로가 인간의 지혜로

만 가득 찬 수많은 철학자와 학자들을 어떻게 논박했는지를 묘사했다. 이 철학자들 중 가장 혼란스러워했던 몇몇 사람은 손에 들고 있던 책들을 내던지거나 찢어버리고 있었다. 반면에 디오니시우스Dionysius,* 유스티누스Justinus, 판타에누스Pantænus 등은 복음의 진리를 깨닫고 받아들였음을 나타내기 위해 매우 겸손하고 헌신적인 자세로 그들 쪽으로 오고 있었다. 이를 설명하는 문구는 '어떠한 지혜도 없으며 어떠한 인내도 없다'NON EST SAPIENTIA, NON EST PRUDENTIA였다.

첫 번째 것의 맞은편에 있으면서 역시 대주교관을 향하고 있는 또 다른 그림에는 성 베드로와 성 바오로를 비롯해 여러 사도使徒가 네로 Nero 황제와 수많은 무장한 무리 앞에서도 전혀 굴하지 않고 대담하게 복음의 진리를 전도하는 모습이 보였다. 이 명문에는 '그것은 지력도 아니고 완력도 아니다'NON EST FORTITUDO, NON EST POTENTIA 라는 문구가 적혀 있었다. 이는 솔로몬 왕의 좌우명 '통치자에 맞서다' CONTRA DOMINUM에 따른 것이다. 이 두 아치에 딸린 둥근 천장 밑에 자리 잡은 전면들 중 대주교관을 향해 있는 곳에는 시에나Siena의 존경받는 시민이었던 축복받은 조반니 콜롬비니Giovanni Colombini가 시에나 평원에서 시민들이 입던 평상복을 벗어던지고 낡아빠진 누더기를 걸치고 열성적으로 그와 함께하기를 바라는 많은 사람에게도 그런 옷을 나누어줌으로써 인제수아티Ingesuati 교단敎團을 형성하는 장면을 묘사했다. 여기에 딸린 명문에는 다음과 같은 글이 새겨져 있었다.

예수의 이름에서 딴 '가난한 사람들의 모임'은
1351년 시에나에 창설되었는데
이 교단의 지도자는
'조반니 콜롬비니'다.

ORIGO COLLEGII PAUPERUM, QUI AB JESU COGNOMEN
ACCEPERUNT; CUJUS ORDINIS PRINCEPS FUIT JOANNES
COLOMBINUS, DOMO SENENSIS, ANNO MCCCLI.

맞은편에 있는 또 하나의 전면에는 시에나의 또 다른 신사들이 교황
으로부터 그들의 생활을 조사하도록 권한을 위임받은 아레초의 주교
구이도 피에트라말레스코Guido Pietramalesco 앞에 모여 있는 모습이 보
였다. 그들은 모두 주교에게 몬테 올리베토Monte Oliveto 교단을 창설해
야 한다는 소망을 열렬히 피력했다. 결국 주교는 이를 승인해 그들에게
방대하고 신성한 수도원을 건축하라고 권고했으며, 그에 따라 그들은
후일 시에나 지방의 몬테 올리베토에 수도원을 세웠다. 여기에는 그 건
물의 모형을 그리고 다음과 같은 글을 새겨놓았다.

시에나의 시민이며 고귀한 창단자가
신성한 몬테 올리베토 교단을
1319년에 창설하였다.
INSTITUITUR SACER ORDO MONACORUM QUI AB OLIVETO
MONTE NOMINATUR, AUCTORIBUS NOBILIBUS CIVIBUS
SENENSIBUS, ANNO MCCCXIX.

산 로렌초S. Lorenzo 성당 쪽을 향한 전면에는 유명한 라 베르니아La
Vernia의 경당 건물이 보였다. 이 경당은 일찍이 그 지역의 고독한 분위
기에 이끌려 그곳에 갔다가 십자가에 매달려 돌아가신 우리 주 예수 그
리스도를 만나 영광스럽게도 성흔^{聖痕}을 입은 성 프란체스코S. Francesco
의 알선으로 당시 그 지방 영주이며 신앙심이 돈독했던 구이도Guido 백
작이 대부분 비용을 대서 세웠다. 여기에도 이러한 내용을 모두 설명해
주는 다음과 같은 글을 새겨놓았다.

성 프란체스코는

우리나라에서도 가장 험한 산을 택하여

그곳에서 우리 구세주의 죽음에 대하여

불타는 사랑을 가지고 명상하였다.

주의 거룩한 상처는 신비롭게

성 프란체스코의 성흔聖痕으로 보존되어 있다.

ASPERRIMUM AGRI NOSTRI MONTEM DIVUS FRANCISCUS
ELEGIT, IN QUO SUMMO ARDORE DOMINI NOSTRI SALUTAREM
NECEM CONTEMPLARETUR, ISQUE NOTIS PLAGARUM IN
CORPORE IPSIUS EXPRESSIS DIVINITUS CONSERVATUR.

그 맞은편에는 오랫동안 가톨릭 교회와 불화 상태에 있던 그리스 정교회가 서로 화해해 재결합함으로써 진정한 신앙이 지녀야 할 원래의 순수함과 깨끗함을 회복하게 되었을 때, 교황 에우제니우스Eugenius 4세 주도로 열린 피렌체 종교회의가 개최한 축하 성찬식聖餐式 장면을 그려 놓았다. 여기에도 다음과 같은 글을 새겨 그 뜻을 명백히 밝혔다.

위대한 우리 주님을 위하여

시민들의 신앙의 열의 탓으로 우리 도시가 뽑혔다.

그리스도를 믿는 사람이면서 분리되어 있는

많은 그리스 사람은

교회의 남아 있는 자리에 합치게 될 것이다.

NUMINE DEI OPTIMI MAX. ET SINGULARI CIVIUM
NOSTRORUM RELIGIONIS STUDIO, ELIGITUR URBS NOSTRA IN
QUA GRÆCIA, AMPLISSIMUM MEMBRUM A CHRISTIANA PIETATE
DISIUNCTUM RELIQUO ECCLESIÆ CORPORI CONJUNGERETUR.

산타 마리아 델 피오레 대성당에 관하여

도시의 중앙 성당인 산타 마리아 델 피오레 대성당S. Maria del Fiore은 원래도 장엄하고 지극히 화려한 건물이지만, 새 신부께서 바로 그곳에 머물게 된다는 점을 고려해 종교적인 장식은 물론 등불, 꽃줄, 방패 또 수없이 많은 깃발을 여러 곳에 꽂아 전체 건물을 최대한 장엄하고 화려하게 치장하는 것이 옳다는 데 모든 성직자의 의견이 모아졌다. 특히 정문에는 이오니아 건축 방식에 따라 놀랍고도 매우 우아한 장식품을 만들어놓았다. 그곳에는 매우 뛰어나게 구상한 여러 장식과 더불어 우리 주 예수 그리스도의 영광이신 어머니께서 행하신 열 가지 작은 행적을 얕은 돋을새김으로 만들어놓았다.

이것은 그 어떤 것보다 화려하면서도 독특해 모든 사람이 감탄해 마지않은 걸작으로 언젠가는 청동靑銅으로 떠서 산 조반니 세례당이 자랑하는 숭엄하고 화려한 정문과 그 아름다움을 경쟁할 수 있게 되기를 바랄 정도였다. 세월이 흘러 취향이 달라진 시대에도 더욱 보기 좋고 아름다운 작품으로 호평받을 수 있겠다는 생각도 들게 했다. 실제로 이 당시에는 진흙으로 만들었지만 위에 온통 금칠을 하여 목조 문 안에 일종의 컴파트먼트 식으로 아름답게 짜넣었으므로 겉보기에는 금으로 만든 것처럼 보였다.

그 위에는 「운영」Operazione과 「우아」Grazia가 받치고 있는 교황의 열쇠와 관을 그려 넣은 메디치 가문의 거대한 방패 외에, 도시의 모든 수호성인守護聖人을 그려놓은 매우 아름다운 패널이 보였다. 그들은 마리아와 그녀 품에 안긴 아기 예수께 피렌체의 복지와 번영을 간구하는 듯한 모습이었다. 이 모든 것 위에 대표적인 디자인으로 아름답게 그려놓은 작은 배가 하나 있었다. 그 배는 순풍에 힘입어 잔잔한 항구를 향해 전속력으로 달려가는 것처럼 보였다. 이는 곧 훌륭한 기독교적 행위는 신의 은혜를 입을 때뿐만 아니라 그에 못지않게 인간들이 수동적인 자세에서 벗어나 적극적으로 선한 마음과 행동을 더할 때만 비롯됨을 나타냈다. 이는 '신의 도움으로'Σὺν Θεῷ라는 문구로 분명히 시사했으며, 밑에 새긴 다음과 같은 짧은 글에서 더욱 명백하게 드러났다.

확실히 하자! 하느님, 당신은 우리에게 무엇을 주셨나요.
CONFIRMA HOC DEUS QUOD OPERATUS ES IN NOBIS.

말에 관하여

산 풀리나리S. Pulinari 광장에는 근처에 있던 법정과 관계없이 대성당과 다음 이치 시이의 넓은 공간이 비어 있지 않게 하려고 원래 아름다운 거리에 놀라운 기술과 섬세한 창의력을 발휘해 매우 거대한 말의 모형을 만들어 세웠다. 높이 9브라차가 넘는 이 말은 매우 사나워 보이지만 미끈하게 잘생겼으며, 뒷발로 서서 뛰어오르는 형상이었다. 말 위에는 완전무장을 하고 온몸이 혈기로 가득 찬 젊은 영웅이 타고 있었다. 그는 지금 막 자신의 말 밑에 축 늘어져 있는 무시무시한 괴물을 창으로 찔러 치명상을 입혔으며, 그 창끝이 그의 발치에 보였다. 그는 이미 쓰러진 괴물에게 마지막 결정타를 내려치려고 번쩍이는 검을 들려는 순간이었고, 첫 번째 일격을 받은 괴물이 형편없이 망가진 모습을 보고 놀란 표정이었다.

단테Dante가 잘 표현했듯이, 이 젊은 영웅은 왕국과 공화국 분쟁의 씨앗이자 모든 불화와 피해, 원한, 불의, 악한 세력의 모체로, 대개 「악」이나 「사기」로 불렸다. 젊고 아름다운 여인의 형상을 했으나 속에는 커다란 전갈의 꼬리를 감추고 다니는 괴물을 온 도시를 헤매어 샅샅이 뒤지고 다니다가 결국에는 지옥 끝까지 추격한 진정한 체르쿨레스이「용기」를 상징했다. 그는 이 괴물을 처치함으로써 도시가 현재 훌륭한 영주들 덕분에 행복하게 누리고 있는 평정과 평화를 되찾아준 것처럼 보였다.

이 같은 내용은 커다란 대좌에 어울리게 올려놓은 훌륭한 도안에서 잘 나타났다. 그것은 수많은 기둥이 떠받치고 있는 열린 사원의 중앙에 보이는 신성한 제단 위에서 이집트 영조인 이비스Ibis가 그의 다리를 감고 있는 뱀들을 부리와 발톱으로 찢고 있는 그림이었으며, '포상을 받을 만하다'PRAEMIA DIGNA라는 적절한 문구가 함께 적혀 있었다.

보르고 데 그레치에 관하여

보르고 데 그레치Borgo de' Greci 어귀에는 도가나Dogana 쪽을 향해 발걸음을 돌리는 사람들이 보고 즐길 만한 것을 마련해주려고 도리아 방식으로 작고 닫힌 아치를 하나 만들어 「공공의 즐거움」에 헌정하도록 하는 것이 좋겠다고 생각되었다. 이는 눈에 가장 잘 띄는 곳에 위치한, 화환으로 장식하고 즐거운 웃음을 짓고 있는 한 여인의 조상과 그를 설명하는 '즐거움이 만발하다'HILARITAS P.P. FLORENT라는 문구로 나타냈다. 이 조상 밑에는 여러 가지 그로테스크 무늬와 바쿠스 신에 얽힌 작고 아름다운 그림들 중간에 매우 매력적인 꼬마 사티로스Satyr 두 명이 다른 데서도 그러하듯이 어깨에 들쳐 메고 있는 가죽으로 만든 술부대에 담긴 백포도주와 적포도주를 아름다운 분수 안으로 쏟아붓고 있었다.

다른 곳에서는 물고기를 그렸지만, 여기서는 그 대신 소년들이 안고 있는 백조 두 마리가 술을 너무 많이 마신 사람들에게 때때로 항아리로부터 힘껏 물줄기를 뿜어대면서 장난을 치고 있었다. 여기에도 '술의 나쁜 결말을 피하다'ABITE LYMPHAE VINI PERNICIES라는 문구가 아름답게 적혀 있었다. 커다란 조상의 머리 위와 주위에는 그밖에도 수많은 사티로스와 바쿠스 신 예찬자들이 몰려들어 진탕 마시고, 춤추고 노래하며 술 취한 사람들이 으레 그렇듯 짓궂은 장난을 하는 모습이 보였다. 이들은 모두 다음과 같은 문구를 함께 외쳐대는 것처럼 보였다.

지금이야말로 마음껏 마시고 춤을 출 때다.
NUNC EST BIBENDUM, NUNC PEDE LIBERO PULSANDA TELLUS.

도가나의 아치에 관하여

지금까지 보아왔듯이 아름다운 피렌체는 훌륭한 공주님을 영접하고 수행하려고 갖가지 특권과 우수성, 고유의 미덕들을 곳곳에 분배해 스스로 장식했다. 그러나 사실상 그 모든 자랑거리의 최고 우두머리이며, 백성들과 나라를 잘 다스릴 수 있었던 비결의 결정적 주인공이라고 할 수 있는 「문화시민의 미덕」Virtu civile 내지는 「신중함」Prudenza만은 정작 지금까지 아무런 주목을 받지 못하고 지나온 듯하다. 이 「신중함」은 과거에도 피렌체 출신의 많은 위인에게서 충분히 드러남으로써 많은 칭찬을 받았을 뿐 아니라 명성이 자자했던 미덕이다. 그러나 최근에도 현존하신 많은 훌륭한 영주가 이전의 인물들에 못지않은, 아니 오히려 더 진정하고 탁월한 귀감이 되어서 그들의 모든 덕망 높은 행적이 바로 이 미덕의 소산이라 보는 게 가장 옳은 말일 것이다.

사실 이 복되고 모험심 강한 나라의 정부는 극히 청렴하고 올바르며, 모든 난관 속에서도 꿋꿋이 버텨왔을 뿐 아니라 그 기념비적이고 막대하며 영광스러운 번영도 자애로운 행운의 여신이 베풀어주신 은혜라기보다는 신중하신 우리 공자이 발휘한 비할 데 없는 용기와 지조, 인내, 조심성 등에 힘입어 이루어진 것이다. 이와 같은 사실을 똑바로 아는 사람이라면 맹목적인 질투심에 눈먼 사람을 제외한 모든 사람이나 라를 다스리는 사람들은 늘 질투심 많은 사람들의 사악한 해코지로 괴로움을 받아왔다 이 나라의 영주들이 받은 영예가 얼마나 합당한 것이며, 전혀 아첨이 섞이지 않은 사심 없는 감사의 마음에서 우러나왔는지 쉽게 이해할 수 있을 것이다. 이 모든 사실이 전체 장식물의 포괄적 개념을 함축하고, 적당한 위치에 아름답게 놓인 다음과 같은 명문에서 잘 표현되었다.

> 도시의 사건들은 처리되고
> 제국의 변방은 확장되고
> 군대는 강해지고
> 전국에 평화는 확립되고
> 시市와 왕국의 위신은 높아졌으므로
> 나라는 이 모든 이익의 기념으로
> 이 기념물을 가장 신중한 공작의 사려에 바친다.
> REBUS URBANIS CONSTITUTIS, FINIB. IMPERII PROPAGATIS, RE
> MILITARI ORNATA, PACE UBIQUE PARTA, CIVITATIS IMPERIIQUE
> DIGNITATE AUCTA, MEMOR TANTORUM BENEFICIORUM PATRIA
> PRUDENTIÆ DUCIS OPT. DEDICAVIT.

공공 및 공작의 광장 입구에, 한편으로는 공공 및 공작의 궁전에, 또 다른 한편으로는 백성들에게 소금을 분배해주는 관청 건물 쪽에 맞대어서 어느 것 못지않게 놀랍고 장대한 아치를 세웠다. 이는 「문화시민의 미덕」 내지는 「문화적인 신중함」에 헌정한 것으로, 이미 설명한 대로 팔리아Paglia 길모퉁이에 세워 「종교」에 바친 아치와 모든 면이 흡사했으며, 오히려 그것보다 좀더 높고 당당한 편이었다. 거대한 코린트 방식 기둥 네 개가 지지하고 있는 아치의 중앙에는 행렬이 지나갈 수 있는 공간을 남겨두었으며, 일반적인 기둥이 그러하듯이 평방, 코니스,

다른 것과 마찬가지로 컴파트먼트 세 개로 분리된 돌출한 프리즈 등을 지니고 있었다.

이 모든 것 위에 자리 잡고 있는 커다란 두 번째 코니스 위에는 마치 여왕과 같은 위엄을 지닌 거대한 여인의 조상이 매우 장중하고도 기품 있는 자태로 앉아 있었다. 그녀는 제왕의 왕관을 썼으며, 오른손에 홀을 들고 왼손은 커다란 구체 위에 올려놓고 있어「문화시민의 미덕」을 나타냄을 쉽게 알 수 있었다. 그 밑에는 두 기둥 사이에 최대한 많은 공간을 내어 깊숙하고 넓은 벽감을 만들어서 그중 한 군데에「문화시민의 미덕」을 형성하고 있는 여러 가지 덕목을 그럴싸하게 나타냈다. 마땅히 으뜸가는 첫 번째 자리는 군사적인 미덕이 차지했다.

오른쪽 벽감에는 덕망 높고 관후한 모든 행동 중 제일 원칙인「용기」의 조각상을 영웅적이고도 매우 아름다운 모습으로 만들어 넣었다. 한편 왼쪽 벽감에는 그러한 행동으로 이끌어 실행케 하는「지조」의 조상이 있었다. 두 벽감의 합각머리와 오른쪽으로 돌아간 코니스 사이에 공간이 약간 있었는데, 한 군데도 빠짐없이 장식하기 위해서 이곳에는 청동 색깔의 원형 장식품 두 개를 올려놓았다. 그중 한 개에는 멋진 갤리선 함대와 선박들을 그려 우리의 신중한 공작이 해운업을 성장시키느라고 근면함과 배려를 아끼지 않았음을 나타냈다. 다른 한 개에는 종종 메달 장식에서 보았듯이 공작이 말을 타고 민정을 살피러 돌아다니다가 그들에게 필요한 것을 나눠주는 모습을 묘사했다.

다음으로, 문화적 신중함을 구성하는 또 다른 덕목들을 계속 보여주기 위해서,「문화적 신중함」의 조상이 당당하게 놓여 있는 꼭대기 코니스 위에 인간의 모든 행위에 반드시 필요한「조심성」의 조상을 세워놓았다. 이것은 이미 말한「용기」의 조상과 똑같은 줄에 서 있었는데, 다만 둘 사이에 화려한 화병을 몇 개 놓아 구별했다. 또「지조」의 조상 위에는 역시 같은 모양으로 만든「인내」의 조각상이 있었다. 여기서 말하는「인내」는 흔히 나약한 사람들이 핍박을 받으면서 이름을 붙인 덕목을 말하는 것이 아니라, 과거에 파비우스 막시무스Fabius Maximus가 그 예를 훌륭히 보여주신 종류의 인내를 뜻한다. 즉, 신중하고 깊이 사색하면서 적기를 기다리며, 결코 경솔한 격정에 따라 행동하지 않음으로써 매사를 이성적으로 처리하고 최대한 이익을 얻어내는 미덕을 칭한다.

이미 말했듯이 프리즈는 세 군데로 나누어 각각 그림을 그려놓았으며, 기둥과 같은 줄에서 시작되어 커다란 코니스까지 아름답게 쭉 뻗어나간 벽기둥과 각종 메달이 그 사이를 구분하고 있었다. 아치의 정문 위로 으뜸 조각상인 「신중함」이 자리 잡은 아래에 있는 가운데 그림에는 신중하고도 사랑에 넘친 지혜로움을 지니신 관후한 공작이 그의 넓은 국가를 다스리는 통치권을 영명하신 왕자님께 완전히 이양하는 모습을 그려놓았다. 이것은 황새가 받들고 있는 홀을 공작이 아들에게 건네주자 어진 왕자가 매우 공손하게 받아들이는 그림으로 나타냈다. 여기에는 '부왕父王의 덕성을 답습하다'REGET PATRIIS VIRTUTIBUS라는 문구가 적혀 있었다. 오른쪽 그림에는 용맹하신 공작이 용단을 내려 자신의 군사들을 파견해 시에나의 첫 번째 요새를 정복한 장면을 그려놓았다. 이 첫 번째 승리야말로 아마도 그 전쟁을 승리로 이끈 결정적 요인이었다고 생각한다. 왼쪽 그림에는 그가 승리를 거둔 후 그토록 훌륭한 도시로 당당하게 입성하는 장면이 보였다.

거대하고 으뜸가는 「신중함」의 조각상 뒤에는—이곳은 「종교」에게 바친 아치와 앞장식이 다른 유일한 부분이었다—소용돌이 장식과 정사각형 장식을 아름답게 꼬아서 만든 대좌가 높이 솟아 있었다. 이 또한 비할 바 없이 우아하고 아름다웠으며, 단지 꼭대기보다 너비가 약간 더 넓었다. 그 위에는 고대 관례를 따라 출중한 준마 네 마리가 끄는 아름다운 개선 마차가 보였는데, 아름다움이나 장대함이 뛰어나 고대 작품 중 어느 것에 비해도 결코 뒤지지 않으리라고 생각되었다. 마차 안에는 귀여운 천사 두 명이 아치를 대표하는 관을 공중에 떠받들고 있었다. 그 관은 시의 떡갈나무로 만들었으며, 아우구스투스Augustus 1세의 것처럼 산양좌의 양 꼬리가 붙어 있었다. 또 황제가 이미 사용했던 문구인 '민중의 구원자를 향하여'OB CIVES SERVATOS를 그대로 옮겨 적었다.

그밖에 그림, 조상, 기둥, 벽감들 사이의 빈자리에는 승리가 안겨주는 무한한 부귀, 닻, 거북이와 배, 다이아몬드, 산양좌 등 훌륭한 영주들이 일찍이 사용했던 문장들을 화려하고 아름답게 가득 그려 넣었다. 광장 쪽을 향하고 있는 뒷부분은 앞면과 거의 모든 부분이 비슷했다. 단 하나 다른 점은 「신중함」의 조상 대신에 이미 설명한 거대한 마차를 지지하고 있는 커다란 주춧돌과 어울리는 큼직한 타원체가 있었다는 것이다. 보기 드문 기교를 부려 만든 이 작품은 행렬이 지나간 다음 순식간에 광장 쪽으로 돌려졌다. 거기에는 아치의 대표 문장인, 많은 별 틈에 빛나는 하늘의 산양좌를 그려놓았다. 산양은 고대에 가장 의로운 신神인 오시리스가 들고 다녔다는, 꼭대기에 눈이 달린 제왕의 홀을 발로 붙잡고 있는 모습이었다. 여기에는 '신성神性은 가시지 않았다'NULLUM NUMEN ABEST라는 고대의 문구가 적혀 있었고, 그에 첨가해 적은 듯한 '만일 사려분별이 있다면'SI SIT PRUDENTIA이라는 문구도 함께 있었다.

아랫부분을 살펴보려면, 우선 이 전면이 인류에게 필요불가결한 평화의 행위를 나타내려고 한 것이기 때문에 오른쪽 벽감부터 설명해야 한다. 여기에도 이미 설명했듯이 다른 전면에서와 마찬가지 방식으로 「보상」 혹은 「보답」을 나타내며 「은혜」라는 이름으로 불리는 여인의 조각상을 세워놓았다. 이 같은 보상은 현명한 왕자들이라면 누구든지 공이 있고 뛰어난 사람들을 가려 그에 합당한 상을 내리곤 하는 행위를 나타낸다. 한편 왼쪽 벽감에는 악하고 죄 지은 자들을 엄단하는 「처벌」 Pena이 손에 칼을 들고 복수의 여신 네메시스와 같은 무시무시한 형상을 하고 서 있었다. 이 두 조상과 함께 「정의」Giustizia를 상징하는 기둥 두 개가 우뚝 서 있었다. 만약 정의가 없다면 어떠한 나라도 안정되고 굳건하지 못할 것이며 어느 한 군데는 결함이 있는 불완전한 상태에 머무르고 말 것이다.

반대편의 전면과 마찬가지로 여기에도 청동으로 만든 것처럼 보이는 타원형 장식품 두 개가 있었다. 그중 하나에는 신중하신 공작이 탁월한 선견지명으로 각지에 세운 요새들을 그려놓았다. 다른 하나에는 그의 많은 공적 중에서도 그가 이탈리아 공동의 평화를 위해 얼마나 수고를 아끼지 않고 신중하고 부지런히 일했는가, 특히 기독교인들의 공동 번영을 위해서 힘을 썼어야 했을 사람이 경솔하게도 일을 그르쳐 끔찍하고도 위험스러운 대전란이 야기될 뻔했을 때 공작이 중개를 도맡아 가까스로 위기를 넘긴 상황에서 그의 업적이 얼마나 빛났는지를 나타내고자 했다. 이는 강화와 외교를 담당했던 각종 승단僧團, Feciali*과 제단, 그밖의 여러 가지 평화를 위한 기구들과 그 위에 놓인 메달에 적어놓은 '제국의 평화'PAX AUGUSTA라는 유명한 문구 등으로 표현했다.

반대편에서와 마찬가지로 벽감에 들어 있는 위의 두 조상들 위로 오른쪽에는 「편의」, 왼쪽에는 「절제」 혹은 오히려 「선함」이라고 부르는 편이 나을지도 모르는 조각상이 각각 서 있었다. 「편의」라 함은 첫째, 모든 사람의 이야기를 주의 깊게 경청하고, 성의껏 대답함으로써 그들을 크게 만족시켜주는 외면상의 예절과 상냥함을 이른다. 둘째는 왕자가 그의 신임을 받는 절친한 지인들에게 상냥하고 사랑스럽게 대해주며, 신하들을 편하고 느긋하게 해줄 수 있는 절제 있고 자애로운 성품을 말한다.

앞면의 것과 똑같이 생겨 세 부분으로 나뉜 프리즈의 한가운데 그림에는 훌륭한 왕자님과 오스트리아의 온유한 요안나Joanna 공주 사이에

---

* 고대 로마 시대 국민의 대표로서 선전포고, 강화 따위의 외교를 맡았던 20명의 승단.

행복한 결혼이 맺어진 중대한 사건을 그려놓았다. 이 결혼이 성사됨으로써 왕자의 축복받은 백성들은 커다란 이익을 얻고 매우 만족했을 뿐 아니라 모든 사람에게 평화와 안정을 가져다주었다. 여기에는 '경사스러운 별과 함께'FAUSTO CUM SIDERE라는 문구가 적혀 있었다. 그 오른쪽 그림에는 공작이 그의 배우자인 훌륭한 레오노라 공작부인의 손을 사랑이 듬뿍 담긴 표정으로 다정하게 잡고 있는 모습이 보였다. 공작부인은 남자 못지않은 뛰어난 인품과 지혜를 지녔으며, 살아생전에 공작과 금슬이 말할 수 없이 좋았으므로 모두가 그들을 부부간의 신의를 한눈에 보여주는 전형적인 귀감으로 여겼다. 왼쪽 그림에는 공작이 항상 그러하듯이, 그에게 말하기를 원하는 많은 사람의 이야기를 물리침이 없이 하나하나 경청하는 자애로운 모습을 그려놓았다. 이상이 광장 쪽을 향하고 있는 모든 부분의 장식이었다.

커다란 아치 밑에 행렬이 통과하게 되는 널찍한 길 옆쪽에는 천장을 떠받치는 벽이 있었다. 그중 한 군데에는 존귀한 공작이 점잖은 여러 노인 사이에서 그들과 함께 중요한 일을 상의하는 모습을 그려놓았다. 그는 많은 사람에게 여러 종이에 쓰인 다양한 법률과 성문 조항들을 보여주는 듯했다. 이들은 모두 그가 지혜롭게 수정하고, 새로 규정한 셀 수 없이 많은 법적 조항이었다. 이 그림에는 '그대는 법을 고칠 수 있다'LEGIBUS EMENDES라는 문구가 적혀 있었다. 다른 쪽 벽에는 공작이 용감한 시민군을 정비하고 증원하기로 한 일이 얼마나 유용했는지를 나타내기 위해서, 그가 용맹스러운 모습으로 군단 지휘관들 위에 서서 그 주위에 몰려든 대부대를 향해 연설하는 모습을 그려놓았다. 이는 고대의 메달 장식에서도 많이 볼 수 있는 장면과 똑같았다. 공작 위에는 '그대는 군대를 막아낼 것이다'ARMIS TUTERIS라는 문구가 보였다.

거대한 둥근 천장은 컴파트먼트 여섯 개로 나누어놓았으며, 그 안에는 대개의 경우처럼 장미꽃 모양의 장식을 놓는 대신 문장을 놓았는데, 좀더 정확히 말하면 위에서 묘사한 벽면 그림들과 어울리는 메달의 뒷면 장식들을 각각 놓았다. 이 중 하나에는 다양한 집정관의 속간束桿 표지가 있는 고관 의자 여러 개를 그려놓았다. 또 하나에는 저울을 든 것으로 보아 「평형」Equita을 상징하는 여인을 그려놓았다. 이 두 그림은 올바른 법률이란 최고 권위의 절대성과 함께 형평을 유지하는 정확한 판단력이 결합할 때만 보장된다는 사실을 나타내고자 함이었다.

다음 두 그림은 군대 생활에 관련된 것이었는데, 군인들에게 반드시 의무적으로 요구되는 미덕과 충성심을 나타냈다. 이 중 첫 번째 그림에는 고대 풍에 따라 무장한 여인의 모습이 보였고, 또 한 그림에는 여러 군인이 한 손은 제단 위에 얹고, 다른 한 손은 그들의 대장에게 내밀고 있는 모습을 그렸다. 나머지 두 그림에서는 이 모든 수고와 노력의 정당한 대가이자 소망스러운 결실인 「승리」Vittoria를 나타냈다. 이는 관례에 따라 두 여인의 모습으로 완벽하게 보여주었는데, 한 그림 속의 여인은 커다란 마차 위에 서 있었고, 또 한 그림 속의 여인은 커다란 배의 이물 위에 서 있었다. 이들은 모두 한 손에는 영광스러운 종려수棕櫚樹 가지를, 또 한 손에는 푸른 월계수로 엮어 만든 승리의 관을 들고 있었다. 그리고 둥근 천장 오른쪽으로 빙 둘러싼 프리즈의 앞뒷면에는 이미 시작된 문구의 세 번째 글귀인 '그대는 공중도덕을 옹호한 것이다' MORIBUS ORNES가 적혀 있었다.

광장과 넵투누스 조상에 관하여

다음에, 도시의 모든 귀한 행정장관은 커다란 광장의 전 구역을 하나하나 분담해 그들 가문의 문장紋章들, 벽기둥으로 반듯하게 나눈 울긋불긋한 벽걸이 융단으로 매우 아름답게 장식해 광장을 눈이 부실 만큼 화려하고 장엄하게 꾸몄다. 당시 그곳의 린기에라Ringhiera* 입구에는 빠른 시일 안에 세심한 주의를 기울여 부지런히 거인의 조상을 세우느라 여념이 없었다. 이것은 순백의 매끄러운 대리석으로 만들었는데, 장엄함과 아름다움이 극에 달할 정도로 뛰어났으며, 어느 모로 보아도 빠짐이 없는 걸작이었다. 그것은 영원히 후세에 남길 기념품으로 규정되어 지금도 그곳에서 볼 수 있다.

이 거인은 손에 삼지창을 들고 머리에는 소나무 관을 쓰고, 발밑에는 트럼펫을 불어대는 트리톤Triton들이 있어 바다의 신 넵투누스임을 알 수 있었다. 그는 각종 바다 산물들과 별자리 두 개, 즉 공작을 위한 산양좌山羊座와 황태자를 위한 모양좌牡羊座로 장식하고, 해마海馬 네 마리가 끄는 아름다운 마차에 타고 있었으며, 해양 사업의 평화와 지복, 승리를 약속해주는 자애로운 수호신의 모습을 하고 있었다. 그 밑에는 이 모든 것을 더욱 확실하고 아름답게 보여주려고 당시만 해도 볼 수 있었던 거대하고 매우 사랑스러운 팔각형 분수대를 아름답게 만들어놓았다.

이 분수를 떠받들고 있던 사티로스들은 저마다 여러 가지 야생 과일과 가시가 많은 밤 열매를 가득 담은 바구니를 손에 들고 있었으며, 얕은 돋을새김으로 새긴 여러 장면 속에 끼여 있거나 바다조개, 게 등 그 밖의 바다 산물들로 점점이 장식한 꽃줄들 틈새에서 춤을 추면서 새로 여주인을 맞이하게 된 것을 크게 기뻐하는 모습이었다. 한편 분수대의 주요한 사면에는 발가벗은 여인 둘과 아름다운 젊은이 둘이 역시 손에 커다란 조개를 들거나 어린아이를 팔에 안은 채 사티로스들 못지않게 즐거움과 우아함이 넘치는 표정으로 비스듬히 누워 있었다. 그들은 모두 기품 있는 자태를 지녔으며, 마치 그곳이 바닷가인 듯 얕은 돋을새김으로 새겨놓은 돌고래들과 함께 재미나게 뛰노는 모습이었다.

＊ 일종의 발코니.

궁전의 문에 관하여

지금까지 설명한 내용을 다시 요약해보면, 군신軍神 마르스Mars와 뮤즈Muse 여신, 농업의 여신 케레스Ceres, 산업의 여신Industria, 토스카나의 시Poesia와 미술을 보호하는 신 등 추종자들을 대거 거느린 피렌체가 온유한 공주님의 영접을 맡았다. 당당한 오스트리아 제국은 토스카나가, 드라바강은 아르노강이, 또 「대양」은 「티레니아해」가 맞이했으며 결혼의 신 히멘Hymen이 나와서 복되고 순조로운 결혼을 약속했다. 한편 존엄하고 영예로운 역대 오스트리아 황제들과 훌륭한 메디치가 어른들 사이에 수인사도 이루어졌다. 그리고 모두가 신성한 「종교」의 아치를 통과해 대성당에서 각자 맹세를 했다. 또 「영웅적 미덕」Vertu l'eroica이 「악습」Vizio을 누르고 승리하는 모습과 함께, 「문화적 미덕」Virtu civile으로 온 백성이 공주님을 맞이하게 된 것을 진심으로 기뻐함을 나타냈다. 끝으로, 평화로운 해양 문제를 약속하는 넵투누스 신과 함께 도시의 행정장관들이 얼마나 공주님을 환영하는지를 충분히 나타냈다.

이 모든 것을 지난 후, 이제는 공주님을 평화로운 「안정」Sicurezza 앞으로 모시는 것이 현명하다고 여겼다. 「안정」의 상은 가장 적당한 장소로 판단되는 공작의 궁전 문 위에 자리 잡았고, 월계수와 올리브로 만든 관을 썼으며 매우 키가 크고 아름다우며 즐거운 표정을 짓고 있는 여인의 모습이었다. 그녀는 견고한 주춧돌 위에 앉아, 커다란 기둥에 편안히 기대고 있었다. 이 「안정」의 조상은 과학, 예술뿐 아니라 앞에서 언급한 모든 덕목, 또 특히 이곳의 신중하고도 축복받으신 영주들의 노고에 따라 피렌체, 더 나아가 행복한 신부께서 얻게 될 모든 인간사의 좋은 결실들을 나타내는 것이었다. 특히 이곳의 영주들은 공주님을 이곳까지 모셔와 안전하게 머무르게 하려고 온갖 노력을 아끼지 않았으며, 바로 이곳에서 공주님은 그동안 지나오면서 본 장식물들이 펼쳐놓은 세속적이고 신성한 축복들을 영광과 광휘 속에서 영원히 누리게 될 것이 틀림없어 보였다. 이 모든 내용을 문 위에 매우 아름답게 새겨 놓은 다음과 같은 글로 아주 적절하게 표현했다.

> 제국의 공주님이여,
> 무상의 길조를 가지고 화려한
> 당신의 궁전으로 들어가소서.
> 그리고 당신의 마음의 평화를 가지고
> 영원히 당신의 훌륭한 남편, 공작의 사랑과 지혜를
> 마음껏 행복하고 만족하게 누리소서.
> 또 그대의 티 없는 미덕과 온화함과 다산多産의 열매로
> 나라에 즐거움을 더해주소서.
>
> INGREDERE OPTIMIS AUSPICIIS FORTUNATAS ÆDES TUAS AUGUSTA VIRGO, ET PRÆSTANTISSIMI SPONSI AMORE, CLARISS. DUCIS SAPIENTIA, CUM BONIS OMNIBUS DELICIISQUE SUMMA ANIMI SECURITATE DIU FELIX ET LÆTA PERFRUERE, ET DIVINÆ TUÆ VIRTUTIS, SUAVITATIS, FECUNDITATIS FRUCTIBUS PUBLICAM HILARITATEM CONFIRMA.

또 이미 언급한 「안정」의 조상 위 맨 꼭대기 지점에 있는 커다란 타원형 장식품에 그려놓은 대표적인 문장紋章에서도 그 같은 내용을 나타냈다. 그것은 기수가 땅속 깊이 단단히 박아놓은 것으로 보이는 월계수 막대 위에서 펄럭이는 수리표 군기軍旗였다. 여기에는 이 문장을 채택한 리비Livy가 축복으로 내리는 '여기에서 그대는 최고로 남아 있을 것이다'HIC MANEBIMUS OPTUME라는 문구가 적혀 있었다. 벽 쪽에 붙은 문의 장식은 후일 장엄하기는 하나 정교하게 다듬지는 않은 단순한 작품이라 하여 더욱 견고하고 영구적일 뿐 아니라 오늘날 세련된 문화 수준에 걸맞은 대리석 혹은 더 좋은 돌로 만들도록 결정되면 언제라도

쉽게 새로 장식을 변형할 수 있도록 잘 고안해 만들었다.

아랫부분부터 살펴보면, 우선 궁전의 정문 양편으로 땅에 딱 달라붙은 커다란 주춧돌 두 개 위에 덩치 큰 포로 두 명이 있었다. 하나는 「분노」를 나타내는 남자였고, 또 하나는 머리카락이 독사와 살무사들로 이루어진 여자였는데, 그의 동료인 「불화」를 나타냈다. 이들은 정복되고 굴복당한 채 쇠사슬로 칭칭 묶여 있었으며, 그 위에서는 이오니아 방식 대접받침과 평방, 프리즈, 코니스 등이 무겁게 내리누르고 있었다. 그들은 무거운 무게 때문에 숨도 제대로 쉬지 못하는 것처럼 보였으며, 얼굴 표정에는 「분노」, 「격노」, 「악의」, 「폭력」, 「사기」 및 그들 고유의 못된 성질이 유감없이 추하게 나타나 있었다.

코니스 위에는 합각머리가 있었고, 그곳에는 공작님의 매우 크고 화려한 가문 방패가 놓여 있었다. 그 방패 주위에는 예의 양털 모양 무늬가 테를 두르고 있었으며, 두 미소년이 떠받치고 있는 모습으로 장식한 피렌체풍 모자 마초키오Mazzocchio가 보였다. 정문의 문설주에 꼭 맞게 장식한 이 한 가지 장식품이 커다란 궁전 건물에 비해 지나치게 빈약해 보일 것을 우려해, 그 양쪽에 각각 두 개씩, 반기둥 네 개를 세우는 게 좋을 거라고 생각되었다. 높이뿐 아니라 코니스와 평방도 같게 만든 이 네 기둥은 적당한 곳에 돌출 장식과 부품들을 모두 제대로 갖추었으며, 뾰족하나 직선으로 둘러싸인 다른 합각머리가 둘러쌀 수 있는 4분의 1 원형을 이루도록 놓였다. 이 위에는 이미 설명했듯이 「안정」의 조각상을 세운 아름다운 대좌臺座가 매우 아름답고 우아하게 자리 잡고 있었다.

이제 그 밑에 놓았다는 네 반기둥을 다시 한번 살펴보겠다. 외관을 더욱 웅장하고 아름다우며 잘 균형 잡혀 보이도록 하려고 양쪽 모두 기둥과 기둥 사이에 많은 공간을 남겨두었다. 이 넓은 공간에는 벽감을 파서 크고 아름다운 그림을 걸었다. 그중 온화한 다비드David를 조각한 신성한 조상에 가장 가깝게 놓인 한 그림에는 그들이 애타게 기다리던 여주인을 영접하기 위해 기쁨에 넘친 표정으로 나오는 세 여인이 보였다. 한 명은 관례대로 머리에 탑을 여러 개 이고, 그녀의 품 안에서 사는 많은 행복한 사람을 상징하는 가슴을 여러 개 가진 「자연」이었다. 두 번째 여인은 머큐리 신의 지팡이를 든 「화합」이었으며, 세 번째 여인은 교양 학문과 문화적이고 세련된 관습의 창조자이자 수호여신인 미네르바Minerva였다.

당당한 헤르쿨레스Hercules의 동상을 마주 보고 있는 또 다른 그림에는 과일과 꽃이 가득 담긴 풍요의 뿔을 팔에 안고, 대지의 풍요로움과 비옥함을 상징하기라도 하듯이 곡식 이삭이 넘쳐흐르는 되를 발밑에 내려놓은 아말테이아Amaltheia* 여신이 보였다. 또 꽃이 만발하고 열매가 맺힌 올리브 가지로 만든 관을 쓰고, 손에도 올리브 가지를 든 「평화」가 보였으며, 끝으로 신중하고 존경스러운 모습의 「위엄」 혹은 「명성」이 있었다. 이 모든 것으로 인구가 많고 부유하며, 예술로 아름답게 장식되고 과학이 발전했으며, 위엄과 명성이 드높은 질서 잡힌 도시 내에서 사람들이 얼마나 평화와 안정, 만족을 누리며 행복하게 사는지를 잘 나타냈다.

이미 설명한 네 반기둥의 코니스와 프리즈 위에는 각각 커다란 대좌 위에 아름답게 괴어놓은 주춧돌을 아래에 있는 장식들과 조화를 이루도록 맵시 있게 고정해놓았다. 그 위에도 조상들을 세웠는데, 중앙의 두 기둥은 바깥쪽 기둥까지 넓게 에워쌌으므로 그 위에는 서로 껴안고 있는 조각상 두 개를 올려놓았다. 즉, 하나는 「행운」을 사랑스럽게 꼭 껴안고 있는 「미덕」이었는데, 그 밑의 대좌에는 '행운은 미덕의 결과로 오는 것이다'VIRTUTEM FORTUNA SEQUETUR라는 문구가 적혀 있었다. 이는 뭐니 뭐니 해도 미덕이 있는 곳에는 행운이 따르게 마련이라는 것을 의미했다.

* 그리스신화에서 제우스(Zeus)를 염소젖으로 키운 님프(Nymph).

다른 쪽 기둥 위에는 역시 같은 모양으로 「승리」를 껴안고 있는 「노고」 혹은 「근면」이 있었으며, 발밑에는 '승리는 철저한 준비의 결과물이다'AMAT VICTORIA CURAM라는 문구가 적혀 있었다. 바깥쪽에 자리 잡은 반기둥 위의 대좌는 이보다 좁았으므로 조상을 한 개씩만 세웠다. 하나는 고대인들이 묘사한 바대로 손에 야누스Janus 신의 두상을 든 「영원」이 있었고, '지역제한도 시한時限도 아니다'NEC FINES NECTEMPORA라는 문구가 보였다. 반대편 기둥 위에는 같은 모양으로 만든 「명성」이 서 있었으며, 문구는 '명성은 운으로 끝난다'TERMINAT ASTRIS였다. 이들 사이에는 이미 말한 대로 한가운데에 올려놓은 공작의 가문 방패를 기준으로 오른쪽에는 훌륭하신 황태자와 공주님의 방패를, 또 왼쪽에는 도시가 오래전부터 대대로 사용해온 방패를 화려하고 아름답게 올려놓았다.

궁정의 안뜰에 관하여

처음 글을 쓰려고 결심했을 때만 해도 나는 앞에서 한 설명들을 수월하게 끝낼 수 있으리라고 생각했다. 그러나 발명품들의 다양함과 이루어진 것들의 장대함, 또 이미 언급한 바대로 이러한 설명들을 특별한 의미로 받아들일 장인들의 호기심을 충족해주려는 나 자신의 욕구 등 이러저러한 이유로 어떤 사람에게는 어쩌면 지나치게 보일 수도 있는 긴 분량의 글을 쓰게 되었다. 그러나 모든 것을 분명하고 명확히 하고자 하는 사람들에게는 반드시 필요한 분량이라고 생각한다.

이제 내 작업의 첫 부분을 끝마쳤으므로, 독자들은 다소 지루해할지도 모르겠지만, 되도록 간략히 끝낼 수 있기를 바라면서 나머지 구경거리들을 설명하고자 한다. 거기에는 우리의 인자한 귀족들의 관후함과 재간 있는 발명가들의 생동하는 솜씨 못지않게 보기 드물고 뛰어난 장인들의 근면함과 기예가 발휘되었다. 그러나 더 나아가기 이전에, 결혼 축하연이 준비되고 또 그것이 끝난 뒤의 도시 모습들을 이야기한다 해도 여기서 빗나간 주제라거나, 고려할 가치가 없는 것이라고 생각해서는 안 된다.

왜냐하면 모든 구경꾼이 즐거움을 한껏 즐길 만큼 도시의 많은 거리가 안팎으로 새로 장식되고, 공작의 궁전곧 설명할 것임이 눈 깜짝할 사이에 화려하게 꾸며지며, 물림 장식을 단 기다란 화랑궁전에서 피티 궁전의 회랑까지 이어지는에 있는 건축물과 원형 기둥, 분수대, 또 이미 설명한 모든 아치가 땅에서 방금 솟아 올라왔다고 말할 수 있을 만큼 순식간에 나타났기 때문이다. 그뿐 아니라 그밖에 진행되는 모든 축제 준비, 특히 제일 먼저 공연될 코미디와 가장 많은 수고를 들여야 하는 거대한 가장무도회 두 개, 또 어떤 것은 빠르게, 어떤 것은 조금 느리게 각자 공연 일자에 맞추어 준비되는 다른 모든 것도 한눈에 구경할 수 있기 때문이다.

두 분 영주인 공작과 태자는 고대 조영관造營官의 관례에 따라 위의 모든 준비를 서로 분담해 관장하는 역할을 기꺼이 맡으셨다. 도시의 신사 숙녀들과 대부분이 이탈리아 각지에서 몰려든 외부인들 사이에도 위의 준비 과정 못지않은 열띤 경쟁의식이 형성되었다. 그들은 사적 혹은 공적인 축제와 끊임없이 이곳저곳에서 베풀어지는 호화로운 연회석상에서 남녀 수행원들의 제복은 물론, 자신들이 입은 의상이 얼마나 화려한지 서로 겨루었다. 이곳에서는 한가로움과 떠들썩한 축제 분위기, 즐거움과 흥청망청 돈을 써버리는 모습, 화려한 장관과 더불어 이윤을 염두에 둔 상업행위와 근면함, 인내, 노동, 또 위에 지적한 장인들이 모두 만족하며 감사히 받아들이는 수입 등 이질적인 요소들이 모두 자유롭게 혼합되어 나름대로 역할을 수행하며 공존하는 모습을 볼 수 있었다.

이제 앞에서 설명한 문을 지나 들어가게 되는 공작 궁전의 안뜰에 관해 알아보겠다. 그곳은 어둡고 불편해 거의 어떠한 종류의 장식도 할 수 없어 보였지만 놀라운 기발함과 믿을 수 없을 만큼 빨리 오늘날 모든 사람이 보는 바와 같이 완벽한 아름다움과 사랑스러움을 갖추게 되었음을 언급해 그것을 무시하고 지나가는 일이 없게 하려고 한다.

가장 단단한 반암斑岩으로 만들어 중앙에 놓은 우아한 분수대와 사랑스러운 소년이 팔에 안은 돌고래에서 분수 안으로 물을 붓고 있는 조상에 이어서, 코린트 양식 중에서도 가장 아름다운 양식에 따라 홈을 파고 모양을 만든 기둥 9개가 순식간에 완성되었다. 이 기둥들은 위에 언급했던 사각형 안뜰을 둘러싸고 있으며, 한편으로는 당시 풍습에 따라 단단한 돌로 거칠게 지은, 빙 둘러싼 모양의 로지아를 받치고 있다. 이 기둥들은 거의 모두 바탕에 금을 입혔으며, 홈을 판 곳에는 매우 우아한 잎 장식들을 채워 넣었을 뿐 아니라 모든 대좌와 대접받침을 훌륭한 고대 건축양식에 따라 만들었다.

로지아 내부를 살펴보면, 둥근 천장이 모두 매우 기묘하고도 화려한 그로테스크 무늬로 장식되어 있으며, 같은 목적으로 만든 많은 메달에서와 같이 관후한 공작 각하의 훌륭한 행적들이 묘사되어 있었다. 만약 작은 일들을 큰일들과 비교할 수만 있다면, 나는 마음속으로 공작 각하의 행적이 옥타비아누스 아우구스투스Octavianus Augustus 1세의 치적과 비슷해 이보다 더 유사한 실례를 찾기 어렵다고 간주해왔다. 우선 두 사람 모두 염소 별자리 밑에서 태어났으며, 어린 나이에 거의 예기치 못한 상태에서 군주 자리에 올랐을 뿐 아니라, 8월 첫날에 중대한 승리를 거두었다는 점 등은 말할 것도 없고, 개인적인 생활에서도 비슷한 체질과 성품을 보여주었으며, 오로지 한 아내만 사랑했던 점도 동일하다. 단지 자녀들이라든가, 공국公國의 군주로 선출되는 등 다른 여러 가지 면에서는 우리의 행운아인 공작 각하가 아우구스투스보다 좀더 축복받은 분이라는 것만 제외하고 말이다.

특히 두 사람 모두 건축과 장식에 매우 열정적이고 남다른 정열을 지녀 남들로 하여금 건축하고 장식하도록 적극적으로 후원했던 점이 더욱 유사하지 않은가? 그러므로 전자가 벽돌로 만들었던 로마의 건축물들을 견고한 돌 건축물로 바꾸어놓았다면, 후자는 이미 돌로 건조되어 있었을 뿐 아니라 아름답게 장식되어 있던 피렌체의 건축물들을 더욱 더 많은 장식으로 아름답게 꾸며서 모든 면에서 편리하고 사랑스러우면서도 웅장한 모습으로 더욱 훌륭하게 변모시켜 후세에 물려주었다고 말해도 틀린 말이 아닐 것이다.

이러한 사실들을 대변하는 증거로, 이미 언급한 로지아의 반월창에는 각각 적당한 장식들이 독특한 우아미를 자아내도록 잘 어우러진 타원형들을 볼 수 있다. 그중 하나에서는 매우 중요한 작품인 엘바섬의 포르토 페라요Porto Ferrajo 요새를 볼 수 있는데, 거기에는 많은 배와 군함이 안전하게 정박해 있는 모습과 같은 곳에 설립자 이름을 따서 코스모폴리스Cosmopolis라는 이름으로 세워진 도시의 호화로운 건물들이 함께 묘사되어 있다. 타원형 안에는 '엘바섬은 다시 개화開花하리라' ILVA RENASCENS라는 문구가 적혀 있으며, 빙 둘러싼 소용돌이무늬에는 '토스카나의 안전과 리구리아 바다 사람들을 위해'TUSCORUM ET LIGURUM SECURITATI라는 문구가 새겨져 있다.

두 번째 것에는 가장 고귀하신 행정장관 대다수가 숙박할 예정이었던 매우 유용하고 훌륭한 건물이 보이는데, 이것은 그의 명령에 따라 조폐국造幣局 맞은편에 세워지고 있었으며, 이미 거의 완성 단계에 이른 상태였다. 그 위로는 역시 공작의 명에 따라 비슷한 시기에 놀랍도록 신속하게 건조된 것으로, 앞에 언급했던 길고 편리한 회랑이 뻗어나간다. 여기에도 '민중의 편의를 위해'PUBLICAE COMMODITATI라는 문구가 적혀 있다.

세 번째 것에는 왼손에 풍요의 뿔을, 또 오른손에는 고대의 군사 기깅을 들고 있으며, 발밑에는 피렌체와 시에나의 상징으로 각각 잘 알려진 사자와 암늑대가 평화롭게 누워 있는「일치」가 있으며, 이 내용에 적절한 '에트루리아는 평화롭게 잠들어 있다'ETRURIA PACATA라는 문구가 적혀 있다.

네 번째 것에는 위에서 묘사한 동양식 화강암 기둥이 있으며, 꼭대기에는 자신의 성스러운 홀의 영향으로 손상되지 않고 완전하게 보존되었다고도 말할 수 있는 정의의 신이 '영광된 정의'JUSTITIA VITRIX라는 문구와 함께 자리 잡고 있다.

다섯 번째 것은 두 뿔이 부러진 사나운 황소 모습인데, 이것은 이미 아켈로우스Achelous*에 관해 말했던 대로, 공작이 훌륭하게 완수한 아르노강 수로 정비 사업을 나타내도록 의도된 것이며, '아르노강을 바르게 하다'IMMINUTUS CREVIT라는 문구가 함께 적혀 있다.

여섯 번째에는 평범한 시민으로서 참으로 놀라운 위대함과 진정한 왕족적인 정신과 위엄을 지녔던 루카 피티Luca Pitti가 축성하기 시작해 오늘날에 이르러서는 우리의 관후하신 공작께서 비할 바 없는 기교와 세심한 고려로 완성하고자 했을 뿐 아니라 영웅적 풍모를 갖춘 거대한 건축물들을 볼 수 있다. 그밖에 수없이 많은 분수로 가득 찬 매우 크고 정선된 양식의 정원들, 그가 세계 각지에서 수집해 들여온 막대한 수효의 고대와 현대의 귀한 조각품들로 화려하고도 놀라운 방식으로 풍요롭고 아름답게 만들고자 하는 매우 훌륭한 궁정의 모습을 볼 수 있다. 이것은 '미덕은 나타나지 않는다'PULCHRIORA LATENT라는 문구로 설명되었다.

일곱 번째는 거대한 문 안에 있는데, 소용돌이무늬에 적힌 '만인의 사용을 위해'PUBLICAE UTILITATI라는 문구와 함께 다양한 방식으로 정돈된 책들을 볼 수 있다. 이것은 수고를 아끼지 않고 몇 개 언어로 된 진귀한 책을 수없이 많이 수집하고 보존하는 일에 많은 메디치 가문 사

* 그리스신화에서 강의 신. 데이아네이라(Deianeira)의 사랑을 얻으려 했으나 헤르쿨레스에게 졌다. 세이렌의 아버지.

람, 특히 우리의 관대하신 공작께서 보여주신 훌륭한 노력을 나타내는데, 이 책들은 최근에 와서 클레멘티우스 7세의 각별한 배려로 아름다운 산 로렌초 도서관에 보관돼 있다.

여덟 번째에는 어떤 매듭을 풀고자 애쓰면 애쓸수록 더욱 얽히는 두 손의 모습으로 공작께서 사랑하는 왕자를 위해 행한 고매한 양위를 상징했다. 이는 일단 한 국가의 통치에 자신의 몸을 바친 사람은 그것에서 벗어나기가 얼마나 어려우며, 사실상 불가능하다는 사실을 시사한다. 이는 '풀려고 노력하면 더욱 엉클어진다'EXPLI CANDO IMPLICATUR 라는 문구로 설명했다.

아홉 번째에서는 이미 묘사한, 진귀한 넵투누스상이 서 있는 광장의 분수와 '더 좋은 것을 더욱 원한다'OPTABILIOR QUO MELIOR라는 문구를 볼 수 있다. 이것은 위에 열거한 거대한 조상과 분수의 장식뿐 아니라, 공작께서 계속하여 끌어들인 물이 조만간 도시에 가져다줄 이득과 이윤을 나타낸 것이다.

열 번째에서는 새로운 산 스테파노 교단의 역사적인 창단 모습을 나타냈는데, 이는 한 손으로는 무장한 기사에게 제단 너머로 칼을 건네주고, 다른 한 손으로는 그들의 십자가 중 하나를 건네주는 갑옷 입은 공작의 모습으로 대변했으며, '영광의 승리'VICTOR VINCITUR라는 문구가 적혀 있다.

열한 번째에서는 역시 고대의 관례에 따라 많은 병사에게 연설하는 공작의 모습에서, 그가 자신의 용맹스러운 동지들 중에서 직접 임명해 훌륭하게 유지했던 시민군을 나타냈으며 '군사관계 일을 설정하다' RES MILITARIS CONSTITUTA라는 문구로 설명했다.

열두 번째에는 특별한 묘사 없이 단지 '토스카나국을 강화하다' MUNITA TUSCIA라는 말만 적어 우리의 신중한 공작이 국토의 요소요소에 세운 수많은 요새를 나타냈고, 그와 함께 소용돌이무늬에 '법 없이 보장받다'SINE JUSTITIA IMMUNITA라는 훌륭한 도덕적 교훈을 새겨놓았다.

열세 번째에도 다른 표시 없이 '습지에서 배수排水하다'SICCATIS MARITIMIS PALUDIBUS라는 글만 적혀 있는데, 이것으로 곳곳에서 공작이 거둔 무한한 영광, 특히 비옥한 피사 지방에서 얻은 영광을 나타냈다.

또 이전에 빼앗겼던 대포와 군기들을 자신의 고향 피렌체로 영광스럽게 되찾아온 그에게 합당한 칭송을 빠뜨리지 않도록 열네 번째와 마지막인 열다섯 번째에는 춤을 추며 즐거운 모습으로 위의 물건들을 짊어지고 돌아오는 군인들의 모습을 묘사했다. 이를 설명하는 문구는 '환영을 표시하다'SIGNIS RECEPTIS다. 그러고 나서 외국인들, 특히 공주마마에게 경의를 표하려고 마마의 나이 어린 친족이자 매우 영명하신 바바리아Bavaria 공작 각하와 함께 대거 찾아온 많은 독일의 귀족을 만족시키기 위해 이상에서 묘사한 반월창 밑에 오스트리아Austria, 보헤미아Bohemia, 헝가리Hungary, 티롤Tyrol, 또 그밖에 공주마마의 존엄한 동생에게 속한 많은 종주국의 주요 도시들을 각각의 부분으로 아름답게 나누어 실물을 방불토록 훌륭하게 묘사했다.

연회장과 코미디에 관하여

이제 매우 널찍하고 편리한 계단을 통해서 혼례행사 중에서도 가장 중요한 축제들과 으뜸가는 연회가 베풀어지는 대연회장으로 올라가보자다양할 뿐 아니라 진귀하고 역사적인 그림을 많이 보유했다는 점이 놀라우며, 발명품들이 정교하고 상상을 초월할 만큼 무수한 구획으로 나뉘어 꾸미고 전체가 찬란하게 빛나도록 막대한 양의 금을 사용해 치장했다는 점 등이 더욱 감탄할 만하다. 무엇보다도 화가 한 명이 믿기 어려울 만큼 빠른 시일 안에 완성했다는 사실이 가장 경이적으로 생각되는 매우 훌륭하고 장대한 천장에 관해 이야기하는 것은 삼가겠다. 그리고 나

그림 696 페데리고 주케로, 「사냥꾼들과 피렌체가 보이는
전원풍경」, 연필, 수채화, 템페라, 디자인과 판화 전시관,
우피치 미술관, 피렌체.

머지 부분도 단지 이 연회장을 설명하는 데 적절하다고 생각되는 것들만 다루기로 하
겠다.

　나는 진심으로 말하지만 우리가 지금 다루는 여러 건물 중에서 이 연
회장보다 더 넓고 더 높은 장소가 있다고는 믿어지지 않는다. 더군다
나 코미디가 상연된 날의 이 연회장 모습보다 더 아름답거나 더 풍요롭
고, 더 장식이 훌륭하며, 최대한 편의를 고려해 잘 정돈된 다른 장소를
발견한다는 것은 결단코 불가능하다고 믿는다.그림 696 왜냐하면 우아
한 분할 방식에 시적인 아름다움까지 곁들여 토스카나에서 가장 훌륭
한 도시들의 주요 장소들을 실물과 같이 묘사해낸 거대한 벽에 덧붙여
서 갖가지 방법으로 여러 종류의 동물을 사냥하는 모습을 그린 커다랗
고 매우 아름다운 화포가 거대한 코니스에 지탱해 전망을 가리면서 대
연회장이 적절한 넓이를 지니도록 일종의 역할을 하는 모습은 말할 나
위도 없거니와, 좌석의 단들은 가장 편리하고 질서정연해 보이도록 등
그렇게 정렬되어 있었기 때문이다.

　또 가장 아름답고 고귀하며, 부유한 계층에서 대거 발탁되어 초청된
숙녀들과 그녀들이 앉아 있는 좌석 위쪽과 나머지 공간을 가득 메우고

있던 수많은 귀족, 기사들, 여타 신사들의 자태가 그날따라 너무나도 사랑스러웠으므로 환상적인 불빛이 밝혀지고 위에 말한 화포가 내려지면서 그동안 감추어졌던 휘황찬란한 전망이 드러나는 순간, 진정으로 마치 모든 천사가 지리한 낙원이 순식간에 펼쳐진 듯한 놀라운 환상을 자아냈다. 게다가 곧이어 그 방향에서 들려온 매우 부드럽고 풍부하면서도 극도로 정교한 기악과 성악으로 이루어진 합주곡 덕분에 위와 같은 순간적 환상이 더욱 커졌다.

전망 중에서 제일 먼 부분은 아주 정교하게도 다리를 따라 점점 멀어져 가다가 비아 마조Via Maggio라는 거리의 마지막 지점에서 끝나도록 만들어졌으며, 가장 가까운 부분에는 산타 트리니타S. Trinita라는 아름다운 거리가 나타난다. 구경꾼들의 시선이 한동안 그것과 다른 여러 가지 놀라운 것에 머무르고 난 후 반갑게도 모두가 기대했던 코미디의 첫 번째 막간극이 시작되었다.

이 막간극은 다른 모든 것처럼 아풀레이우스Apuleius*가 『황금나귀』 *Golden Ass*에서 아주 섬세한 필치로 서술해놓은 프시케Psyche**와 큐피드 Cupid의 감동적인 이야기에서 소재를 택했다. 거기서 가장 중요해 보이는 부분들을 취해 능숙한 솜씨로 코미디 자체와 조화를 이루게 하여 결과적으로는 이런저런 이야기에서 하나의 새롭고 훌륭한 구성을 지닌 이야기를 만들어내 마치 막간극들의 내용에서 신들이 행한 일들이 알 수 없는 우월한 힘으로 코미디에 등장하는 인간이 행하는 듯이 보였다.

＊ 2세기 때 로마의 철학자, 풍자가다.
＊＊ 그리스신화에서 큐피드에게 사랑을 받으며 나비 날개를 가진 아름다운 소녀.

첫 번째 막간극

위에 말했던 전망이 널따란 하늘이 갑작스럽게 열리고 나서 뛰어난 예술적 기교로 만들어진 또 다른 하늘이 나타났다. 거기에는 아주 자연스럽게 만든 가공의 흰 구름이 조금씩 피어올랐고, 그 위로 독특한 아름다움을 자아내면서 비너스의 것으로 보이는 보석이 가득 박힌 화려한 수레가 나타나 머무른다.

그 수레는 눈처럼 하얀 백조 두 마리가 이끌뿐더러 그 안에는 장미와 도금양으로 치장한 눈부시게 아름다운 벌거벗은 여신이 여주인과 안내자로서 위엄 있게 앉아서 고삐를 쥐고 있는 모습이어서 비너스의 것임을 알 수 있다. 그녀는 미의 3여신 그레이스Graces*를 동반했는데, 이들도 모두 완전히 벌거벗었으며 금발의 머리채를 어깨에 온통 늘어뜨린 채 손에 손을 잡고 서 있는 모습이었다. 또 나비처럼 치장한 날개를 단 계절의 여신 네 명도 사계절에 어울리는 모습이었다. 즉, 갖가지 작은 꽃으로 머리와 신발을 온통 치장하고 울긋불긋한 색깔의 드레스를 입은 한 여신은 다양한 꽃이 만발하는 계절인 봄을 나타냈다. 희미한 곡식 이삭들로 꾸민 화환과 신발을 신고 노란색 천으로 치장한 두 번째 여신은 여름의 열기를 상징했으며, 가을을 나타내는 세 번째 여신은 잘 익은 과일을 나타내는 붉은색 천으로 만든 옷을 입었을 뿐 아니라 온통 그러한 과일, 포도덩굴, 포도송이 등으로 치장했다. 마지막으로 네 번째 여신은 하얀 눈이 내리는 겨울을 상징하기 위해 전체에 눈송이가 뿌려진 청록색 옷을 입고 머리와 신발에도 흰 눈과 서리, 얼음이 잔뜩 뒤덮인 모습이었다.

이들은 모두 비너스의 추종자와 시녀들로서 독특한 기교와 가장 아

---

* 아름다움, 우아, 기쁨을 상징하는 세 자매 여신. 아글라이아(Aglaia), 에우프로시네(Euphrosyne), 탈리아(Thalia).

름다운 구성으로 같은 구름 위에서 수레를 중심으로 떼를 지어 있었으며─그들 뒤에 유피테르Jupiter, 유노Juno, 사르투누스Saturnus, 마르스Mars, 머큐리Mercury와 다른 신들이 날고 있었는데, 위에 설명한 부드러운 화음은 이들로부터 들려온 것이었다   우아한 자태로 점차 시상으로 내려왔는데 그들이 내려옴에 따라 무대와 전 연회장은 수천 가지의 달콤하고도 진귀한 천상의 향기로 가득 찼다.

그와 동시에 다른 부분에서는 단지 땅위로 걸어 나왔을 뿐 결코 위에 못지않은 우아한 모습으로 벌거벗고 날개 달린 큐피드가 가끔 안정되지 않은 그의 왕국에 소란을 일으키기 예사인 「파시온」Passions 4명을 거느리고 등장했다. 이들은 초록빛 옷을 입고 머리에는 작은 꽃가지를 꽂은 「희망」, 창백한 빛깔의 옷을 입고 머리와 신발에 토끼들을 올려놓은 것으로 알아볼 수 있는 「공포」, 흰색과 오렌지색은 물론 수없이 화려한 빛깔의 옷으로 치장한 「기쁨」, 온통 검은색 옷을 입고 눈물을 흘리고 있는 슬픈 모습의 「슬픔」이다. 큐피드의 몸종인 이들은 한 명은 활을, 다른 한 명은 화살통과 화살을, 또 한 명은 그물을, 마지막 한 명은 밝은 횃불을 들고 있었다.

한편 구름에서 내려온 미의 여신들이 지상에 도착한 그들의 어머니 수레로 천천히 다가가서, 사랑스러운 비너스 주위를 공손하게 둘러싸고 아름다운 합창대의 모습을 형성한 뒤 그녀와 화음을 맞추어 노래에 열중하는 동안, 비너스 자신은 매우 보기 드문 우아한 자태로 아들을 향해 자신이 불쾌한 이유를 나타내면서 천상의 노래가 잠시 멎은 동안 첫 번째 발라드인 다음 두 소절을 노래한다.

젊고 홀로 된 나에게는
제단도 맹세도 필요 없으나
프시케 여신 그녀에게만은
공경드리네.

그녀는 그들의 마음을 사는도다.

그런즉 결코 나에게는
상관도 없었으며 상관도 없지만
아들아, 너의 무기를 들어라.
그리고 죽게 마련인
인생의 생기 찬 사랑으로
이 정열을 태워다오.
A me, che fatta son negletta e sola,
Non più gli altar nè i voti,
Ma di Psiche devoti
A lei sola si danno, ella gl' invola;

Dunque, se mai di me ti calse o cale,
Figlio, l' armi tue prendi,
E questa folle accendi
Di vilissimo amor d' uomo mortale.

이 노래가 끝난 후에 계속 몰려든 구경꾼들에게 갖가지 섬세하고 사랑스러운 화환을 던져주던 여신의 시녀들이 제자리로 다시 돌아가고, 아름다운 여신이 자신이 원하는 바를 이루었다는 듯이 구름과 수레가 천천히 하늘로 이끌려 돌아갔다. 그들이 그곳에 도착하자마자 도대체 어디서 구름과 다른 많은 것이 나타났다가 사라졌는지 추측조차 할 수 없도록 아무 흔적도 남기지 않은 채 하늘이 순식간에 닫혀버렸기 때문에 모든 사람이 신기하고 기쁨을 주는 경이감에 사로잡혀 놀란 모습으로 바라보고만 있었다. 그동안 순종적인 큐피드는 어머니에게 그녀의 명령을 따르겠다는 신호를 보내면서 무대를 가로질러와서 계속해서 마지막 부분인 다음 소절을 노래했다―그동안 그의 시종들도 그에게 팔을 내밀면서 그와 화음을 맞추어 함께 노래했다.

> 보세요, 어머니, 우리는 갑니다.
> 누가 제게 활을 주겠으며
> 누가 활촉을 주겠어요?
> 저의 고귀한 능력으로 모든 이의
> 마음을 사고, 묶어내고,
> 열이 정열을 불타게 하기 위해서 말이에요.
> *Ecco madre, andiam noi; chi l' arco dammi?*
> *Chi le saette? ond' io*
> *Con l' alto valor mio*
> *Tutti i cor vinca, leghi, apra, ed infiammi.*

그는 이 노래를 부르는 도중에도 그것을 듣는 사람들에게 갖가지 종류의 화살을 계속 쏨으로써 각자 자신의 역할을 수행하도록 되어 있는 연인들이 그 화살에 맞아 앞으로 일어날 코미디의 이야기가 전개되어 갈 것임을 시사했다.

두 번째 막간극

1막이 끝나고 큐피드는 자신이 사랑스러운 프시케의 마음을 사로잡았다고 생각했다. 그러나 사실은 그녀의 눈부신 아름다움 때문에 그는 자신이 파놓은 함정에 스스로 걸려든 상태에 놓였다. 이제는 우화寓話에서도 읽을 수 있듯이 그녀를 즐겁게 할 신비로운 음악이 준비되어야 할 차례였다. 공연자들을 위해서 무대 왼편에 마련된 통로 네 개 중 한

곳에서 팔에 아름다운 백조 한 마리를 안은 작은 큐피드가 나오는 것을 볼 수 있었다. 그런데 실상은 그 백조 안에 훌륭한 저음을 내는 현악기가 숨겨져 있었기 때문에, 그가 실제로는 활의 기능을 하는 풀 막대기를 가지고 노는 것처럼 보이는 동안 매우 아름다운 음악이 연주되었다.

그의 뒤를 따라서 또 다른 네 배우가 이미 묘사한 무대의 통로 네 곳에서 동시에 나왔다. 그중 한 명은 날개와 옷, 장화 모두를 갖가지 꽃으로 치장하고 즐겁고 웃음을 가득 띤 모습으로 등장한 요염한 서풍 신 제피로스Zephyr*였다. 다른 한 명은 음악의 신이었는데, 그녀는 머리를 장식한 소리 나는 악기들뿐 아니라, 여러 가지 악기와 음표, 박자 표시가 가득 적힌 수많은 악보로 장식한 화려한 의복을 입고, 크고 아름다운 리라로 감미로운 음악을 연주하는 모습 때문에 더더욱 분명하게 식별할 수 있었다. 나머지 두 명은 「놀이」와 「웃음」의 신으로, 역시 작은 큐피드 두 명이 장난스럽고 즐거운 모습으로 분장하고 등장했다.

이들이 자신의 자리로 가는 동안, 그 뒤를 이어서 또 다른 큐피드 네 명이 같은 통로에서 똑같은 복장을 하고 동시에 걸어 나와서 모두 함께 화려하게 장식된 류트로 우아한 연주를 시작했다. 그들 뒤에는 역시 비슷하게 분장한 꼬마 큐피드 네 명이 따라 나왔다. 그들 중 두 명은 손에 과일을 들고 함께 놀았으며, 다른 두 명은 장난스럽고 짓궂은 표정으로 자신의 활과 화살로 서로 가슴을 겨누는 듯한 동작을 취했다. 이들은 모두가 원을 이루면서 한데 모여서, 장면 곳곳에 숨어서 목소리와 화음을 이루는 류트와 다른 악기들의 연주에 맞추어 아래와 같은 마드리갈을 훌륭하게 합창해 이 모든 내용을 관객들에게 분명하게 보여주었다.

오, 다른 새로운 기적이여!
저희는 그것을 목격했다오.

* 의인화(擬人化)된 서풍(西風).

그렇지만 그것을 믿을 분이
누가 있겠소?
어떤 사람, 어떤 반항하는 사람이
오늘 저 스스로 왜 프시케에게
사로잡혀 먹이가 되나?
그러니까 그의 죄수에 대한
두려움 때문에 마음 아프겠지만
프시케에게 아름다움과 팔마와
그 이상 아름다울 수 없는
재주의 팔마를 주어야지.
하지만 우리는 시작했던 길을 따라갑시다.
장난이여 갑시다. 웃음이여 갑시다.
그래서 그의 고통이 너의 달콤한
동의와 함께 달콤해지도록 합시다.

O altero miracolo novello!

Visto l' abbiam! ma chi sia che cel creda?

Ch' amor, d' amor ribello,

Di se stesso e di Psiche oggi sia preda?

Dunque a Psiche conceda

Di beltà pur la palma e di valore

Ogn' altra bella, ancor che pel timore

Ch' ha del suo prigionier dogliosa stia;

Ma seguiam noi l' incominciata via,

Andiam Gioco, andiam Riso,

Andiam dolce armonia di Paradiso,

E facciam che i tormenti

Suoi dolci sien co' tuoi dolci concenti.

세 번째 막간극

세 번째 막간극도 위에 못지않은 축제 무드를 자아냈다. 왜냐하면 우화에도 서술되었듯이, 큐피드는 아름다운 프시케를 향한 사랑에 빠져서 더는 예전처럼 인간들의 마음속에 사랑의 불장난을 일으키는 데 관심을 두지 않고, 그 대신 남들이 그에게 그러했던 것처럼 그도 남들에게 속임수와 책략을 사용했기 때문에, 사랑 없이 살아왔던 인간들 사이에서도 이와 때를 같이하여 수없는 기만과 책략이 난무하기 시작했다. 그러므로 무대와 단들은 이제 부풀어 올라서 봉긋한 작은 봉우리 일곱 개로 바뀌었으며, 그곳에서 기만欺滿 일곱 명이 먼저 나오고, 그 뒤를 이어 갖가지 사악하고 유해한 무리 일곱 명이 솟아나왔다.

이들의 상반신에는 표범처럼 얼룩덜룩한 반점이 온통 찍혀 있고, 넓적다리와 종아리에는 뱀 무늬가 그려져 있을 뿐 아니라, 머리카락은 매우 환상적이며 아름답기까지 한 모습의 간특한 여우들로 이루어져 있어 쉽게 알아볼 수 있었다. 그들은 각각 손에 덫과 고리, 갖가지 교활해 보이는 갈고리들을 들고 있었으며, 그 밑에는 반드시 그들이 내야 할 음색 때문에 사용된 뱀들을 독특하고도 능란한 솜씨로 숨기고 있어 구경꾼의 웃음을 자아냈다.

이들은 상술한 내용을 표현하면서 처음에는 부드럽게 노래를 부르고, 다음에는 아래에 나오는 마드리갈을 노래와 극으로 보여준 다음에 질서정연한 순서로코미디 중 속임수를 위한 소재를 사용하면서 앞에 말한 무대의 네 군데 통로를 따라 각각 나뉘어 퇴장했다.

> *사랑을 이겨 사로잡히게 하고*
> *활과 철면피한 용모를 잊고*
> *제 어머니의 새로운 소원을 속인다는 것이*
> *그 마음을 찌르며*

악하고도 허위적이고 시기 많은 자매 한 쌍이

책략과 사기만 생각한다면

오늘 세속에 있지 않는 자 우리에게

왕국을 주지 않겠는가?

그런즉

모든 현안이 사기를 누르고

다른 희망이 그를 초청한다면

그들은 길을 꼭 잃을 것이다.

S' amor vinto e prigion, posto in oblio

L' arco e l' ardente face,

Della madre ingannar nuovo desio

Lo punge, e s' a lui Psiche inganno face,

E se l' empia e fallace

Coppia d' invide suore inganno e froda

Sol pensa, or chi nel mondo oggi più sia

Che 'l regno a noi non dia?

D' inganni dunque goda

Ogni saggio, e se speme altra l' invita

Ben la strada ha smarrita.

네 번째 막간극

이제는 큐피드가 당기는 자신의 잔인한 램프 때문에 받은 상처로 인간들의 마음에 사랑의 불꽃을 당기는 직무를 할 수 없게 됨에 따라 「속임수」가 모욕을 일으키고, 모욕은 또다시 알력과 분쟁 등 갖가지 다른 악으로 번져나갔다. 그러므로 네 번째 막간극에서는 이전 무대에 놓였던 일곱 봉우리 대신에 코미디의 혼란성을 가중하기 위해서 자그마한 골짜기 일곱 개가 놓였고 거기에서 검은 연기가 새어 나왔다. 그러고 나서 찢긴 팔, 얼룩얼룩한 옷차림과 머리채를 보고 알 수 있는 「불화」不和가 손에 기장을 들고 등장했다. 그와 함께 팔과 발톱 모양의 장화, 끊임없이 연기와 불꽃을 뿜어대는 곰의 머리를 투구 대신 쓰고 등장하는 「분노」憤怒를 볼 수 있었다. 「잔인」殘忍은 손에 커다란 낫을 들고 호랑이 머리 모양의 투구를 썼으며 악어의 발 모양을 한 장화를 신고 나타났다. 「약탈」掠奪은 손에 전정剪定용 갈고리를 들고 투구에는 맹금猛禽이 올라앉아 있으며 독수리 모양의 발을 하고 있었다. 「복수」復讐는 손에 무시무시한 칼을 들었으며, 장화와 투구에는 온통 독사가 우글거렸다.

그리고 식인종 두 명 혹은 차라리 레스트리고니안스Lestrigonians라 부르는 것이 더 나은 인물들이 등장해 보통 트럼펫의 형태를 한 트롬본 두 대를 불면서 그 소리 외에도 호전적인 동작으로 구경꾼들을 싸우도록 부추기는 듯한 행동을 했다. 이들은 각각 복수의 여신 두 명 사이에 끼어 있었다. 무시무시한 동반자인 복수의 여신들은 드럼과 쇠로 만든 채찍, 그밖에 여러 가지 무기를 들고 있었으며, 능란한 솜씨로 갖가지 악기를 숨기고 있었다. 또 이들은 전신에 상처 자국이 나 있었고 거기서 불꽃이 뿜어져 나왔으며, 온몸에 뱀들이 칭칭 감겨 있었을 뿐 아니라 팔다리에는 깨진 쇠사슬이 매달려 있었고, 머리에서는 불길과 연기가 솟아오르는 것을 보고 식별할 수 있었다. 이들은 열띠고 호전적인 화음으로 다음과 같은 마드리갈을 합창하고 나서 다 함께 새롭고 대담하며 매우 유별난 무어Moor 춤을 추었다. 그것이 끝난 다음에는 무대의 이곳저곳으로 뛰어다니면서 관객들에게 무시무시하고 끔찍한 대혼란을 마지막으로 보여주었다.

추악한 사기여, 떼를 지어 사라져라!
세상은 오늘 분노와 격노만 듣는구나.

토스카나의 프란체스코 왕세자 혼례 축제의 아카데미아 회원들의 작품 기록　3491

친절한 신들, 용감한 여러분이여

여러분의 가치를 보여주러 오려무나.

밝거나 식어가는 사랑을 위해서라면 우리에겐 좋으나

왕국은 그들의 것이 아니기를

그런즉 용감한 마음이라면

모두 일어서서

우리의 호전 시詩는

전쟁, 전쟁만, 무기, 무기만 외쳐라.

n bando itene, vili

Inganni; il mondo solo ira e furore

Sent' oggi; audaci voi, spirti gentili,

Venite a dimostrar vostro valore;

Che se per la lucerna or langue amore,

Nostro convien, non che lor sia l' impero.

Su dunque ogni più fero

Cor surga; il nostro bellicoso carme

Guerra, guerra sol grida, e solo arm', arme.

다섯 번째 막간극

바로 앞의 막간극에서 암시되었듯이 경솔했지만 간절한 호기심으로 사랑하는 배우자에게 상처를 입히고 그에게서 버림받은 후, 결국 화가 난 비너스의 손아귀에 사로잡힌 불쌍하고 순진한 프시케는 극의 4막이 보여준 슬픈 분위기에 어울리게 구성된 비탄에 잠긴 다섯 번째 막간극에 적절한 소재를 제공했다. 왜냐하면 비너스가 그녀를 지옥의 프로세르피나Proserpine*에게 보내 다시는 인간세계로 돌아올 수 없게 된 것처럼 가장되었기 때문이다. 그렇게 절망과 슬픔에 잠긴 프시케가 여러 동반자와 함께 한 통로에서 나왔다.

우선 가증스러운 「질투」가 다른 모든 등장인물과 마찬가지로 매우 창백하고 괴로움에 시달린 모습으로 따라 나왔는데, 그는 머리 네 개와 온통 눈과 귀로만 뒤섞여 장식된 청록색 옷을 입은 모습을 보고 알 수 있었다. 「선망」은 게걸스럽게 뱀을 삼키는 모습으로 식별했다. 「염려」, 「걱정」 혹은 「안달」 등 어떤 이름으로든 부를 수 있는 또 다른 동반자가 따라 나왔는데, 그녀 머리에는 갈까마귀가 앉아 있었고, 독수리가 그녀의 내장을 파먹고 있었다. 끝으로 「모욕」 혹은 「경멸」여성의 이름을 붙이기 위해서은 머리에 앉은 올빼미뿐 아니라, 흉하게 만들어 몸에 잘 맞지도 않는 누더기 같은 옷을 입고 있는 모습으로 알아볼 수 있었다.

이 네 명이 프시케를 때리고 찌르면서 무대 중간쯤 도달했을 때 갑자기 연기와 불꽃이 터지면서 네 곳에서 땅이 열렸다. 그러자 이들은 자신을 보호하려는 듯이, 아무런 사전 경고도 없이 밑에서 튀어나온 무시무시한 뱀 네 마리를 사로잡아 밑에 각각 작은 활 네 개가 숨겨진 가시 돋친 막대기로 수없이 내리쳤다. 결국 모든 구경꾼이 공포에 질릴 정도로 뱀들의 몸뚱이가 만신창이가 되어버렸다.

그리고 나서도 그들은 프시케가 아래에 적은 마드리갈을 부르는 동안 피투성이가 된 뱀의 배와 내장을 다시 내리쳤으며, 이때 일제히 슬프면서도 섬세하고 감미로운 음악이 들려오기 시작했다. 왜냐하면 사실은 뱀의 몸속에는 누구도 따를 수 없는 기교로 우수한 저음 현악기 네 개가 숨겨져 있었기 때문이다.

이들이 내는 소리는 무대 뒤에서 연주된 트롬본 네 대의 소리와 함께 프시케

---

* 로마신화에서 제우스와 데메테르(Demeter) 사이의 딸. 하계(下界)의 신 하데스(Hades, Pluto)에게 끌려가 그의 아내가 되어 하계의 여왕이 되었다. 그리스 신화의 페르세포네(Persephone)에 해당한다.

가 혼자서 부르는 애수 띤 아름다운 노랫소리와 화음을 이뤄 적지 않은 사람이 진짜 눈물을 흘릴 정도로 슬프고 감미로운 음악적 효과를 자아냈다. 그 음악이 끝나고 각각의 인물이 자신의 뱀을 어깨에 둘러매자, 바닥에 새롭고 거대한 구멍이 열려 관객들은 또다시 깜짝 놀랐다. 그곳에서 짙은 연기와 불꽃이 끝없이 새어 나오고, 무시무시하게 짖어대는 소리가 들리더니 머리가 세 개나 달린 지옥의 케르베로스Cerberus*가 구멍에서 솟아 나왔다. 우화에서처럼 프시케는 그녀가 갖고 있던 납작한 케이크 두 개 중 하나를 그에게 던져주었다. 잠시 후에는 늙은 카론 Charon**이 여러 괴물과 함께 자신의 나룻배를 끌고 나타났으며, 절망에 빠진 프시케가 그 배에 올라탔다. 이때 위에서 묘사했듯이 그녀를 괴롭히는 네 인물도 계속해서 반갑지 않은 불쾌한 동반자로서 그녀를 따라갔다.

> 도망하라, 나의 희망이여 도망하라.
> 결코 되돌아오지 않도록 도망하라.
> 내 모든 평화를 파괴하는 너이다만
> 여기에 살려오너라.
> 시기, 질투, 걱정과 치욕
> 나의 쓰디쓴 순교가 영원히 살아 있을
> 장님인 지옥에 나와 함께 오라.
> *Fuggi, speme mia, fuggi,*
> *E fuggi per non far più mai ritorno;*
> *Sola tu, che distruggi*

* 그리스로마신화에서 머리가 셋 달린, 지옥의 문을 지키는 개.
** 그리스신화에서 저승(황천)으로 가는 강(Styx)의 나룻배 사공(죽은 사람의 혼을 배에 태워서 건네준다고 한다).

Ogni mia pace, a far vienne soggiorno,
Invidia, Gelosia, Pensiero e Scorno
Meco nel cieco Inferno
Ove l' aspro martir mio viva eterno.

마지막 막간극

여섯 번째인 마지막 막간극은 온통 즐거운 잔치 분위기였다. 극이 끝났으므로 무대의 단은 순식간에 월계수와 갖가지 꽃으로 장식된 푸르른 동산으로 변했는데, 꼭대기에 있는 날개 달린 말 페가수스Pegasus*를 보고 이곳이 헬리콘Helicon산임을 알 수 있었다. 그곳에서 이미 묘사한 일단의 꼬마 큐피드들이 「서풍」西風, Zephyr, 「음악」, 「큐피드」와 함께 모두 손에 손을 맞잡고 차례로 내려왔다. 프시케도 비너스의 무서운 분노로 고통당하다가 그녀의 남편 큐피드의 간절한 기원과 중재자 역할을 한 제우스Zeus 덕분에 자비와 용서를 얻어 지옥에서 안전하게 돌아왔으므로 즐겁고 환희에 찬 모습이었다. 이들과 함께 판Pan**과 사티로스 아홉 명이 손에 갖가지 목가적인 악기를 들고 등장했는데, 이들도 품속에 또 다른 악기들을 숨기고 있었다. 이 모든 인물이 결혼의 신인 히멘을 대동하고 위에 묘사한 동산을 내려왔다. 그들은 다음의 소가곡이 나타내듯이 히멘을 칭송하는 노래와 극을 보여주었고, 곧이어 새롭고도

---

* 그리스신화에서 페르세우스(Perseus)가 메두사(Medusa)를 살해했을 때 그 피에서 태어났다는 날개 돋친 천마(天馬). 이 말이 한 번 찼더니 헬리콘(Helicon)산에 뮤즈(Muses)와 시(詩)에 관계 깊은 히포크레네 (Hippocrene)라는 샘이 솟아났다고 한다.

** 그리스신화에서 숲·들·목양 따위의 신. 로마신화의 파우누스(Faunus) 에 해당.

기쁨에 찬 아름다운 춤을 추면서 축제의 막을 화려하게 장식했다.

아름다운 엘리코나산에서
내려오는 이메네오를 보라.
벌써 얼굴을 붉히고 왕관을 쓰는구나.
세상이 특별한 염려를 없애도록
향긋하고 달콤한 자주색 왕관을 쓰는구나.
그런즉 너 프시케는
너의 사나운 아픔을 멀리 없애고
너의 가슴 안에 기쁨만 받아들여라.
그의 가슴속에 사랑의 즐거운 여관을 만들고
수많은 달콤한 행위로 너를 위로하려무나.
제우스 신조차 너의 지난 눈물을
위로하지 못하면서도
웃음과 노래로 너를 하늘에 부탁한다.
그런즉 누구든지 호화스럽고
찬란한 이메네오를 원하며
즐겁고 맑은 날을 이메네오 너와 함께 웃는도다.
이메네오는 고귀하고 부유한 그의 요안나를 위하여
이젠 거대한 라인강마다
은은한 소리 들리게 하는구나.
아르노강도 못지않게 빛나고
예쁘고 건강한 프란체스코를 원함으로써
이메네오를 칭찬함이 보이네.
이메네오, 이메네오
기쁜 플로라, 복된 아르노강
겸손한 아르노, 예의 바른 피렌체

이보다 더 행복한 나라를 보았으며 상상할 수 있으랴.

행복하고 위대한 나라

하늘이 환영하고 좋아하는 땅

그 땅에 이렇게 귀한 한 쌍을

선량한 이메네오는 주었다.

이메네오, 이메네오

그러니까 이젠

월계수, 올리브와 팔마, 왕관,

왕의 홀笏, 왕국들이여

이렇게 행복하고 위대한 두 영혼을 위해

피렌체 네 안에 태양이 그려져 반사되고

추하고 치욕적인 행위는 멀리 있으라.

단지 진실하고 사랑스러운 평화와 봄만이

네 안에 영원히 거처를 가질지어다.

Dal bel monte Elicona

Ecco Imeneo che scende,

E già la face accende, e s' incorona;

Di persa s' incorona.

Odorata e soave,

Onde il mondo ogni grave cura scaccia.

Dunque e tu, Psiche, scaccia

L' aspra tua fera doglia,

E sol gioia s' accoglia entro al tuo seno.

Amor dentro al suo seno

Pur lieto albergo datti,

E con mille dolci atti ti consola.

Nè men Giove consola

Il tuo passato pianto,

Ma con riso e con canto al Ciel ti chiede.

Imeneo dunque ognun chiede,

Imeneo vago ed adorno,

Deh che lieto e chiaro giorno,

Imeneo, teco oggi riede!

Imeneo, per l' alma e diva

Sua Giovanna ogn' or si sente

Del gran Ren ciascuna riva

Risonar soavemente;

E non men l' Arno lucente

Pel gratioso, inclito e pio

Suo Francesco aver desio

D' Imeneo lodar si vede.

Imeneo ecc.

Flora lieta, Arno beato,

Arno umil, Flora cortese,

Deh qual più felice stato

Mai si vide, mai s' intese?

Fortunato almo paese,

Terra in Ciel gradita e cara,

A cui coppia così rara

Imeneo benigno diede.

Imeneo ecc.

Lauri or dunque, olive e palme

E corone e scettri e regni

Per le due sì felici alme,

Flora, in te sol si disegni;
Tutti i vili atti ed indegni
Lungi stien; sol pace vera
E diletto e primavera
Abbia in te perpetua sede.

보통 사람이 생각하기에는 도저히 불가능해 보이는 모든 화려한 무대의상과 다른 무대 장치들이 솜씨 좋은 장인들의 능란한 기교로 사랑스럽고 우아하게 만들어졌다. 이들은 너무나 자연스럽게 실물을 방불할 정도로 만들어졌기 때문에 연극이 보여준 모든 광경이 실제 현실에서 일어나는 것과 거의 다름없을 정도로 생생하게 느껴졌다.

꿈의 승리와 다른 축제 행사들

모든 광장과 거리는 이미 말한 대로 여전히 음악과 노래의 물결 속에서 환희와 축제 무드에 휩싸여 있었지만, 모든 것을 공평하고도 신중하게 처리하시는 관후하신 공작께서는 지나친 풍성함이 자칫 싫증을 느끼게 할지도 모른다는 우려 때문에 주요 행사들 중 한 가지씩은 반드시 일요일마다 치르도록 규정을 정하셨다. 이에 따라 구경꾼들이 더욱 편하게 관람할 수 있도록 산타 크로체와 산타 마리아 노벨라S. Maria Novella의 가장 아름다운 광장의 연변에 매우 튼튼하고 널찍한 연단을 들여서 마치 극장처럼 보이게 꾸며놓았다. 이곳에서는 각종 경기가 열려 시합에 참가한 젊은 귀족들이 행사를 치르면서 이 장소를 꾸민 장인들보다 더 큰 역할을 했기 때문에 그들에 관해서 간략하게 살펴보고자 한다.

한번은 우리의 관대하신 귀족들의 협소를 얻어 훌륭한 기사 각각 어

덟 명으로 구성된 여섯 팀이 출전해 실력을 겨루는 막대 시합과 대주연
이 베풀어졌다. 이 시합은 주로 스페인 사람들이 즐겨 하는 것이었다.
각 팀 선수들은 모두가 금빛과 은빛이 찬란하게 빛나는 눈부신 복장을
했지만 상대방 선수들과 구별되도록 분장했다. 즉, 한 팀은 고대 카스
틸리안Castilians* 복장을 하고, 또 다른 팀은 포르투갈의 복장을 했으며,
다른 한 팀은 무어인Moorish 복장을 했고, 네 번째 팀은 헝가리, 다섯 번
째 팀은 그리스, 마지막 여섯 번째 팀은 타타르Tartar식 복장을 차려입
었다. 위태로운 결투가 끝난 후 마지막으로 일부는 스페인식으로 말을
타고 투창을 휘두르고, 또 일부는 개를 데리고 걸어서 사나운 황소 몇
마리를 죽였다.

고대 로마에서 행해졌던 사냥의 장관을 재현하려고 아름답게 무리
를 지은 멋있는 사냥꾼들과 여러 종류의 수많은 사냥견이 모조 숲에서
수없이 많은 짐승을 추적해 살해한 일도 있었다. 이 짐승들은 종류별로
차례차례 줄지어 나왔는데, 처음 나온 집토끼와 산토끼에 이어 수노루,
여우, 고슴도치, 오소리, 수사슴과 수돼지, 곰과 심지어는 발정기의 야
생마에 이르기까지 무척 다양했다. 끝으로 여러 사람이 함께 가면을 뒤
집어써서 만든 거대한 거북이와 무시무시한 얼굴을 한 커다란 괴물의
형상이 갖가지 수레에 올라타서 이리저리 옮겨 다니면서 제일 사나운
사자가 용맹스러운 황소에게 싸움을 걸도록 몇 차례 부추긴 후에, 그날
의 사냥 장면 중에서도 가장 절정을 이룬 장려한 순간을 볼 수 있었다.
즉, 두 짐승이 결국에는 서로 싸우지 않았기 때문에 오랫동안 계속된
피비린내 나는 투쟁 끝에 두 마리 모두 수많은 사냥개와 사냥꾼에게 죽
임을 당하고 말았다.

이외에도 매일 저녁 도시의 젊은 귀족들은 그들 고유의 스포츠인 축
구 경기를 하면서 재주와 용맹을 겨루었다. 한번은 모든 사람이 그 유

* 스페인의 카스티야(Castile) 지방.

쾌하고 아름다운 모습을 구경하도록 일요일 중 어느 하루를 잡아 시합을 했는데, 그때는 붉은색과 초록색 바탕에 금실로 수놓은 화려한 의상을 입은 선수들이 규칙에 맞추어 훌륭한 경기를 펼쳤다.

그러나 대개는 다양함이 모든 것의 즐거움을 더욱 돋구어주기 때문에 훌륭하신 왕자께서는 기대감에 부푼 사람들에게 좀더 새로운 구경거리로 만족감을 주기 위해 그가 평상시에 그렇게도 바랐던「꿈의 승리」를 공연하고자 했다. 사실 당시 왕자께서는 그의 귀하신 신부를 만나고, 존엄하신 막시밀리아누스 황제 폐하와 그밖의 훌륭하신 친지들께 경의를 표하기 위해 독일로 떠나셨으므로 실제로 모든 준비와 작곡은 박식하고 부지런한 다른 사람들이 맡았다. 그러나 이것은 처음부터 아무리 섬세하고 정교한 작업이라도 능히 해낼 수 있는 왕자의 천재성에서 비롯했다고 말해도 무방하리라 여겨진다.

그 후에 이 작업을 추진하고 직접 노래까지 작곡했던 왕자께서는 인간사의 셀 수 없이 많은 과오가 사실은 많은 사람이 자신의 적성에 맞지 않는 일을 억지로 하려고 들거나, 반대로 그들의 자연스러운 취향과 어긋나지 않을 때 자신에게 제일 적합한 일들을 외면하는 데서 발생하는 것이라고 말함으로써 단테의 도덕적인 견해를 몸소 표명하셨다. 그는 그 같은 교훈을 인간의 욕망 중에서도 가장 강렬하다고 스스로 생각한 다섯 가지 욕망을 대변하는 가면극에 등장하는 인물들로 나타내고자 했다.

첫째는「사랑」인데, 그 뒤를 많은 여인이 따라왔다. 다음은 나르시스Narcissus의 모습으로 분장한「미」美로, 그 뒤에는 지나치게 아름다워 보이려고 애쓰는 사람들이 줄줄이 따라왔다. 다음에는 명예를 추구하는 데만 몰두한 추종자들을 거느린「명성」이 등장했다. 또「부」富를 상징하는 플루토Pluto*가 나왔는데, 그 뒤에는 재물에 눈먼 탐욕스러운 사람

* 로마신화에서 명부(冥府)의 왕. 하데스(Hades).

들이 따랐다. 그리고 「전쟁광」들을 거느린 벨로나Bellona*를 볼 수 있었다. 여섯 번째 무리에서는 앞에 열거한 다섯 가지 욕망이 모두 함께 모여 있었는데, 수많은 추종자를 거느린 「광기」狂氣가 이들을 인도하게 해 실상은 꿈이며, 환상에 불과한 위의 욕망들을 자연의 순리에 어긋날 정도로 지나치게 추구하다보면 결국 광기에 사로잡히는 결과를 초래할 뿐임을 암시했다.

그러고 나서 일종의 축제와 유희로, 그 심판의 화살이 연애하는 사람들에게 돌려지며, 젊은 여인들에게 온갖 추종자와 동반자를 거느린 위대하신 「잠」[睡眠]의 행차를 알려준다. 그는 그들에게 대개 들어맞는 것으로 평판이 나 있는 이른 아침의 꿈이들은 모두 이미 말한 다섯 가지 욕망의 무리로 구성되었다으로, 우리가 자연의 순리에 어긋날 정도로 지나치게 추구하는 위의 모든 욕망이 사실은 모두 꿈이며 환상에 지나지 않는 것임을 보여주려고 왔다. 그는 자신의 본성이 이끄는 대로 행동하라고 훈계함으로써 종국에는 자기 자신이 마음속으로 사랑을 느낀다면 그러한 자연스러운 욕망을 절대로 억제해서는 안 된다는 결론에 도달하는 듯 보인다. 결국 모든 사람이 이밖의 충고는 헛되고 미친 소리로 생각하고 단지 현명하게 순리를 따르며 진실한 사람을 본받도록 노력하라는 교훈이다.

「잠」의 수레와 위의 개념을 표현해주는 가면극단들의 주위에는 한낮 남가일몽南柯一夢에 지나지 않는 것으로 심판받은 것들이 일종의 장식물처럼 모여 서 있다. 나팔수들 대신에 커다란 트럼펫 두 대를 부는 아름다운 세이렌 두 명이 앞장서고, 그 뒤에는 다른 인물들을 인도하는 화려한 가면극단 두 무리가 따랐다. 은빛 실로 수놓은 그들의 의상에는 흰색, 노란색, 붉은색, 검은색 등이 섞여 있었는데, 인체를 구성하는 네

---

* 로마신화에서 전쟁의 여신. 마르스(Mars)의 아내라고도 하고 누이동생이라고도 한다. 탄탈루스(Tantalus)의 어머니 님프.

가지 체액을 상징한다. 그다음에는 여러 종류의 양귀비꽃으로 장식하고 커다란 그리핀Gryphon, Griffin* 형상이 그려져 있으며, 주위에 다음과 같은 삼행시가 빙 둘러 적혀 있는 거대한 붉은 깃발을 든 기수가 등장했다.

> 그건 독수리만도 아니고 사자도 아니다.
> 그것 둘 전부다.
> 이렇게 잠은 인간적이고 신적인 처지를 지녔다.
> *Non solo aquila è questo, e non leone,*
> *Ma l' uno e l' altro; così 'l Sonno ancora*
> *Ed humana e divina ha condizione.*

이미 위에서 말한 바와 같이 예의 모습대로 치장한 「사랑」이, 한편에는 머리 위에 카멜레온을 얹은 늘 푸른 「희망」을, 또 한편에는 겁 많은 사슴의 모습으로 머리를 장식한 창백한 「공포」를 대동하고 오는 모습을 볼 수 있었다. 그 뒤에는 그의 포로이자 노예가 되어버린 연인들이 따라 나왔는데, 그들은 자신의 몸을 불태우는 사랑의 열기를 상징하는 불타는 듯한 황금빛 의상을 우아하고 화려하게 차려입었으며, 모두가 매우 섬세한 금빛 쇠사슬로 온몸이 칭칭 감겨 있었다. 이들 뒤에는 자신의 고유한 꽃인 아름다운 수선화로 장식한 우아한 청록색 옷을 차려입은 「아름다움」이 등장했다. 그도 「사랑」과 마찬가지로 한편에는 꽃과 화환으로 치장하고 온통 흰 색깔 옷을 입은 「젊음」을, 또 한편에는 청록색 옷을 입고, 머리에는 정삼각형을 올려놓은 모습으로 곧 식별할 수 있는 「비례」Proportion를 동반했다.

* 그리스신화에서 사자의 몸에 독수리의 머리와 날개를 가진 괴물. 스키타이(Scythia)에 살면서 그 땅의 황금을 지킨다고 한다.

이들 뒤에는 자신의 미모를 칭송받기 원하면서, 그들의 대장 격인 나르시스를 추종하는 듯 보이는 일단의 무리가 뒤따랐다. 이들도 모두 젊고 아름다운 모습이었는데, 그들이 입고 있는 은빛 의상에는 똑같은 수선화가 아름답게 수놓아져 있었고 금발 곱슬머리도 수선화로 사랑스럽게 치장했다. 그 뒤로 구멍 세 개가 있는 거대한 트럼펫이 울리는 듯한 커다란 소리와 함께 「명성」이 나타났는데, 그는 머리에 세계를 상징하는 구체를 이고, 공작의 깃털로 만든 거대한 날개를 달고 있었다. 그 곁에는 공작의 머리와 같은 관을 쓴 「영광」과 왕관을 쓴 독수리를 머리에 인 「보상」補償이 따른다.

「명성」의 추종자들은 「황제」, 「왕」, 「공작」 세 그룹으로 나뉘어 모두가 화려한 수繡와 진주로 장식된 금빛 찬란한 옷을 입고 그들 고유의 장대함과 위엄을 갖추었지만 등급에 따라 머리에 쓴 왕관의 형태가 판이해서 분명하게 구분되었다. 그리고 이미 말했듯이 「부귀」의 신인 눈먼 플루토가 손에 금은 막대기를 들고 이들의 뒤를 따라 나왔다. 그는 다른 인물과 마찬가지로 황금빛 옷을 입었는데, 한편에는 머리에 늑대 형상을 올려놓은 「허욕」과 다른 편에는 붉은색 옷을 입고 머리에는 자신을 나타내기 위해 매를 올려놓은 「탐욕」을 거느린 모습이었다. 그의 추종자들을 장식한 금, 진주, 갖가지 진귀한 보석들과 여러 가지 종류의 값비싼 옷감이 너무 많아 도저히 말로 다 표현할 수 없을 정도였다.

「전투」의 여신 벨로나는 갑옷 대신 은빛 찬란한 옷감으로 이곳저곳을 화려하게 장식하고 머리에는 푸른 월계수 화환을 썼으며, 의복의 다른 부분은 수없이 다양한 방법으로 아름답고 호화찬란하게 꾸민 모습이었는데, 손에는 커다란 전투용 나팔을 들고 있었다. 그 옆에는 관 위에 있는 뻐꾸기로 알아볼 수 있는 「공포」와 모자 대신 쓴 사자 머리로 식별할 수 있는 「대담함」을 대동하고 있었다. 그 뒤로는 손에 칼과 쇠가 박힌 철퇴를 들고 갑옷과 투구의 형상을 나타내기 위해 환상적인 기법으로 꾸민 금은 빛깔의 의상을 입은 병사들이 따랐다.

지금까지 열거한 이 모든 무리는 그들이 결국 한낱 꿈에 불과하다는 사실을 나타내려고 은빛이 도는 회색 천으로 아주 잘 만들어진, 커다랗고 날개를 활짝 편 박쥐를 각각 한 마리씩 어깨 위에 올려놓았으며, 그때문에 이들은 작은 망토를 두른 듯 보였다. 이것은 이 장면에 필요한 의미를 나타냈을 뿐 아니라 모든 등장인물들이 위에서 보았듯이 모두 다른 모습을 지녔다에게 통일성과 이루 말할 수 없는 우아함, 아름다움을 부여하는 필수불가결한 역할을 했다. 이 모든 장면이 구경꾼들의 마음속 깊이 이처럼 화려하고 우아하며 아름답기까지 한 대장관은 피렌체나 어떤 다른 곳에서도 일찍이 본 적이 없다는 굳은 신념을 심어주었다. 왜냐하면 아름다운 수를 놓는 데 사용된 금과 진주, 그밖의 모든 진귀한 보석 외에도, 모든 의상이 훌륭한 디자인과 아름다움을 겸비하도록 성심성의껏 만들어졌기 때문에, 단순히 가면극을 위해서 제작된 것이 아니라 영구불변한 보존 가치를 지녔으며, 훌륭한 공작만 사용할 수 있는 것처럼 보였기 때문이다.

이들의 뒤를 「광기」가 쫓아왔는데, 그것만은 단지 꿈이 아니며, 순리에 역행해 위의 욕망들을 지나치게 추구하는 사람들에게는 실제 일어나게 되는 현상이므로, 그녀의 동반자들만이 어깨에 박쥐를 올려놓지 않았다. 그녀는 매우 갖가지 색깔의 옷을 입었지만 그 모든 색깔이 전혀 아름다움도 느낄 수 없도록 어지럽게 뒤섞여 있었다. 또 어지러운 사고를 나타내려고 아무렇게나 풀어헤친 머리카락 위에는 작은 톱니바퀴가 달린 황금 마차 한 쌍이 뒤집혀 놓여 있었으며, 그녀의 양쪽에는 각각 사티로스와 바칸테Bacchante가 따라 나왔다. 미치광이와 술주정뱅이 모습을 한 광기 추종자들은 여러 가지 모양의 담쟁이덩굴과 포도잎사귀, 잘 익은 자그마한 포도송이들이 수놓인 금빛 옷을 아무렇게나 걸친 모습이었다.

이들과 이미 묘사한 다른 집단의 인물들은 모두 자신이 모시는 인물에 따라 화려하고 기발하게 차려입은 수많은 말구종 외에 역시 각 그룹에 따라 다른 색깔의 말들을 데리고 나왔다. 그 말들은 얼룩진 말, 밤색 말, 검은색 말, 복숭아 빛깔의 말, 적갈색 말, 기교를 부려 다양한 색깔을 어울리게 만든 잡색 말 등이었다.

한편 이상의 가면극은 거의 모든 존엄하신 귀족이 참여하신지라 그분들이 밤에 의례적으로 행하는 행진에 횃불까지 들고 나가셔야 하는 수고를 덜어드리기 위해 마녀 마흔여덟 명이 새롭게 준비되었다. 이들은 그날 하루 종일 자신이 지닌 세 가지 능력을 나타내기 위해 각각 머리를 세 개씩 단 머큐리Mercury와 디아나Diana*의 인도를 받아 위의 여섯 집단 앞을 질서정연하고 아름답게 행진했다. 마녀들 집단도 역시 여섯 그룹으로 나뉘었으며, 옷매무새가 흐트러진 맨발의 여사제女司祭 두 명이 각 그룹을 통제했다.

이윽고 밤이 오자 이들은 각각 자신에게 할당된 꿈의 집단들 양쪽에 서서 질서정연하게 나아갔으며, 그들과 말구종들이 모두 함께 들고 있는 횃불이 천지를 환히 밝혔다. 이 마녀들은 모두 늙고 소름 끼치는 모습이었으나 저마다 다른 얼굴을 하고 있었으며, 입고 있는 화려한 옷들도 모두 다른 색깔이었다. 특히 그들은 제각기 머리에 올려놓은 짐승들을 보고 구별할 수 있었는데, 대개 사람들은 그들이 주문呪文을 외워 그 짐승들로 둔갑하는 것이라고 믿었다.

마녀들 중 일부는 은색 천으로 만든 두건 위에 날개와 발톱을 곤두세운 검은 새를 한 마리씩 얹고 있었으며, 유해한 약물이 들어 있는 것으로 보이는 작은 약병 두 개를 머리 주위에 꽂고 있었다. 또 일부는 고양이 혹은 얼룩덜룩한 개를 데리고 있었다. 어떤 마녀는 가짜 금발머리를 뒤집어쓰고 있었지만, 그 밑으로 진짜 머리인 흰 머리카락이 희끗희끗 보여서 연인들에게 젊고 아름다워 보이려는 그들의 헛된 욕망을 자신

* 로마신화에서 달의 여신으로 처녀성과 사냥의 수호신. 그리스신화의 아르테미스(Artemis).

도 모르게 드러내고 있었다.

위의 모든 아름다운 행렬 뒤에 양귀비꽃으로 머리를 장식한 커다란 털북숭이 곰 여섯 마리가 끄는 거대한 수레가 따라 나왔다. 이것이 지금까지 보여준 모든 제작품 중에서도 가장 화려하고 당당하며 능란한 솜씨로 만들어졌음은 아무도 의심할 여지가 없었다. 「침묵」이 그 수레를 인도했는데, 그는 회색 천으로 몸을 장식하고, 예의 펠트 신발을 신었으며, 한 손가락을 입에 대고 관객들에게 조용히 해달라는 신호를 보내는 듯한 모습이었다. 그 옆에는 「평온」을 상징하는 세 여인이 따라 나왔는데, 모두 얼굴이 통통하게 살이 쪘으며, 화려한 하늘색 옷을 입고 머리에는 거북이를 한 마리씩 올려놓은 모습으로, 「침묵」이 앞에 말한 곰들을 인도하는 것을 보좌하는 듯 보였다.

우아한 육각형 연단 위에 놓여 있던 수레는 커다란 코끼리 머리 형상으로 만들어졌으며, 그 안에는 「잠」의 집인 환상적인 동굴이 있었다. 바로 그곳에 고명하신 「잠」께서 편안한 자세로 누워 계셨다. 그는 살이 찌고 불그스레하게 혈색이 도는 얼굴에 반쯤 벌거벗은 모습으로 온통 양귀비 화환에 파묻혀 턱을 한 팔에 괴고 비스듬히 누워 있었다. 그 주위에는 모르페우스Morpheus,* 이켈루스Icelus,** 판타수스Phantasus,*** 온갖 희한하고 기묘한 모습을 한 그의 아들들이 에워싸고 있었다.

동굴 꼭대기에는 이슬에 젖어 촉촉한 부드러운 금발머리를 늘어뜨린 아름다운 「새벽」의 여신이 환하게 밝은 모습으로 빛나고 있었다. 동굴의 아랫부분에는 오소리를 베개 삼아 누워 있는 어두운 「밤」의 여신이 있었는데, 그녀는 대개 진실한 꿈의 수호신으로 여겨지지만 위에 묘

---

* 그리스신화에서 잠의 신인 히프노스(Hypnos)의 아들로 꿈의 신.
** 그리스신화에서 자신의 몸을 동물로 탈바꿈하는 솜누스(Somnus)의 아들.
*** 그리스신화에서 꿈의 신. 히프노스와 죽음의 신인 타나토스(Thanatos)의 형제.

사한 꿈들의 말에는 한 치의 신용도 부여하지 않는 것으로 생각되었다. 또 매우 아름답고 조그마한 층계들이 이 수레를 장식했는데, 그것은 거기에 꼭 어울리도록 아주 섬세하고 우아한 솜씨로 정성껏 만들어져 더는 바랄 나위가 없을 정도로 훌륭해 보였다. 제일 첫 번째 단에 「잠」의 아버지인 바쿠스Bacchus*가 포도덩굴로 장식되고 점박이 호랑이 두 마리가 이끄는 마차에 탄 모습이 보였는데, 거기에는 그를 나타내는 다음과 같은 글귀가 적혀 있었다.

바코, 잠의 참된 아비는 너로다.
Bacco, del Sonno sei tu vero padre.

다음 층에는 곡식의 이삭들로 머리를 장식한 「잠」의 어머니 케레스 Ceres가 있었으며, 여기에도 그를 나타내는 다음과 같은 글귀가 적혀 있었다.

달콤한 잠의 케레스는 부드러운 어머니다.
Cerer del dolce Sonno è dolce madre.

세 번째 단에는 「잠」의 아내인 파시테아Pasithea가 있었는데, 그녀는 지상 위로 날아다니면서 나무 사이사이와 땅 위에 흩어져 있는 온갖 짐승에게 평화로운 잠을 가져다주는 듯 보였다. 여기에도 그녀를 나타내는 다음과 같은 글귀가 적혀 있었다.

잠의 신부新婦는 바로 파시테아로다.
Sposa del Sonno questa è Pasitea.

━

* 로마신화에서 주신(酒神).

반대편에는 「잠」의 대표인 머큐리Mercury가 눈이 무수히 많은 아르고스Argus*에게 잠을 불어넣고 있었으며 다음과 같은 글귀가 쓰여 있었다.

메르쿠리오는 아직 잠을 만들어낼 수 있다.
Creare il sonno può Mercurio ancora.

그리고 잠의 고귀함과 신성함을 표현하려고 화려하게 장식된 아스클레피오스Aesculapius 사원의 축소판을 만들어놓았는데 그 안에서는 여위고 허약해 잠에 취했던 많은 사람이 잃었던 건강을 되찾는 듯한 모습을 볼 수 있었다. 그리고 그 사실을 의미하는 다음과 같은 시구가 적혀 있었다.

달콤한 잠은 사람을 건강하게 만든다.
Rende gl' uomini sani il dolce Sonno.

또 다른 곳에서는 공중을 훨훨 날아다니는 꿈들을 손가락으로 가리키면서 동굴 안에 잠들어 있는 라티누스Latinus** 왕의 귀에 대고 무언가 속삭이는 머큐리를 볼 수 있었다. 여기에는 다음과 같은 시구가 적혀 있었다.

꿈속에서 자주 하느님과 말하게 되는도다.
Spesso in sogno parlar lece con Dio.

---

* 그리스신화에서 눈이 100개인 거인.
** 그리스신화에서 오디세우스(Odysseus)와 키르케(Circe)의 아들. 라티움(Latium)의 왕.

다음에는 푸리에스Furies*에게 쫓기던 오레스테스Orestes**가 양귀비꽃 가지로 푸리에스를 쫓아버리는 「꿈」의 신의 도움으로 고된 여행길에서 잠시나마 홀로 휴식을 취하는 모습을 볼 수 있었다.

잠으로써 굉장히 잔악한 생각을 피하는도다.
Fuggon pel sonno i più crudi pensieri.

다음에는 헤카베Hecuba***가 품에 안고 있던 사랑스러운 암사슴이 그녀로부터 빼앗겨져서 사나운 늑대에게 목이 졸리는 꿈을 꾸며 괴로워하는 헤카베 모습을 볼 수 있었다. 이는 다름이 아니라 바로 그녀의 불쌍한 딸에게 떨어질 비참한 운명을 상징하는 것이었으며, 다음과 같은 글귀가 적혀 있었다.

꼭 있어야 할 것을 발견하는 꿈을 말한다.
Quel ch' esser deve, il sogno scuopre e dice.

또 다른 곳에는 다음과 같은 글귀가 적혀 있었다.

신들은 그들의 의욕을 꿈속에서 알리고
Fanno gli Dei saper lor voglie in sogno,

아가멤논Agamemnon****에게 나타난 위대하신 제우스 신의 뜻을 전하는

---

* 그리스신화에서 에리니에스(Erinyes)라고도 함. 복수의 여신. 세 자매다.
** 그리스신화에서 아가멤논과 클리템네스트라의 아들. 아버지를 죽인 어머니와 그의 정부에게 복수하여 죽였다. 엘렉트라(Electra)의 동생.
*** 트로이의 왕 파리스(Paris)의 아내. 헥토르(Hector)의 어머니.
**** 그리스신화에서 미케네(Mycenae)의 왕. 트로이 전쟁 때 그리스군 총지

네스토르Nestor*의 모습을 볼 수 있었다.

마지막 일곱 번째 장소에는 제단 위에 바쳐진 산 제물을 묘사해 뮤즈Muse들을 거느린 존귀한 신이신 「잠」에게 행해진 고대의 희생제의를 나타내고자 했다. 여기에는 다음과 같은 시구가 적혀 있었다.

잠과 뮤즈 신에게 제물을 드리나이다.
Fan sacrifizio al Sonno ed alle Muse.

이러한 작은 장면들은 모두 각양각색의 사티로스, 바칸테Bacchante, 소년들과 마녀들이 떠받치고 있었으며, 여러 가지 야행성 동물과 양 귀비 꽃줄로 유쾌하고 아름답게 장식되어 있었다. 또 수레의 끝부분에는 방패 대신에 아름다운 메달이 놓여 있었는데, 거기에는 엔디미온 Endymion**과 달의 여신 간의 이야기가 그려져 있었다. 이미 말했듯이 모든 것이 섬세하고 우아할 뿐 아니라 기발한 구상으로 부지런히 제작된 수작들이므로 그에 합당한 칭찬을 다 하면서 나머지 세세한 부분까지 모두 묘사하려면 너무 많은 지면이 필요하다. 그러나 위에 말한 수레 위에 화려한 의상을 입고 잠의 자녀들로서 자리 잡은 인물들은 그 도시에서 가장 인기 있던 가락인 다음과 같은 노래를 너무나 부드럽고 놀랍도록 아름다운 화음으로 불러서 듣는 이들은 감미롭고 달콤한 잠에 빠져드는 듯했다.

휘관. 전후 부정한 아내 클리템네스트라(Clytemnestra)와 그녀의 정부에게 살해되었다.

* 그리스신화에서 트로이 전쟁 때 그리스군의 현명한 늙은 고문(顧問)으로 필로스(Pylos)의 왕.

** 그리스신화에서 달의 여신 셀레네(Selene)의 사랑을 받아 영원히 잠들게 된 양 치는 미소년.

이슬진 동녘을 울라고 제비가 부를 때
그늘진 밤이슬의 아버지여.
우리의 위대한 아버지인, 잠
너희는 아주 사랑하는 자를
너희 미녀에게 우리 엄숙한
선열로 꿈을 통하여 보여주는도다.

헛된 길의 사랑과 영예와 난초와
벨로나 여신과
부유를 좇아 인생의 속없는
생각임을 알아차리고
밤과 낮 하루 내내 돌아다니는도다.
마지막엔 결과로 그의
아름다운 씨의 미침[狂]을 보는도다.

그런즉, 너희의 가장 좋은 시간을
자연이 구하실 것에 쓰도록 하고
거의 독한 괴물같이
진주와 소라로 허리를 메고
달콤하게 너희를 부르나니
약속하는 것은 하나의 꿈이며
어두운 잔치로다.

Or che la rugiadosa

Alba la rondinella a pianger chiama,

Questi che tanto v' ama,

Sonno, gran padre nostro e dell' ombrosa

Notte figlio, pietosa

E sacra schiera noi

Di Sogni, o belle donne, mostra a voi;

Perchè il folle pensiero
Uman si scorga, che seguendo fiso
Amor, Fama, Narciso
E Bellona e Ricchezza il van sentiero
La notte e il giorno intero
S' aggira, al fine insieme
Per frutto ha la Pazzia del suo bel seme.

Accorte or dunque, il vostro
Tempo miglior spendete in ciò che chiede
Natura, e non mai fede
Aggiate all' arte, che quasi aspro mostro
Cinto di perle e d' ostro
Dolce v' invita, e pure
Son le promesse Sogni e Larve scure.

성(城)에 관하여

또 다른 광경을 창출하려고 산타 마리아 노벨라의 거대한 광장 내부에 독특한 솜씨를 부려 매우 아름다운 성 한 채를 지었다. 그 성에는 성벽과 기마병, 창문과 커튼, 양편의 수로들, 공적·사적인 여러 문과 같은 모든 부속물이 적절하게 완비되어 있었고, 끝으로 훌륭하고 튼튼한 요새에 반드시 필요한 모든 것을 고려해 빠짐없이 만들었다. 그 안에는 수많은 용감한 병사가 자리 잡고 있었으며, 으뜸기는 고귀하신 궁정 귀족들 중에서 한 분을 그들의 대장으로 삼았는데, 그는 무슨 일이 있어도 잡히지 않도록 해놓았다. 여기서 벌어지는 훌륭한 장관은 전부 이틀에 나뉘어 연출되었다.

우선 첫날에는 한편에서 마치 실제로 적군과 싸우러 전투에 나가는 것처럼 완전무장을 하고 전투대열로 정돈한 훌륭하고 화려하게 장식된 일단의 기병대가 질서정연하게 행진해 나왔다. 다른 한편에서는 일단의 보병대가 군용 행낭을 짊어지고 탄약수레와 대포를 끌고 나타났는데, 이들은 마치 위험한 실제 전쟁터에서처럼 공병들과 종군상인들까지 데리고 있었다. 이들도 경험이 많고 용맹이 출중한 귀족 한 분을 대장으로 모셨는데, 그는 사방으로 다니며 병사들을 격려하면서 자신의 임무를 충실히 수행했다. 성의 병사들은 용기 있고 민첩한 행동으로 갖은 수단을 동원해 적군을 여러 차례 정찰했다. 그리고 기마병과 보병이 번갈아가면서 수차례 전초전을 벌이느라고 소총과 대포 소리가 요란하게 울려 퍼졌으며, 서로 돌격과 공격을 주고받았다. 또 복병과 같은 여러 작전이 기민하고 기발한 착상에 따라 계획되었다. 이러다가 아군이 적군의 우세한 여세에 몰리는 듯 점차 뒤로 후퇴해가다가, 마침내는 성안에 완전히 갇힐 지경에 이르는 듯이 보였다.

둘째 날에는 적군이 밤새 고대와 제방을 쌓아올리고 대포를 설치해놓은 것을 볼 수 있었으며, 벽을 무너뜨리기라도 할 만큼 괴력을 지닌 대폭격이 시작되었다. 그러고 나서 아군의 주의를 다른 곳으로 돌리기 위해 다른 한편에서 거대한 광산 폭발이 일어났는데, 이는 벽에 사람들이 드나들 만큼 커다란 구멍을 낸 것 같았다. 그 사이에 성이 정찰되고 기병들이 훌륭한 전투 대열을 정비했으며, 한 사람씩 차례로 사다리를 들거나 맨손으로 성을 기어올랐다. 동시에 용감무쌍하고 굉장한 공격이 끊임없이 수차례 반복되었으며, 아군들도 기술과 대담함으로 끝까지 완강하게 대적했다. 그러나 마침내 패하지는 않았으나 힘이 빠진 아군이 그 장소를 적군에게 내주기로 하는 명예조약을 맺었다. 결국 성에서는 병사들이 기를 펄럭거리면서 북과 군용 행낭들을 들고 전열을 가

다듬은 모습으로 행진해 나옴으로써 구경꾼들의 눈을 다시 즐겁게 해 주었다.

제신(諸神)의 계보(系譜)[*]

그 훌륭한 시대의 으뜸가는 장군이었던 파울루스 에밀리우스Paulus Emilius의 전기를 읽어보면, 그가 페르세우스를 무찌르고 마케도니아 Macedonia를 정복하는 과정에서 치른 고되고 힘든 싸움을 얼마나 용맹스럽게 지휘했던지를 알 수 있다. 그는 자신의 승리를 칭송하려고 암피폴리스Amphipolis로 몰려든 그리스와 다른 많은 국가의 사람들에게 갖가지 훌륭한 구경거리를 마련하는 데도 싸움터에서와 못지않은 훌륭한 지혜와 소질을 발휘해 모든 이를 놀라게 했다. 그는 평화 시에 연회 준비를 훌륭히 하는 방법을 아는 것도 전시에 임전태세를 갖추도록 전열을 정비하는 방법을 터득하는 것 못지않게 치밀한 계획과 지혜가 필요한 일이며, 훌륭한 지휘관이 있어야 한다는 사실을 종종 말하곤 했다.

그런데 매사를 기품 있고 장대하게 처리하는 성품을 타고나신 우리의 훌륭하신 공작께서는 모든 행사, 특히 지금 설명하고자 하는 행사에서 바로 그와 같은 지혜와 계획성을 보여주셨다. 만약 내가 그와 같은

[*] 프란체스코 공작과 요안나 공주의 결혼식 축제 행사 중 최고의 장관이라 할 「신들의 계보」라는 제목의 가장행렬은 빈첸초 보르기니가 각본을 짜고 바사리가 총연출을 맡은 거대 행사였다. 여기에는 모두 21대의 풍자적 장식 수레와 40여 제신이 주인공으로 등장하는데 이는 본래 보카치오의 「제신들의 계보」(Genealogia Deorum)에서 모티프를 얻어 보르기니가 각색한 것으로 바사리는 당시 신화와 전설 등을 토대로 올림푸스의 제신들을 총동원하여 극히 현학적이고 난해한 행사를 진행하였다. 그로 인해 바사리는 당시에 수많은 찬사와 비판을 동시에 받았다.

사실을 두고 그분은 모든 면에서 발명가이며 정돈에 뛰어났을 뿐 아니라 어떤 의미에서는 아주 질서정연하고 침착하며, 지혜롭고도 장엄하게 모든 행사를 준비하고 공연한 실제 집행인이었으며, 그의 모든 빛나는 공적 중에서 이것도 대표적인 것으로 손꼽힐 만하다는 사실을 말한다 해도 그분께서 언짢게 생각하시지는 않을 것이다.

나보다도 그 당시 사람은 훨씬 더 풍부한 지식으로 당시 행사에 관한 기록을 만들 수 있었을 것이다. 가면무도회의 상세한 부분들에 호기심을 느끼는 사람들은 여러 훌륭하고 권위 있는 작가의 손에서 『신들의 계보』라는 제목으로 다듬어진 책을 참조하는 편이 좋을 것이다. 나는 여기서 피상적으로밖에는 다룰 수 없다고 판단되는 내용은 생략하고 다음으로 넘어가고자 한다.

책을 읽다 보면, 펠레우스Peleus*와 테티스Thetis**의 결혼식에는 고대의 몇몇 신이 이들에게 축하인사와 함께 행운과 축복을 가져다주기 위해 초청되었음을 알 수 있다. 마찬가지로 여기 새롭게 탄생되는 훌륭한 부부의 결혼식에도 같은 이유로 위의 결혼식에 초청된 신들은 물론 초청되지 않은 나머지 신도 모두 자신의 희망에 따라 찾아와서 스스로 소개하도록 만들었다. 이때 선신들은 당연히 신랑, 신부에게 행복과 기쁨을 예언해주었으며, 악신들도 그들에게 해를 끼치지 않겠다는 언약을 했다. 이러한 내용들은 「꿈의 승리」에서와 마찬가지로 가장 눈에 띄는 곳에 위치한 합창단 네 그룹이 풍부한 성량으로 각각 때에 맞추어 부른 다음과 같은 마드리갈 네 곡으로 아름답게 표현되었다.

희고 결백하여 고귀한 비둘기가

* 그리스신화에서 미르미돈(Myrmidons)의 왕. 아이아코스(Aeacus)의 아들이며 아킬레스(Achilles)의 아버지.
** 그리스신화에서 바다의 신 네레우스(Nereus)의 딸 50명 중 한 사람. 펠레우스(Peleus)의 아내.

기쁘게 날며 부드럽게 앉곤 하는
이 푸르른 아르노 강변에
아리따운 신부의 명성이
높이 하늘까지 울리는도다.
이보다 더 아리따운 행동과
아름답고 행복한 것을
지금까지 한 번도 보지 못했기에
하늘나라 옥좌에서
우리를 여기에 불렀도다.

초목이여
너의 즐거운 정치마저도,
너의 아름답고 위대한 잠수潛水도
너의 강변에 이익을 보지 못하고
더는 즐거울 수 없을 정도로
새 신부의 광채와 해가
위대하고 신卅 같은
토스코 가슴 안에
그의 아름다운 자리와
동요를 가지는도다.

추위와 더위가 변색시킬 수 없는
아름다운 보금자리에서
우리는 오도다.
세상과 하늘이 복되고 성스러운
혈卅을 시니지 못했다고 생각 밀다.
하지만 너희의 지상적 베일과

그들의 충만한 빛

이것과 그것 모든 것이

친우다운 업적을 너희에게 보여준다.

너희 생각엔

얼마나 하늘이 가졌으며

얼마나 지상의 신神들과 파도를 보시는가 하겠지만

유일한 천주만이

가장 큰 궁전에 수많은 천사 사이에 사는 자이시다.

그분 앞에서만 순례자들은

경건히 한평생 지친 몸을 쉬며

모든 것이 하늘로 돌아감을 기뻐하는도다.

L' alta che fino al ciel fama rimbomba

Della leggiadra Sposa,

Che in questa riva erbosa

D' Arno, candida e pura, alma colomba

Oggi lieta sen vola e dolce posa,

Dalla celeste sede ha noi qui tratti,

Perchè più leggiadri atti

E bellezza più vaga e più felice

Veder già mai non lice.

Nè pur la tua festosa

Vista, o Flora, e le belle alme tue dive

Traggionne alle tue rive,

Ma il lume e 'l sol della novella Sposa,

Che più che mai gioiosa

Di suo bel seggio e freno

Al gran Tosco divin corcasi in seno.

Da' bei lidi, che mai caldo nè gielo
Discolora, vegnam; nè vi crediate
Ch' altrettante beate
Schiere e sante non abbia il Mondo e il Cielo;
Ma vostro terren velo
E lor soverchio lume,
Questo e quel vi contende amico nume.

Ha quanti il Cielo, ha quanti
Iddii la Terra e l' Onda al parer vostro;
Ma Dio solo è quell' un che il sommo chiostro
Alberga in mezzo a mille Angeli santi,
A cui sol giunte avanti
Posan le pellegrine
E stanche anime al fine, al fin del giorno,
Tutto allegrando il Ciel del suo ritorno.

위의 가면무도회는 오로지 현명하고 경험이 풍부할뿐더러 위대하고 용감하신 왕자의 힘으로만 이루어질 수 있었던 것으로, 여기에는 도시의 거의 모든 귀족과 신사는 물론 심지어 외국인도 다수가 참여했다. 나는 이 가면무도회야말로 가장 거대하고 장엄하며 화려했던 것으로, 지금까지 수세기에 걸쳐 어느 곳에서나 빠짐없이 기억되고 있음을 자신 있게 확언할 수 있다. 왜냐하면 대부분 의상이 금빛과 은빛의 천과 내수 고급스러운 옷감들도 만들어졌으니, 필요한 경우에는 귀한 가죽까지 사용했을 뿐 아니라, 그것들이 매우 출중하고 훌륭한 기교와 솜씨로 더할 나위 없이 사랑스럽게 만들어졌기 때문이다.

그리고 어떤 신들을 나타내고자 했는지 구경꾼들이 하나하나 충분히 알아볼 수 있게 하려고 편의상 스물한 그룹으로 나누어서 행진하도록 했다. 각 그룹의 대장 격인 인물을 한 사람씩 앞에 세웠는데, 이들을 더욱 화려하고 장엄해 보이도록 하고, 고대 시인들이 묘사한 바에 따라서 충실히 재현하기 위해 그들에게 각각 적합한 고유 동물들이 끄는 마차에 타도록 했다. 그 마차는 믿을 수 없을 정도로 아름답고 환상적이었으며 특이했고, 금과 은으로 화려하게 장식되었다. 또 그것을 끄는 위에 언급한 동물들은 솜씨 좋은 장인들의 재간과 뛰어난 능력으로 실물처럼 자연스럽게 만들어졌다. 그러므로 그 당시까지 그 도시는 물론, 그 같은 진귀한 예술품을 만들어내는 것으로 명망이 높은 그밖의 지역을 모두 통틀어보더라도 그들을 능가할 것이 없을 정도였다. 그뿐 아니라 그들은 또한 참으로 놀라운 일이지만! 사람들로 하여금 다시는 그처럼 영웅적이고 사실적인 광경을 볼 수 없으리라는 생각을 하게 했다.

데모고르고네가 탄 첫 번째 수레

그러면 제신의 창조주이자 아버지 격이라고 간주되는 신들을 기점으로 신들을 태운 마차와 그 무리를 차례로 묘사해가기로 하겠다. 이 행렬이 어디까지나 신들의 계보인 만큼 제일 처음에는 제신의 아버지 격인 데모고르고네Demogorgone*가 마차를 타고 선두에서 나왔다.그림 697 그런데 그 이전에 「신들의 발생 계통학」에서 신들을 노래함으로써 처음으로 그들의 계보를 마련한 고대 시인인 헤시오도스Hesiod**를 나타

* 마왕(魔王). 마법의 신.
** 기원전 8세기경의 그리스 시인.

그림 697 조르조 바사리, 「데모고르고네의 마차」, 소묘,
디자인과 판화 전시관, 우피치 미술관, 피렌체.

내는 우아하고 사랑스러우며 월계관으로 장식한 목동이 매의 머리를
한 뱀을 두르고 지나갔다. 그는 안내인으로서 여러 가지 색깔로 천계
와 4요소가 묘사되고 중앙에는 커다랗게 그리스어 'O' 자를 써넣은 커
다랗고 네모난 고대의 기旗를 들고 있었다. 다음에는 나팔수 여덟 명이
트럼펫으로 수없이 많은 아름답고 때로는 경쾌한 음악을 연주했다. 그
것은 사원에서 음식을 먹는 것을 금지당하여 화가 나서 티부르Tibur로
되돌아갔지만 속아서 술을 취해 잠에 곯아떨어지는 바람에 오히려 많
은 이득을 얻고 로마로 돌아온 티불 사람들의 이야기를 나타냈다.

다시 데모고르고네를 살펴보면, 그의 수레는 무시무시한 용 두 마
리가 끄는 어둡고 이줄으로 된 동굴 형태를 하고 있었다. 데모고르고
네 자신은 온통 머리가 헝클어진 창백한 노인의 모습으로 연기와 질

은 안개에 싸인 채 동굴 앞부분에 게으르고 지저분한 모습으로 되는 대로 누워 있었다. 그의 옆에는 푸른 옷으로 화려하게 장식한 젊은 「영원」Eternita의 여신그녀는 결코 나이를 먹지 않으므로이 있었고, 다른 한편에는 일정한 형태가 없이 덩어리 모습을 한 카오스Chaos*가 동반하고 있었다. 앞에서 묘사한 세 인물이 들어 있는 동굴 너머에는 어머니인 「대지」Terra를 나타내기 위해 나무와 갖가지 식물로 뒤덮여 장식된 아름답고 자그마한 동산이 봉긋하게 올라와 있었다. 그 뒤편에, 앞에 말한 것보다 더 깊고 어두운 동굴이 하나 있었으며, 그 안에는 에레부스Erebus** 가 그의 아버지 데모고르고네와 같은 모양으로 누워 있었다. 역시 그의 한 옆에는 「대지」의 딸인 「밤」Notte이 한 명은 희고 한 명은 검은 두 아이를 팔에 안고 있었으며, 또 다른 한쪽에는 밤과 에레부스 간의 자식으로 손에는 청록색 공을 든 아름다운 젊은이 모습을 한 에테르Æther가 있었다.

수레의 마지막 부분에는 「불일치」Discordia가 타고 있었다. 그녀는 만사를 혼란스럽게 만들어버리기 때문에 철학자들에게서 종종 세상을 지배하는 원리로 여겨지기도 하는데, 대개 그녀는 데모고르고네의 첫째 딸로 간주된다. 그녀 옆에는 갖가지 실을 잣다가 끊어버리는 「운명」 셋을 볼 수 있었다.

또 온통 청록색 옷을 입은 젊은이 모습을 한 폴루스Polus도 보였는데 그는 손에 지구 모형을 들고 있었으며, 그에 관한 우화에서 언급되었듯이 그의 주위에는 밑에 놓여 있는 이글이글 타는 석탄 항아리에서 일어나는 수많은 불꽃이 튀기고 있었다. 그리고 데모고르고네의 아들인 피톤Python***이 온통 노란색 옷을 입고 손에는 불덩어리를 들고서 그의 형

---

* 그리스신화에서 카오스(창세 이전 세계)를 상징하는 가장 오래된 신.
** 그리스신화에서 이승과 저승 사이의 암흑계.
*** 그리스신화에서 파르나수스(Parnassus)산 동굴에 살았던 큰 뱀. 아폴로 (Apollo)가 델포이(Delphi)에서 퇴치.

제인 폴루스와 함께 오는 것을 볼 수 있었다.

그들의 뒤에 에레부스와 「밤」의 딸인 「선망」이 따라왔고, 옆에는 그녀의 오빠인 「겁쟁이」가 함께 왔는데, 그는 창백한 모습으로 덜덜 떠는 노인 모습이었으며, 머리에 쓰는 관을 비롯한 모든 의복을 겁 많은 사슴 가죽으로 만들어 입고 있었다. 이들 뒤에는 역시 같은 핏줄을 타고 난 「고집쟁이」가 온통 검은색 옷을 입고 나왔는데, 그녀는 마치 자신의 몸에 뿌리를 박고 자라는 것처럼 보이는 담쟁이덩굴을 몸에 감고 있었다. 또 그녀 머리에는 고집쟁이가 초래하게 마련인 「무지」를 나타내는 입방체의 납덩어리가 있었다.

그녀는 옆에 동생인 「빈곤」을 동반했는데, 그녀는 온통 창백하고 격분한 모습이었고, 검은색 옷은 입었다기보다는 되는대로 걸친 상태였다. 역시 아버지가 같은 「굶주림」도 함께 있었는데, 그는 나무뿌리와 야생풀을 씹어 먹고 있었다.

그들의 자매인 「불평」이 황갈색 천을 몸에 두르고 너무나 외로운 모습으로 그들 뒤를 따라왔다. 그녀가 머리에 쓴 관 속에는 투덜투덜 울어대는 야생 지빠귀 한 놈이 외롭게 둥우리를 틀고 있었다. 그 옆에 역시 자매인 「허약」이 함께 있었다. 그녀는 호리호리하고 창백한 모습이었고, 손에는 아네모네꽃으로 만든 화환과 작은 꽃다발을 들고 있어서 구경꾼들은 그녀가 누구인지 쉽게 알아볼 수 있었다. 그 반대편에는 또 다른 자매인 「노인」이 있었다. 그녀는 백발이 성성하고 검은색 옷을 수수하게 차려입었을 뿐 아니라, 손에는 양갓냉이를 들고 있었다.

타르타로스Tartarus*의 딸들인 히드라Hydra**와 스핑크스Sphinx***가 대개 그들이 묘사되는 바에 따라 분장을 하고, 앞선 인물들의 뒤에서 잘 정

---

* 그리스신화에서 지하 망령세계. 제우스가 타이탄(Titan)을 가두어둔 곳.
** 그리스신화에서 구두사(九頭蛇). 헤르쿨레스가 죽인 괴물.
*** 그리스신화에서 가슴부터 위는 여자 모습이고 사자 몸뚱이에 날개가 돋쳐 있는 괴물.

돈된 모습으로 따라오고 있었다. 이들 뒤에는 에레부스와 「밤」 사이에서 태어난 딸 중 하나인 리첸세License가 보였다. 그녀는 벌거벗고 흐트러진 모습이었으며, 머리에는 포도 잎사귀로 만든 화환을 두르고, 입은 단정치 못하게 벌린 상태였다. 그녀 옆에는 자매인 「허위」가 함께 있었는데, 그녀는 갖가지 색깔의 여러 가지 천으로 온몸을 에워싸고 있었으며, 잘 알아볼 수 있도록 머리에는 까치를 올려놓고 손에는 오징어를 들고 있었다. 노인으로 분장한 「사고」思考가 그들과 나란히 걸어왔는데, 그는 온통 검은색 옷을 입고 머리에는 복숭아씨로 만든 화려한 관을 쓰고 있었다. 또 때때로 옷이 바람에 나부낄 때는 그 밑으로 날카로운 가시에 수없이 찔리고 긁힌 가슴과 온몸이 드러나 보였다.

다음으로 「비난」과 「험담」의 신인 모모스Momus*가 구부정하고 수다스러운 노인네 모습으로 따라왔다. 그들과 함께 소년 타게스Tages**도 나왔는데, 그는 비록 「대지」大地의 아들이지만 처음으로 점쟁이 기술을 보였기 때문에 치장은 매우 화려했다. 그는 그 사실을 나타내기 위해서 배 가운데가 갈라져 내장이 거의 다 드러나 보이는 양 한 마리를 목에 걸고 있었다. 또 그의 형제인 아프리카의 안타이오스Antaeus***도 거인의 형상을 하고 등장했는데, 그는 미개인 복장에 손에는 창을 들고 있었으며, 그날 자신의 용맹함을 과시하고 싶어 하는 듯한 눈치였다.

그의 뒤에는 역시 에레부스와 「밤」 사이에서 난 아들인 「낮」이 있었다. 그는 화려하고도 기쁨에 넘치는 젊은이 모습이었으며, 온통 백색 옷을 입고 머리는 오르니토갈ornithogal로 장식하고 있었다. 게다가 그는 두루미의 양 날개를 달고 손에는 두루미 다리를 들고 있었는데, 이

---

* 그리스신화에서 조롱의 신. 닉스(Nyx)의 아들로서 올림피아산에서 쫓겨났다.
** 그리스신화에서 게니우스(Genius)의 아들, 제우스의 손자. 그는 에트루리아(Etruria)의 열두 나라 사람들에게 예언을 가르쳤다.
*** 그리스신화에서 포세이돈과 가이아의 아들, 리비아(Lybia)의 씨름꾼.

는 대개 이 동물이 사람에게 모든 피로에 맞서 지칠 줄 모르는 힘을 갖게 해준다는 흔한 생각을 반영한 것이었다. 그의 옆에는 누이인 「피곤」이 함께 있었는데, 그녀는 당나귀 가죽으로 만든 옷을 입었을 뿐아니라, 머리에도 귀를 쫑긋 세운 당나귀 머리처럼 만든 모자를 써서보는 이마다 웃음을 터뜨렸다. 역시 같은 부모 밑에서 태어난 유라멘토Juramento가 손에 안고 있는 복수심으로 불타는 제우스 신의 위세에놀란 노사제 모습으로 무리의 맨 마지막에 등장함으로써 위대한 아버지 신이신 데모고르고네의 행렬을 마감했다.

이상의 여러 신 모습에서 여러 다른 신의 기원을 충분히 명백하게 나타냈다고 판단하면서, 여기서 첫 번째 수레를 따르는 행렬이 끝났다.

「하늘의 신」이 탄 두 번째 수레

외관이 더욱 화려한 두 번째 수레는 혹자들에 따르면 위에 언급한 대기의 신 「에테르」Æther와 「하루」Dies 사이에서 태어난 아들로 간주되는「하늘의 신」Caelum을 위한 것이었다. 유쾌하고 젊은 하늘의 신은 밝게빛나는 별들이 수놓인 옷을 입고, 이마에는 사파이어를 박은 관을 썼으며, 마흔여덟 가지 천상의 기호로 화려하게 장식된 청록색 구체 위에앉아 있었다. 그의 수레는 각각 큰곰자리와 작은곰자리를 나타내는 곰두 마리가 끌었는데, 그들은 몸에 한 마리는 별 일곱 개, 다른 한 마리는 별 스물한 개가 찍혀 있는 것으로 식별할 수 있었다. 또 수레가 더욱화려하고 위용 있어 보이게 하려고 하늘의 신과 관련된 우화寓話 일곱가지를 적절하게 나누어 아름답게 그려놓았다.

우선, 그의 탄생에 관한 다른 의견을 나타내려고 대지에서 그가 태어나는 모습을 그려 넣었다. 두 번째에는 그가 어머니인 대지와 결합하는 모습을 표현했는데, 그 사이에서 수없이 많은 다른 자녀 외에도

각각 손 백 개와 머리 오십 개가 달렸다는 코투스Cottus,* 브리아레오스
Briareus,** 기게스Gyges*** 등이 태어났다. 그뿐 아니라 이마에 눈이 한 개
만 달린 키클로페스Cyclopes****도 태어났다. 세 번째에는 그가 이상의 자
녀들을 절대 햇빛을 보지 못하도록 대지의 동굴 속에 가둔 일이 묘사
되었다. 네 번째에는 자녀들을 그와 같은 억압에서 해방시켜주려고 어
머니인 대지가 그들에게 잔인한 아버지에게 정당한 복수를 하도록 재
촉하는 모습을 그려놓았고, 다섯 번째에는 그의 생식기가 사투르누스
Saturnus*****에게 잘리는 모습이 묘사되었으며, 그가 흘린 피에서 한편으로
는 푸리에스Furies와 지안트Giants가 태어나고, 또 한편에서는 바다에 피
가 떨어져 생긴 물거품에서 다른 탄생, 즉 아름다운 비너스가 태어나는
모습을 나타냈다. 여섯 번째에는 그가 타이탄Titans******에게 보인 분노를
나타냈다. 왜냐하면 그들이 그의 생식기가 잘리도록 허용했기 때문이
다. 마지막 일곱 번째에는 그를 기리려고 건립한 사원, 제단들과 함께
아틀란티데스Atlantides*******가 하늘의 신을 숭배하는 모습을 나타냈다.
　수레 끝부분에는 검고 늙은 데다가 눈가리개를 쓴 아틀라스Atlas********가

---

　　*　그리스신화에서 헤카톤케이레스(Hecatoncheires)의 하나. 브리아레오스
　　　(Briareus)의 형제.
　　**　그리스신화에서 손이 100개인 거인. 우라누스(Uranus)와 가이아(Gaea)
　　　의 아들.
　　***　그리스신화에서 세 헤카톤케이레스의 한 사람.
　　****　그리스신화에서 눈이 하나인 브리아레오스의 형제.
　　*****　일명 크로노스(Cronus)로 그리스신화에서 우라누스와 가이아의 막내
　　　아들.
　　******　그리스신화에서 우라누스(하늘) 신과 가이아(땅) 여신의 아들이며 거
　　　인신족. 그들은 올림피아의 신들과 싸웠으나 패배하여 타르타로스
　　　(Tartarus)에 갇혔다.
　　*******　그리스신화에서 아틀라스(Atlas)의 일곱 딸의 하나.
　　********　그리스신화에서 펠롭스(Pelops)와 히포다메이아(Hippodamia)의 아들.
　　　하늘을 양어깨에 메는 거인 타이탄(Titan).

타고 있었다. 그는 건강한 어깨로 하늘을 떠받친 것으로 유명하며, 그 때문에 그의 손에는 별들이 찍힌 청록색 구체가 들려 있었다. 그의 뒤에는 그의 젊고 아름다운 아들인 히아스Hyas*가 사냥복을 우아하게 차려입고 걸어왔다. 그와 함께 히아데스Hyades**라 불리는 그의 누이 일곱 명이 따라 나왔다. 그중에서 다섯 명은 온통 금빛으로 화려하게 치장했으며, 그들이 황소 별자리 윗부분을 장식하는 것으로 알려져 있기 때문에 각각 머리에 황소 머리 형상을 달고 있었다. 나머지 두 명은 하늘의 별자리에서도 덜 빛나는 별이기 때문에 은빛 수를 놓은 회색 옷을 입는 것이 적합하다고 했다.그림 698

이들 뒤에는 역시 아틀라스의 딸들이며 비슷한 별자리를 구성하는 플레이아데스Pleiades*** 일곱 명이 따랐다. 그들 중 한 명은 하늘에서 별로 빛을 발하지 못하는 별이므로 역시 위와 같은 회색 옷만으로 장식하는 것이 적절하다고 생각되었다. 반면에 나머지 여섯 명은 매우 화려하고 밝게 빛나는 별들을 나타내기 때문에 전면을 수없이 많은 금장식으로 반짝반짝 빛나도록 치장했다. 그러나 그들도 뒷면은 단지 흰색 옷만 입음으로써 그들이 처음 나타날 때는 밝고 빛나는 여름이지만, 그들이 떠날 때는 어둡고 눈이 내리는 겨울 날씨가 되어버린다는 사실을 나타냈다. 이러한 사실은 그들이 머리에 쓴 관에서도 암시된다. 즉 관의 앞부분은 여러 가지 이삭으로 장식했으면서도 뒷부분은 눈과 얼음, 서리 등으로 구성했기 때문이다.

* 그리스신화에서 히아데스(Hyades)를 보라.
** 그리스신화에서 아틀라스의 일곱 딸로, 디오니소스(Dionysus)가 기른 님프들. 오라버니인 히아스(Hyas)를 멧돼지가 죽인 것을 슬퍼하여 애타다 죽어서 별이 되었다고 한다.
*** 그리스신화에서 아틀라스의 일곱 딸. 오리온(Orion)에게 쫓겨 별이 되었다고 한다.

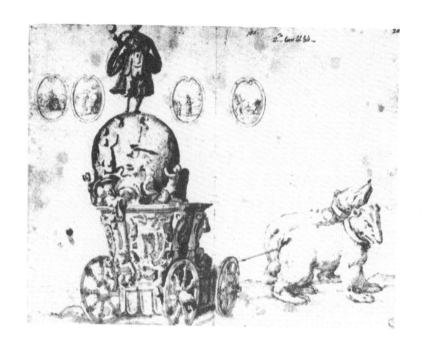

그림 698 조르조 바사리, 「하늘 신의 마차」, 소묘,
디자인과 판화 전시관, 우피치 미술관, 피렌체.

그들 뒤에는 오만방자한 아들 이아페토스Iapetus*를 대동한 늙고 괴
물 같은 모습의 티탄Titan이 따랐다. 그리고 이아페토스의 아들인 프로
메테우스Prometheus**가 그들 뒤에서 매우 심각하고 존경스러운 태도로
따라왔다. 그는 한 손에는 진흙으로 만든 작은 조상을 들고, 다른 한 손
에는 하늘의 제우스 신에게서 빼앗은 불을 나타내는 불타는 횃불을 들
고 있었다. 그 뒤에는 마지막으로 두 번째 수레를 끝내려고 하늘의 신

* 그리스신화에서 티탄(Titan)족 12인 중 한 사람.
** 그리스신화에서 하늘에서 불을 훔쳐 흙으로 만든 인형에 생명을 주어 인
류를 창조한 신. 그래서 제우스의 노여움을 사게 되어 코카서스(Caucasus)
산의 바위에 묶였고 독수리가 그의 간을 파먹었다고 한다.

을 숭배했다고 이미 말한 아틀란티데스 중 두 명이 무어Moore인 복장을 하고, 머리에는 신성한 코끼리의 머리 형상을 한 모자를 쓰고 오는 것을 볼 수 있었다. 게다가 그들이 첫 번째 희생제 때 사용한 것들을 나타내기 위해서 두 사람 모두 손에 커다란 꾸러미와 국자, 냅킨, 식칼, 향을 넣은 작은 상자 등을 들고 있었다.

사투르누스(Saturnus)가 탄 세 번째 수레

앞의 것 못지않게 화려하며 거대한 검은 황소 두 마리가 끄는 세 번째 수레에는 하늘 신의 아들 사투르누스*가 타고 있었다. 그는 백발이 성성한 노인 모습이었는데, 무시무시하게도 어린아이들을 집어삼키고 있었다. 수레를 더욱 아름답게 치장하기 위해서 두 번째 수레에 일곱 가지 이야기를 묘사했던 것과 마찬가지로 여기에도 사투르누스와 관련된 다섯 가지 이야기를 그려 넣은 것이 적당하다고 생각되었다.

첫 번째에는 그가 우아하고 아름다운 님프 필리라Philyra**와 함께 사랑을 즐기다가 아내인 옵스Ops***를 보고 놀라서 자신을 감추려고 스스로 말로 변신해야만 했던 순간의 광경을 묘사했다. 그와 함께 그 둘의 결합으로 이후에 반인반마半人半馬인 켄타우로스 케이론Cheiron****이 태어난 사실도 묘사되었다.

두 번째에는 라틴인 엔토리아Entoria와 사랑을 나누는 모습을 나타냈

---

* 농업의 신.
** 그리스신화에서 케이론(Cheiron)의 어머니.
*** 로마신화에서 사투르누스(Saturnus)의 아내. 그리스신화의 레아(Rhea).
**** 그리스신화에서 현명했던 켄타우로스(Centaur)의 이름.

다. 이들 사이에 야누스Janus,* 힘누스Hymnus,** 펠릭스Felix, 파우스투스 Faustus 등이 태어났는데, 사투르누스는 그들을 통해 인간들에게 포도를 심고 가꾸어 술을 만들 수 있는 방법을 가르쳤다. 우선 야누스가 라티움Latium***에 도착해 무지한 인간들에게 아버지의 기술을 가르치는 모습과 결과를 그렸다. 인간들은 새롭고 맛있는 음료에 반해 무절제하게 마셨고, 점차 깊은 잠에 빠지게 되었다. 그러다가 마침내 잠에서 깨어난 그들은 야누스가 자신들을 독살하려고 했다고 착각한 나머지 불경스럽게도 그에게 돌팔매질을 하며 덤벼들어 그를 죽이고 말았다. 이에 크게 분노한 사투르누스는 그들에게 끔찍한 역병이 퍼지게 하여 징벌을 가했다. 그러나 결국에는 그가 비참한 인간들의 간절한 기도와 타르페이아Tarpeia**** 바위 위에 그를 기리려고 세운 사원 덕분에 화를 가라앉히고 자비를 베풀게 된 내용을 묘사했다.

　세 번째에는 사투르누스가 잔인하게도 자식인 유피테르를 삼켜 먹으려 했기 때문에 용의주도한 부인과 동정심이 많은 딸들이 유피테르 대신 돌을 보낸 사실과 결국 그가 그 돌을 그들 앞에 토해냈기 때문에 그들이 한없는 슬픔과 비탄 속에 잠겨야만 했던 사실들을 나타냈다. 네 번째에는「하늘」의 수레를 묘사하면서 이미 말한 내용, 즉 그가「하늘」의 생식기를 잘라냈으며, 그 때문에 지안트Giant, 푸리에스Furies, 베누스Venus가 탄생된 사실들을 그렸다. 마지막에는 티탄이 감금한 그를 보

* 고대 이탈리아 사람들의 신. 머리의 앞뒤에 얼굴이 있고 일의 시작과 끝을 맡아 다스리며 문이나 출입구의 수호신이었다.
** 옮긴이는 힘노스(Hymnus)가 히멘(Hymen)과 동일 명사인지 밝히지 못했으나 히멘은 그리스신화의 혼인의 신이다.
*** 아에네아스(Aeneas)가 정복한 이탈리아의 한 지방.
**** 로마 전설에서 로마 방위 총독의 딸. 아버지 타르페이우스(Tarpeius)가 로마를 방위할 때 적이 그녀에게 말한 '성문을 열어주면 팔에 다는 것을 주리라'는 약속을 믿고 성문을 열어주었으나 그들이 금팔찌 대신 방패를 던져서 그녀가 맞아 죽으니 타르페이아 바위에 매장했다.

고 동정심을 느낀 그의 아들 유피테르를 풀어주는 내용이 묘사되었다.

그러고 나서 역사가 사투르누스 시대부터 처음으로 기록되기 시작했다는 사실을 나타내려고 권위 있는 작가의 조언에 따라 땅에 꼬리 두 개를 부착하고 바다 소라를 몰고 있는 트리톤Triton*의 모습으로 수레의 마지막을 장식했다. 수레의 발치에는 순결을 상징하는 순수한 자태의 인어 아가씨가 있었다. 그녀는 초록색 옷을 입었으며, 목둘레에 황옥 빛깔로 도금한 테두리를 두른 흰색 담비를 팔에 안고 있었다. 그녀는 머리와 얼굴에 노란색 베일을 썼으며, 그 옆에는 가장 아름답고 섬세하며 순수한 젊은 여인의 모습을 한「진실」Veritas이 몸이 훤히 비치는 흰색 베일만 두르고 함께 있었다. 비할 데 없이 우아한 자태로 걷는 이들 사이에는 행복한 표정의「황금시대」Eta dell' Oro가 있었다. 그녀도 순결하고 우아한 처녀 모습이었으며, 완전히 벌거벗은 몸을 그녀 자신이 대지에서 수확한 햇과일들로 온통 아름답게 장식하고 있었다.

그들 뒤에는 젊지만 매우 신중하고 근엄한 모습을 한「평온」이 검은색 천으로 몸을 감싸고 따라왔다. 그녀는 머리에 관 대신에 늙고 깃털이 다 빠진 황새가 누워 있는 둥우리를 능숙한 솜씨로 올려놓은 모습이었다. 그녀는 검은 옷을 입은 두 사제 사이에서 걸었는데, 그들은 무화과 잎으로 만든 관을 썼으며, 한 손에는 무화과 나뭇가지를, 또 한 손에는 밀가루와 꿀로 만든 납작한 케이크를 담은 그릇을 각각 들고 있었다. 이러한 모습으로 사투르누스가 곡식을 발견한 최초의 신이라는 누군가의 의견을 나타내려고 했다. 그 때문에 옛날에 키레나이카Cyrenaica** 사람들이 위의 검은 옷을 입은 두 사제처럼 사투르누스에게 위에 열거한 것들을 제물로 바쳤다는 이야기가 전해진다.

---

* 그리스신화에서 반인반어(半人半魚)의 바다의 신. 포세이돈(Poseidon)의 아들.
** 아프리카 이집트의 서쪽 지방.

이들 뒤에는 로마 사제 두 명이 따라 나왔는데, 그들은 더욱 현대화된 관습에 따라 밀랍으로 만든 모형을 제물로 바치려는 모습이었다. 왜냐하면 이들은 역시 밀랍으로 만든 유사 모형을 사용했던 헤르쿨레스의 본을 받아 펠라스기Pelasgi* 사람들이 이탈리아에 들여온 무지몽매한 관습, 즉 산 인간을 사투르누스에게 제물로 바치던 관습에서 해방되었기 때문이다. 이들도 「평온」을 보필한 다른 사제들처럼, 사투르누스의 딸인 존경스러운 베스타를 사이에 모시고 있었다. 그녀는 마치 둥근 공처럼 어깨는 매우 좁고, 허리는 큼지막하고 뚱뚱했으며, 손에는 불 켜진 램프를 들고 있었다. 마지막으로 이들 뒤에서 이미 말한 바와 같이 사투르누스의 아들인 반인반마 케이론Cheiron이 칼과 활, 화살통 등으로 무장하고 뒤따름으로써 세 번째 수레의 행렬이 끝났다. 그의 옆에는 역시 사투르누스의 다른 아들 중 한 명이 손에는 구부러진 지팡이 리투스lituus**를 들고그가 점쟁이였으므로, 초록빛 옷을 차려입고 나왔다. 그의 머리에 딱따구리 한 마리를 올려놓은 것은 일설에 따르면 그가 케이론에 의해 그 새로 변신했다는 이야기가 있었기 때문이었다.

태양신이 탄 네 번째 수레

네 번째 수레는 찬란한 태양신에게 헌정되었다. 온통 반짝반짝 빛나고 화려한 금칠이 되어 있을 뿐 아니라 수없이 많은 보석으로 장식된 이 수레는 관례에 따라 빠르고 날개 달린 말 네 마리가 끌었으며, 마부는 머리에 돌고래와 돛으로 장식한 관을 쓴 「속도」Velosita였다. 여기에도다른 수레들과 마찬가지로 분할 방식만 달리했을 뿐 태양신에 관한 일곱

---

* 펠라스기족. 유사 전 그리스, 소아시아, 지중해 동부에 살던 인종.
** 로마시대에 복점관(卜占官)이 들고 다니던 지팡이.

가지 이야기를 상상력을 총동원해 가장 즐겁고 아름답게 그려놓았다.

　그중 첫 번째에는 태양신의 수레를 잘못 몰았던 지나치게 대담한 파에톤Phaëthon*의 운명을 묘사했다. 두 번째에는 뱀 피톤Python**의 죽음을, 세 번째에는 경솔한 마르시아스Marsyas***에게 가해진 징벌을 묘사했다. 네 번째에는 어떻게 해서 존엄하신 태양신께서 한동안 아드메투스Admetus****의 양 떼를 기르는 누추한 전원생활을 하게 되었는지를 그려놓았다. 다섯 번째에는 그가 티포에우스Typhoeus*****의 분노를 피하려고 어쩔 수 없이 갈까마귀로 변신해야만 했던 순간의 광경을 나타냈다. 여섯 번째에도 또 다른 변신을 묘사했는데 처음에는 사자로, 그다음에는 매로 변하는 광경이었다. 일곱 번째에는 태양신이 수줍은 다프네Daphne******를 짝사랑한 슬픈 이야기가 묘사되었다. 잘 알려진 바와 같이 다프네는 신들의 가호를 입어 월계수로 변했다.

　수레의 마지막 부분에는 모두 날개를 달았지만 나이와 옷 색깔 등이 서로 다른 「시간」時間이 타고 있었다. 이들은 태양신의 시녀들이자 추종자들로서, 이집트인들을 본떠서 각각 손에 하마 한 마리를 들고 있었으며, 루핀 꽃으로 머리를 장식했다. 이들 뒤에서는 「달」月이 걸어왔는데, 그는 이집트풍에 따라 온통 흰색 옷을 입은 젊은이 모습에 머리에는 땅을 향해 구부러진 작은 뿔 두 개가 나 있었으며, 동양 야자수로 만든 화환을 두르고 있었다. 또 이유를 가히 짐작할 수 있듯이 뿔이 하나만 달린 송아지를 데리고 나왔다. 그의 뒤에는 「해」[年]가 걸어서 따라왔다. 그의 머리는 온통 눈과 얼음으로 뒤덮여 있었고, 팔은 꽃과 화환으로 아름답게 장식했으며, 가슴과 배는 곡식의 이삭들로 치장했고, 넓적다리와 종아리는 물에 잔뜩 젖었을 뿐 아니라 곰팡이로 얼룩진 모습이었다.

한편, 그는 한 손에는 계절의 순환을 상징하기 위해 입으로 제 꼬리를 무는 시늉을 하는 둥그런 뱀을 들고 있었으며, 다른 한 손에는 고대 로마인들이 그들의 사원에 햇수를 기록할 때 사용했다고 알려진 못 하나를 들고 있었다. 그 뒤에는 아름답고 나긋나긋한 장밋빛 오로라Aurora*가 매우 즐거운 표정을 하고 따라왔다. 그녀는 작은 노란색 망토를 입고, 손에는 고대 양식의 램프를 들고 있었으며, 페가수스 위에 매우 아름답고 우아한 자태로 앉아 있었다. 그녀와 함께 사제복을 입은 의사 아스클레피오스Aesculapius가 나왔는데, 그는 마디가 울퉁불퉁한 지팡이와 혈색 좋은 뱀 한 마리를 손에 들고 있었으며, 발치에는 개 한 마리가 따라 나왔다. 그들과 함께 역시 태양신의 아들인아에스쿨라피우스처럼 젊은 파에톤이 그의 불행한 운명을 상기시켜주려는 듯 온통 불에 타는 모습으로 등장했다. 그는 자신이 안고 있는 백조 한 마리로 자신을 변신시키기를 갈망하는 듯한 모습이었다.그림 699

다음에는 그들의 형제인 오르페우스Orpheus**가 뒤따라왔다. 그도 젊고 아름답게 장식한 모습이었지만 신중하고 엄숙한 분위기를 자아냈으며, 머리에는 삼중관三重冠을 쓰고, 화려하게 장식한 피리를 연주하는 듯한 자세를 취하고 있었다. 그의 옆에는 태양신의 딸이자 여자 마법사인 키르케Circe***가 있었는데, 그녀는 머리에 자신의 주권을 상징하

    * 로마신화에서 여명(黎明)의 여신. 그리스신화의 에오스(Eos)에 해당.
    ** 그리스신화에서 아폴로(Apollo)와 칼리오페(Calliope) 사이에 태어난 아들. 트라키아(Thracia)의 시인이며 음악가.
    *** 호메로스의 『오디세이』(Odyssey)에 나오는 마녀.

그림 699 조르조 바사리, 「태양신의 마차」, 소묘,
디자인과 판화 전시관, 우피치 미술관, 피렌체.

는 띠를 두르고 부인의 옷차림을 했다. 그리고 손에는 홀 대신에 자그
마한 낙엽송과 삼나무 가지를 각각 들고 있었는데, 흔히 바로 이 나뭇
가지들을 태운 연기로 마법을 부린다고들 한다.

우아한 모습으로 질서정연하게 걸어온 뮤즈 아홉 명이 지금까지 묘
사한 태양신의 사랑스러운 수레 행렬을 마지막으로 장식했다. 이들은
매우 기품 있는 님프의 모습이었으며, 세이렌Seiren을 굴복시킨 일을 기
리는 까치의 깃털을 비롯한 갖가지 새의 깃털로 머리를 장식하고, 손에
는 각양각색의 악기를 들고 있었다. 이들의 끝부분에는 뮤즈와 어머니
인 「기억」記憶이 화려한 검은 의상을 입고 가장 영광된 자리를 차지했
다. 그녀는 동물들이 지녔다는 놀라운 기억력을 상징하는 작고 새까만
개 한 마리를 안고 있었으며, 서로 이질적인 사물들이 환상적으로 구성

된 관을 머리에 씀으로써 기억할 수 없을 만큼 수없이 많은 일을 나타
냈다.

제우스 신이 탄 다섯 번째 수레

사투르누스의 아들로서 인간과 뭇 신의 위대한 아버지로 군림하게
된 제우스 신이 다른 어떤 것보다도 아름답고 화려하게 꾸민 다섯 번
째 수레를 타고 등장했다. 여기에도 다른 수레들과 마찬가지로 그에 관
한 다섯 가지 이야기를 그려놓았을 뿐 아니라 위풍당당한 조각상 세 개
를 그 그림들 사이사이에 놓음으로써 제우스 신의 행렬을 비할 바 없
이 화려하고 신기롭게 만들었다. 첫 번째 조각상은 이오Io*와 제우스 신
사이에서 태어난 아들로 여겨지는 젊은 에파포스Epaphus**의 모습을 본
뜬 것이었고, 두 번째 조각상은 카스토르Castor과 폴룩스Pollux*** 등과 함
께 레다Leda****의 몸에서 태어난 아름다운 헬레네Helene*****의 조각상이었다.
마지막 조각상은 현명한 율리시스Ulysses******의 할아버지인 아르케시우스
Arcesius였다.

---

       * 그리스신화에서 아르고스(Argus)의 신. 이나코스(Inachus)의 딸. 제우스
        의 사랑을 받았으므로 헤라의 미움을 사서 황소로 변했다.
     ** 그리스신화에서 제우스와 이오 사이의 아들.
   *** 그리스신화에서 제우스와 레다의 아들. 뱃사람들의 수호신.
 **** 그리스신화에서 제우스가 백조의 모습으로 찾아가서 얻은 아내.
***** 그리스신화에서 제우스와 레다를 부모로 둔 아름다운 여자. 스파르타 왕
      메넬라오스(Menelaus)의 아내. 트로이의 파리스(Paris)에게 납치되었기
      때문에 트로이 전쟁이 일어났다.
****** 오디세우스(Odysseus)의 로마식 이름. 그리스의 대시인 호메로스가
      지었다는 대서사시(大敍事詩). 오디세우스가 트로이 전쟁 후 이타카
      (Ithaca)의 자기 집에 돌아갈 때까지 10년간 표랑하면서 겪은 모험을 적
      은 책.

앞에 말한 다섯 가지 이야기 중 첫 번째에는 황소로 변한 제우스 신이 그에게 의탁한 에우로파Europa*를 크레타Crete 섬으로 태우고 가는 모습을 나타냈다. 두 번째에는 그가 독수리로 변해 트로이의 미소년 가니메데스Ganymedes를 상공으로 납치해 올라가는 아슬아슬한 순간을 묘사했다. 세 번째 이야기는 그가 아소포스Asopus**의 아름다운 딸 아이기나Aegina를 탐내 불길로 변하는 내용이었다. 네 번째에는 제우스 신이 황금 빗방울로 변해 사랑하는 다나에Danaë***의 무릎에 떨어지는 이야기를 묘사했다. 마지막 다섯 번째에는 지엄한 지위였지만 티탄에게 감금되었던 자신의 아버지 사투르누스를 해방시키는 장면을 그려 넣었다.

그와 같이 장식된 수레 위를 다양한 종류의 동물과 금빛으로 빛나는 승리의 여신들이 떠받들고 있으며, 갖가지 동물 가죽과 나무 잎사귀로 덮개를 만든 매우 아름다운 옥좌가 있었다. 바로 그곳에 올리브 잎사귀와 유사한 여러 가지 나뭇잎으로 만든 화환을 두른 제우스 신이 당당하고 위엄 있는 모습으로 앉아 있었다. 그의 오른손에는 흰색 털실로 만든 띠를 머리에 두른 승리의 여신이 있었고, 왼손에는 제왕다운 풍모를 지닌 독수리가 올라앉아 있는 대왕의 홀笏을 들고 있었다. 옥좌의 발치에는 더욱 위용 있는 장대한 모습을 연출하려고 한편에는 아폴로Apollo와 디아나Diana의 화살을 맞고 죽어가는 아이들과 함께 있는 니오베Niobe****를 묘사했다. 다른 한편에는 머리에 흰 털실을 두른 한 소년을 중간에 놓고 싸우는 사내 일곱 명이 있었다.

---

* 그리스신화에서 제우스 신의 사랑을 받는 페니키아(Phoenicia)의 공주.
** 그리스신화에서 개천의 신. 포세이돈(Poseidon)의 아들.
*** 그리스신화에서 아르고스의 왕 아크리시우스(Acricius)의 딸. 제우스의 애인.
**** 그리스신화에서 암피온(Amphion)의 아내. 그녀가 레토(Leto)에게 자기 아이들을 자랑했더니 레토의 아들 아폴로와 아르테미스(Artemis)가 그녀의 아들들을 모두 죽였다.

그뿐 아니라 그 유명한 아마존족과 전투를 벌이고 있는 헤르쿨레스와 테세우스Theseus*도 보였다. 거대하고도 매우 자연스럽게 제작된 독수리 두 마리가 끄는 수레 말미에는 왕의 의상을 입고 왕관을 쓴 벨레로폰Bellerophon**이 걷고 있었으며 다른 데서도 말했듯이 그가 살해한 키메라Chimera***를 왕관 위에 그려 자신의 이야기를 시사했다. 그와 함께 제우스 신과 다나에 사이에서 태어난 젊은 페르세우스가 손에는 예의 메두사Medusa**** 머리를 들고, 옆구리에는 항상 갖고 다니던 칼을 차고 있었다. 또 모자 대신 아프리카 코끼리의 머리 형상을 뒤집어쓴, 위에 말한 에파포스도 그들과 동반했다. 제우스 신과 알크메나Alcmena*****의 아들인 헤르쿨레스가 그 유명한 사자 가죽과 곤봉을 들고서 그들 뒤에서 따라오는 것도 보였다. 비록 어머니는 다르지만 같은 아버지를 둔 형제인 스키테스Scythes도 함께 왔는데, 그는 활과 화살을 발명했으며, 그 때문에 손과 옆구리에 활과 화살을 잔뜩 들고 꽂은 상태였다.

이어서 기품 있는 두 쌍둥이 형제 카스토르와 폴룩스가 갑옷으로 무장하고 백조처럼 희고 기운이 넘치는 준마들 위에 누구 못지않은 아름다운 자태로 올라타 있었다. 그들은 각각 별 여덟 개와 열 개씩 찍혀 있을 뿐 아니라 빛나는 작은 불꽃 모양의 깃 장식을 단 투구를 쓰고 있었

---

      * 그리스신화에서 아테네의 왕 아이게우스(Aegeus)의 아들. 크레타(Crete)의 미궁(迷宮)을 돌파해 미노타우로스(Minotaur)를 죽이고 헤르쿨레스의 아마존(Amazon) 정벌에 참가했다.

   ** 그리스신화에서 천마(天馬) 페가수스를 타고 괴물 키메라를 죽인 코린토의 용사.

 *** 그리스신화에서 머리는 사자, 몸통은 양, 꼬리는 용이며 입에서 불을 뿜는 괴물, 벨레로폰이 죽였다.

**** 그리스신화에서 세 자매 괴물 고르곤(Gorgon)의 한 사람. 그것을 본 사람은 별로 없다고 한다. 페르세우스가 죽인 뒤 그 머리는 아테나(Athena)의 방패에 달아놓았다.

***** 그리스신화에서 암피트리온(Amphitryon)의 아내. 제우스가 그녀의 남편으로 변장하고 찾아가서 그들 사이에 헤르쿨레스가 태어남.

그림 700 조르조 바사리, 「폴룩스 신」, 소묘,
디자인과 판화 전시관, 우피치 미술관, 피렌체.

다.그림 700 불꽃 모양의 깃 장식은 요즈음은 성 엘모의 불S. Elmo's Fire*이
라고 불리는 길조를 나타내는 불빛을 상징하며, 흔히 폭풍우가 지나간
것을 선원들에게 알리는 신호 역할을 하는 것으로 알려져 있었다. 또

* 13세기경의 성인. 에라스무스(Erasmus). 나폴리 선원들의 수호성인이며
바다에 폭풍이 일기 전에 배 돛대 꼭대기에 불꽃이 튄다고 한다.

앞에서 말한 별들은 제우스 신이 하늘에 쌍둥이좌를 어떻게 배치했는 지를 표시했다.

이들 뒤에는 아름다운 처녀로 분장한 「정의」正義가 따라왔는데, 그녀는 추하고 흉한 모습의 한 여인을 막대기로 때리다가 결국 목 졸라 죽였다. 두 남자와 두 여자로 구성된 가정의 신 페나테스Penates가 「정의」와 동행했다. 이들은 옷차림이 야만적이고 조야했을 뿐 아니라, 한 젊은이와 노인의 머리를 떠받치고 있는, 뒤집힌 박공博拱을 머리 위에 올려놓고 있었다. 그러나 목에는 하트 모양의 메달이 달린 금 목걸이를 걸고, 옷자락이 길게 늘어지고 풍성해 위용이 당당했으므로 매우 비중 있을뿐더러 풍부하고 숭고한 지혜까지 겸비한 인물들임을 알 수 있었다. 이들을 이렇게 분장시킨 이유는 많았지만, 그중에서도 고대 작가들이 대개 이들을 제우스 신의 상담역으로 묘사해왔기 때문이다.

그들 뒤에는 제우스 신과 탈레이아Thaleia* 사이에서 태어난 팔리키Palici** 두 명이 걸어왔다. 그들은 황갈색 옷을 입고 여러 가지 곡식으로 머리를 치장했으며, 손에는 각각 제단을 하나씩 들고 있었다. 이들과 함께 제우스 신의 아들이자 가이툴리아Gætulia의 왕인 이아르바스Iarbas***가 나왔다. 그는 머리에 흰색 띠를 두르고 모자 대신에 악어가 올라앉은 사자 머리를 뒤집어쓰고 있었으며 사탕수수와 파피루스 잎사귀들과 갖가지 괴이한 짐승의 형상을 섞어 짠 옷을 입고 있었다.

이들 뒤에는 역시 제우스 신의 아들이며 트로이의 강江인 크산토스Xanthus가 인간의 형상을 하고 등장했다. 그는 온통 황색으로 치장하고 완전히 벌거벗은 상태였으며, 머리카락과 털을 말끔히 깎은 모습으로 물이 철철 넘치는 화병을 들고 있었다. 옆에는 그의 형제이며 리키아

---

* 목가 및 희극을 장관하는 뮤즈(Muse).
** 제우스와 탈리아(Thalia) 사이의 두 쌍둥이 신.
*** 그리스신화에서 제우스의 아들.

Lycia*의 왕인 사르페돈Sarpedon이 위엄 있는 복장을 하고, 팔에는 사자와 뱀으로 뒤덮인 조그마한 언덕 모형을 안고 있었다.

이상의 행렬을 마무리 짓는 마지막 부분에는 무장한 쿠레테스Curetes** 네 명을 묘사했다. 그들은 서로 요란하게 칼을 부딪침으로써 그들이 무시무시한 사투르누스로부터 제우스 신을 구해냈던 이다da산***의 기억을 환기했을 뿐 아니라, 그들의 무기가 내는 시끄러운 소리로 갓난아이들의 울음소리를 잠잠하게 만들었다. 끝으로 그들 사이로 만인의 으뜸가는 여왕이신 「행운」Fortune이 위엄을 더 잘 보여주려고 발 대신에 날개를 달고, 화려하고 웅대한 모습으로 도도하게 나타나는 것이 보였다.

마르스가 탄 여섯 번째 수레

번쩍번쩍 빛나는 갑옷을 입고 자신만만하며 호전적인 신 마르스Mars****가 여섯 번째 수레의 임자였다. 이 수레도 화려함과 장대함이 어떤 것에도 뒤지지 않았으며, 마치 실물처럼 보이는 사나운 늑대 두 마리가 끌고 있었다. 수레에는 그의 아내 네리에네Neriene와 딸 에바드네Evadne의 모습이 얕은 돋을새김으로 새겨져 있었으며, 이 둘이 수레에 그려진 다른 수레에서와 마찬가지로 마르스에 관한 세 가지 이야기를 나누어주는 역할을 담당했다.

---

* 소아시아 서남부의 옛 나라. 후에 로마령이 되었다.

** 일명 코리반테스(Corybantes). 프리지아(Phrygia, 소아시아에 있었던 고대국가)의 키벨레(Cybele)의 하인.

*** 크레타(Crete)섬 최고봉의 옛 이름.

**** 로마신화에서 군신(軍神). 그리스신화의 아레스(Ares)에 해당.

그중 첫 번째 이야기는 딸 알키페Alcippe*를 강간한 넵투누스의 불운한 아들 할리르호티우스Halirrhotius에게 복수하려고 살해하는 모습이었다. 두 번째는 그가 레아 실비아Rea Silvia와 사랑의 단꿈에 빠져 누워 있는 모습을 묘사했는데, 그들 사이에서는 로마를 건립한 훌륭한 두 쌍둥이 아들 로물루스Romulus와 레무스Remus가 태어났다. 세 번째 그림에는 그가 불행하게도 불경스러운 오투스Otus**와 에피알테스Ephialtes의 손에 사로잡히는 모습을 묘사했다이는 그의 추종자들에게도 간혹 일어나는 일이다.

수레 앞에는 마르스를 섬기는 두 사제인 살리이Salii가 말 등에 올라타 선두를 잡고 있는 모습이 보였다.그림 701 그들은 예의 방패인 안칠리아Ancilia를 들고 갑옷 등으로 치장했으며, 머리에는 투구 대신 원뿔 모양의 모자를 썼다. 그들 뒤에는 로물루스와 레무스가 늑대 가죽으로 허름하게 차려입은 목동 모습을 하고 따라왔다. 그들은 서로 구별할 수 있도록 레무스가 머리에 쓴 관에는 독수리 여섯 마리를, 더 좋은 운을 타고났던 로물루스 관에는 독수리 열두 마리를 올려놓았다.

그 뒤로 역시 마르스의 아들이자 그리스 피사의 왕인 오이노마오스Oenomaus***가 나왔다. 그는 한 손에 제왕의 홀笏을 들고, 다른 한 손에는 완전히 부서진 작은 전차 모형을 들고 있었다. 이 전차는 그가 딸 히포다메이아Hippodameia**** 때문에 그녀를 사랑한 펠롭스Pelops*****에 대항해 싸울 때 전차를 몰던 미르틸루스Myrtilus가 저지른 반역 행위를 상기시키기 위한 것이었다. 그의 뒤에는 역시 마르스의 아들인 아스칼라푸스

---

* 그리스신화에서 마르스의 딸. 포세이돈(Poseidon)의 아들 할리르호티우스(Halirrhotius)가 그녀를 강간하자 마르스가 살해했다.
** 그리스신화에서 오투스와 에피알테스(Ephialtes)는 형제이며 거인들과 신을 공격했다.
*** 그리스신화에서 엘리스(Elis)의 왕. 히포다메이아의 아버지.
**** 그리스신화에서 펠롭스의 아내. 그의 아버지 오이노마오스는 자기 말과 경기에서 이긴 자에게 딸을 준다고 말했다.
***** 그리스신화에서 탄탈루스(Tantalus)의 아들.

그림 701 조르조 바사리, 「마르스 신의 마차」, 소묘,
디자인과 판화 전시관, 우피치 미술관, 피렌체.

Ascalaphus와 이알메노스Ialmenus가 화려한 전투 복장을 하고 따라 나왔다. 이들이 각각 손에 들고 있는 배들은 배 50척을 이끌고 포위되어 있던 트로이 사람들을 구조해냈던 대성과를 기억하게 해주었다.

이들 뒤에는 역시 마르스의 딸인 아름다운 님프 브리토나Britona가 그녀의 비참한 운명을 상기시키기라도 하듯 팔에 그물을 감고 따라왔다. 또 브리토나 못지않게 아름다운 하르모니아Harmonia도 함께 있었는데, 그녀는 마르스와 사랑스러운 비너스 사이에서 태어났으며, 후일 테베 사람 카드모스Cadmus의 아내가 되었다. 볼카노Volcano*가 그녀에

* 로마신화에서 불과 대장간의 신.

게 말할 수 없이 아름다운 목걸이를 선사했다는 유명한 일화 때문인지, 그녀는 목에 목걸이를 걸고 있었다. 또 상반신은 여인 형상을 했지만 그녀가 남편과 함께 뱀으로 변신한 사실을 나타내기 위해 하반신은 온통 뱀 가죽으로 덮여 있었다.

이들 뒤에는 같은 아버지에게서 태어난 히페리온Hyperion*이 손에 피 묻은 칼을 들고, 어깨에는 배가 갈라진 새끼 염소를 비스듬히 걸친 사나운 모습으로 등장했는데, 일설에 따르면 그가 인간에게 처음으로 야생동물을 죽이는 법을 가르쳤다고도 한다. 그 옆에 역시 마르스의 자식인 아이톨로스Aetolus**가 그에 못지않게 사나운 모습으로 함께 나왔다. 이들 사이에서 눈먼 「격노」激怒가 걸어오는 것이 보였다. 그는 검은색 수가 돋보이는 붉은 옷으로 치장하고, 입에서는 거품을 뿜어대는 성난 모습이었으며, 머리 위에는 코뿔소를 이고 등에는 견두인간상犬頭人間像, cynocephalus을 업고 있었다.

이들 뒤에서 얼굴은 사람 형상을 하고 나머지 부분은 단테가 『신곡』 중 「지옥」 편에서 묘사한 대로 분장한 「사기」詐欺가 걸어왔다. 그와 함께 손에 칼과 막대기를 든 모습이 진짜 위협적으로 보이는 「협박」脅迫이 회색과 붉은색이 어우러진 옷을 입고 입을 벌린 채 따라왔다. 그들 뒤에 마르스의 제일가는 부하인 「격정」激情과 마르스의 무리에 어울리는 창백한 모습의 「죽음」이 보였다. 「격정」은 검붉은 색조로 온통 몸을 감쌌고 손은 등 뒤로 묶여 있었으며, 여러 가지 무기 더미 위에 위협적인 자세로 앉아 있었다. 창백한 모습의 「죽음」은 검은색 옷을 입은 데다가 눈은 감고 있었으므로 무섭고 소름끼치는 분위기를 자아냈다.

사자의 가죽으로 몸을 장식한 여인이 손에 고대의 전리품을 든 모습

---

* 그리스신화에서 우라누스(Uranus)와 가이아(Gaea) 사이에 태어난 아들. 태양의 신 헬리오스(Helios), 달의 신 셀레네(Selene), 새벽의 신 에오스(Eos)의 아버지. 때로는 아폴로(Apollo)와 혼동된다.
** 그리스신화에서 엔디미온(Endymion)의 아들.

의「전리품」戰利品이 그 뒤를 따랐다. 그 옆에는 상처를 입고 몸이 묶인 두 포로가 있었는데 그녀는 포로 앞에서 기뻐 날뛰며 뽐내고 싶어 하는 눈치였다. 그녀 뒤에는 이상의 무시무시한 행렬의 마지막을 장식하는 인물로서 건장한 여인 모습을 하고 머리에는 황소 뿔 두 개를 달고 손에는 코끼리를 든「완력」腕力이 뒤따랐다. 붉은 옷을 입고 무서운 표정으로 한 어린아이를 죽이고 있는「잔학」殘虐은「전리품」과 가장 잘 어울리는 짝으로 보였다.

비너스 여신이 탄 일곱 번째 수레

그다음에 일곱 번째로 등장한 비너스Venus 여신의 수레는 완연히 다른 분위기를 자아냈다. 이 수레는 매력적이고 우아하며 품위가 있을 뿐 아니라 화려한 금칠로 단장했으며, 무척이나 평화롭고 매혹적인 순백의 비둘기 두 마리가 끌고 있었다. 이 수레에도 어느 것 못지않은 능란한 솜씨로 비너스 여신과 관련된 네 가지 이야기를 그려 넣어 즐겁고 유쾌하면서도 멋들어진 장관을 연출했다.

첫 번째 그림에는 사랑스러운 여신이 괴물 거인 티포에우스의 분노를 피하기 위해서 자신을 물고기로 변신시키는 모습을 묘사했다. 두 번째에는 그녀가 위대한 제일신인 제우스에게 수없는 고통을 감내해온 자신의 아들 아에네아스Aeneas*에게 이제는 평온을 허락해달라고 간절히 애원하는 모습을 그려 넣었다. 세 번째에는 비너스 여신이 애인 마르스 신과 놀아나다가 남편 볼카노 신이 만든 그물에 함께 걸려들어 꼼짝하지 못하는 모습을 볼 수 있었다. 마지막 네 번째 그림에는 아들 아에네아스를 염려하는 비너스 여신이 냉혹한 유노Juno 여신의 마음을

＊ 안키세스(Anchises)와 아프로디테(Aphrodite) 사이의 이들.

달래 아들이 사랑의 덫에 걸려들어 정숙한 카르타고Carthage의 여왕과 정을 맺도록 해주자며 의견 일치를 얻어내는 장면을 묘사했다.

수레 바로 뒤에는 그녀가 가장 애지중지하는 연인인 미소년 아도니스Adonis가 단아한 사냥복을 차려입고 따라왔다. 그의 옆에는 알록달록한 날개를 달고 활과 화살을 든 매력적인 꼬마 요정 「사랑」 둘이 함께 있었다. 이들 뒤에는 젊고 아름다운 청년의 모습을 한 혼인의 신 히메네우스Hymeneus가 머리에는 예의 박하꽃 화환을 쓰고, 손에는 횃불을 들고서 따라왔다. 그 곁에는 창과 방패로 무장한 탈라시우스Thalassius가 털실을 가득 담은 자그마한 바구니를 들고 있었다. 그들 뒤에서 「설득」의 여신인 페이토Peitho가 점잖은 부인의 복장을 하고 따라오고 있었다. 그녀는 머리에 이집트의 관습에 따라 붉은 핏발이 선 외눈이 달린 커다란 혓바닥을 붙이고 있었으며, 손에도 그와 비슷한 혓바닥을 들고 다른 모조 손을 마주 잡고 있었다. 그녀 옆에는 트로이의 왕자 파리스Paris가 목동의 옷을 입고 나와서 사과 한 알이 그에게 안겨줄 엄청난 불행을 암시하고 있었다.

이들 뒤에 신중하고 아름다운 여인으로 분장한 「화합」이 머리에는 화환을 두르고 한 손에는 컵을, 다른 한 손에는 갖가지 꽃으로 장식한 홀을 들고 따라왔다. 그녀 옆에는 동반자로서 과수원의 신인 프리아포스Priapus*가 함께 있었는데, 그는 예의 낫을 들고 있었으며, 무릎을 온갖 과실로 치장하고 있었다. 이들과 더불어 손과 머리에 각각 입방체를 올려놓은 만투르나Manturna의 모습도 보였는데, 그녀에게는 불성실한 사람들의 마음에 견실함과 지조를 불어넣을 수 있는 힘이 있다고 믿었기 때문에 신혼 첫날밤 남편을 맞이하는 신부들은 항상 그녀에게 기도를 올리곤 했다.

다음에는 되는대로 요란스럽게 차려입은 「우정」이 뒤따랐다. 그녀

* 그리스로마신화에서 남성 생식력의 신.

는 여자로 분장했으면서도 맨머리에 석류와 도금양 잎사귀로 만든 관만 올려놓았으며, 거친 감으로 만든 옷을 입고 있었는데, 옷자락에는 '죽음과 삶'MORS ET VITA이라고 적혀 있었다. 또 심장이 보이도록 앞가슴을 풀어 헤쳤으며, 그곳에는 '멀리, 가까이'LONGE ET PROPE라는 글귀가 쓰여 있었다. 손에는 싱싱하게 물이 오른 포도덩굴이 뒤엉킨 시들어빠진 느릅나무 그루터기를 들고 있었다. 그 옆에는 젊은 여인 둘이 서로 등을 맞대고 붙어 있는 형상을 한 「쾌락」이 있었는데, 둘 다 화려한 옷차림을 했지만 한 명은 근사하고 다른 한 명은 보기 흉하게 생겼다. 그중 한 명은 온통 흰색으로 몸을 감싸고 있었으며, 단테가 말한 대로 사팔뜨기에다가 발이 비틀어진 모습이었다. 반면에 다른 한 명은 비록 검은 옷을 입었지만 균형 있고 우아한 맵시를 지녔고, 여러 가지 보석과 금으로 화려하게 장식한 허리띠를 아름답게 둘렀으며, 손에는 도가 지나치지 않도록 견제해주는 재갈과 치수를 잴 수 있는 브라차braccia 자[尺]를 들고 있었다.

그 뒤에는 「처녀」의 여신이 따라왔는데, 그녀는 남편이 처녀 지대를 푸는 것을 돕는다 하여 역시 옛 결혼식 날 등장하곤 했다. 그 때문에 그녀는 흰색 리넨 천으로 만든 옷을 입고 머리에는 에메랄드 왕관과 수탉을 올려놓았으며, 손에는 처녀 지대와 작은 정조수 나뭇가지를 들고서 걸어 나왔다.

그 옆에는 수많은 사람이 열렬하게 원하는 「아름다움」이 온갖 꽃으로 화려하게 꾸미고 머리에는 백합으로 만든 관을 쓴 우아한 처녀의 모습으로 등장했다. 그들 옆에 젊음의 여신인 헤베Hebe*가 역시 처녀로 분장하고 함께 있었다. 그녀도 남들 못지않게 화려하고 우아한 옷차림을 했고, 금박을 입힌 사랑스러운 화환을 머리에 썼으며, 작고 어여쁜

* 그리스신화에서 제우스와 헤라의 딸로 청춘의 여신. 올림포스의 여러 신을 시중들었다.

편도扁桃 몇 가지를 들고 있었다. 이처럼 사랑스러운 비너스 여신의 행렬은 「즐거움」을 마지막으로 막을 내렸다. 「즐거움」도 처녀의 모습이었으며, 화환으로 우아하게 치장했고, 다른 여신들처럼 손에는 온갖 꽃과 잎사귀를 두른 바쿠스 신의 지팡이를 들고 있었다.

머큐리 신이 탄 여덟 번째 수레

지팡이와 모자, 날개 달린 신발을 신은 머큐리 신이 여덟 번째 수레의 임자였다. 이 수레는 실물처럼 자연스럽게 만든 황새 두 마리가 끌었으며, 다른 수레와 마찬가지로 머큐리 신과 관련된 다섯 가지 신화를 그려 넣어 아름답게 장식했다.

첫 번째 그림은 그가 제우스 신의 전령으로서 신축한 카르타고의 벽에 나타나 사랑에 빠진 아에네아스에게 당장 이탈리아로 건너가라고 명하는 모습이었다. 두 번째 그림에는 불행하게도 그의 노여움을 사 돌로 변해버린 아그라울로스Agraulos를 묘사했다. 세 번째에는 그가 역시 제우스 신의 명령에 따라 지나치게 대담무쌍한 프로메테우스를 코카서스산의 바위 절벽에 결박하는 모습을 그려 넣었다. 네 번째에는 그가 약속을 어긴 바투스Battus를 현무암으로 만들어버린 내용을 묘사했다. 마지막으로 다섯 번째에는 그가 눈이 100개나 달린 괴물 아르고스Argus를 교묘하게 죽이는 장면을 묘사했다. 이 사실을 더욱 분명하게 나타내기 위해서 바로 그 아르고스가 온통 눈으로 뒤덮인 전원풍시골풍 복장을 하고서 수레 앞에서 선두로 걸어 나왔다.

그 옆에는 머큐리 신의 어머니이자 파우누스Faunus*의 딸인 마이아

---

* 로마신화에서 그리스신화의 판(Pan)에 해당.

그림 702 조르조 바사리, 「머큐리의 수레」, 소묘,
디자인과 판화 전시관, 우피치 미술관, 피렌체.

Maia*가 함께 나왔다. 그녀는 화려한 옷을 입은 젊은 여인으로, 머리는
포도덩굴로 장식하고 손에는 홀을 들었으며, 그녀를 따르는 길들인 뱀
들을 거느렸다.그림 702 이들 뒤에서 머큐리 신의 딸인 팔라이스트라
Palaestra가 따라왔다. 그녀는 벌거벗은 처녀 모습이었지만 경이로울 만
큼 강인하고 당당한 태도를 지녔으며, 수많은 올리브 잎사귀로 온몸을
장식했다. 또 언제나처럼 머리를 짧게 잘랐는데, 이는 그녀가 적과 싸
울 때 머리카락 한 올이라도 잡히는 일이 없도록 미연에 방지하기 위해

* 그리스신화에서 플레이아데스(Pleiades)의 7자매 중 가장 연장자. 제우
스와의 사이에 헤르메스(Hermes)를 낳았다.

서였다. 그녀 옆에는 역시 머큐리 신의 딸인 「웅변」이 함께했는데, 그녀는 위엄 있고 기품 있는 부인의 옷차림을 하고 머리에는 앵무새 한 마리를 올려놓았으며, 한쪽 손을 벌린 모습이었다.

　다음에는 예의 모습대로 서로 손을 맞잡은 미의 세 여신이 하늘하늘하고 섬세한 베일을 몸에 두르고 나왔다. 그들 뒤에 개 가죽으로 만든 옷을 입은 가정 수호신 두 명이 따랐고, 그 옆에 부인의 옷차림을 하고 손에는 거대한 지렛대와 불꽃을 든 「예술」이 함께했다. 다음에는 머큐리 신과 님프 키오네Chione의 아들이며, 능란한 도둑질 솜씨로 이름난 아우톨리코스Autolycus*가 보였다. 그는 부드러운 펠트 신발을 신고 모자는 폭 눌러써서 얼굴을 가렸으며, 양손에 '도둑의 등잔'이라 불리는 등잔과 갖가지 자물쇠를 여는 도구, 줄사다리 등을 잔뜩 들고 있었다. 끝으로 역시 머큐리 신과 비너스 여신 사이에서 태어난 헤르마프로디토스Hermaphroditus**가 예의 모습대로 분장하고 이 작은 행렬의 맨 뒤에서 따라오는 것이 보였다.

달의 여신이 탄 아홉 번째 수레

　온통 은빛으로 칠해진 아홉 번째 수레에는 달의 여신Luna이 타고 있었다. 흑마와 백마 두 마리가 끄는 이 수레도 앞서 지나간 어느 수레 못지않게 아름다웠다. 달의 여신은 의례적으로 하늘하늘한 흰색 베일을 몸에 두르고, 말할 수 없이 우아한 자태로 은색 고삐를 쥐고 있었다. 다른 수레와 마찬가지로 달의 여신에 관한 네 가지 신화가 아름답고 화려하게 그려져 있었다.

---

　* 그리스신화에서 헤르메스의 아들로 도둑질의 명수.
　** 자웅(雌雄) 양성을 가진 동물.

첫 번째 그림에는 온화하기 이를 데 없는 달의 여신이 격노한 티포에우스로부터 화를 면하기 위해 할 수 없이 고양이로 변신하는 순간을 그려 놓았다. 두 번째 그림에는 여신이 잠들어 누워 있는 아름다운 청년 엔디미온Endymion을 부드럽게 포옹하며 입 맞추는 모습이 그려져 있었고, 세 번째에는 보드라운 흰색 양털을 몸에 두른 채 어두운 숲으로 들어가 그녀에게 매혹된 양치기들의 신 판Pan과 함께 누워 있는 장면을 묘사했다. 네 번째에는 엔디미온이 어떻게 달의 여신의 은혜를 입어 양떼를 방목할 수 있는 목초지를 얻게 되었는지를 보여주는 내용이 그려져 있었다. 달의 여신에게서 그처럼 지극한 사랑을 받은 엔디미온을 좀 더 잘 보이게 하려고 그가 머리에 박하 화환을 쓰고 수레 앞에서 제일 먼저 걸어가도록 했다.

그 곁에는 「수호신」을 상징하는 금발머리 어린아이가 손에 뱀을 들고 머리에는 플라타너스 화환을 쓰고서 따라왔다. 그와 함께 「악귀」를 상징하는 거구의 흑인도 보였는데, 그는 보기만 해도 무시무시하게 생겼으며, 수염과 머리는 온통 헝클어지고 손에는 부엉이를 들고 있었다. 이들 뒤에는 바티카누스Vaticanus 신이 걸어왔는데, 사람들은 그를 우는 아이를 달래주는 신으로 믿었다. 그는 단아한 갈색 옷을 입고 아기를 안고 있었다. 그의 옆에는 오색찬란한 옷을 입고 손에 열쇠를 쥔 여신 에게리아Egeria*가 있었는데, 그녀는 아이를 밴 여인들에게 도움을 주는 여신이었다. 역시 갓난아기 이름을 보호하는 여신인 눈디나Nundina가 고색창연한 복장을 하고, 손에는 월계수 가지와 제병을 들고 그들과 함께 걸어 나왔다.

이 무리 뒤에는 아기가 태어날 때 영혼을 불어넣어준다는 비툼누스 Vitumnus가 이집트풍 의상을 입고 뒤따랐다. 그의 옆에는 예부터 갓 태

---

* 로마신화에서 누마 폼필리우스(Numa Pompilius) 왕에게 종교상의 지도 를 한 님프.

어난 아기에게 오감의 능력을 부여한다고 믿었던 센티누스Sentinus가 흰옷을 입고, 머리에는 다른 동물보다 훨씬 더 오감이 발달했다는 다섯 동물의 머리로 장식한 관을 쓰고 있었다. 그 동물들은 곧 원숭이, 독수리, 멧돼지, 스라소니, 조그마한 거미다. 그다음으로 갓난아기의 영양 상태를 돌보는 신인 에두사Edusa와 포티나Potina가 님프의 옷을 입고 앞서 지나간 다른 신들과 마찬가지로 수레에 타고 있었다. 그들의 젖가슴은 매우 길고 풍만했으며 한 명은 흰 빵이 담긴 바구니를, 다른 한 명은 물이 가득 담긴 듯한 매우 아름다운 병을 들고 있었다. 이 행렬의 마지막에는 갓난아기의 첫 번째 말을 관장한다는 파불리누스Fabulinus가 다양한 색조가 어우러진 옷을 입고 머리에는 노랑할미새와 노래하는 방울새들을 얹고서 등장했다.

미네르바가 타고 있는 열 번째 수레

일반적으로 묘사된 바와 같이 창과 고르곤Gorgon의 형상이 그려진 방패를 들고, 갑옷으로 무장한 미네르바 여신이 열 번째 수레를 타고 나왔다. 그녀의 수레는 삼각형 모양의 청동색이었고, 아주 크고 기묘하게 생긴 부엉이 두 마리가 끌고 있었다. 여기서 말하지 않을 수 없는 것은 비록 앞서의 수레들을 끈 동물들은 모두 독창적이고 심지어 믿을 수 없을 정도로 경이롭게 만들어지기는 했지만, 이 부엉이들은 그 어느 동물보다도 더 실물에 가깝도록 자연스럽게 만들어졌다는 점이다. 발이며 날개, 목 등을 자유롭게 움직일 수 있는 것은 물론, 심지어 눈까지도 자유자재로 떴다 감았다 할 수 있도록 만들어 실물을 방불케 했으므로 실제로 보지 못한 사람들에게 이를 어떻게 믿게끔 할 수 있을지 도무지 모를 지경이었다. 그러나 이 이야기는 그만두고 삼각형 수레의 세 면을 장식하고 있는 그림을 설명해야겠다.

첫 번째 면에는 제우스 신의 머리에서 여신이 태어나는 불가사의한 순간을 그려 놓았고, 두 번째 면에는 그녀가 무수한 장신구로 몸치장을 해준 판도라Pandora*를 묘사했다. 끝으로 세 번째 면에는 여신이 비참한 메두사의 머리카락을 흉측한 뱀으로 바꾸어버리는 장면을 그려 넣었다.

수레 하단부의 한쪽 면에는 아테네시의 소유권을 둘러싸고 이 지방이 그 이름을 갖기 전에 여신과 넵투누스 신이 벌인 시합 장면을 묘사했다. 그때 넵투누스 신은 성난 말을, 여신은 열매를 많이 맺는 올리브나무를 각각 만들어냄으로써 그녀가 당당히 기억에 남을 만한 승리를 거두는 장면이었다. 다른 한 면에는 체구가 자그마한 노파로 변장한 여신이 지나치게 오만한 아라크네Arachne**를 설득하려고 애쓰는 모습을 그려 넣었다. 이는 곧 여신이 아라크네를 바로 그 이름의 동물, 즉 거미로 변신시켜버리기 전에 베 짜는 재주는 여신이 훨씬 우월함을 스스로 인정하게 함으로써 화를 면케 해주려는 것이었다. 마지막 세 번째 하단부에는 그녀가 거만한 티폰Typhon***을 용맹스럽게 죽이는 장면을 그려 색다른 분위기를 자아냈다.

수레 앞에서는 젊고 강인한 여인의 모습을 한 「미덕」Virtu이 걷고 있었다. 그녀는 거대한 두 날개를 달고, 편안하면서도 정숙하고 몸에 잘 어울리는 복장을 했다. 그 옆에는 그녀에게 적합한 동반자로서 존경받을 만한 「명예」Fama가 종려나무 잎으로 머리를 장식하고 자주색과 금빛 옷으로 화려하게 치장하고 손에 방패와 창을 든 채 따라왔다. 그녀는 두 사당을 떠받들고 있었는데 그중 한 사당은 즉, 「명예」를 기리는 사당 「미덕」을 기리는 사당을 통과하지 않고는 절대로 들어갈 수 없도록 되

* 그리스신화에서 인류 최초의 여자로서 에피메테우스(Epimetheus)의 아내.
** 그리스신화에서 아테나와 베 짜기 내기에 져서 거미로 변한 소녀.
*** 그리스신화에서 티포에우스의 아들, 부서운 힘을 가진 괴물.

그림 703 조르조 바사리, 「미네르바의 수레」, 소묘,
디자인과 판화 전시관, 우피치 미술관, 피렌체.

어 있었다. 이들에게 합당한 고결하고 가치 있는 동반자로서 월계수 관
을 쓰고 종려나무 가지를 든 「승리」Victoria가 이들과 함께한 모습은 지
극히 당연해 보였다.그림 703

이들 뒤에 흰 날개 한 쌍을 달고 커다란 트럼펫을 부는 젊은 여인의
모습을 한 훌륭한 「명성」Fama이 따라왔다. 그 뒤로 작은 백색 강아지
한 마리를 팔에 안은 「신의」Fede가 따랐는데, 그녀도 온통 순백의 의상
을 입었으며 팔과 머리, 얼굴을 반짝반짝한 베일로 감싸고 있었다. 「구
원」Salute도 그들과 함께 있었는데, 그녀는 오른손에는 뱀에게 주려는
듯한 컵을, 왼손에는 가늘고 곧은 막대기를 들고 있었다. 이들의 뒤에

「밤」의 신의 딸인 네메시스Nemesis*가 보였다. 그녀는 선한 사람에게 복을 내리고 사악한 자에게는 징벌을 가하는 여신으로, 처녀 모습을 하고 머리에는 수사슴과 조그마한 승리의 여신들 모형을 올려놓았으며, 물푸레 나뭇가지로 만든 창과 컵을 들고 있었다. 그 곁에 역시 처녀 모습을 했지만 매우 친절해 보이는 「평화」Pace가 함께 나왔다. 그녀는 손에 올리브나무 가지를 들고 있었으며, 부의 신을 상징하는 눈먼 사내아이를 팔에 안고 있었다. 항상 푸르른 「희망」Speranza도 비슷한 복장을 하고 손에는 백합화 모양의 물통을 들고 나왔다.

그 뒤에는 「온화」Clemenza가 따라왔는데, 그녀는 커다란 사자 등에 올라타 한 손에는 창을, 다른 손에는 벼락을 들고 있었다. 그러나 그녀는 그 벼락을 사납게 내리치려는 것이 아니라, 오히려 멀리 없애버리려는 듯한 모습이었다. 그다음에 「기회」Occasione가 나왔는데, 그녀는 조금 뒤에 함께 거느리고 나온 「후회」Penitenza에게 계속 얻어맞은 듯한 모양이었다.

이들과 함께 안락한 옥좌에 앉아 한 손에는 머큐리 신의 지팡이를, 다른 손에는 풍요의 뿔을 든 「지복」Pelicita이 나왔다. 이들 뒤에 적으로부터 보호해주는 임무를 맡은 수호 여신 펠로니아Pellonia가 완전무장을 하고 따라 나왔다. 그녀는 머리에 커다란 뿔 한 쌍을 달고 있었으며 한 손에는 항상 그러하듯이 한쪽 다리로만 서서 균형을 잡고 있는 조심성 많은 학을, 다른 손에는 돌 한 개를 들고 있었다. 그 곁에는 영예로운 이상의 행렬을 마무리 짓는 「과학」Scienza이 젊은 청년의 모습을 하고 있었다. 그는 자신의 불변성과 확고부동함을 나타내기 위해서 손에는 책을 들고, 머리에는 도금한 삼각대를 올려놓았다.

* 그리스신화에서 응보천벌(應報天罰)의 여신.

볼카노 신이 탄 열한 번째 수레

늙고 못생긴 데다가 다리까지 저는 불의 신 볼카노가 청록색 모자를 눌러쓰고서 개 두 마리가 끄는 열한 번째 수레에 타고 있었다. 여기에는 렘노스Lemnos*섬의 그림이 보였는데, 테티스Thetis**가 길러낸 볼카노가 하늘에서 내려와 제우스Zeus를 위해 첫 번째 번갯불을 만든 곳이다. 전면에는 그의 하인인 키클로페스Cyclopes 삼 형제, 브론테스Brontes, 스테로페스Steropes, 피라크몬Pyracmon 등을 거느렸는데, 그들의 도움으로 번갯불을 만들어냈다고 한다. 뒤쪽에는 외눈 거인巨人 치클로페스Cyclopes 중 한 사람이며, 아름다운 갈라테아Galatea***를 흠모했던 폴리페모스Polyphemus가 목동의 옷을 입고, 목에는 커다란 피리를 걸고 손에는 지팡이를 들고 나왔다. 그와 함께 볼카노 신이 미네르바 여신을 범하려 하는 바람에 다리 대신 뱀 꼬리를 달고 태어난 에릭토니우스Ericthonius가 일곱 성좌가 아로새겨진 관을 쓰고 따라왔다. 그는 불구였지만 재간이 뛰어난 인물로, 자신의 추한 모습을 감추기 위해서 4륜 마차를 발명해냈다는 일설도 전해지기 때문에 한 손에 마차 한 대를 들고 걸어왔다.

그 뒤에는 역시 볼카노 신의 아들인 야만스러운 카쿠스Cacus가 입과 코로 연신 불똥을 튀면서 따라왔다. 볼카노 신의 또 다른 아들인 카이쿨루스Caeculus도 함께 왔는데, 그는 옷차림은 소박했지만 고귀한 왕관을 쓰고 있었으며, 프라에네스테Praeneste의 설립을 기념하려고 한 손에는 언덕 위에 세운 도시의 모형을, 다른 손에는 붉게 타오르는 불꽃을 들고 있었다. 이들 뒤에는 역시 볼카노 신의 자식이라고 믿어지는 고대

* 그리스 에게해 동북쪽의 섬.
** 그리스신화에서 해신(海神) 네레우스(Nereus)의 딸 50명 중 한 사람. 펠레우스(Peleus)의 아내이며 아킬레스(Achilles)의 어머니.
*** 그리스신화에서 피그말리온(Pygmalion)이 제작한 상아로 된 처녀상.

로마의 전설적인 왕 세르비우스 툴리우스Servius Tullius가 나오는 모습이 보였다. 그의 머리 위에는 카이쿨루스가 손에 들고 있던 것과 유사한 불꽃이 놀랍도록 화려하고 상서로운 화환의 형상으로 불타올랐는데, 이는 행운을 상징한다.

다음에는 위에 말한 에릭토니우스의 딸이자 케팔로스Cephalus의 아내인 질투심 많은 프로크리스Procris가 자신과 관련된 전설의 내용을 연상시키기라도 하듯이 가슴에 창이 꽂힌 모습으로 따라왔다. 그 옆에는 그녀의 자매인 오레이티이아Oreithyia가 아름다운 처녀 모습으로 함께 왔으며, 그들 중간에는 같은 아버지에게서 태어난 아테네의 왕 판디온Pandion이 그리스 왕의 복장을 하고 있었다. 그 뒤에는 판디온의 딸인 프로크네Procne*와 필로멜라Philomela가 따랐다. 프로크네는 사슴 가죽으로 만든 옷을 입고 손에는 창을 들고 머리에는 지저귀는 작은 제비를 올려놓고 있었으며, 필로멜라는 머리 위에 나이팅게일을 올려놓고 손에는 자신의 비참한 운명을 수놓은 천을 들고 있었다. 그녀는 화려한 옷을 입었지만 온통 슬픔에 사로잡혀 사랑하는 아버지 뒤를 따르는 듯한 모습이었다. 이 행렬의 맨 마지막에는 카쿠스의 누이동생인 카카Caca가 나왔다. 그녀는 오빠를 지극히 사랑했을 뿐만 아니라 헤르쿨레스에게 도둑맞은 소 떼의 비밀을 가르쳐주었다는 이유로 고대인들에게 여신으로 섬김을 받았다.

유노 여신이 탄 열두 번째 수레

볼카노 신의 수레가 지나간 다음에 화려하고도 장려한 여왕의 관을

---

* 그리스신화에서 테레우스(Tereus)의 아내로 필로멜라의 누이. 자기 아들을 죽인 죄로 제비가 되었다.

쓰고, 투명하고 호화찬란한 옷을 입을 유노 여신이 위엄 있는 자태로 열두 번째 수레를 타고 등장했다. 이 수레는 그 장대함이 결코 다른 수레에 뒤떨어지지 않았으며, 사랑스러운 공작 두 마리가 끌고 있었다. 수레에 그려 넣은 유노 여신의 다섯 가지 신화 사이사이에는 여신의 총애를 받은 아름다운 님프들인 리코리아스Lycorias, 베로에Beroë, 데이오페아Deiopea가 서 있었다.

첫 번째 그림에는 유노 여신의 진노를 사 곰으로 변했다가 이를 가련히 여긴 제우스 신의 가호로 후일 하늘의 성좌를 차지하게 된 불행한 칼리스토Callisto의 이야기를 그려 넣었다. 두 번째에는 여신이 베로에 요정으로 변장하고 순진한 세멜레Semele 앞에 나타나, 그녀가 제우스 신에게 자신에게도 본처인 유노 여신과 동침할 때와 똑같이 영광스러운 본모습을 보여달라고 조르도록 꾀는 장면을 묘사했다. 결국 그 때문에 불행한 인간 세멜레는 신이 발하는 강렬한 천상의 빛을 견디지 못해 불타 죽었으며, 제우스 신이 그녀의 배 속에서 바쿠스Bacchus 신을 건져 달이 찰 때까지 자신의 배 속에 넣어 길렀다는 내용이 함께 묘사되었다. 세 번째 그림에서는 여신이 바람의 신 아이올로스Aeolus에게 강한 바람으로 트로이 장군 아이니스의 함대를 격침시켜달라고 비는 모습을 볼 수 있었다. 네 번째에는 질투심에 가득 찬 여신이 제우스 신에게 불쌍한 이오Io를 암소로 변신시키도록 요구한 뒤, 그녀를 제우스 신에게 빼앗기지 않기 위해서 항상 100개나 되는 눈을 번갈아 뜨며 감시하는 아르고스의 감시하에 두는 장면을 묘사했다. 이미 말한 대로 아르고스는 머큐리 신의 꾀에 빠져 잠이 드는 바람에 살해되고 말았다. 다섯 번째 그림에는 유노 여신이 말할 수 없이 불쌍한 이오에게 인정사정없이 덤벼드는 등에를 보내 쉴 틈 없이 그녀를 찌르면서 괴롭히는 장면을 묘사했다.

수레의 하단부에는 공기 중에서 형성되는 여러 가지 자연현상이 따라 나왔으며, 그들 중 첫 번째로 무지개의 여신 이리스Iris가 보였다. 고대인들은 타우마스Thaumas와 엘렉트라Electra*의 딸인 그녀가 신들의 명령을 전달한다고 믿었다. 그녀는 유연하고 자유로운 모습으로 무지개를 상징하는 빨강, 노랑, 파랑, 초록이 함께 어우러진 옷을 입고 있었으며, 민첩함을 나타내는 매의 날개 한 쌍을 머리에 달고 있었다. 그 옆에는 붉은색 옷을 입고 붉은 머리카락을 어수선하게 헝클어트린 「혜성」 Comet이 있었는데, 그녀는 이마에 크고 빛나는 별 하나를 단 젊은 여인의 모습이었다. 처녀로 분장한 「맑은 하늘」도 함께 보였는데, 그녀는 하늘을 의미하기 위해서 얼굴빛이 청록색이었고 몸에도 넓게 퍼진 청록색 옷자락을 휘감고 있었으며, 머리에 하얀색 비둘기 한 마리를 올려놓는 것도 잊지 않았다.

이들 뒤에는 「눈」과 「안개」가 함께 따라왔다. 전자는 흰 눈이 소복이 쌓인 나무 그루터기 여러 개를 그려놓은 갈색 옷을 입고 있었으며, 후자는 마치 자신이 아무런 형체도 갖추지 못한 거대한 백색 덩어리인 것처럼 걸었다. 그들 곁에는 푸른 「이슬」이 있었는데, 그녀는 주로 녹색 식물 위에 내려앉는다는 것을 나타내기 위해 초록색 옷을 입었으며, 특히 만월 시기에 하늘에서 이슬이 많이 내린다는 사실을 암시하기 위해 머리에는 둥그런 보름달을 이고 나왔다. 그 뒤에는 흰색이지만 약간 더러움이 탄 옷을 입은 「비」가 따라왔다. 그녀의 머리를 장식한 별 일곱 개 중 어떤 것은 밝게 빛나고 어떤 것은 좀 희미하게 빛나면서 황소자리 일곱 개를 상징하는 화환을 이루었으며, 그녀의 가슴에서 빛나던 별 열일곱 개는 비를 예고하는 오리온성좌星座를 나타냈다.그림 704

다음에는 각각 나이가 다른 세 처녀가 모두 흰옷을 입고 머리에는 올리브 관을 쓰고 등장했다. 이들은 유노 여신이 관장한 고대의 시합에서 경주를 벌인, 계급이 서로 다른 세 처녀를 나타냈다. 마지막으로 화려

---

* 그리스신화에서 아가멤논과 클리템네스트라의 딸. 그의 오빠 오레스테스를 선동해 어머니와 그의 정부(情夫)를 숙여 아버지의 원수를 갚았다.

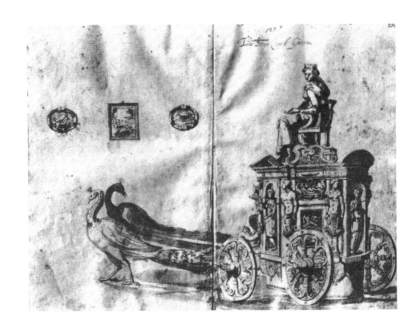

한 부인복을 입은 여신 포풀로니아Populonia가 머리에는 석류와 서양박
하로 꾸민 화환을 쓰고, 손에는 작은 테이블을 들고 나옴으로써 이상에
서 묘사한 공기의 요정 행렬을 우아하게 마무리 지었다.

넵투누스 신이 탄 열세 번째 수레

넵투누스Neptune 신이 탄 열세 번째 수레는 그 어느 수레보다도 환
상적이고 기묘한 아름다움을 지녔다. 베니스인들이 '그란체볼라'
Grancevola라고 일컬었던 대로 거대한 게의 형상으로 만든 수레를 커다
란 돌고래 네 마리가 떠받들고 있었고, 자연 암석을 닮은 하단부에는

수많은 바닷조개, 해면, 산호 등이 달라붙어 더욱 화려하고 아름다운 분위기를 자아냈으며, 앞에서는 해마 두 마리가 끌고 있었다. 수레 위에는 예의 모습대로 차린 넵투누스 신이 유명한 삼지창을 들고 서 있었으며, 그의 발치에는 아내 살라키아Salacia가 온통 거품으로 뒤덮인 순백의 님프 모습으로 함께하고 있었다.

수레 앞에서는 늙고 수염이 덥수룩한 글라우코스Glaucus가 걸어왔는데, 그는 온몸이 해초와 이끼로 뒤덮여 있었으며, 하반신은 물고기 형상을 하고 있었다. 그의 주위에는 수많은 물총새가 선회하고 있었으며, 그 옆에는 제 모습을 마음대로 변화시켜 남을 속일 수 있는 프로테우스Proteus*가 역시 늙고 온몸에 해초가 뒤덮인 상태로 함께 나왔다. 그들과 함께 머리에는 기품 있는 청록색 띠를 두르고 기다란 수염과 머리카락을 휘날리는 거만한 포르퀴스Phorcys가 한때 그가 세웠던 제국을 상징하는 「헤르쿨레스의 기둥」을 들고 나왔다.

그다음에는 예의 꼬리를 단 트리톤이 트럼펫을 불며 따라왔고, 늙은 아이올로스Aeolus도 손에 제왕의 홀과 돛을 들고 머리에는 너울거리는 불꽃을 이고 함께 왔다. 아이올로스 뒤에는 그가 다스리는 대표적인 바람의 신 넷이 따라왔다. 그들은 갖가지 조그마한 꽃으로 아름답게 장식한 머리카락과 날개를 흔드는 젊은 서풍신 제피로스Zephyrus, 머리에 작열하는 태양을 이고 있는 검고 타는 듯한 동풍신 에우로스Eurus, 차갑고 눈처럼 흰 북풍신 보레아스Boreas, 끝으로 구름처럼 부드럽고 몽롱하며 오만한 남풍신 아우스테르Auster 등이다. 이들은 모두 항상 묘사되어 왔듯이 부푼 뺨과 크고 날쌘 날개를 지닌 모습이었다.

이들 뒤에는 적당한 거리를 두고 쌍둥이 거인 형제 오투스Otus와 에피알테스Ephialtes가 따라오는 것이 보였다. 그들은 아폴로 신과 디아나

* 그리스신화에서 모습을 제 마음대로 바꾸고 예언하는 힘을 가졌던 바다의 신.

그림 705 조르조 바사리, 「넵투누스의 마차」, 소묘,
디자인과 판화 전시관, 우피치 미술관, 피렌체.

여신에게 살해된 것을 상기시키기라도 하듯이 온몸에 수많은 화살을
맞아 상처를 입고 찔린 모습으로 등장했다. 그들 곁에는 이 행렬에 썩
어울려 보이는 하피Harpy* 둘이 있었는데, 그들은 으레 그렇듯이 처녀
얼굴에 탐욕스러운 발톱과 괴상망측한 배를 하고 있었다. 그림 705 또 이
집트의 신 카노포스Canopus는 그의 사제가 칼디어인들에게 대항할 때
보여준 민첩함을 기리는 뜻에서 매우 키가 작고 둥글며 통통한 모습으
로 나타났다. 북풍신 보레아스의 아들들인 제테스Zetes와 칼라이스Calais

* 그리스신화에서 얼굴과 몸이 여자 모양이며 새의 날개와 발톱을 가진 욕
  심 많은 괴물.

도 젊고 아름다운 모습에 날개를 달고 나왔는데, 그들의 용맹함이 한때 이 세상에서 추하고 탐욕스러운 괴물 하피를 몰아냈다는 이야기가 전해진다. 마지막으로 넵투누스 신의 사랑을 받은 아름다운 요정 아미모네Amymone가 황금 물병을 들고 나왔으며, 역시 넵투누스 신의 아들인 젊은 그리스 청년 넬레우스Neleus가 제왕의 홀과 의복을 화려하게 차려 입고 등장해 이 모든 행렬의 막을 장식했다.

오케아노스와 테티스가 탄 열네 번째 수레

다음에는 위대한 바다의 여왕이신 테티스Tethys와 「하늘」의 아들이자 테티스의 남편인 대신 오케아노스Oceanus가 이끄는 열네 번째 수레의 행렬이 따라왔다. 오케아노스는 하늘색 옷을 입은 키 큰 노인으로 흠뻑 물에 젖어 헝클어진 덥수룩한 수염과 긴 머리카락을 달고 있었고, 온몸에 해초와 각양각색의 바닷조개가 달라붙어 있었으며, 손에는 무시무시한 바다표범을 들고 있었다.그림 706 한편 키 크고 당당한 노부인의 모습으로 등장한 테티스는 화려한 흰옷을 입었으며, 손에는 커다란 물고기 한 마리를 들고 있었다. 그들은 마치 신기하고 기묘한 바위처럼 생긴 환상적인 수레에 함께 올라타 있었으며, 그 수레는 거대한 고래 두 마리가 끌고 있었다.

수레의 발치에서는 그들 사이에서 태어난 네레우스가 늙고 기품 있는 모습으로 온통 거품에 뒤덮인 채 걸어왔으며, 네레우스와 도리스의 딸이자 위대한 아킬레스의 어머니인 테티스 여신이 돌고래 등에 타고 함께 나왔다. 그녀 뒤에는 예의 모습을 한 아름다운 세이렌들이 따라왔고, 바다의 신 포르키스Phorcys와 님프인 케토Ceto 사이에서 태어난 두 딸인 아름다운 바다 요정 그라이아이Graeae 자매가 비록 백발이지만 가지각색의 우아한 옷감으로 애교 있게 차려입고 그 뒤를 따랐다. 이들

그림 706 조르조 바사리, 「오케아노스와 테티스의 마차」,
소묘, 디자인과 판화 전시관,
우피치 미술관, 피렌체.

뒤에서 그라이아이 자매와 같은 부모 밑에서 태어난 고르곤Gorgon 자
매 셋이 뱀 머리카락을 휘날리며 나타났다. 그들은 눈이 하나밖에 없어
서로 빌려가면서 보는 수밖에 없었다고 한다. 또 얼굴과 가슴은 처녀
이나 하반신은 물고기 형상을 한 잔인한 스킬라Scylla와 함께 늙고 추할
뿐 아니라 탐욕스럽기까지 한 카리브디스Charybdis가 자신의 행동에 마
땅한 벌을 받은 것을 보여주기 위해 화살에 찔린 채 나오는 것이 보였
다. 그 뒤에는 이 행렬의 마지막 부분을 더욱 유쾌하게 만들기 위해서
네레우스와 도리스의 사랑스럽고 우아한 딸인 아름답고 순결한 갈라
테아가 눈처럼 흰 피부를 모두 드러낸 채 따라오도록 했다.

목양신 판이 탄 열다섯 번째 수레

뛰어난 기교로 거의 진짜처럼 보이게 만든 그늘진 숲으로 뒤덮인 열다섯 번째 수레에는 혈색이 불그레한 판Pan이 타고 있었다. 숲과 목동의 신인 그는 늙고 뿔 달린 사티로스의 모습을 했는데, 머리에는 솔잎으로 엮은 관을 쓰고 몸에는 얼룩덜룩한 표범 가죽을 둘렀으며, 리드reed가 일곱 개나 달린 커다란 피리와 목동의 지팡이를 들고 있었다.

수레의 발치에서 몇몇 사티로스와 나이 든 숲의 신들이 걸어왔는데 이들은 회향풀과 백합화를 머리에 둘렀으며, 사랑하는 키파리소스Cyparissus를 기념해 삼나무 가지를 손에 쥐고 있었다. 이들 뒤에서 월계수 관을 쓰고 각각 오른쪽 어깨에 고양이 한 마리씩 올린 목신 두 명이 따라왔다. 다음에는 판의 사랑을 받은 야성적이고 아름다운 요정 시링크스Syrinx가 보였는데, 그녀는 판을 피해 달아나다가 물의 요정인 나이아드Naiad 자매에 의해 떨리는 듯한 음악 소리를 내는 갈대로 변했다고 전한다. 시링크스 옆에는 역시 판의 사랑을 받은 피티스Pitys가 있었는데, 피티스를 연모하던 북풍신 보레아스Boreas가 질투심을 이기지 못해 그녀를 잔인하게도 바위 위에 내던져 짓이겨버렸다고 한다. 이를 불쌍히 여긴 대지의 여신이 그녀를 아름다운 소나무로 변하게 했으며, 그녀의 애인 판은 이미 말한 대로 그 잎으로 우아하고 사랑스러운 화환을 만들어 쓰곤 했다.

그 뒤에는 양 떼의 후견인이자 보호자로서 존경받는 팔레스Pales가 얌전한 여자 목동 차림으로 따라왔다. 그녀는 손에 커다란 우유통을 들었으며, 약초로 만든 화환을 둘렀다. 그녀와 함께 부보나Bubona라고 불리는 소 떼의 보호자가 역시 비슷한 목동 옷차림을 하고 머리에는 모자 대신 화려하게 장식한 황소의 머리 형상을 쓰고 나왔다. 흰옷을 입은 파리 떼의 신 미이아그루스Myiagrus도 있었는데 그의 머리며 몸에는 끈질기게 달려드는 조그만 파리 떼가 다닥다닥 붙어 있었다. 그는 추골椎

※로 만든 화환을 둘렀으며 손에는 헤르쿨레스의 곤봉을 들고 있었다. 끝으로 이탈리아인들로 하여금 판에게 제물을 바치도록 처음으로 가르친 에반데르Evander가 왕족을 상징하는 자주색 옷과 제왕의 머리띠로 장식하고, 손에는 역시 제왕의 홀을 들고 등장함으로써 여느 행렬보다도 한층 더 유쾌하고 아름다운 판의 목가적 행렬에 품위 있는 화려함을 더해주면서 막을 내렸다.

플루토와 프로세르피나가 탄 열여섯 번째 수레

그다음에는 지옥의 대왕 플루토Pluto가 왕비 프로세르피나Proserpine와 함께 등장했는데 그의 몸은 검고 무시무시하게 생겼으며, 아무 옷도 걸치지 않은 채였다. 머리에는 장례용 삼나무로 만든 왕관을 쓰고 한 손에는 왕권의 상징인 조그마한 홀을 들었으며, 그의 발밑에는 머리가 세 개나 달린 거대하고 끔찍스럽게 생긴 케르베로스가 떡하니 버티고 있었다. 한편 프로세르피나에게는 요정 둘이 따랐는데 한 명은 둥근 공을 들고 있었고, 다른 한 명은 일단 지하왕국에 들어온 사람은 절대로 되돌아갈 수 없음을 의미하는 크고 강력한 열쇠를 쥐고 있었다.

희고 화려한 옷을 입은 프로세르피나는 더할 나위 없이 아름다웠다. 두 사람은 항상 그러하듯이 흑마 네 마리가 끄는 수레에 타고 있었는데, 고삐는 소름끼치도록 무서운 지옥의 괴물이 잡고 있었다. 그 괴물은 머리와 온몸이 수많은 독뱀으로 휘감긴 잔인하고 섬뜩한 지옥의 세 자매인 복수의 여신들을 대동하고 있었다. 이들 뒤에는 네소스Nessus와 아스틸로스Astylus라는 이름을 가진 반인반마 켄타우로스Centaur* 둘이 활과 화살을 들고 따라왔는데, 아스틸로스는 활과 화살 이외에도 커다

* 가슴 위는 사람, 그 아래는 말 모양의 현명한 괴물(그리스 전설).

란 독수리 한 마리를 데리고 있었다. 칼과 방패로 각각 무장한 손 100개, 입과 콧구멍에서 연신 불을 뿜어대는 머리 50개를 가진 기고만장한 거인 브리아레오스Briareus도 그들과 함께 있었다.

그다음에는 흙탕물인 지옥의 강 아케론Acheron이 뒤따랐는데, 그는 자신이 들고 있는 거대한 단지에 담긴 악취 나는 납빛의 물과 모래를 쏟아붓고 있었고, 또 다른 지옥의 강인 창백하고 거무스레한 코키토스Cocytus가 아케론과 함께 걸어오면서 그의 것과 비슷하게 생긴 단지에서 역시 악취 풍기는 흙탕물을 쏟아내고 있었다. 또 오케아노스의 딸이며 모든 신이 두려워하는 스틱스Styx가 무시무시한 모습으로 느릿느릿 걸어왔다. 그녀는 요정의 옷을 입었으나 검고 지저분했으며, 앞의 것들과 비슷한 단지를 들고 있었고, 또 다른 지옥의 강 플레게톤Phlegethon에 둘러싸인 듯한 상태였다. 플레게톤은 끓는 물이 담긴 단지를 들고 있었고, 몸 전체에는 무시무시한 검붉은 빛이 감돌았다.

그다음에는 단테가 묘사한 대로 이글이글 타는 석탄 빛의 눈을 한 늙은 사공 카론이 노를 들고 등장했고, 지옥의 강 중 마지막으로 창백하고 야위었으며 쇠약한 망각의 강 레테Lethe가 역시 앞서간 다른 강과 마찬가지로 사방으로 납빛 흙탕물을 쏟아내는 단지를 들고 걸어왔다. 그들 뒤에 지옥을 관장하는 수석 재판관들인 미노스Minos, 아이아코스Aeacus, 라다만투스Rhadamanthus가 나왔는데, 미노스는 왕과 같은 차림을 했고 나머지 둘은 어둡지만 신중하고 장중해 보이는 분위기의 옷을 입었다. 다음에 등장한 라피타이Lapithae의 불경스러운 왕 플레기아스Phlegyas 가슴에는 화살 한 대가 박혀 있었는데, 이는 그가 아폴론 신의 신전을 불태웠던 사실과 그로써 아폴론 신에게 받은 응분의 벌을 상기시켜주었다.그림 707 더구나 그 사실을 좀더 분명히 나타내기 위해 그의 손에 불타는 신전을 들고 있도록 했다.

거대하고 무거운 바위에 짓눌려 고통받는 시시포스Sisyphus가 그다음으로 등장했고, 굶주려 비참한 꼴이 된 탄탈루스Tantalus가 기의 그의 입

그림 707 조르조 바사리, 「플루토와 프로세르피나의 마차」,
소묘, 디자인과 판화 전시관,
우피치 미술관, 피렌체.

가까이 다가왔지만 결국은 따 먹지 못한 맛난 과일을 한아름 들고 나
왔다. 다음에는 이마에 혜성처럼 빛나는 별을 달고 황제복을 입은 성스
러운 줄리어스와 그의 후계자가 된 행운아 옥타비아누스 아우구스투
스가 마치 방금 천상낙원Elysium*에서 출발한 듯한 황홀한 모습으로 나
오는 것이 보였다. 끔찍하고 섬뜩한 이 지옥의 행렬은 창과 반달 모양
의 방패로 장식하고 여왕의 머리띠를 두른 아마존 여왕 펜테실레이아
Penthesileia와 활과 원시적인 화살을 손에 들고 또 옆구리에 찬 남편 잃
은 여왕 토미리스Tomyris 덕분에 아주 고상한 분위기로 마무리되었다.

　　* 그리스신화에서 착한 사람이 죽은 뒤에 사는 곳.

키벨레 여신이 탄 열일곱 번째 수레

열일곱 번째 수레에는 모든 신의 위대한 어머니이신 키벨레Cybele*
여신이 머리에 탑 모양 왕관을 쓰고 올라 있었다. 대지의 여신으로 불
리는 그녀는 각양각색의 식물로 짠 옷을 입고 손에는 홀을 들고 정방형
수레에 앉아 있었다. 그 수레에는 그녀가 앉은 자리 외에는 빈자리가
많았고, 거대한 사자 두 마리가 끌고 있었다.

이 수레는 그녀에 얽힌 네 가지 이야기를 아름다운 그림으로 그려 치
장했다. 첫 번째 그림에는 그녀를 페시누스Pessinus에서 로마로 모셔가
던 배가 그만 티베르Tiber강에 빠져 오도 가도 못 하게 되었을 때, 베스
타Vesta 여신을 섬기는 처녀 클라우디아Claudia의 허리띠 하나에 이끌려
기적적으로 그녀만 둑으로 구조되어 모든 구경꾼의 감탄을 자아냈던
상황을 묘사했다. 두 번째 그림에는 그녀를 섬기는 사제들의 청에 따라
당시 로마에서 가장 선하고 성스러운 사람으로 알려졌던 스키피오 나
시카Scipio Nasica의 집으로 가고 있는 여신 모습을 그렸다. 세 번째에는
자신의 딸 프로세르피나를 시칠리아섬에 숨겨놓은 후 안심하고 프리
지아Phrygia**로 어머니 키벨레 여신을 보러 온 케레스Ceres 여신의 방문
을 받고 있는 광경을 그려놓았다. 마지막으로 네 번째 그림에는 시인들
이 노래한 사실에 격노한 거인들에게서 벗어나 이집트로 도망가고 있
는 여신을 그려놓았는데, 이 그림에서 그녀는 조그마한 지빠귀 한 마리
로 변해 있었다.

수레의 아랫부분에는 키벨레 여신을 섬기는 사제인 코리반테스
Corybantes*** 열 명이 타고 있었는데, 그들은 구식 복장으로 무장했으며

---

* 로마신화에서 프리지아(Phrygia, 소아시아 지방)의 여신. 여러 신의 어머
니. 그리스신화의 레아(Rhea)에 해당.
** 소아시아의 중앙 및 북부에 걸쳐 있던 나라.
*** 그리스신화에서 키벨레의 종.

머리와 온몸을 흔들어대며 오만 가지 괴상망측한 몸짓을 해댔다. 이들 뒤에는 로마 복장에 머리에는 노란색 베일을 드리운 로마 부인 두 명이 따랐고, 그들 옆에는 앞에서 언급했던 스키피오 나시카와 베스타 여신을 섬기는 처녀 클라우디아가 걸어 나왔다. 클라우디아는 머리에 흰색의 정방형 손수건을 둘러쓰고 그 끝을 턱 밑으로 돌려 묶어 놓았다. 마지막으로 우리가 이미 신화를 읽어 익히 알고 있듯이 키벨레 여신이 가장 아꼈던 젊고 아름다운 아티스Atys*가 등장해 이 조촐한 행렬을 화려하고 우아하게 장식했다. 아티스는 화려하고 매혹적인 사냥꾼 의상을 입었으며, 아름답게 금박을 입힌 깃 장식을 목에 둘렀다.

디아나 여신이 탄 열여덟 번째 수레

믿을 수 없을 정도로 아름다운 열여덟 번째 수레는 흰 수사슴 두 마리가 끌고 있었고, 금박을 입힌 활과 화살통을 든 여자 사냥꾼 디아나 Diana가 그녀를 위해 환상적인 자리를 마련해준 두 마리 수사슴 위에 기품 있고 사랑스러운 자태로 앉아 있었다. 수레의 나머지 부분도 이상하리만큼 화려하고 사랑스럽게 꾸며놓았으며, 그녀에 관한 아주 재미난 아홉 가지 이야기를 소재로 한 그림으로 장식되어 있었다.

첫 그림에는 그녀에게 반한 알페우스Alpheus**의 추격을 피해 달아나고 있는 아레투사Arethusa를 불쌍히 여긴 나머지 여신이 그녀를 샘물로 변하게 만든 장면이 그려져 있었다. 두 번째에는 그녀가 명의 아스클레피오스Aesculapius에게 자신을 보아서라도 죄 없이 죽은 히폴리투

---

    * 그리스신화의 아도니스(Adonis)처럼 젊었을 때 키벨레의 남편이었다.
  ** 그리스신화에서 강의 신 오케아노스(Oceanus)와 테티스(Tethys)의 아들.

스Hippolytus*를 다시 살려달라고 기도하는 모습을 그렸다. 세 번째 그림에는 그녀의 기도가 이루어져 다시 살아난 히폴리투스를 아리키아Aricia에 있는 그녀의 신전과 성역 관리인으로 임명하는 장면을 그려놓았다. 네 번째에는 제우스Zeus 신에게 몸을 허락한 킨티아Cynthia를 여신이 다른 처녀 요정들과 함께 항상 미역을 감는 순결한 샘물터에서 내쫓는 광경을 묘사했다. 다섯 번째에는 그녀가 알페우스Alpheus를 속여 한바탕 곯려주는 장면이었다. 엉뚱하게도 알페우스가 여신을 아내로 삼겠다고 그녀를 쫓아다니자 그녀는 우선 그를 자신들의 무도회로 끌어들인 뒤 자기와 요정들의 얼굴에 온통 누가 누군지 모르게 진흙을 발라놓음으로써 결국 알페우스가 여신 일행의 조롱과 야유를 받으면서 그 자리를 뜨지 않으면 안 되도록 만들어버린 것이었다. 여섯 번째는 그녀가 오빠 아폴로 신과 함께 오만한 니오베Niobe를 그녀의 아이들 모두와 같이 죽임으로써 벌을 주는 그림이었다. 일곱 번째에는 크고 잔인한 곰 한 마리를 칼레도니아 숲으로 보내어 아에톨리아Aetolia 전역을 쑥대밭으로 만들어버리는 여신의 모습을 그려놓았는데, 이는 그녀에게 절기에 따라 계속하여 제물을 바치지 않은 그 지역 사람들에 대한 정당한 분노였다. 여덟 번째 그림은 몹시 분노한 여신이 가엾은 악타이온Actaeon**을 수사슴으로 변하게 하는 장면이었다. 그러나 마지막 아홉 번째 그림에서는 앞의 두 그림과 반대로 남편 누마 폼필리우스Numa Pompilius의 죽음을 애통해하는 에게리아Egeria를 불쌍히 여겨 그녀를 샘물로 변하게 하는 여신의 따뜻한 면모를 볼 수 있었다.

수레 뒤쪽에는 활과 화살통을 든 사냥 요정 여덟 명이 보였다. 그들은 자신들이 잡은 여러 짐승의 가죽으로 만든 옷을 입고 있었는데, 그

* 그리스신화에서 아마존(Amazon)의 여왕. 헤르쿨레스에게 피살되었다.
** 그리스신화에서 테베(Thebes)의 왕 카드모스(Cadmus)의 손자. 이름난 전설적 사냥꾼.

옷은 간소하고 헐렁해 활동하기에 편하면서도 우아하고 아름다운 것이었다. 마지막으로 머리에 얼룩덜룩한 도금양桃金孃잎으로 만든 화관을 쓰고 한 손엔 부서진 조그만 마차를 들고, 다른 한 손엔 처녀의 금발머리 한 타래를 쥔 젊은 비르비우스Virbius가 등장해 규모는 작으나 매우 아름다운 이 행렬을 마무리했다.

케레스 여신이 탄 열아홉 번째 수레

앞서 지나간 여느 수레 못지않은 위풍당당한 모습으로 등장한 열아홉 번째 수레는 거대한 용 두 마리가 끌고 있었으며, 곡식의 여신 케레스Ceres가 타고 있었다. 그녀는 점잖은 부인의 복장에 옥수수 이삭으로 엮어 만든 관을 썼으며, 머리는 붉은색이었다. 수레에는 그녀에 관한 신화 중 아홉 개를 그려 화려하게 치장했다.

첫 번째에는 그녀와 영웅 야시우스Iasius 사이에서 태어난 명부冥府의 신 플루토Pluto의 복된 탄생 장면을 그려 넣었고, 두 번째 그림에는 엘레우시스Eleusis*와 휘오나Hyona의 아들인 어린 트립톨레무스Triptolemus**를 여신이 정성껏 씻기고 젖을 먹이는 모습을 묘사했다. 세 번째는 용 두 마리를 내주고서 세계 각지를 돌아다니면서 모든 인간에게 곡물을 관리하고 경작하는 법을 성심껏 가르치라는 여신의 충고에 따라 그중 한 마리 용 위에 타고 날아가는 트립톨레무스를 그렸는데, 나머지 용 한 마리는 트립톨레무스를 죽이려고 온갖 노력을 기울이던 게타이Getae의 불경스러운 왕이 죽여버렸다고 한다. 네 번째 그림은 사랑하는

---

* 고대 그리스 아티카(Attica)국의 도시.
** 케레스(Ceres)의 총애를 받아 쟁기를 발명해 인간에게 농사를 가르친 반신반인.

딸 프로세르피나에게 닥칠지도 모르는 위험을 미연에 방지하려고 그녀를 시칠리아섬에 숨겼다는 내용이었고, 다섯 번째에는 딸을 숨긴 후에 앞에서 이야기한 대로 어머니 키벨레 여신을 방문하러 프리지아로 가는 여신 모습을 그렸다. 여섯 번째 그림은 그녀가 프리지아에 머무는 동안 딸 프로세르피나가 꿈에 나타나 지옥의 왕 플루토에게 납치당해 지금 어떤 곤경에 처해 있는지를 설명하는 장면이었다. 이어 일곱 번째 그림에는 이에 놀란 여신이 황급히 시칠리아섬으로 되돌아가는 모습을 그려놓았다. 그러나 결국 시칠리아섬에서 딸을 찾지 못해 크게 상심한 여신이 어떠한 일이 있더라도 반드시 딸을 찾겠다고 결심하고 커다란 횃불 두 개를 들고 세계 각지를 찾아 헤매는 애절한 모습을 여덟 번째 그림에 묘사했다. 마지막 아홉 번째 그림에는 키아네Cyane의 우물가에 도착한 여신이 없어진 딸의 허리띠를 우연히 발견하고는 딸에게 무슨 변이 생겼는지를 분명히 깨달은 후에 크게 격노해 그 근처 밭에 농부들이 놓아두었던 써레, 괭이, 쟁기, 그 외의 모든 다른 농기구를 닥치는 대로 부숴버리는 장면을 묘사했다.

수레 뒤쪽에는 그녀에게 바치는 여러 가지 제사 행렬이 보였다. 첫 행렬은 엘레우시니아Eleusinia라고 불리는 제전이었는데, 흰옷을 곱게 차려입은 두 처녀가 손에는 화려하고 조그만 바구니를 들고 등장했다. 한 바구니는 각양각색의 꽃으로 가득 차 있었고, 다른 하나에는 옥수수 이삭이 가득 들어 있었다. 다음은 대지의 여신 케레스에게 바친 제사로 두 소년과 두 여자, 두 남자가 모두 흰옷을 입고 머리에는 히아신스 화관을 쓰고 등장했으며, 제물로 바칠 커다란 수소 두 마리를 끌고 있었다.

이들 다음에는 그리스 사람들이 테스모포로스Thesmophoros라고 불렀던 제사 행렬이 이어졌는데, 이는 입법자로서 케레스 여신을 기리는 의미를 지닌 행사였다. 여기에는 부인 두 명만 참여했는데, 이들은 매우 정숙해 보였으며, 앞에 간 사람들처럼 흰옷을 입고 옥수수 이삭과 아그누스카스투스agnus-castus, 정조수잎으로 엮어 만든 관을 썼다. 다음에는 제사 의식의 모든 절차를 보여주기 위해 그리스 사제司祭 셋을 등장시켰다. 이들도 모두 흰색의 주름진 옷을 입었고 둘은 횃불을, 다른 하나는 불 밝힌 낡은 램프를 들고 있었다. 마지막으로 위에서 언급했듯이 케레스 여신의 총애를 받던 두 영웅이 이 성스러운 행렬을 빛냈다. 트립톨레무스는 쟁기를 들고 용 한 마리 위에 앉아 있었고, 야시우스는 그에게 잘 어울리는 편안하면서도 화려하고 우아한 사냥꾼 차림으로 등장했다.

바쿠스 신이 탄 스무 번째 수레

독창적 솜씨가 마음껏 발휘된 스무 번째 수레에는 바쿠스Bacchus 신이 타고 있었는데 이것이야말로 정말 환상적이고 신기한 작품이었다. 이 수레는 화려하고 작은 배처럼 생겼고 배 전체가 은으로 덧입혀져 있었다. 실제와 똑같은 하늘빛 바다를 배의 받침대로 만들어 그 위에 배를 균형 있게 올려놓았는데, 아주 작은 진동에도 실제 바다에서 배가 움직이듯이 좌우로 자연스럽게 흔들려 보는 사람들이 무척 즐거워했다. 배 안에는 호쾌하게 웃고 있는 바쿠스 신이 평소 그가 즐겨 입는 옷을 입고 가장 전망 좋은 자리에 앉아 있었다. 그 외에도 트라케Thrace의 왕 마론Maron, 바쿠스 신 몇 명을 따르는 여신도들, 사티로스 등이 있었는데 모두 쾌활하게 심벌즈와 다른 악기들을 두드리고 있었다.

즐거움이 넘치는 배의 한쪽에서는 맑은 포도주가 거품을 내며 샘솟고 있었고, 배 안의 사람들은 흥에 겨워 갖가지 모양의 컵으로 이 포도주를 떠 마시면서 구경하는 사람들에게도 같이 와서 술 마시고 노래 부르자고 권했다. 이 작은 배에는 돛대 대신 포도 잎사귀로 장식된 커다란 지팡이가 화려하고 바람에 잔뜩 부푼 돛을 떠받치고 있었고, 이 돛에는 가장 맛있다는 포도주의 원산지인 트몰로스Tmolus산 위를 마음껏 술 마시고 노래하며 뛰어다녔다는 바쿠스 여신도들의 모습이 그려져 있었다.

수레 뒤쪽에는 바쿠스 신의 사랑을 받았던 아름다운 시케Syce가 머리에 화환을 쓰고, 손에는 무화과나무 가지를 들고 걸어오고 있었다. 그녀와 함께 역시 바쿠스 신의 총애를 받던 스타필레Staphyle가 포도송이가 주렁주렁 달린 커다란 포도나무 가지를 들고, 머리에는 포도덩굴과 포도송이로 초록색의 아름다운 화환을 만들어 쓰고 등장했다. 그다음에는 역시 바쿠스 신의 사랑을 받았지만 불행하게도 대지의 여신이 담쟁이로 만들어버린 젊고 아름다운 키수스Cissus가 뒤따랐는데, 그는 온통 담쟁이덩굴로 뒤덮인 옷을 입고 있었다. 그의 뒤에는 마치 술에 흠뻑 취해서 자기 몸을 가누지 못하기 때문인지 옷은 하나도 걸치지 않은 채 갖가지 담쟁이덩굴 화환으로 당나귀 등에 묶여 있는 늙은 영감 실레노스Silenus가 보였는데, 그는 허리춤에 낡아빠진 커다란 나무컵을 달고 있었다.

그와 함께 옛날 사람들이 코무스Comus라고 불렀던 연회의 신이 등장했다. 그는 혈색이 좋고 수염이 나지 않은 아주 말끔하고 잘생긴 청년으로, 머리에는 장미 화관을 쓰고 있었다. 그러나 얼굴 표정은 졸리고 나른해 보였으며, 들고 있는 멧돼지 사냥용 창과 횃불을 금방이라도 떨어뜨릴 것만 같았다. 그 뒤에는 혈색 좋고 호탕하게 웃어대는 늙은「술주정」이 등 뒤에 퓨마를 태우고 붉은색 옷을 입고, 두 손에는 거품이 인 커다란 포도주 잔을 들고서 젊고 까불까불한「웃음」과 함께 등장했다.그림 708 이들 뒤에는 각각 양치기와 요정의 옷을 입은 두 남자와 두 여자가 보였는데, 이들은 바쿠스 신의 추종자였으며, 모두 포도나무 잎사귀로 다양하게 화관을 만들어 쓰고 몸치장도 했다.

마지막으로 고대 신화를 기념해 온통 거무칙칙하게 그을린 듯한 바쿠스 신의 어머니 세멜레Semele가 처음으로 바쿠스 신에게 신격을 부여

그림 708 조르조 바사리, 「바쿠스의 수레」, 소묘,
디자인과 판화 전시관, 우피치 미술관, 피렌체.

하고 제물을 바쳤던 사람인 나르카이우스Narcaeus와 함께 등장해 이 즐
거운 축제 분위기의 행렬을 더욱 가치 있고 의미 있는 것으로 빛내주었
다. 나르카이우스는 커다란 숫염소를 등에 업고 번쩍번쩍 빛나는 고풍
스러운 무기들로 치장하고 있었다.

마지막 스물한 번째 수레

로마의 야니쿨룸Janiculum산을 상징하는 스물한 번째이자 마지막 수레는 커다란 숫양 두 마리가 끌었으며, 존경받는 야누스Janus를 위한 것이었다. 머리가 두 개인 야누스 신은 하나는 젊고 하나는 늙었으며, 손에는 자신에게 속해 있는 문과 거리에 대한 지배권을 상징하는 커다란 열쇠와 가는 지팡이를 하나씩 들고 있었다. 수레 뒤쪽에는 성스러운 「종교」가 흰색 리넨 옷을 입고 한 손은 활짝 펴고, 다른 한 손에는 불꽃을 내며 타고 있는 고대의 제단을 들고 걸어 나왔다. 그녀 양옆에는 기도하는 사람들이 있었는데, 그들은 시인 호메로스*가 묘사한 대로 주름살투성이에 사팔눈, 절름발이였다. 우울해 보이는 이 두 노파는 주름 잡힌 청록색 옷을 입고 있었다.

이들 뒤에는 신과 동급인 안테보르타Antevorta와 포스트보르타Postvorta가 보였다. 안테보르타는 기원자들의 기도를 신이 들었는지 안 들었는지를 알아내는 힘을 가졌고, 포스트보르타는 과거에 관한 것만 이야기해주는 사람으로, 과거에 신도들의 기도가 들어졌는지를 가려내는 힘을 가졌다. 전자는 아름다운 부인의 옷차림에, 손에는 램프와 옥수수 가지로 만든 체를 들고, 머리에는 개미로 뒤덮인 머릿수건을 쓰고 있었다. 후자는 늙은 여자의 얼굴을 하고 앞쪽은 희고 뒤는 굵은 주름을 잡은 검은색 천으로 만든 옷을 입고 있었는데, 머리카락만은 젊고 매력적인 여자에게서 볼 수 있는 아름다운 금발 곱슬머리였다.

그다음에는 저마다 기도가 이루어져 행복한 결과를 가져오기를 바라면서 신에게 구하는 「은혜」가 뒤따랐다. 눈먼 젊은 청년으로 분장한 그는 날개가 달렸으며 오만하고 건방진 모습이었지만 때로는 그가 올

---

* 기원전 10세기경 그리스의 시각장애 시인. 『일리아드』(*Iliad*)와 『오디세이』(*Odyssey*)의 작가라고 한다.

라탄 수레바퀴가 쉴 새 없이 돌아가는 통에 가끔 일어났던 대로 조금만 잘못해도 쉽게 떨어질지 모른다는 불안한 생각 때문에 겁에 질려 떨고 있었다. 그의 옆에는 우리 일이 잘됨을 의미하는 「성공」이 쾌활하고 사랑스러운 젊은이처럼 옷을 입고 한 손에는 컵을, 다른 한 손에는 옥수수 이삭과 양귀비를 들고 나왔다. 그다음에는 머리에 종려나무 잎사귀로 관을 만들어 쓰고 이마에는 별을 달았으며, 손에는 역시 종려나무 가지를 든 처녀가 뒤따랐는데, 그녀는 고대 사람들이 여신으로 추앙했던 「안나 페렌나」Anna Perenna로 사람들은 그녀가 행운을 가져다준다고 믿었다.

그녀와 함께 로마식 토가toga를 입고, 버베나verbena 화환을 쓴 로마 대사 두 명이 암돼지 한 마리와 돌 한 개를 들고 등장했는데, 이는 그들이 로마 시민들에게 포고할 때 항상 치렀던 서약을 의미했다.그림 709 다음에는 전쟁을 위한 종교의식 행렬이 뒤따랐는데 가비니안Gabinian과 자줏빛 토가toga를 걸치고, 손에는 창을 든 로마 집정관執政官이 똑같은 토가를 입은 로마 원로원元老院 두 사람과 완전무장을 하고 로마 창을 든 두 군인을 거느리고 함께 걸어 나왔다. 마지막으로 이 행렬과 앞서 지나간 모든 행렬을 마무리 짓는 「돈」이 등장했다. 「돈」은 노란색, 흰색, 갈색 등의 주름진 옷을 입고 손에는 동전을 만들어내는 각종 기구를 들고 있었는데, 사람들은 야누스가 인류에게 필요한 물건으로 맨 처음 돈을 발견해 소개했다고 믿었다.

수레와 사람들이 대거 동원된 이 놀라운 가장행렬은 이전에는 볼 수 없었던 광경일 뿐 아니라, 아마도 앞으로 우리 시대에는 더욱 보기 힘든 장관일 것이다. 이 점에는 그 어떠한 찬사도 부족할 것이기에 일단 제쳐놓기로 하겠다. 행렬 주위에는 군인 혹은 장군의 모습으로 화려하게 가장한 인물 여섯 명이 있어 행렬을 정돈하고 있었다. 전체 행렬과 잘 어울리는 인물들로, 필요에 따라 이쪽저쪽으로 뛰어다니면서 도로를 따라 800미터 정도 늘어선 긴 행렬의 줄을 맞추었는데, 그들의 모습

그림 709 조르조 바사리, 「야니쿨룸 신의 수레」,
소묘, 디자인과 판화 전시관,
우피치 미술관, 피렌체.

도 매우 예의 바르고 기품이 있었다.

　이제 드디어 화려하고 쾌활한 축제의 마지막 일정을 묘사하려고 한다. 마침 축제일 바로 직전에 교황 피우스Pius 4세가 서거하시는 바람에 이 왕가의 결혼식에 초대받아 참석하기로 되어 있었던 상당수의 존경받는 추기경과 이탈리아 전역의 유명한 군주들이 오지 못했는데, 그 일만 아니었더라면 축제는 더욱 화려하고 흥겨웠을 것이다. 셀 수 없이 많은 연회와 그밖의 오락에서뿐만 아니라 창을 부러뜨린다든지, 말을 타고 돌진해 높이 매단 고리에 창을 던져 떨어뜨린다든지, 혹은 여러 다른 게임에서 자신의 재주와 용기를 겨루어보는 등 사랑에 빠진 젊은 이들이 연출해내는 수많은 화려하고 아름다운 광경은 차치하고 마지막 날의 맨 마지막 축제만 이야기해야겠다.

앞에서도 이야기했듯이 전체 축제 행렬이 화려하고 진기한 것이기는 했지만, 지금 말하려는 이 축제 행렬이야말로 그 내용 자체가 매우 즐거운 것일 뿐 아니라 솜씨가 저마다 다른 장인들의 경합이 이루어져그들 중 몇은 항상 그러하듯이 자신의 작품이 다른 모든 작품을 능가하는 수작이라고 자부했다. 월등히 뛰어나고 아름다운 작품과 혹은 우스꽝스러울 정도로 서투른 작품들이 서로 어우러져 있었으므로 특이하면서도 아주 매혹적인 아름다움을 자아냈다. 그러므로 이미 물릴 만큼 만족스러워하고 있던 사람들이 전혀 기대하지 못했던 뜻밖의 즐거움과 기쁨을 선사했다. 이것은 바로 물소 경주였는데 여기에는 열 팀이 참가했으며, 이들 중 일부는 황태자 호위병 옆에, 또 일부는 왕실 귀족과 외국인들 사이에, 나머지 일부는 도시의 신사와 식민지인 스페인, 제네바 등지에서 온 상인들 틈에 퍼져 있었다.

지정된 장소에 도착한 첫 번째 물소 위에는 정교한 솜씨로 치장한「사악함」이 타고 있었는데, 그는「천벌」혹은「응분의 징벌」로 기묘하게 분장한 기사 여섯 명에게 쫓기고 찔리고 매를 맞았다. 그다음에 등장한 게으른 당나귀 모양의 두 번째 물소 위에는 늙고 술 취한 영감 실레노스Silenus가 타고 있었는데, 바쿠스의 여신도 여섯 명이 그를 부축하고 당나귀에 박차를 가하고 있었다. 세 번째는 송아지 모양이었는데, 늙은 오시리스Osiris*가 군인 여섯 명을 대동하고 있었다. 이 신은 그 병사들과 함께 세계 각 지역을 돌아다니면서 미개한 종족에게 농사법을 가르쳤다고 전한다. 달리 변장을 하지 않은 네 번째 물소 위에는「인간의 삶」이 마치 말 잔등에 올라타듯이 앉아 있었으며, 해[年]를 의미하는 기사 여섯 명이 그를 추격하고 있었다.

역시 아무런 변장을 하지 않은 다섯 번째 물소 등에는「명성」이 예의

---

* 고대 이집트의 주신(主神) 중 하나. 이시스(Isis)의 남편.

입 여러 개와 커다란 욕망의 날개를 달고 올라타 있었고, 그 뒤에서는 「미덕」으로 분장한 기사 여섯 명이 추격하면서 응당 받을 만한 명예와 보상을 성취하도록 격려하고 있었다. 여섯 번째 물소 위에는 화려하게 치장한 머큐리 신이 타고 있었으며, 그와 닮은 모습으로 분장한 다른 머큐리 신 여섯 명이 다른 팀에서와 마찬가지로 박차를 가하면서 몰아붙이고 있었다. 일곱 번째에는 로물루스Romulus*의 유모인 아카Acca와 라우렌티아Laurentia가 아르발레스Arvales 형제 여섯 명을 거느리고 등장했는데, 이들은 막대기로 느리게 구는 짐승을 빨리 움직이도록 부추겼으며, 아카와 라우렌티아의 동료가 되기에 합당한 용모와 화려함을 갖춘 것으로 보였다.

여덟 번째 물소 위에는 우아함과 화려함을 겸비한, 실제를 방불케 하는 커다란 부엉이가 타고 있었고, 마찬가지로 실물을 쏙 빼닮은 박쥐 모양을 한 기사 여섯 명이 재빠른 말을 타고 막대기로 물소의 이쪽저쪽을 찔러 유쾌한 축제 분위기를 더욱 고조시켰다. 아홉 번째 물소는 특이하고 기묘한 환상적 분위기를 지니도록 처리했다. 즉, 먼저 구름이 조금씩 나타나도록 하여 한동안 구경꾼들이 호기심과 긴장 속에서 바라보게 한 다음, 그 구름이 둘로 갈라지는 순간 물소 위에 올라탄 선원 미세누스Misenus의 모습이 드러났다. 그 옆에는 매우 화려하고 위엄 있어 보이는 복장을 한 트리톤 여섯 명이 물소를 추격하며 박차를 가하고 있었다. 열 번째에도 아홉 번째 것보다 크기가 훨씬 크고 색깔만 다를 뿐 거의 똑같은 구름을 사용했다. 연기와 불꽃, 무시무시한 천둥소리를 내면서 앞서와 같이 구름이 둘로 갈라지자 지옥의 왕 플루토가 평소 타고 다니는 마차에 올라타고 나타났으며, 물소 대신 거대하고 섬뜩하게

* 로마 전설에서 마르스(Mars)와 레아 실비아(Rhea Silvia) 사이에 태어난 쌍둥이 중 한 사람. 다른 한 사람은 레무스(Remus). 티베르강에 버린 것을 늑대가 길러냈다고 한다.

생긴 지옥의 수문장 케르베로스Cerberus가 천상낙원Elysium에서 평화로이 살고 있을 고대 영웅 여섯 명의 추격을 받고 있었다.

이상의 모든 팀이 하나씩 광장에 모습을 드러내 그야말로 장관을 이루었으며, 한참 동안이나 창 부러뜨리기 시합, 말 회전시키기 시합, 그 외에 여러 가지 시합으로 아름다운 숙녀들을 비롯해 그곳에 모인 많은 관중에게 즐거운 시간을 선사하고 난 다음 각 물소 떼가 경주 출발 장소로 가서 준비를 완료했다.

드디어 출발을 알리는 트럼펫이 울리고, 각 팀은 남보다 먼저 결승점에 도달하려고 앞다투어 달렸다. 그런데 그들이 상당한 거리를 달려왔을 즈음에, 흔히 인간사에서도 자신이 탐내던 것을 손에 넣는 것이 거의 확실시되었을 때 뜻밖의 재해가 발생하는 경우가 생기듯이, 갑자기 이곳저곳에서 굉음을 울리면서 거대한 불꽃이 터지는 바람에 경기장은 온통 공포와 경악의 도가니를 이루었다. 겁 많고 고분고분하지 않은 짐승들은 위의 불길과 연기, 소리 등에 놀라 겁에 질려 어쩔 줄을 몰랐다. 행렬이 전진함에 따라 불길은 더욱 세차고 맹렬한 위력으로 타오르면서 모두를 덮칠 것만 같았고, 놀란 짐승들은 제각기 여러 방향으로 흩어져 길길이 날뛰어 온통 아수라장으로 변했다. 흔히 일어나는 대로 이전까지는 일등으로 달리던 자가 이제는 꼴찌로 뒤바뀌려는 판국이었다. 사람들을 비롯해 물소, 말, 번쩍이는 섬광과 소음, 천둥소리 등이 어우러져 이상하고 괴이하면서도 비길 데 없는 즐거움과 유쾌함을 관중들에게 선사했다. 물론 소란스러움도 없지는 않았으나 이로써 활기차고 유쾌한 축제가 더욱 화려하게 종결되었다.

바로 다음 날인 사순절四旬節의 첫 번째 종교축일에는 지극히 경건한 신부를 즐겁게 해줄 뿐 아니라, 지난 여러 해 동안 축제를 하지 못한 데다가 축제에 사용되는 도구들까지도 어떤 것은 너무 연약해 파손되는 바람에 다시는 축제를 구경하지 못할 것이라고 생각했던 뭇 사람에게 잊지 못할 기쁨을 안겨주기 위해서 성 펠리체S. Felice 축제를 거행했다.

이는 이전에 그것이 거행되었던 교회 명에 따라 붙인 이름인데, 옛날에는 자주 거행되었으며 명성도 높았던 축제다. 이번에는 영주들의 공로 이외에도 이 도시의 주축이자 재주가 많은 신사 네 분이 노고와 경비를 아끼지 않은 덕분에 산토 스피리토S. Spirito 성당에서 성대하게 거행되었다. 이 교회는 매우 많은 사람을 수용할 수 있는 넓고 아름다운 장소로, 그 안에는 어마어마하게 큰 장치와 오래된 기구가 있었고 새로 구입한 것도 상당수였다.

교회 안에는 단조로운 고대풍으로 노래 부르며, 우리 주 예수 그리스도의 강림을 알리는 많은 남녀 예언자가 있었다. 그러나 무엇보다도 제일 눈에 띄는 것은 「천국」의 모형이었다. 그것이 당시와 같은 무지한 시대에 만들어졌다는 것을 생각해보면 불가사의할 뿐 아니라 규모도 엄청나서 타의 추종을 불허하는 걸작이었다. 이는 한눈에 볼 수 있도록 활짝 펼쳐졌는데, 모든 계급의 천사와 남녀 성인들로 꽉 차 있었고, 그들은 각기 다른 천공天空의 영역에 속해 있음을 의미하는 뜻에서 서로 상이한 몸동작을 하고 있었다. 이 천국 모형이 땅으로 내려옴에 따라 자신의 방에서 겸허하고 경건한 자세로 기다리던 영광된 성모 마리아에게 예수의 수태受胎를 알릴 가브리엘 대천사가 여덟 천사 가운데서 유난히 무한한 광채를 발하는 것이 보였다. 원래 위에 말한 천국이 자리 잡고 있던 교회 지붕의 맨 꼭대기 지점에서부터 모든 것이 바닥에서 그리 높지 않은 데 있는 성모 마리아의 방바닥에 아주 안전하고 아름다우면서도 경쾌하고 교묘하게 내려지자 모든 사람이 감탄을 금치 못했으며, 사람의 머리로 그토록 훌륭한 일을 생각해냈다는 점이 믿기지 않을 정도였다. 이로써 왕가의 결혼식을 위해 준비한 축제는 장대하고 화려하게 거행되었을 뿐 아니라 신실하고 경건한 참된 크리스천이신 황태자와 황태자비에게 손색이 없도록 잘 어울리는 종교적 분위기도 갖추게 되었다.

실은 브라차노Bracciano의 공작인 매우 관대한 파올로 조르다노 오르시노Paolo Giordano Orsino 경이 준비한 장관에 관해서도 하고 싶은 말이 아주 많다. 이 행사는 공중에 매달린 거대하고 웅장한 극장에서 진행되었는데, 이는 공작 자신이 막대한 비용을 들여 만든 목조 건축물이었다. 극장 안에는 용감하게 도전하는 기사들과 공작 자신도 그들 중 하나였다 기사의 모험에 필요한 화려한 장치들이 마련되어 있었고, 갖가지 무기로 무장한 기사들이 요새를 둘러싸고 결투를 벌이는 장면도 보였다. 또 잘 훈련된 말이 벌이는 묘기와 「바탈리아」Battaglia라는 우아한 춤이 곁들여져 구경꾼들에게 보기 드문 기쁨을 안겨주었다. 그러나 이 축제는 때 아닌 비로 여러 날 뒤로 미룰 수밖에 없었다. 이 축제에 관해 만족스럽게 이야기하려면 거의 여태까지 해온 작업량에 맞먹을 정도로 상당한 분량을 말해야 하며, 지금은 다소 피곤함도 느끼므로 그에 관한 설명은 생략하겠다. 이쯤에서 나의 긴지루하다고 말할 수 있을지도 모르겠다 글을 끝맺으며 양해를 구한다.

조르조 바사리의 작품에 관한 기록

GIORGIO VASARI·PIT. ET
ARCHITET, ARETINO

〔해설〕

16세기 중반에 활동한 피렌체 매너리즘의 대표 화가이자 건축가, 미술사가로 이 책의 저자다. 1550년『르네상스 미술가 평전』초판이 출판되었고 1568년 개정 증보판이 출판되었다. 그가 제작한 작품회화의 수는 헤아릴 수 없을 정도이고 그 규모도 기념비적인 것이 많다. 또한 건축가로도 활약하여 현재의 우피치 미술관을 설계하기도 했다. 그는 르네상스가 낳은 마지막 만능인이라 할 수 있다.

바사리는 1511년 이탈리아의 중부 아레초에서 출생했다. 첫 미술수업은 고향에서 프랑스인 색유리화가 기욤 드 마르시아 Guillaume de Marcillat로부터 받았다. 1524년 피렌체에 도착하여 그 도시 최고 거장이었던 안드레아 델 사르토에게서 그림을 배웠고 미켈란젤로 추종자였던 조각가 바초 반디넬리 밑에서 사사했다.

1531년까지 피렌체와 피사를 오가며 체류하다가 1531년 메디치 가문의 이폴리토 데 메디치에게서 연락을 받고 로마로 떠나 르네상스 거장들의 작품을 직접 보면서 마음껏 공부할 기회를 맞았다. 이때 같이 간 살비아티와 함께 신화를 주제로 한 그림을 다수 그렸다.

1541년 볼로냐, 모데나, 파르마, 만토바, 베로나, 베네치아 등지를 여행하면서 미술에 대한 경험을 넓혔다. 이때 줄리오 로마노, 코레조, 티치아노, 파르미자니노 등 당대 최고 매너리즘 작가들의 작품을 직접 접했으며 여행 중 수집한 자료와 경험은『평전』의 중요한 자료가 되었다.

베네치아에서 가장 영향력 있는 인물이었던 동향 사람 피에트로 아레티노의 도움으로 화가로 인정받았으며 1546년 드디어 로마의 강력한 미술 후원자였던 알레산드로 파르네세에게서 작품을 주문받고 바티칸에 있는「파올로 3세의 방」을 장식하는 일을 맡는다. 그림 내용은 교황 가문을 과거 역사에 비유하여 그린 것으로 조수들과 함께 100일 만에 속성으로 완성했다. 1550년까지 리미니, 라벤나, 볼로냐 등지를 여행하면서 『평전』을 집필하기 위한 자료를 계속 수집하고 글을 썼다.

1550년 이후 바사리는 메디치와 호의적인 관계 등으로 일취월장한다. 1555년에는 피렌체의 베키오궁을 공작 주거지로 바꾸는 작업에 참여하면서 자신의 그림을 절대 권력을 미화하는 수단으로 바치는 것에 개의치 않는다. 그가 참여한 친퀘첸토의 방은 그 규모에서 베네치아의 대회의실과 비견되었다. 바사리의 대표적 회화는 그가 베키오궁에 프란체스코 1세의 스투디올로Studiolo를 위해 그린 그림들이다. 이 중 「페르세오와 안드로메다」, 「볼케이노」 등은 바사리를 비롯한 화가들의 나체 묘사에 대한 집착을 알 수 있다. 1563년 바사리는 디세뇨 아카데미Accademia delle arti del disegno를 설립한다. 여기서 자신이 그토록 주장하던 훌륭한 마니에라에 도달하기 위한 디세뇨를 배우게 하기 위함이었다. 바사리는 63세 되던 1574년에 사망했다.

1

지금까지 나는 힘이 미치는 한 주의 깊게 또 성실하게 여러 예술가의 작품에 대해 이야기했다. 지금 나는 하늘이 완성을 허락한 이 저작을 끝낼 단계에 이르렀다. 비록 이 저작이 내가 본래 원했던 것만큼 완전하지는 못하지만 편견 없는 독자들은 내가 이 저술을 위해 바친 노고만큼은 인정해줄 것으로 믿는다. 설령 독자에게서 칭찬을 받지 못한다 하더라도 비난만은 면할 것으로 생각한다. 그 내용들은 모두 공공연하게 알려진 것들로 숨길 수 없는 이야기들이기 때문이다. 만일 누군가가 이들 기사에 관한 평을 쓴다면 나는 진실을 인정하고 또 그것들은 내가 스스로 인식하고 있는 나 자신의 단점을 개선해나가는 데 큰 도움이 될 것이라 믿는다. 이에 관해서 독자들은 탁월하고 완전한 저작을 요구하지는 않았다 하더라도 정성 들인 노력과 깊은 신앙심으로 좋은 저작을 내놓기를 내심 기대했으리라고 생각한다. 만일 내 오류가 있다면 공개적으로 시인할 것이며 이에 대한 독자들의 양해를 바란다.

2

그럼 이제부터 나 자신의 이야기를 시작하겠다. 내 가계家系와 출생, 소년 시절을 비롯해 내 아버지 안토니오Antonio가 친절하게 나를 바른 길로 이끌어주었다는 내용은 이미 자세하게 이야기했다.* 특히 내가 훌륭하게 그림 공부를 할 수 있도록 내 소질을 발견했다는 것, 이 점에 관해서는 내 친척 루카 시뇨렐리Luca Signorelli와 프란체스코 살비아티Francesco Salviati의 생애에 기록되어 있으므로 여기에 반복하지 않겠다.

나는 아레초에 있는 성당들에 소장된 그림들을 모두 모사한 후에

---

* 조르조 바사리의 정확한 생몰연노는 1511년 7월 30인부터 1574년 6월 2/일까지다.

비로소 그림의 원리를 프랑스 사람 굴리엘모 다 마르칠라Guglielmo da Marcilla에게 배웠다.* 1524년에 코르토나Cortona의 추기경 실비오 파세리니Silvio Passerini가 나를 데리고 피렌체로 가서 미켈란젤로, 안드레아 델 사르토Andrea del Sarto 그밖의 선생 밑에서 그림 공부를 하도록 했다. 그러다가 메디치Medici 일가가 피렌체에서 추방당할 무렵,** 특히 알레산드로Alessandro와 이폴리토Ippolito 이 두 분에게 나는 줄곧 봉사하고 있었지만, 그들이 추방되자 나는 아버지의 형제 돈 안토니오Don Antonio 추기경 덕분에 아레초로 되돌아오게 되었는데, 아버지는 이미 얼마 전에 흑사병으로 별세한 상황이었다. 숙부는 내가 흑사병에 걸리지 않도록 고향을 떠나라고 했다. 이때 나는 시골로 돌아다니면서 농민들을 위해 프레스코화를 몇 폭 그리며 여가를 보냈다. 물론 과거에는 아무런 경험도 없었다. 자기 책임하에 어떤 일을 행한다는 것이 지도자나 교사로 사는 데 실제로 무척 도움이 된다는 것을 깨달았다.

3

이듬해 흑사병이 종식되고*** 그린 내 첫 작품은 아레초의 산 피에로 S. Piero 성당 안 세르비테스 경당을 위한 것이었다.**** 벽기둥 맞은편에 그린 것으로 성녀 아가타S. Agata, 성 로코S. Rocco, 성 세바스티아노의 반신상을 그린 작은 인물화다. 이 그림이 당시 아레초를 지나던 거장 롯소 Rosso의 눈에 띄어 좋은 평가를 받은 것이 계기가 되어 그의 관심을 받게 되었다. 그 후 그는 데생을 도와주고 충고도 해주었다. 얼마 후에 그의 소개로 로렌초 가무리니Lorenzo Gamurrini가 나를 고용했는데, 롯소는 데생을 제공했다. 이 기회에 나는 예술을 배우고 이름도 낼 겸 힘껏 기

* 1527년이다.
** 굴리엘모 다 마르칠라는 1519년 아레초 대성당의 프레스코를 그렸다.
*** 1528년.
**** 아레초의 산 피에로(S. Piero) 성당 그림은 망실되었다.

그림 710 조르조 바사리, 「팔라초 베키오」(피렌체 시청사),
1298~1340, 시뇨리아 광장, 피렌체.

량과 정성을 기울여 노력했으나 내가 예상하던 것보다 매우 힘들다는 것을 깨달았다. 그러나 나는 낙심하지 않고 피렌체로 되돌아왔다. 나는 아버지가 내게 남겨준 세 누이와 두 남동생을 도와주어야 할 처지에 있다는 것을 잘 알았기 때문에 금은세공가가 되기로 결심했다.

그러나 1529년 동맹군의 피렌체에 대한 포위 공격 때문에 친구인 금은세공가 만노Manno와 함께 피사Pisa로 피난했는데, 여기서 나는 금은세공을 그만두고 피렌체 교민회관의 출입문 위 아치에 프레스코화와 유채화 몇 점을 그렸다. 이 일은 당시 피사 교외의 아냐노Agnano 수도원장 돈 미니아토 피티Don Miniato Pitti와 피사에 살던 루이지 구이차르디니Luigi Guicciardini가 알선해주었다.

4

전쟁이 날로 심해져 나는 아레초에 되돌아가기로 결심했으나 직행하지 못하고 모데나Modena산맥을 넘어 볼로냐에 도착했는데 거기에서는 마침 샤를 5세의 방문을 환영하는 개선문 등을 제작하느라고 매우 바쁘게 일하고 있었다. 나는 어느 정도 쓸 만한 데생 솜씨를 가지고 있었으므로 좋은 자리에 고용되어 그곳에 잠시 머무를 수 있으리라고 생각했으나 가족과 친척이 보고 싶어 곧 아레초로 되돌아갔다. 여기서는 숙부 안토니오의 배려로 일상 업무가 잘 진행되었으며 마음도 가라앉아서 유화 몇 점을 그렸다.

그사이에 돈 미니아토 피티가 시에나Siena의 몬테 올리베토Monte Oliveto 수도원장으로 임명되면서 사람을 시켜 나를 데리러 왔다. 나는 그를 위해 그림 몇 폭을 제작했고, 그의 사무장인 알벤가Albenga를 위해서도 그림을 그렸다. 돈 미니아토는 곧 아레초의 산 베르나르도S. Bernardo 수도원장으로 임명되었으며, 나는 파이프오르간이 놓인 벽에 그림 두 폭을 그렸다. 그것이 수사들의 마음에 들었는지 그들은 나에게 성당의 둥근 천장과 성당 정문 주랑 정면에 프레스코화를 그려달라고 요청했다. 나는 삼위일체와 네 복음 전도자를 실물 크기로 그렸다.* 나는 나이가 어렸기 때문에 경험이 풍부한 화가만큼은 못 해도 최선을 다했기 때문에 수사들은 내가 젊고 경험이 적은 점을 참작해 불만을 표시하진 않았다.

5

이 작품을 완성하고 나서 얼마 후 이폴리토 데 메디치Ippolito de' Medici 추기경이 아레초를 지나면서 수행원들과 함께 나를 로마로 데려갔다. 이 이야기는 살비아티Salviati 전기에서도 언급한 적이 있다.

나는 추기경의 배려로 몇 달간 로마에 머물며 데생 공부를 할 수 있었다. 헤아려보건데 당시의 모든 여건이야말로 내 생애 전체를 위한 예술의 기초를 다지는 데 최고의 기회였다고 생각된다. 나는 밤낮을 가리지 않고 데생을 했으며, 배우려는 열망을 항상 가슴에 품고 있었다. 당시 가장 도움이 되었던 것은 젊은 동료들과의 경쟁이었다. 그들은 그후 예술의 각 분야에서 훌륭한 사람들이 되었다. 또 하나의 자극은 영광을 갈망해 높은 지위와 명예를 얻은 거장들을 본 것이었다. 나는 가끔 스스로에게 물었다. '왜 고생해서 얻으려 하지 않느냐? 많은 사람이 성취한 것을 연구하려 하지 않느냐? 그들도 나와 똑같이 살과 피로 만들어진 사람들이다.'

이런 상념과 또 내가 걸머진 가족을 생각해 목표를 성취하고자 고통과 수고와 노력을 아끼지 않기로 결심했다. 이런 결심으로 내가 머무르던 로마, 피렌체 그밖의 장소에서 그림, 조각, 건축 등 옛것과 현대 것을 많이 제작했다. 그밖에도 미켈란젤로의 둥근 천장과 참사회 회의장의 작품뿐만 아니라 라파엘로Raffaello, 폴리도로Polidoro와 시에나의 발다사레Baldassarre 작품을 동료인 프란체스코 살비아티와 함께 빼놓지 않고

　＊ 1529년, 바사리가 18세 때의 작품이다.

그림711 조르조 바사리가 벽화와 천장화를 그린 대회의장 광경,
1565, 프레스코, 베키오궁 대회의실, 피렌체.

모두 그렸다. 그러기 위해서 우리는 항상 서로 다른 그림을 그린 다음 날 밤이 되면 상대방이 그린 것을 모사함으로써 시간을 절약했다. 아침 식사는 서서 했다.

6

이와 같이 믿을 수 없을 정도로 노력한 끝에 내 주조장鑄造場에서 처음 만든 작품은 실물 크기의 비너스와 미녀 세 자매가 성모 마리아를 공경하는 장면을* 그린 것이었다. 이는 메디치 추기경을 위한 것이다. 이런 것들은 어린 시절에 만든 작품이기에 길게 언급하지 않겠지만 출발하던 때이니 기억을 불러일으키게 된다. 추기경과 다른 분들은 그때가 멋진 출발이었고 또 보람찬 생활이었다고 말하곤 했다.

다른 작품 중에는 욕정에 가득 찬 사티로스Satyry가 숲속의 벌거벗은 비너스와 미녀 세 자매를 바라보면서 혼자서 히죽 웃는 환상적인 그림이 있다. 이 그림을 매우 마음에 들어한 추기경이 나에게 큰 작품을 부탁했다. 즉, 사티로스와 파우누스Faunus**가 어린이들과 뒤섞여 덤비고 있는 주신제酒神祭다. 나는 밑그림을 그리고 10브라차 크기의 캔버스에 색칠을 시작했다. 그 무렵 추기경이 헝가리로 떠나게 되자 나를 교황 클레멘티우스***에게 소개하고 그에게 돌보아달라고 부탁했다. 교황은 시종장인 제로니모 몬타구토Jeronimo Montaguto에게 편지를 보내서 내 일을 명했다. 그때 만일 내가 로마의 공기를 피하기를 원했다면 피렌체의 알레산드로 공이 나를 기꺼이 맞았을 것이다. 결국 로마의 힘든 기후와 내 과로가 겹쳐서 나는 심한 병에 걸려 들것에 실려서 아레초에 왔으며 한참 후에야 겨우 회복되었다.

* 「비너스와 세 우아한 처녀」는 부다페스트 미술관에 있는 듯하다.
** 로마신화에서 목양신.
*** 교황 클레멘티우스 7세=줄리오 데 메디치, 1523~34년 재위.

나는 12월 10일에 피렌체로 가서 공의 따뜻한 영접을 받았다. 공은 오타비아노 데 메디치Ottaviano de' Medici에게 나를 돌보아주라고 부탁했는데, 이분은 세상을 떠나는 날까지 나를 친자식처럼 대했다. 나는 이분을 항상 존경하며 아버지와 같은 애정을 느낀다.

7

그리하여 나는 공부를 다시 시작했으며 그분 덕분에 미켈란젤로의 작품이 있는 산 로렌초S. Lorenzo 성당의 성물실에 거처를 정했다. 당시 미켈란젤로는 로마에 가 있었다. 그의 작품들이 다행히 지면에 놓여 있었기 때문에 나는 자세히 연구할 수 있었다.

그 후 나는 죽은 그리스도를 매장하기 위해 니코데무스Nicodemus, 요셉, 기타 제자들이 그리스도의 몸을 가누고 있으며 마리아들이 눈물을 흘리면서 뒤따르는 크기 3브라차나 되는 그림에 착수했다. 이 그림은 완성된 후에 알레산드로Alessandro 공의 소유가 되었는데 나로서는 좋은 출발이 된 셈이다. 공작은 이 작품을 높이 평가했을 뿐만 아니라 코시모Cosimo 공의 저택으로 옮겨놓았다. 지금은 그의 아들이 소장하고 있다. 후에 나는 이 그림을 수정하고 싶었으나 허락을 받지 못했다. 나의 첫 작품인 이 그림을 본 알레산드로 공작은 메디치 궁전 1층의 조반니 다 우디네Giovanni da Udine가 완성하지 못한 그림을 마무리하도록 나에게 명했다. 그리하여 나는 카이사르Caesar의 생애에서 네 장면을 그렸다. 즉, 한 손에 『갈리아 전기戰記』를 들고 입에 칼을 물고 헤엄치는 카이사르, 자기 적들의 음모를 피하려고 폼페이우스Pompeius의 기록을 불사르는 카이사르, 바다에서 위험을 당했을 때 사공에게 신호하는 카이사르 등 세 편이다. 그러나 마지막 그림인 카이사르가 개선하는 장면은 완성하지 못했다.

그 무렵 나는 18세에 지나지 않았지만 공은 매달 6두카트를 주고 사무실, 시종, 숙소와 그밖의 편의를 제공했다. 나는 이런 대우를 받을 만한 자격이 없음을 잘 알고 있었으므로 온 힘을 내 작품에 바쳤고 모르는 것은 서슴지 않고 선배들에게 물었다. 그리하여 트리볼로Tribolo, 반디넬리Bandinelli, 그밖의 여러 사람이 작품을 제작하는 데 도움을 주었고 충고도 해주었다. 예를 들면 3브라차 정도 크기의 알레산드로 공의 초상화를 그렸는데,^{그림 712*} 그의 의자는 서로 결박한 죄수들과 그밖의 환상적인 사물들로 그렸다. 초상은 실제 인물과 같았으나 갑옷과 투구의 광택을 세밀하게 표현하는 데 고심한 나머지 미칠 지경이었다. 그림이 실물과 같지 않아 절망한 나는 야코포 다 폰토르모에게 그림을 평가해달라고 요청했다. 평소 그의 재능을 존경했기 때문이다.

그는 그림을 보고 동시에 내가 얼마나 열중하고 있는지를 알아차리고 다음과 같이 친절히 충고했다.

"내 아들아! 진짜 갑옷과 투구가 네 옆에 있는 한 네 그림은 언제나 페인트처럼 보일 것이다. 화가들 사이에는 연백鉛白이 가장 강한 빛깔로 알려져 있지만 윤을 낸 강철은 더욱 강하고 번쩍일 것이다. 그러니 진짜를 다른 데로 옮기면 네가 그린 갑옷이 네가 생각하는 것보다는 나쁘지 않을 것이다."

초상화가 완성되자 공에게 보냈더니 그는 그것을 오타비아노 데 메디치에게 증정해 지금 그의 저택에 소장되어 있으며, 바로 카테리나Caterina**의 초상화와 로렌초 데 메디치의 초상*** 옆에 걸려 있다. 이 저택에는 내가 젊었을 때 그린 그림 세 점, 즉 「이삭을 제물로 바치는 아브라함」, 「겟세마네 동산의 그리스도」, 「최후의 만찬」 등이 소장되어 있다.

그 무렵 내가 모든 희망을 걸었던 추기경이 선종했고, 나는 이 세상

* 알레산드로 공의 초상화는 메디치가 박물관에 있다.
** 공의 누이며 후에 프랑스의 황후가 되었다.
*** 로렌초 데 메디치 초상화는 우피치 미술관에 있다.

그림 712 조르조 바사리, 「알레산드로 데 메디치의 초상」,
1534, 캔버스에 오일, 우피치 미술관, 피렌체.

에서의 희망이 얼마나 허무한 것인지를 느낀 동시에 사람은 자신을 믿
어야 한다는 것을 실감하기 시작했다.

8

당시 공작이 건물과 요새화에 관심이 많은 것을 안 나는 그에게 열심
히 봉사하기 위해 많은 시간을 건축을 공부하는 데 보냈다. 1536년에
카를Karl 5세를 영접하려고 축제를 준비하느라 피렌체시가 바빴는데,
공이 아치의 설계와 장식 책임을 나에게 맡겼다는 것은 트리볼로 전기

에서 이미 이야기했다. 성과 요새에 큰 기들은 단 것 이외에 산 피에르 가톨리니S. Pier Gattolini에서 가까운 광장의 산타 펠리체S. Felice 성당에 높이 40브라차, 너비 20브라차에 이르는 개선문 정면도 만들었다. 대규모 작업이라 내 역량에는 벅찬 일이었다. 설상가상으로 공작이 나를 총애하는 것을 많은 사람이 질투했고 결국 기치를 만들면서 나를 도와주던 20여 명이 나를 궁지에 몰아넣고 가버렸다. 그들은 내 일을 방해하려는 자에게 설복되었던 것이다. 그러나 내가 항상 도와준 자들의 그러한 속셈을 예측했던 터라 주야겸행으로 열심히 일했고, 나를 은근히 도와준 화가들의 도움으로 궁지에서 벗어날 수 있었다.

그러는 동안에 공작의 비서 베르톨도 코르시니Bertoldo Corsini는 공작에게 바사리가 너무 많은 일에 착수해 제때에 완성하지 못했으며 더구나 사람을 구하지 못해 일이 늦어졌다고 일러바쳤다. 그러자 공작이 나를 불러 들은 바를 이야기했다. 나는 공이 만족할 만큼 일이 잘 진행되고 있으며 결과가 그것을 증명할 것이라고 공작에게 대답했다. 내가 물러간 뒤에 공작이 은밀히 내 공사장에 와서 보고는 나를 미워하는 자들의 질투와 악의가 어느 정도로 심각한지를 실감하게 되었다. 그 후 작업이 순조롭게 진행되어 모든 것이 완성되자 공작과 여러 사람이 만족했다. 한편 자기 일보다도 내 일에 관심이 많았던 자들의 일은 미완성으로 남아 있었다. 축제가 끝나자 공은 나에게 사례금 400두카트와 계약에 따라 일을 완성하지 못한 사람들에게서 300두카트를 모아 나에게 주었다. 나는 이 돈을 한 여동생의 결혼식 비용으로 사용했으며, 그 후 곧 다른 여동생을 아레초에 있는 무라테 수녀원에 보내면서 혼인 지참금, 구호금과 함께 내가 그린 「성모영보」와 성사聖事에 쓰이는 감실龕室도 곁들여서 수녀원에 기증했다. 이것은 전례의식이 행해지는 성가대석에 놓여 있다.

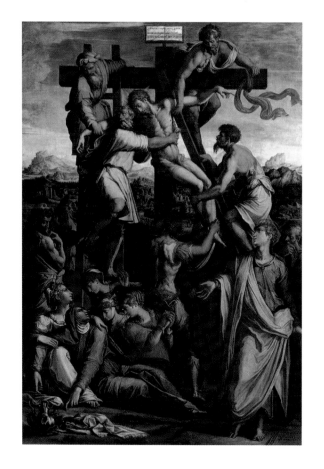

그림 713 조르조 바사리, 「십자가 강하」, 1540년경, 캔버스에 오일,
311×210cm, 산티 도나토 에 일라리아노, 카말돌리.

9

얼마 후 산 도미니코S. Dominico 성당 제단화를 그리기 위해 코르푸스
도미니Corpus Domini 조합에 고용된 나는 「십자가 강하降下」를 그렸고
곧 이어서 피렌체의 산 로코S. Rocco 조합에서 위촉한 그림을 그리기 시
작했다. 내가 알레산드로 공의 비호 아래 명예와 명성, 경제적 여유를
누리고 있을 때 불행하게도 공이 무참히 살해되고 말았으니 나는 그의

총애 밑에서 얻었던 모든 희망이 사라졌음을 깨달았다. 클레멘티우스Clementius, 이폴리토Ippolito와 알레산드로Alessandro, 이분들이 불과 몇 해 사이에 모두 세상을 떠나 나는 지금 새로운 코시모 공 밑에서 자리 잡고 있기는 하나 오타비아노Ottaviano의 충고에 따라 궁정의 총애에 기대지 말고 혼자 힘으로 예술에 정진하기로 결심했다. 그리하여 나는 그림과 산 로코의 건물 정면 일을 밀고 나갔으며 로마로 떠날 준비를 하고 있었다.

그러나 내가 모든 것을 의지하는 하느님의 뜻에 따라 조반니 폴라스트라Giovanni Pollastra의 알선으로 카말돌리Camaldoli 수도원에 소환되었는데, 그곳 성당 신부들의 요청에 응하기 위해서였다. 그곳에 도착하자마자 나는 깊은 산속인 성스러운 고장에서 영원한 고독과 적막에 사로잡혔다. 이 경건한 신부들이 젊은 나를 보고서 당황하는 것을 느꼈으나 나는 용기를 내어 카말돌리 성당을 위해 유채화와 프레스코화를 그리는 데 고용해달라고 설득했다. 그들은 모든 것을 제쳐놓고 우선 제단화를 그리도록 원했지만, 나는 수랑神廊에 소품을 그려보고 그것이 그들 마음에 들면 다른 것을 계속해 그리겠다고 주장했다.

원래 나는 그들과 흥정할 생각은 없었지만, 다만 내 그림을 그들이 마음에 들어하면 그에 알맞은 보수를 받을 것이며 그렇지 못하면 그림을 회수해갈 작정이라고 했다. 이 조건에 그들은 동의했다. 우선 그들은 아기 예수를 안은 성모와 그 옆의 황야荒野에서 은둔생활을 하는 두 사도, 즉 세례자 요한과 성 히에로니무스S. Hyeronimus가 대령하고 있는 그림을 그려달라고 요청했다. 나는 암자를 떠나 카말돌리의 성당으로 내려갔다. 그곳에서 데생을 끝내고 2개월 후 그림을 완성해 가져다놓았더니 신부들이 매우 만족해했다. 이 짧은 기간에 나는 장터와 궁전같이 시끄러운 곳과 달리 평화롭고 조용한 이런 장소가 그림 공부에 얼마나 큰 도움이 되는지를 배웠고, 또 속세에서 변덕쟁이들에게 기대하는 것이 얼마나 무모한 잘못인지를 깨달았다. 이 그림을 완성하자 신부들은 이 성당 수랑袖廊의 빈자리에 몇몇 장면과 프레스코를 그려달라고 위촉했다. 이 자리에는 원래 내년 여름에 그릴 예정이었다. 이런 높은 곳에서는 겨울에는 작업하기가 어렵기 때문이다.

10

나는 아레초로 되돌아가서 산 로코S. Rocco 성당의 그림을 끝냈다. 즉, 성모와 성인 6명, 페스트를 나타내는 화살을 들고 있는 성부와 성자와 성령을 향하여 성 로코S. Rocco와 여러 성인이 백성을 위해 변호하는 장면이다. 당시 몬테 산소비노Monte Sansovino에 있는 아고스티노 수도회의 수사修士 바르톨로메오 그라티아니Bartolommeo Gratiani가 나에게 발디 카프레세Val di Caprese로 가서 그곳에 있는 산 아고스티노S. Agostino 성당의 제단화를 유채화로 크게 그리도록 했다. 나는 그 준비를 마치고 나서 오타비아노 공작을 만나러 피렌체로 떠났다.

그곳에서 며칠 머무르는 동안 궁중에서 계속 일해주기를 원하는 그의 요구를 거절하느라 진땀을 뺐다. 결국 나는 이를 뿌리치고 로마로 떠나기로 결심했다. 떠나기 전에 그를 위해 라파엘로Raffaello의 그림을 모사해 한 장을 그렸다. 즉 라파엘로가 교황 레오Leo, 줄리아노 데 메디치 추기경, 롯시 추기경을 그린 것인데 오타비아노가 원화를 갖고 싶어 했기 때문이다. 이 그림은 지금 그의 후손이 보관하고 있다. 내가 로마로 떠날 때 그는 조반 바티스타 푸치니Giovan Battista Puccini에게 보내는 500두카트를 나에게 기탁하면서, 그 돈으로 내가 로마에서 그림 공부를 하는 동안 학자금으로 쓰라고 했다. 그는 나에게 훗날 현금으로 갚든가 그림으로 갚든가 내가 원하는 대로 하라고 덧붙였다.

11

나는 1538년 2월 로마에 도착해 6월 말까지 머물렀다. 나는 그곳 마을의 조반 바티스타 쿤지Giovan Battista Cungi에게 지난번에 내가 로마를

그림 714 조르조 바사리, 「대회의실 천장」, 1565, 프레스코,
베키오궁 대회의실, 피렌체.

방문했을 때 남겨두었던 지하 동굴의 것들을 제자와 함께 스케치하겠다고 제의했다. 그곳에 있는 조각과 건축물 중 내가 그때 스케치하지 않은 것과 치수를 재지 않은 것은 하나도 없었다. 조금도 과장 없이 말하자면, 나는 당시 데생을 300개 이상 그렸다. 그것들은 훗날 나에게 많은 즐거움을 주었을 뿐만 아니라, 로마의 기억을 새롭게 하는 데 큰 도움을 주었다. 그 노력의 대가는 내가 토스카나Toscana로 되돌아와서 몬테 산소비노에 그린 그림, 즉 성모 마리아의 승천 장면, 성 아고스티노와 그 밑의 성 로무알도S. Romualdo와 사도들을 그릴 때 큰 도움이 되었다.

12

나는 신부들과 약속한 내용을 이행하기 위해 카말돌리 수도원에 가서 성당 맞은편 수랑에 「그리스도의 탄생」을 그렸다. 경배하는 목동들에게 둘러싸인 아기에게서 나오는 휘황한 광채로 밤하늘이 빛나고 있다. 나는 햇빛의 색깔을 모방했고 인물들과 사물들을 실물을 보고 그렸으며, 될수록 자연을 모방하려고 애썼다. 빛이 구유 안으로는 비치지 못하므로 나는 하늘에서 '대영광송'Gloria in Excelsis Deo을 찬미하는 천사들로부터 빛을 보냈다. 나머지 부분은 목동들의 볏짚 횃불, 달, 별, 목동들에게 나타난 천사들로부터 비쳤다. 건물은 부서진 고대양식으로 그렸다. 한마디로 내가 열망했던 대로 붓이 움직이지는 못했으나 전력을 기울였으며 이 작품은 많은 사람을 만족시켰다.

교황 도서실 책임자이며 교양 있는 파우스토 사베오Fausto Sabeo와 몇몇 인사는 내 그림이 훌륭해서라기보다는 우정에 끌려서 라틴말로 시를 지어 그림을 영광되게 했다. 여하튼 이런 칭찬은 신의 은총 덕분이었다. 이 그림이 완성되자 신부들은 나에게 성당 정면에 프레스코 벽화를 그려달라고 위촉했다. 그리하여 나는 정면 출입문 위에 한쪽에는 베네치아 총독이자 성인인 성 로무알도와 더불어 은둔의 집을, 다른 한쪽에는 이 성인이 은둔의 집을 지은 장소에서 그에게 나타난 환영을 갖가지 환상적인 표현과 함께 그렸다. 이 그림이 완성되자 신부들은 내게 다음 해에도 여름에 제단화를 그리러 다시 와달라고 부탁했다.

13

당시 몬테 올리베토 성청聖廳을 방문 중이던 돈 미니아토 피티가 몬테 산소비노와 카말돌리에서 내 그림을 본 적이 있었다. 그는 피렌체 출신이며 보스코Bosco의 산 미켈레S. Michele 수도원 원장인 돈 필리포 세랄리Don Filippo Serragli를 볼로냐에서 만났을 때, 세랄리에게 수도원 식당에 그릴 그림을 바사리에게 위촉하라고 했다. 그들은 나를 볼로냐로 데려갔는데, 나는 작업이 방대하고 중요하다는 것을 인식했으나 우선 착수했고 그 지방의 화가들을 만날 계획이었다. 수도원 식당 안의 그림을 셋으로 나누었는데, 첫째 것은 아브라함이 맘레Mamre 황야에서 천사를 맞이하는 장면, 둘째 것은 그리스도가 마리아 막달레나와 마르타의 집에 들렀을 때 동생 마리아가 아주 좋은 몫을 택했다고 마르타에게 이야기하는 장면,* 셋째 것은 성 그레고리우스S. Gregorius가 가난한 사람 열두 명에게 저녁식사를 대접하는 장면이었는데, 그중 한 사람은 그리스도였다.

나는 세 번째 그림부터 그리기 시작했는데, 신부들의 청에 따라 수도원 식탁에 앉은 성 그레고리우스에게 가르멜Carmelitano 교단 수사들이 시중드는 장면이었다. 교황을 위해 클레멘티우스 7세를 그렸고, 대사들과 군주들 가운데에서 알레산드로 데 메디치를 향하여 그린 이유는 그가 나를 총애함을 잊지 않고 또 모두가 그를 기념하길 원해서였다. 내 친구들도 많이 그려 넣었는데 내 잡일을 거들던 수도자들, 약제사,

---

*「마르타의 집의 그리스도」는 원래 위치인 산 조르조(S. Giorgio) 싱팅에 있다. 「천사들을 맞이하는 아브라함」은 없어졌다.

상점주인, 세랄리Serragli 수도원장, 돈 치프리아노 다 베로나Don Cipriano da Verona 장관, 벤티볼리오Bentivoglio 등이다. 그뿐만 아니라 벨벳, 양탄자, 금실로 만든 의복, 명주 등 교황의 의복과 보르고Borgo의 크리스토파노Cristofano의 생애와 관련된 꽃병, 동물, 그밖의 여러 부품도 그려 넣었다.

두 번째 그림에서는 인물의 얼굴, 의상과 건물들을 첫 번째 그림과 다르게 만들려고 노력했다. 막달레나를 가르치는 예수의 열의와 음식을 준비하는 마르타Marta의 착한 마음과 정성, 도와주지 않는 여동생에 대한 그녀의 불평, 사도들의 무관심, 그밖의 여러 상황을 표현하려고 애썼다.

첫 번째 그림에는 웬일인지 머리에 떠오른 생각으로 천상의 빛 안에 있는 천사 셋을 그렸다. 햇볕은 구름 속의 그들을 둘러쌌다. 아브라함은 세 천사를 보았으나 그중 한 천사만 경배했으며, 사라Sara는 자기에게 주어진 약속에 대하여 웃으면서 서 있었다. 한편 하갈Hagar은 이스마엘Ishmael을 데리고 멀리 집을 떠나려는 모습이었다. 이미 준비를 끝낸 시종들에게 햇빛이 비치고 있었는데 몇몇은 손으로 눈을 가려 햇빛을 피하려고 했다. 이 사물들은 빛과 그늘의 날카로운 대조를 보여줌으로써 그림에 활력을 불어넣었다.

나는 생각하는 바를 충실히 나타내고자 애썼으나, 언제나 그림으로 표현하기 어렵다는 것을 실감한다. 나는 이 작품을 프레스코로 프리즈를 만들고 상감세공象嵌細工, 성가대석, 처마도리, 탁자 장식 등을 8개월 만에 완성했다. 나는 보수로 200두카트를 받았지만 이 소득보다는 영광을 얻은 것이 더욱 기뻤다. 당시 볼로냐에서 공부하고 있던 내 막역한 친구 안드레아 알차티Andrea Alciati는 이 그림에 다음과 같은 명각銘刻을 만들었다.

아레초의 조르조가 8개월에 걸쳐

그림 715 조르조 바사리, 「망명에서 귀국하는 코시모 일
베키오 메디치」, 1556~58, 프레스코,
베키오궁 코시모 일 베키오 메디치 방, 피렌체.

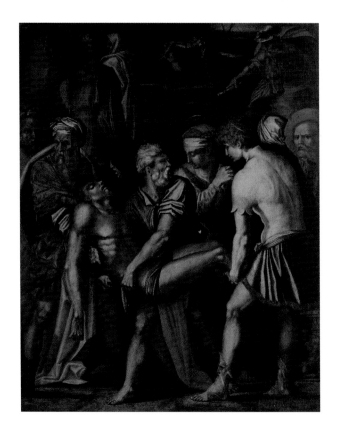

그림716 조르조 바사리, 「그리스도의 매장」, 1532, 패널에 오일,
144×113cm, 카사 델 바사리, 아레초.

제작한 이 작품은 대가를 고려하지 않고 친구에게 헌정한 것이다.
1539년 필리포 세랄리가 이 글을 작성했다.

OCTONIS MENSIBUS OPUS AB ARETINO GEORGIO PICTUM,

*NON TAM PRECIO QUAM AMICORUM OBSEQUIS ET HONORIS
VOTO,*

ANNO 1539 PHILIPPUS SERRALIUS PON. CURAVIT.

14

그 무렵 나는 소품 두 점을 그렸다. 즉, 「그리스도의 매장」과 「부활」 인데 산 지미냐노 디 발델사S. Gimignano di Valdelsa 교외에 돈 미니아토 피티 수도원장이 지은 산타 마리아 디 바르비아노S. Maria di Barbiano 성당 안에 있다. 이 작품을 끝내고 나는 서둘러 피렌체로 떠났다. 왜냐하면 트레비소Treviso를 비롯해 거장 비아조Biagio, 기타 볼로냐의 화가들이 혹시나 내가 볼로냐에 눌러앉아 자신들의 일자리를 빼앗지나 않을까 하고 염려할 것 같아 내 마음이 괴로웠기 때문이다.

그러나 그들은 오히려 자신들에게 더 해가 되는 일들을 저질렀는데, 그들의 간계奸計와 마음가짐은 오히려 내 마음을 가볍게 했다.

15

피렌체에서 나는 오타비아노 공작을 위해 이폴리토 추기경의 초상화를 무릎까지 오는 크기로 모사하고, 여름 한동안은 작품 몇 점을 만들었다. 그 후 조용하고 시원한 카말돌리 수도원으로 되돌아와서 대제단을 위한 「그리스도 십자가 강하」 제작에 착수했다. 나는 모든 정력을 기울였으며, 처음에 그린 스케치에 만족하지 않고 여러 차례 되풀이했다.

나는 여기서 고독을 즐기면서 벌거벗은 젊은 요한이 나처럼 바위 사이에서 기거하는 모습을 그렸는데, 빈도 알토비티가 이곳에 오기 조금 전에 완성했다. 그는 신부들의 암자가 있는 산 알베리고S. Alberigo에서 티베르강을 따라 로마에 이르는 길을 만들어 성 베드로S. Pietro 대성당을 건축하는 데 쓰일 큰 전나무들을 수송하려고 했다. 그는 내가 그린 그림들을 보고서 칭찬하더니 떠나기에 앞서 나에게 피렌체의 산 아포스톨로S. Apostolo 성당에 그림을 그려달라고 요청했다. 따라서 나는 카말돌리 성당의 벽에 프레스코에 유채를 섞어 그리는 경험을 쌓은 다음 피렌체에 가서 그림을 그리게 되었다. 원래 나는 피렌체에서 이런 그림

그림 717 조르조 바사리, 「원죄 없으신 잉태」, 1541, 패널에 템페라,
58×39cm, 우피치 미술관, 피렌체.

을 그린 경험이 없었으므로 경쟁자가 많은 그곳에 가서 기량을 겨루어
명성을 얻고 싶었다.

16

그에 앞서 할 일들을 처리하려고 마음먹은 나는 셋째 누이동생을
결혼시키고 아레초에 내 집도 한 채 마련했다. 이 집은 시내에서 가
장 공기가 맑고 정원도 아름다운 산 비토S. Vito에 있다. 그리고 1540년

10월에 들어가서 빈도Bindo가 봉헌奉獻한 경당에 「원죄 없으신 잉태」Conceptio immaculata를* 그리기 시작했다. 이 그림이 수월하지 않음을 깨달은 나는 빈도와 가까운 친구, 문인, 기타 여러 사람의 의견을 물은 결과 다음과 같이 결정했다. 즉, 한가운데에는 원죄原罪의 나무를 세우고 나무 밑에는 인류의 첫 죄인으로서 벌거벗고 결박된 아담과 이브를 그렸다. 나뭇가지에는 두 손이 결박된 아브라함, 이삭, 야곱, 모세, 아론, 여호수아, 다비드와 왕들을 계급에 따라 나란히 세우고, 배 속에서 축복받은 사무엘과 세례자 요한은 한쪽 손만 묶어놓았다.

한가운데 아래쪽에는 사람 모양의 뱀을 그렸는데 팔은 뒤로 묶여 있고 꼬리는 둘레가 상처투성이다. 영광의 성모 마리아는 한쪽 다리를 그의 머리 위에 얹어 뿔들을 걷어차며 다른 한쪽 다리는 달 위에 올려놓고 있다. 그녀는 태양으로 만든 의복과 별 열두 개로 만든 관을 쓰고 있다. 벌거벗은 천사 한 무리가 그녀에게서 나오는 빛을 받으며 영광의 하늘 높이 그녀를 받들고 있다. 무성한 나뭇잎 사이로 광선이 포로들을 비추는 모습이 마치 덕과 은총으로 말미암아 결박을 풀어주는 듯하다. 두 천사가 다음과 같이 쓴 두루마리를 들고 있다.

이브의 비난받을 원죄를, 은총으로 충만한 성모가 해소하다.
QUOS EVÆ CULPA DAMNAVIT, MARIÆ GRATIA SOLVIT.

내 기억으로는 이 그림보다 더 많은 정력을 쏟은 작품은 없는 것 같다. 이 그림은 다른 사람들 마음에는 든 것 같았으나 나는 흡족하지 않았다. 나는 특히 나신과 얼굴을 그리는 데 많은 노력을 들였다. 빈도Bindo는 보수로 금화 300두카트를 내게 주었으며, 이듬해 내가 로마에 있는 그의 집에서 이 그림을 조그맣게 복사할 때도 신세를 많이 졌다.

*「원죄 없으신 잉태」는 우피치 미술관에 있다.

이 그림을 그릴 때 나는 미켈란젤로의 데생으로 오타비아노 데 메디치 Ottaviano de' Medici를 위해 비너스와 레다Leda를 제작했으며, 또 고행 중의 성 히에로니무스S. Hyeronimus를* 실물 크기로 그렸다. 비록 황야荒野에서의 일일지언정 자기를 괴롭히는 음탕한 생각을 쫓아버리려고 예수의 십자가를 묵상默想하며 가슴을 두드리는 장면이었다. 이것을 표현하려고 비너스가 큐피드를 팔에 안고 도망쳐 날아가다가 화살통과 화살을 땅에 떨어뜨려 쏟아지게 했다. 큐피드의 화살은 부러졌고 비너스의 비둘기가 부리로 그것들을 쪼고 있었다.

이 그림이 당시는 내 마음에 들었으며, 또 열심히 그리기도 했지만 지금은 뭐라고 말할 수 없다. 예술은 어려운 것이며 있는 힘을 다해야 한다. 내가 자신 있게 이야기할 수 있는 것은 나는 그림과 구상, 데생들을 별로 힘들이지 않고 만들곤 했다는 점이다. 그 증거로 피렌체 산 조반니S. Giovanni 성당 안의 돈 프란체스코 데 메디치에게 세례를 주는 장면을 들 수 있는데, 큰 캔버스에 그린 이 그림은 1542년에 단 엿새 만에 완성했다.

17

그 후 나는 빈도 알토비티 때문에 로마로 가야 했지만, 그렇게 하지 못했다. 왜냐하면 피에트로 아레티노Pietro Aretino**가 나를 베네치아로 오도록 불렀기 때문이다. 그는 당시 이름난 시인이며 나와 막역한 친분이 있었다. 그가 나를 무척 보고 싶어 했기 때문에 갈 수밖에 없었으며, 그곳에서 나는 운 좋게 티치아노Tiziano와 그밖의 여러 거장의 작품을 구경할 수 있었다. 2, 3일 후에는 파르마와 모데나에서 코레조Correggio의 작품을, 만토바Mantova에서는 줄리오 로마노Giulio Romano의 그림을

---

* 「성 히에로니무스의 고행」은 피티 미술관에 있다.
** 피에트로 아레티노(Pietro Aretino, 1492~1556)는 시인, 극작가다.

그림 718 조르조 바사리, 「대사의 영접을 받는 위대한 자 로렌초
데 메디치」, 1556~58, 프레스코, 34.5×28cm,
베키오궁 위대한 자 로렌초 데 메디치 방, 피렌체.

보았고, 베로나에서는 고대 유물들을 견학할 수 있었다.

미켈란젤로의 밑그림으로 하여 그린 두 점을 가지고 베네치아에 온 나는 그것을 돈 디에고 디 멘도차Don Diego di Mendoza에게 주고 금화 200두카트를 받았다. 나는 앞서 베네치아에 잠깐 머물렀기 때문에 이 기회에 아레티노의 의뢰로 칼차Calza와 축제에 사용될 장식을 맡아 바티스타 쿤지Battista Cungi, 크리스토파노 게라르디Cristofano Gherardi, 바스티아노 플로리Bastiano Flori 등의 도움을 받아 완성했다. 그밖에도 산 베네데토S. Benedetto에 있는 조반니 코르나로Giovanni Cornaro의 저택 둥근 천장에 그림 아홉 폭을 그렸다.

18

나는 제작이 끝난 후 1542년 8월 16일 베네치아를 떠나 토스카나로 되돌아왔다. 무엇보다도 먼저 내 집에 데생과 관련된 그림을 그리려고 만든 둥근 천장 한가운데에 「명성의 여신」을 그렸다. 그녀가 지구 위에 앉아 금으로 만든 트럼펫을 불면서 중상모략을 나타내는 불을 던지는 장면인데, 그녀 주위에는 미술 일체를 부속물들과 함께 그렸다. 이때 작업을 끝내기에는 시간이 부족해 현대에 주도적 역할을 하는 미술가들의 초상화를 그려 넣을 타원형의 자리를 여덟 개 남겨두었다. 그 무렵 이 마을에 있는 산타 마르게리타S. Margherita 수녀원의 성당에 실물 크기로 「그리스도의 탄생」을 그렸다.

19

이렇게 한여름과 초가을을 고향에서 보내고 로마로 가서 빈도 씨의 따뜻한 영접을 받았다. 나는 그를 위해 실물 크기의 「그리스도 십자가 강하」,* 「태양을 바라보는 아폴로」와 「달을 바라보는 디아나」도 그려

＊「그리스도 십자가 강하」는 로마의 도리아(Doria) 미술관 소장품.

그림 720 조르조 바사리, 「명예의 전당
천장」, 1542, 카사 델 바사리,
아레초.

그림 719 조르조 바사리, 「명성의
여신」, 1542, 카사 델 바사리,
아레초.

넣었다. 캄캄한 풍경 속의 바위투성이 산이 지진으로 산산이 쪼개지면
서 죽었던 성인들이 무덤에서 나오는 장면이었다. 이 그림이 완성되자
당시 유명한 화가, 조각가, 건축가들이 마음에 들어했다. 아마 미래에
도 그럴 것이다. 조비오Giovio와 빈도가 이 그림을 파르네세Farnese 추기
경에게 보여주었다.

나는 이 고위성직자를 위해 길이 8브라차, 너비 4브라차 크기로 「정
의의 여신」을 그렸다.* 그녀는 판자 열두 개를 짊어진 타조駝鳥를 안고
있으며, 끝에 백조를 그려 넣은 홀笏을 들고 철과 금으로 만든 투구를
썼는데, 이 투구는 엄정한 판단을 표시하는 갖가지 빛깔로 장식된 깃털
로 되어 있으며, 그녀의 상반신은 나체 상태로 그렸다. 그녀의 허리띠

* 「정의의 여신」은 1760년까지 파르네세궁 의상실에 있다가 이후 나폴리
궁으로 이송되어 보관되어 있다.

그림 721 조르조 바사리, 「정의의 여신」, 1543, 패널에 오일,
카포디몬테 미술관, 나폴리.

는 금사슬로 된 일곱 가지 부도덕을 표시한다. 즉 타락, 무지, 잔혹, 공포, 반역, 거짓말, 중상이다. 그들은 벌거벗은 잔등에 「순결」을 나타내는 비둘기 두 마리와 더불어 「정의」의 여신이 「시간」 신에게 드리는 벌거벗은 「진실」을 짊어지고 있다. 「정의」의 여신은 용기를 상징하는 오크 나무로 만든 관을 「진실」의 머리에 씌워준다. 나는 이 작품에 많은 정력을 기울였다.

당시 나는 미켈란젤로를 열심히 따라다녔으며, 내게 일어난 모든 일을 그에게 의논했는데 그는 나에게 두터운 우정을 보여주었다. 그는 내가 그린 데생을 보고 나서 건축으로 전환할 것을 충고하면서 좀더 좋은 방법을 택해 연구하라고 권했다. 이런 훌륭한 분이 내게 충고해주지 않았다면 나는 건축술에는 아마 손대지 않았을 것이며, 이런 이야기를 되풀이하는 것은 그에게 예의가 아닌 것 같다.

20

그해 로마가 매우 더웠으므로 나는 1543년 한겨울을 그곳에서 지내고 성 베드로의 축일에 피렌체로 되돌아왔다. 그곳에 있는 오타비아노 데 메디치 저택에 머무르면서 루카Lucca의 비아조 메이Biagio Mei의 요청으로 제단화 한 폭을 그렸는데, 그 구상은 산 아포스톨로에 사는 빈도 씨를 위해 그린 그림과 비슷하지만 구도가 다르다. 이 그림이 완성되자 그는 루카*에 있는 산 피에로 치골리S. Piero Cigoli 성당 안의 자기가 봉헌한 경당으로 가져갔다. 나는 또 같은 크기, 즉 길이 7브라차, 너비 4브라차 되는 그림에 성모 마리아와 성 히에로니무스, 성 루카, 성녀 체칠리아, 성녀 마르타, 성 아우구스티누스, 은둔자隱遁者 성 구이도S. Guido가 대령하고 있는 장면을 그렸는데, 이 그림은 피사 대성당의 소

---

* 산 피에로 치골리 성당에 그린 그림은 현재 루카(Lucca)의 피나고데키(Pınacoteca)에 있다.

장품이다. 이어서 사목위원장의 요청으로 성모상을 그렸는데, 이번에는 모양을 좀 바꿔서 십자가 밑에 앉은 마리아가 죽은 그리스도를 무릎 위에 안고 있으며, 도둑들은 아직 십자가에 매달려 있는 장면이다. 마리아들과 니코데무스는 옆에 서 있고, 교회의 수호 성인들도 참여시켜 부드러운 구성으로 그렸다.

21

1544년에 다시 로마로 되돌아가 빈도 알토비티 집에 머무르면서 미켈란젤로의 데생으로 「비너스」를 그렸다. 또 피렌체의 상인 갈레오토 다 지로네Galeotto da Girone를 위해 「그리스도 십자가 강하」를 그렸는데 로마의 산 아고스티노 성당 안 그의 경당으로 가져갔다. 산 안젤로 S. Angelo성의 성주 티베리오 크리스포Tiberio Crispo의 위촉으로 그의 성으로 향했는데, 트라스테베레Trastevere의 산 오노프리오S. Onofrio 근처에 있는 이 성은 아디마리Adimari 사제가 건축했으며 후에 살비아티의 소유가 되었다. 얼마 후 과로로 피곤하고 지친 나는 피렌체로 되돌아가야만 했다. 거기에서 그림 몇 장, 즉 단테, 페트라르카, 구이도 카발칸티 Guido Cavalcanti, 보카치오Boccaccio, 치노 다 피스토이아Cino da Pistoia, 구이토네 아레초Guittone d'Arezzo들을 고대 초상화를 보고 정밀하게 그렸는데 이 그림에서 많은 모사품이 유포되었다.

22

같은 해, 즉 1544년 몬테 올리베토Monte Oliveto 수도원장인 앤트워프 Antwerp 출신 돈 잠마테오Don Giammateo의 알선으로 알폰소 1세가 나폴리에 건립한 한 수도원의 식당에 그림을 그리게 되었다. 그곳에 도착해 수도원을 보니 건물이 고딕식이며 낮고 음산해 그림을 그린다 해도 효과가 적을 것 같아 거절할 생각이었다. 그러나 당시 이 수도회의 방문객으로 와 있던 내 친구 돈 미니아토 피티와 돈 이폴리토Don Ippolito

의 끈질긴 요청 때문에 나는 결국 일에 착수할 수밖에 없었다. 인물화를 많이 그리면 관객들이 혼란스러워할 것 같고 장식을 풍부하게 하지 않고는 달리 방법이 없었으므로, 스투코로 둥근 천장을 덮어 구식이고 서투른 솜씨로 만든 이 공간을 현대적 스타일로 고치려고 결심했다. 담벼락에는 석회화石灰華를 쌓았는데, 나무보다 조각하기가 쉽고 잘 굽지 않은 벽돌 같기도 해서 내게 큰 도움이 되었다. 나는 이 석회화 석재 위에 사방형, 타원형, 팔각형의 조각을 할 수 있었는데, 이런 스투코 양식은 나폴리에서는 처음 시도한 것이다.

그리하여 식당 공간을 보기 좋게 만든 다음, 7브라차 높이의 유채화 여섯 점을 그려서 셋은 각 방 모퉁이에 걸어놓았다. 나머지 셋은 식당 출입문 위에 걸었는데, 모세Moise와 아론Aaron이 만나manna를 뜯는 장면을 그린 「만나의 비」다. 나는 이 그림에서 인물들의 자세, 의상, 표정과 신에게 감사하는 태도를 표현하려고 노력했다. 벽 위쪽의 맨 끝에는 시몬의 집에서 식사하는 그리스도와 통회하면서 눈물로 그의 발을 적시고 머리칼로 닦는 막달레나를 그렸다.* 이 장면을 셋으로 나누고 중앙에는 연회 장면을 그렸는데, 오른쪽은 갖가지 모양의 이상한 그릇으로 가득 차 있으며 왼쪽에는 요리를 분배하는 요리사가 보인다. 둥근 천장도 셋으로 나누어 「신앙」, 「종교」, 「내세」來世를 그렸다. 여기에는 각각 여덟 가지 덕을 표현해 식사하는 수사들에게 도움을 주고자 했다. 둥근 천장의 공간은 48개 천체도를 그로테스크grotesque 문양으로 장식했다. 들창 아래 테두리는 장소에 알맞게 「그리스도의 비유 말씀」으로 장식했다. 각 칸막이들도 그림의 장면에 알맞게 조각했다.

23
그 후 나는 성당을 위해 8브라차 높이의 제단화 「신전의 방문」을 독

---

*「시몬의 집의 그리스도」는 나폴리 국립 박물관에 있다.

창적인 방법으로 그렸다. 이 작품은 엄청난 규모로 조토Giotto 이후로 당시까지 이 위대하고 고상한 나폴리시에는 거장이 이토록 거대한 그림을 그린 일이 없었다. 과거에 이 도시 외곽에는 페루지노Perugino와 라파엘로Raffaello가 몇 점을 그린 일이 있다. 그래서 나는 이 작품으로 이 지방 사람들을 깨우치기 위해 진력했다. 이 작품 때문인지 또는 다른 원인인지 몰라도 그 후로는 이곳에 우수한 스투코stucco 또는 회화가 많이 제작되었다.

나는 이 작품 이외에도 「십자가를 멘 그리스도」를 실물 크기로 수도원의 객실 둥근 천장에 그렸으며, 그밖에도 그리스도를 따르려면 고난을 이겨야 한다는 것을 보여주기 위해 여러 성인이 십자가를 메는 장면을 제작했다. 또 수도원장을 위해 그리스도가 물 위를 걸어가면서 베드로를 향하여 팔을 벌리는 장면과 그리스도가 물에 빠지지 않을까 두려워하는 베드로의 모습을 그렸다.

카페초Capeccio 수도원을 위해 「그리스도의 부활」을 그렸으며, 나폴리 총독 돈 피에트로 디 톨레도Don Pietro di Toledo를 위해 그의 경당에 프레스코화를 그리고, 포추올로Pozzuolo에 있는 정원을 아주 섬세한 스투코로 장식했다. 그는 또 큰 로지아 두 개를 제작해달라고 나에게 주문했으나 다음과 같은 이유로 실현되지 못했다. 즉 총독과 수사들 사이에 의견 충돌이 일어나 치안관과 수행원들이 베네데토 교단의 수장 다툼을 하던 수도원장과 수도자들을 체포하러 왔다. 그러나 수도자들은 스투코와 그림을 보호하려고 나선 청년 15명과 합세해 지켜냈으며, 집달리 몇 사람이 다쳤다. 그들은 밤이 되자 도망쳐야 했으며 각처로 산산이 흩어졌다.

그리하여 혼자 남게 된 나는 로지아를 만들 수 없었을 뿐만 아니라 『구약성서』의 24장면과 세례자 요한의 생애도 그리지 못했다. 나폴리에 더 머무를 생각이 없었으므로 이것들을 로마로 가져다가 아우구스티누스Augustinus 교단의 산 조반니 카르보나로S. Giovanni Carbonaro 수도원에 나의 설계에 따라 호두나무로 제작한 성가대석과 인쇄소를 새로 짓고 거기에 두었다. 속세를 버린 수도자들을 위해 나는 얼마 전 성당 밖에 십자가에 달린 그리스도를 그리고, 그 주위를 화려한 스투코로 장식했다. 이것은 당시 원장이었으며 후에 추기경이 된 세리판도Seripando 의 위촉에 따른 것이었다.

나는 이 수도원 계단 중턱에 사도 요한을 그렸는데, 그는 햇빛에 둘러싸여 별 열두 개로 만든 관을 쓰고 달 위에 발을 얹은 성모 마리아에게 시선을 돌리고 있다. 같은 도시에 사는 피렌체의 상인이며 내 친구인 톰마소 캄비Tommaso Cambi 저택의 벽에 시간과 계절을 나타내는 그림 네 폭과 또 내가 제작한 분수가 있는 테라스에「잠」*의 조상도 만들었다. 그라비나Gravina 공을 위해서는 그리스도를 경배하는 동방박사를 그렸는데, 그는 이 그림을 가지고 떠났다. 그밖에 총독 비서 오르산카 Orsanca를 위해 십자가 옆의 네 인물화를 그렸다.

24

나는 군주들의 총애를 받았고 많은 작품을 통해 수입도 좋았지만, 내 주변 사람들이 떠나버렸으므로 이 고장을 떠나는 것이 옳다고 생각했다. 나는 로마로 되돌아가서 나폴리의 대주교 라누초 파르네세 Ranuccio Farnese 각하를 위해 첫 번째 작업에 착수했다. 나폴리 피스코피 오Piscopio 성당 오르간실의 큰 출입문 네 짝에 이 도시의 수호성인 다섯 분,「그리스도의 탄생」과 목동들, 하프를 타면서 '주께서 내게 말씀하시도다'DOMINUS DIXIT AD ME를 노래하는 다윗 등과 이미 이야기한 그림 24폭, 그밖에 톰마소 캄비를 위해 몇 점을 그렸는데, 그는 모두 나폴리로 가져갔다. 그 후 나는 라파엘로 아차이우올리Raffaello Acciaiuoli를

* 그리스신화에서 '죽음'의 아들인 '잠'은 한 손에 올빼미, 다른 한 손에 양귀비를 들고 있다.

위해 그림 다섯 점을 그렸는데 그는 스페인으로 가져갔다.

25

같은 해에 파르네세 추기경이 산 조르조 궁전 성청상서원聖廳尙書院의 담벼락을 채색하고자 할 때 조비오Giovio 각하가 나에게 꾸미도록 위촉했으나 실현되지 못했다. 결국 추기경은 서둘러서 일정한 시일 안에 완성시키려고 프레스코로 만들기로 결심했다. 홀은 길이가 100뼘 palmo 이상이며 너비와 천장 높이가 50뼘이다. 벽 구석마다 큰 그림을 한 장씩 그리고 양측에는 두 폭씩 그렸다. 나머지 벽은 창문들 때문에 그대로 두고 구석은 맞은편 벽의 그림과 연결했다. 그림 밑부분에 징두리 벽판을 만들지 않으려고 지면으로부터 9뼘까지 계단을 그리고 밑 계단부터 인물화를 그리기 시작해 벽 그림의 밑부분과 연결했다.

자세히 이야기하면 좀 지루할 것 같아 요점만 간단히 적겠다. 이들 그림은 교황 파울루스Paulus 3세의 치세 장면을 나타낸 것이며, 각 장면에 그의 조상彫像이 들어 있다. 첫 번째 그림에는 각국에서 파견된 대사들을 비롯해 여러 인물을 그렸는데, 이들은 교황에게 존경을 표하려고 또는 공물貢物을 바치려고 온 사람들이다. 출입문 위에는 큰 인물화가 둘 있는데 하나는 「웅변」의 신神을 나타내는 것이며, 「승리」의 두 여신이 카이사르 대왕의 머리를 쳐들고 있다.

또 하나는 「정의」正義의 여신을 나타내는 것이며, 승리의 두 여신이 알렉산드로스 대왕의 머리를 들고 있다. 중앙에는 「자유」와 「보상」이 받드는 교황의 문장紋章이 있다. 정면 벽에는 교황이 미덕을 기리며 재산을 분양하고 있는데, 작위爵位, 성직록, 연금, 주교의 직위 및 붉은 모자를 수여하는 장면이다. 이것들을 수령하는 사람들 가운데에는 사돌레토Sadoleto, 폴로Polo, 벰보Bembo, 콘타리니Contarini, 조비오Giovio, 부오나로티Buonarroti, 기타 유명한 사람들의 초상화도 보인다.

벽감壁龕에는 우미의 여신을 모셨는데, 그녀는 염소 뿔에서 「풍요」

와「명예」를 따르고 있다. 또 그녀 머리 위에는 승리의 여신들이 트라야누스Trajanus 왕*의 머리를 쳐들고 있다. 독사를 먹고 있는 질투의 여신은 악의로 터질 것만 같다. 그녀 머리 위에는 파르네세 추기경의 문장을 명성의 여신과 미덕의 여신이 받들고 있다. 다른 그림에는 성 베드로 대성당에 관심이 많은 파울루스 교황이 보인다. 교황 앞에 엎드린 회화, 조각, 건축이 성 베드로 대성당의 설계도를 바치고, 교황에게서 건축에 관한 지시를 받고 있다. 이 인물화들 옆에 있는「풍요」와「부유」의 그림 다음에는 벽감 안에「고독」이 베스파시아노Vespasiano** 황제의 조상을 들고 있는 두 인물화와 함께 보인다.

벽감 안에는「그리스도교 신앙」이 누마 폼필리우스Numa Pompilius***의 머리를 들고 있는「승리」의 두 여신과 함께 들어 있어 위의 장면들을 갈라놓는다. 이들 위쪽에는 이 궁전을 지은 산 조르조S. Giorgio 추기경의 문장이 보인다. 교황을 알현하는 장면 그림 맞은편 벽에는 그리스도교의 평화를 이룩한 교황과 샤를 5세 및 프랑스의 프랑수아 왕 초상화가 들어 있다.「평화」는 문장을 불태우며「야누스」Janus의 신전은 굳게 닫혔고「분노」의 신은 사슬로 묶여 있다. 두 벽감 사이에 위치한 그림은「일치」의 여신이며, 거기에는「승리」의 두 여신이 티투스Titus 대왕의 머리를 받들고 있다. 이 그림 위에는「승리」의 두 여신이 아우구스투스Augustus 대왕의 머리를 받들고 있으며, 끝으로 샤를Charles 왕의 문장을「승리」의 여신들과「환희」의 조상이 들고 있다.

그림 전체에 조비오가 지은 문장과 좌우명이 가득 적혀 있다. 그중에는 이 그림이 100일 동안에 제작되었다는 사연도 적혀 있다. 나는 젊은 사람으로서 이 귀인에게 봉사한다는 것 이외에는 아무 생각 없이 제

---

* 로마 황제(98~117). 본명은 마르쿠스 울피우스 트라야누스.
** 로마 황제(70~79). 본명은 카이사르 베스파시아누스 아우구스투스.
*** 전설상의 로마 제2대왕(기원전 715~기원전 672).

한된 시일 안에 작품을 완성했을 뿐이다. 나는 일을 계획하고 밑그림을 제작하는 데 정성을 다했고 이 일을 제자들에게 넘겨주고 시간을 절약하는 데에는 성공했지만 사실은 뒤늦게 이를 후회한다. 왜냐하면 100일이 아니라 100개월이 걸리더라도 내가 직접 그렸다면 더 좋은 그림을 그렸을 것이기 때문이다. 추기경 또는 나 자신의 명예를 위해서 내가 바라던 만큼은 되지 않았지만 나 자신이 끝까지 이 작품을 직접 제작했다면 더 만족스러웠을 것이다. 즉 이런 과오가 있었기에 나는 앞으로는 조수들이 거의 일을 끝낸 다음에 모든 일을 내 손으로 마지막 손질을 하겠다고 결심하게 되었다.

스페인 사람 비체라Bizzerra와 로비알레Roviale는 이번 작업으로 기술이 많이 향상되었다. 또 볼로냐의 바티스타 다 바냐카발로Battista da Bagnacavallo, 아레초의 바스티아노 플로리Bastiano Flori, 보르고의 조반 파올로Giovan Paolo, 아레초의 살바도레 포스키Salvadore Foschi도 마찬가지였으며 그밖의 많은 젊은이가 나를 도와주었다.

26

그 무렵, 저녁때가 되면 나는 가끔 파르네세 추기경*의 만찬에 참여할 기회가 있었다. 몰차Molza, 안니발레 카로Annibale Caro, 간돌포Gandolfo 씨, 클라우디오 톨로메이Claudio Tolomei 씨, 로몰로 아마세오Romolo Amaseo 씨, 조비오Giovio** 주교와 그밖의 많은 신사, 문인들과 환담했으며, 이분들로 궁정이 언제나 꽉 차 있었다. 어느 날 저녁 조비오 주교는 그의 박물관과 명사의 초상화와 명문銘文 소장품에 관한 이야기를 꺼냈는데, 그는 이야기하던 중 자기 박물관과 송덕 명문에 관한

---

　* 알레산드로 파르네세(Alessandro Farnese) 추기경(1520~89).
　** 파올로 조비오(Paolo Giovio, 1483~1552)는 역사가 겸 전기작가이며 그가 지은 유명 인사들의 전기는 코모(Como)의 그의 별장에 있었는데 현재는 망실되었다.

자기 저작과 합쳐서 치마부에서 현대에 이르는 유명한 예술가들에 관한 책을 꼭 쓰고 싶다고 했다. 대화가 계속되는 동안 그분은 이 방면의 예술에 관하여 뛰어난 지식과 판단력이 있음을 보여주려 했지만, 작품들을 개괄적으로 인식했을 뿐 구체적으로 파악하지 못했고 가끔 예술가들의 이름, 출생지, 작품들을 혼동하는 듯했다.

조비오 주교의 이야기가 끝나자 추기경이 나를 돌아보면서 물었다. "어떤가! 조르조. 이 작업은 정말 훌륭하고 보람 있는 일이 아닐까?" 나는 대답했다. "지극히 당연하신 말씀입니다. 추기경 각하, 만일 조비오 주교께서 누구든 이 방면의 전문가들을 조수로 써서 예술작품들에 대한 기록을 좀더 명확하고 사실에 걸맞게 정리할 수 있다면 말입니다." 내가 왜 이런 이야기를 덧붙였느냐면 조비오 주교 이야기에는 사실과 어긋나는 점이 너무 많았기 때문이다. 얼마 후 추기경은 조비오 주교와 카로, 톨로메이, 그밖의 여러 인사의 의견을 받아들여 다음과 같이 제안했다. "바사리 군. 자네가 조비오 주교를 대신해 이 예술가들과 그들의 작품을 연대순으로 정리해보게. 그렇게 함으로써 자네 예술도 그 혜택을 받게 되지 않을까 생각되네." 나는 이런 일이 도저히 내 힘으로는 할 수 없을 줄은 알았으나 일단 최선을 다하겠다고 약속했다.

그리하여 나는 어렸을 때부터 기분풀이 겸 예술가들을 동경하는 마음을 곁들여 만들어두었던 노트와 비망록을 정리하기 시작했다. 적당하다고 생각되는 자료들을 모아서 조비오 주교에게 보여주었다. 그러자 그분은 나를 칭찬하면서 이렇게 말했다. "바사리 군, 나는 자네가 이 일에 본격적으로 착수하기를 바라네. 정성껏 만들어보게. 나는 자네가 이를 훌륭히 해내리라고 확신하네. 사실 나는 전문지식도 없고 또 이것저것 자세한 사항도 자네만큼 모르니, 내가 써본다 해도 플리니우스 Plinius 저서 정도밖에 안 될 것일세. 바사리 군, 꼭 내가 말한 대로 하게. 지금 여기 가져온 것을 보니 자네가 이를 멋지게 완성하리라는 확신이 드네."

그림 722 조르조 바사리, 「페르세오와 안드로메다」,
1570~72, 패널에 오일, 117×100cm,
베키오궁 스투디올로, 피렌체.

그는 나를 설득하려고 카로, 몰자, 톨로메이, 그밖에 나와 친한 친구들을 찾아가 나를 설득하라고 시켰다. 결국 나는 결심하고 일에 착수해 완성한 후에 그들에게 첨가 또는 정정訂正하도록 하고, 저자명도 내가 아니라 다른 사람 이름으로 출판하려고 했다.

27

그러는 동안 1546년 10월 나는 로마를 떠나 피렌체로 되돌아와서 저 유명한 무라테Murate 수녀원을 위해 그곳 식당에 「최후의 만찬」을* 유채화로 그렸다. 이 그림은 교황 파울루스 3세가 위촉했으며, 보수도 그분이 지불했다. 이 수도원에는 교황의 형수이자 피틸리아노Pitigliano 백작의 전 부인이 수녀로 있었다.

그 후 나는 성녀 카테리나S. Caterina와 신혼神婚한 아기 예수를 팔에 안은 성모 마리아와 두 성인이 있는 그림을 그렸다. 이것은 톰마소 캄비가 피렌체 교외의 비갈로Bigallo 수녀원 원장인 자기 누이를 위해 내게 위촉한 작품이다. 이 작품을 끝내고 산 세콘도San Secondo의 주교 몬시뇨르 데' 롯시Monsignor de' Rossi와 파비아Pavia의 주교를 위해 성 히에로니무스와 피에타Pietà를 큰 유채화로 그렸는데, 두 폭 다 프랑스로 가져갔다. 1547년에 사목위원장 바스티아노 델라 세타Bastiano della Seta의 위촉으로 피사 대성당에 한 폭을 그렸고, 또 절친한 친구 시몬 코르시Simon Corsi**를 위해 큰 유채화 한 점을 그렸다.

28

이 작품들을 제작하는 동안 나는 『미술가들의 생애』를 계속 집필했

* 바사리의 「최후의 만찬」은 피렌체의 산타 크로체 성당 미술관에 있다.
** 시몬 코르시를 위해 그린 「성모 마리아」는 복제품들이 드레스덴, 모나코, 그르노블, 비엔나, 프라도 등지에 있다.

는데, 꽤 많은 진전을 보았다. 그때 나는 몬테 올리베토Monte Oliveto의 수사修士인 리미니Rimini의 돈 잔 마태오 파에타니Don Gian Matteo Faetani 를 우연히 만난 일이 있는데, 그는 유식하고 지혜로운 사람이었다. 그는 당시 리미니의 산타 마리아 디 스콜카S. Maria di Scolca 수도원 원장이었는데, 나는 수도원과 교회를 위해 작품을 제작하게 되었다. 그는 내가 쓴 원고를 정서하며, 동시에 정정할 만한 능서가能書家인 수사를 구해주기로 약속했다.

그리하여 나는 리미니로 가서 3밀리아miglia 떨어진 곳에 있는 성당의 그림과 제단을 만들게 되었다. 그리스도를 경배하는 동방박사들과 많은 인물화를 그렸다. 이때 나는 신하들을 세 그룹으로 구별하느라 큰 애를 먹었다. 잘 어울리기는 했으나 몇몇은 희고 몇몇은 갈색이고 몇몇은 검은색인 데다가 서로 다른 의상을 입혀야 했기 때문이다. 이 그림은 다른 두 그림 사이에 있다. 다른 그림에는 나머지 수행원과 말, 코끼리, 기린을 그렸다. 성당 안에는 글을 쓰고 있는 예언자, 무녀巫女, 복음 전도자들을 그렸다. 둥근 지붕과 제단은 그리스도의 찬미, 그리스도의 조상과 동정녀 마리아로 장식했다. 거기에는 오르페우스, 호메로스를 그리스의 잠언들과 함께, 또 베르길리우스Vergilius를 금언 'IAM REDIT ET VIRGO'와 함께, 단테의 다음과 같은 단시短詩로 장식했다. 그밖의 여러 인물화와 꾸며낸 이야기는 생략하겠다.

> 당신이야말로 인간의 본성을 한껏 높이셨으니
> 이로써 그 창조주께서 스스로
> 피조물이 되시기를 꺼리지 않으셨나이다.*
> Tu sei colei, che l' umana natura
> Nobilitasti sì, che il suo Fattore

*『신곡』제33곡 4~6, 최민순 옮김, 을유문화사, 1962.

Non si sdegnò di farsi tua fattura.

　내 원고에 정서正書와 정정訂正이 진행되는 동안 나는 리미니의 산 프란체스코S. Francesco 성당 대제단에 프란체스코 성인이 성흔聖痕을 입는 장면을 실물 크기로 유채화를 그렸다. 배경은 바위와 돌로 가득 찬 풍경화로, 성 프란체스코와 다른 사람들은 갈색으로 채색하고 태양 한가운데에 그리스도와 치품천사熾品天使들을 그렸다. 이 그림은 다양성을 보여주며, 성인이 휘황한 햇빛에 반사되는가 하면 배경인 풍경의 색조가 다채로워 몇몇 사람, 특히 로마 교황 사절인 추기경 카포디페로Capodiferro에게 칭찬을 받았다. 리미니를 떠나 라벤나Ravenna로 가서 카말돌리 수도회 수도원의 새 교회 안에 「그리스도 십자가 강하」*를 그렸다. 그 무렵 나는 친구들을 위해 소묘素描와 그림 등을 수없이 많이 그렸지만 거의 모두가 기억에서 사라져버렸으며 아마 독자들도 그것을 세려면 지칠 것이다.

29

　그 무렵 나는 아레초에 짓고 있던 자택이 완공되어 고향으로 돌아와 한여름철의 기분풀이로 집 정면과 홀 세 칸을 그림으로 장식하기로 했다. 즉, 다른 그림에 곁들여서 내가 과거에 일하던 여러 지방과 도회지를 그려서 마치 그곳에서 우리 집으로 공물貢物을 가져오는 듯한 느낌을 표현하려고 했다. 그러나 공교롭게도 풍부하게 나무 세공으로 장식한 천장에만 그렸다.그림 723 천장 모퉁이에 하늘의 신과 네 계절을 나타내는 그림 13폭을 그렸는데, 그녀들은 실물 크기이며 한가운데를 응시하고 있다. 거기에는 「찬미」가 그녀 발밑에 있는 「질투」와 「행운」의 여신의 머리카락을 붙잡고 둘 다 때리고 있다. 이 그림은 당시 평판이

---

*「그리스도 십자가 강하」는 라벤나의 미술관에 있다.

그림 723 조르조 바사리, 「바사리 저택 천장화」,
1542~48, 프레스코, 카사 델 바사리, 아레초.

매우 좋았는데, 그 이유는 이 홀을 한 바퀴 돌면서 보면 「행운」의 여신
은 실제로 한가운데 자리 잡고 있지만 한구석에서 보면 「질투」와 「찬
미」가 「행운」보다 위에 있는 것같이 보였기 때문이다.

　그 옆의 벽에는 풍요, 자유, 지혜, 현명, 노고, 명예 등을 그리고 그 밑
에는 아펠레스Apelles, 체욱시스Zeuxis, 파라시우스Parrhasius, 프로토제네
스Protogenes와 같은 옛날 화가들의 이야기를 그렸는데 자세한 설명은

생략하겠다. 목각木刻을 한 천장에는 큰 원형 안에 신이 아브라함의 자손을 축복하는 장면을, 그 둘레의 네 사각형 안에는 평화, 일치, 미덕, 겸손을 그렸다. 나는 항상 고전古典 작가들의 작품들과 비망록을 숭상해왔으며, 또 쇠퇴해가는 템페라, 부채법을 결코 업신여기거나 저버려서는 안 된다는 생각에서 모든 작품에 원용해 이 방법을 되살려보려고 노력했다. 나는 홀 출입구에 익살스럽게 갈퀴를 든 신부新婦를 그려, 그녀가 자기 아버지 집을 모두 털어간 것을 나타냈고, 그녀가 횃불을 들고 남편 집으로 들어가는 모습에서 불을 질러 모조리 태워버린다는 것을 나타냈다.그림 724

30

1548년에 이런 작품을 제작할 때 몬테 카시노Monte Cassino의 베네딕토 교단 수사修士이며 산타 피오레 에 루칠라S. Fiore e Lucilla 수도원장인 만투아Mantua의 돈 조반 베네데토Don Giovan Benedetto — 그는 그림 애호가이며 또 내 막역한 친구다 — 가 수도원 식당에 「최후의 만찬」이나 그와 비슷한 그림을 그려달라고 간청해왔다. 나는 그에게 호혜를 베풀기로 작정하고 나서 좀 진기한 일을 해보려고 했다. 그래서 에스테르 여왕과 아하수에루스Ahasuerus 왕의 결혼식을 그려주기로 약속하고, 길이 15브라차의 유채화를 제자리에 놓고 그곳에서 작업했다. 내 경험에 따르면, 그림을 적절한 햇살을 받는 자리에 걸리는 사람들에게는 이것이 가장 옳은 방법이라고 할 수 있다. 왜냐하면 좀 낮은 위치나 다른 곳에서 그림을 그리면 밝기와 어둠이 달라지기 때문이다.

과연 얼마만큼 성공할지는 모르지만, 나는 장엄하고 웅대하게 표현하려고 노력했다. 나는 가지각색의 시종, 시동侍童, 시골 유지, 호위병, 식당, 식기찬장, 악사, 난쟁이, 기타 장엄한 축전에 필요한 도구들을 보여주는 장면을 그렸다. 그밖에 가령家令 정복 차림으로 줄지어 음식을 테이블로 나르는 시종들을 그렸다. 식탁에 앉은 왕은 위엄이 있으며 온

그림 724 조르조 바사리, 「바사리 저택 천장화」,
1542~48, 프레스코, 카사 델 바사리, 아레초.

후하다. 그는 왼팔에 체중을 싣고 왕다운 몸짓으로 여왕에게 포도주를
권한다. 내가 당시 들은 말과 또 그림을 본 사람들에게 들은 말에 따르
면, 내가 이 작품에 바친 노고와 노력은 공적을 인정받을 만하다고 생
각된다. 그림 윗부분에는 그리스도가 여왕에게 꽃으로 만든 관을 제
공하는 장면을 그렸다. 이 그림은 프레스코화로 이야기의 정신적 의의
를 강조하려고 했으며, 고대의 유대인 집회에서는 허용되지 않았지만
그리스도는 신앙이 굳은 크리스천의 새로운 교회를 옹호했다.

　그 무렵 나는 프란체스코의 형제이며 역사가인 루이지 구이차르디
니의 초상화를 그리고 있었다. 그는 내 절친한 친구이며, 그해 나에게
발디키아나Valdichiana에 있는 프라시네토Frassineto라는 대단히 큰 토지
의 소유권을 넘겨주었는데, 이것은 우리 가문뿐만 아니라 후손에게도

큰 이익을 줄 것이다. 이 초상화는 현재 루이지의 후손들이 보관하고 있는데 내 작품 중에서 가장 훌륭하고 값진 것이다. 내가 그린 수많은 초상화와 관련된 이야기는 독자들이 보기에 지루해할 것 같아 생략하려고 한다.

나는 이 작업을 끝내고 아레초에 있는 산 프란체스코 성당의 마리오토 다 카스틸리오니Mariotto da Castiglioni 신부를 위해 성모 마리아, 성녀 안나, 성 프란체스코와 성 실베스테르를 그렸다. 그 무렵 나는 볼로냐 주재 로마 교황 사절인 몬테Monte 추기경을 위해 많은 재물을 희사喜捨했는데, 이분이 후일의 교황 율리우스Julius 3세이시며, 나의 정신적 후원자이시다. 이 일은 그의 고향인 몬테 산소비노에서 행해졌는데, 건축에 애착이 많은 추기경의 요청으로 나는 자주 그곳을 방문했다.

31

그 후 나는 피렌체로 가서 그해 여름 아레초의 산 조반니 데 페두치S. Giovanni de' Peducci 조합을 위해 행렬 때 쓰는 기旗를 제작했는데, 한 면에는 성인이 회중會衆에게 전교하는 장면, 다른 면에는 그가 그리스도에게 세례를 주는 장면이다. 기가 완성되자 아레초의 내 저택으로 보내서 조합에 건네주기로 되어 있었다. 그런데 프랑스인인 아르마냐크Armagnac의 추기경 조르조 각하가 다른 일로 우리 집에 들렀을 때, 이 기를 보고 반해버려 프랑스 왕에게 보내겠다면서 비싼 값을 치르더라도 손에 넣고 싶어 했다. 그러나 나는 나를 신뢰하는 후원자를 저버리고 싶지 않아 다른 것을 만들어보자고 여러 번 설득했지만 이처럼 훌륭한 것이 또 만들어질지, 또 후에 내가 거기에 많은 관심을 가지고 전념하게 되는지는 장담할 수 없었다.

그 후 곧 나는 오래전에 한 약속을 이행하려고 안니발레 카로를 위해 테오크리투스Theocritus*의 고사故事에 따라 비너스의 무릎에 죽어 누운 아도니스Adonis**를 그렸다. 이 그림은 내 의사와 무관하게 프랑스로 보내서 알비초 델 베네Albizzo del Bene 씨에게 기증되었다. 또 하나의 작품, 자기가 들고 있는 횃불에서 나온 불꽃에 잠을 깬 큐피드를 바라보는 프시케Psyche도 함께 보냈다. 이들 실물대의 나상에 자극을 받은 알폰소 디 톰마소 캄비Alfonso di Tommaso Cambi — 그는 잘생긴 청년으로 학식 있고 예절 바르며 미술에 정통한 사람이다 — 가 사냥꾼 엔디미온 Endymion*의 전신 나상을 그렸다. 그는 달빛을 비추고 있는데, 그렇지 않으면 밤처럼 캄캄해진다. 나는 달빛을 받은 사물들의 황백색黃白色을 내는 데 애를 많이 먹었다.

그다음에 그림 두 폭을 그려서 라구사Ragusa에 보냈는데 하나는 성모 마리아, 다른 하나는 피에타였다. 또 프란체스코 보티Francesco Botti를 위해 마리아와 아기 예수, 요셉을 온 힘을 다해서 그렸는데 그는 이 그림을 스페인으로 가져갔다. 이 작품을 끝내고 같은 해에 나는 볼로냐의 교황 사절인 추기경 디 몬테di Monte를 방문해 거기에서 그와 함께 며칠 동안 지냈다. 나는 그의 끈질긴 권유에 못 이겨 지금까지의 고집을 버리고 결혼하기로 결심하고 추기경의 권유대로 아레초의 귀족 프란체스코 바치Francesco Bacci의 딸과 결혼했다.

32

피렌체로 돌아온 나는 새로운 아이디어를 내서 성모 마리아와 여러 인물화를 포함해 큰 그림을 그렸다. 빈도 알토비티 씨가 이 그림의 보수로 금화 100두카트를 주고 그림을 로마로 가져다가 자기 저택에 두었다. 그 무렵 나는 베르나르데토 데 메디치Bernardetto de' Medici, 유명한 의사 바르톨로메오 스트라다Bartolommeo Strada를 비롯해 여러 친구를

---

　* 기원전 3세기경 그리스의 전원시인.
　** 「비너스의 무릎 안에서 죽는 아도니스」는 베를린 미술관에 있다.
　* 그리스신화에서 달의 여신 셀레네(Selene)의 사랑을 받아 영원히 잠들게 된 양치는 미소년.

위해 많은 작품을 제작했으나 일일이 나열하지는 않겠다.

바로 이때 피렌체에서 지스몬도 마르텔리Gismondo Martelli가 별세했는데, 그는 산 로렌초S. Lorenzo 성당 안의 가족 경당에 성모 마리아와 몇몇 성인의 그림을 그려달라는 유언을 했다. 루이지Luigi, 판돌포 마르텔리Pandolfo Martelli, 코시모 바르톨리Cosimo Bartoli —이들은 내 친한 친구들이다—가 이 그림을 의논하려고 나를 찾아왔다. 나는 이 성당의 후견인인 코시모Cosimo 공의 허락을 받아 그들에게 동의했는데, 유언자의 본명이 지스몬도Gismondo인 것에 착안해 그와 동명인 성 시지스문도St. Sigismundo의 순교를 주제로 그림을 그리기로 양해를 얻었다. 타협이 되고 나서 위대한 교회 건축가인 필리포 브루넬레스키Filippo Brunelleschi가 이 성당을 건립했다는 것을 알고 있었기 때문에, 모든 공간을 메우려면 작아서는 안 되고 큰 그림이어야 한다고 정했다. 즉 소수의 인물을 그린 작은 그림으로 사소한 이득을 보기보다는 명예를 생각하고 브루넬레스키의 숭고한 의도를 존중하여 너비 10브라차, 길이 13브라차 크기로 성 지스몬도의 순교殉教 장면을 그렸다. 지스몬도 왕과 왕후, 두 왕자가 폭군暴君에 의하여 구덩이에 던져지는 모습이었다.

경당의 반원형 뼈대를 도리아 방식 벽기둥과 원주圓柱들로 둘러싸인 네모진 안뜰로 통하는 커다란 시골풍 궁전의 출입문으로 통하도록 했다. 한가운데에 계단이 붙은 팔각 모양 구덩이가 있는데, 시종이 벌거벗은 두 왕자를 그 안으로 던지고 있고 에워싼 회랑에는 이 무서운 광경을 지켜보는 구경꾼들을 그렸다. 왼편에는 왕후를 거칠게 붙잡고 죽음의 구덩이로 끌고 가는 무법자를, 정면 복도에는 성 지스몬도를 결박하고 있는 한 무리 병사를 그렸다. 성인은 고통스러운 자세로 순교를 준비하면서 자신과 가족들의 순교를 상징하는 종려棕櫚와 관冠을 보여주면서 하늘을 날고 있는 네 천사를 지켜보고 있다. 이 광경은 그를 위로하기에 충분할 듯했다. 나는 안뜰에 서서 분풀이를 하며 성 지스몬도의 죽음을 바라보고 있는 사악한 폭군의 잔인성을 표현하려고 무척 노력했다. 내가 얼마만큼 성공했는지 몰라도 최선을 다했다고 단언할 수 있다.

33

그동안 코시모 공작은 내가 최대한 자료를 모아 거의 완성한 『미술가들의 생애』를 인쇄하기를 원했다. 그리하여 나는 원고를 공국公國의 인쇄자인 로렌초 토렌티노Lorenzo Torrentino에게 넘겨주었고 인쇄가 시작되었다. 교황 파울루스Paulus 3세의 승하로 논설論說 부분은 미완성으로 남겨두었으며, 인쇄가 완성되기 전에 혹시나 내가 피렌체를 떠나게 되지나 않을까 두려웠다. 왜냐하면 내가 피렌체를 떠나면서 지금 '교황선거회의'Conclave에 참석 중인 추기경 디 몬테di Monte를 만나러 가서 그분께 경의를 표하고 필요한 이야기를 두서너 마디 주고받기가 무섭게 그는 나에게 "나는 지금 로마로 가는 길이며, 틀림없이 교황이 될 것이다. 무슨 소문을 들으면 아무것이든 손에 든 채로 소환될 것을 기다리지 말고 즉시 로마로 출발하라"라고 말했기 때문이다. 이것이 신의神意의 전달이었음이 증명되었다.

아레초에서 사육제가 거행되는 동안 나는 축제와 가장행렬을 준비했는데, 몬테 추기경이 율리우스Julius 3세로 선출되었다는 소식을 들었다. 따라서 나는 즉시 말을 타고 피렌체로 가서 코시모 공작의 재촉을 받고, 새 교황의 착좌식着座式에 참석하고 장식도 하려고 로마로 떠났다. 나는 그곳에 도착해 빈도Bindo 씨 저택에 들른 다음 교황 성하의 발에 키스하러 갔다. 이때 그가 맨 처음으로 내게 한 말은 나를 보니 신의 전달이 생각난다는 것이었다. 대관식을 거행한 후 세상이 좀 조용해지자 우선 그는 안토니오를 기념해 가장 어른인 추기경 디 몬테의 묘묘墓廟를 산 피에트로 아 몬토리오S. Pietro a Montorio 성당 안에 건립하기를 원했다. 우선 모델을 만들고 대리석으로 일을 시작했는데, 자세한 이야기는 다른 데 기록했다. 그동안 나는 경당에 「성 바오로의 회심回

心」을 그리고 있었다. 파울리나Paulina 성당에 있는 미켈란젤로의 그림을 좀 변형해 성 바오로 자신이 말한 대로 그를 청년으로 그렸다. 말에서 내린 그는 병사들 때문에 눈이 멀었다가 아나니아스Ananias에게 손을 얹고 세례를 받고는 다시 광명을 찾게 된다.

그곳 공간이 좁아서인지 아니면 다른 이유 때문인지 몰라도 나는 기분이 그다지 좋지 않았다. 그런데 미켈란젤로를 포함해 다른 사람들은 그렇지 않은 것 같았다. 나는 교황을 위해 궁전 안의 경당에 그림 한 폭을 더 그렸다. 그러나 다른 곳에서 언급한 바와 같은 이유로 후에 그 그림을 아레초로 가져가 교구 본당의 제단에 걸었다. 이 작품들이 나 자신이나 다른 사람들을 만족시키지 못한다 해도 결코 놀랄 만한 일이 아니다. 왜냐하면 성하께서 너무 나를 혹사시켜 조금도 틈을 낼 수 없었기 때문이다. 교황이 상상조차 할 수 없는 비용을 들여 건립한 비냐 율리아Vigna Julia를 내가 최초로 계획했으므로 다른 건축 설계에는 종사하지 않았다.

그 후 다른 사람들이 이 설계를 맡았지만, 나도 교황의 뜻에 따라서 참여했던 사람 중 하나이며, 뒤에 가서 미켈란젤로가 보완했다. 야코포 바로치 디 비뉴올라Jacopo Barozzi di Vignuola가 여러 가지 의상을 붙여서 홀, 방, 기타 장식 일을 끝냈지만 기초공사는 나와 암마나티Ammanati가 담당했다. 암마나티는 그 후에도 그곳에 남아서 분수噴水 위의 로지아도 만들었다. 그러나 이런 공사는 개인의 지식이나 자신감만으로는 불가능하다. 왜냐하면 교황은 항상 새로운 설계를 생각했으며, 그것을 포를리Forli의 주교 피에르 조반니 알리오티Pier Giovanni Aliotti에게 명령해 매일매일 진행하지 않으면 안 되었기 때문이다.

그동안 나는 성 지스몬도에 관한 그림을 완성하려고 1550년에는 두 번이나 피렌체에 가야만 했다. 나는 이 그림을 오타비아노 데 메디치Ottaviano de' Medici 각하의 저택에서 제작하고 있었는데, 코시모 공이 이 자택에 들러서 그림을 보고 무척 좋아하면서 "자네가 로마에서 하고 있는 일들을 끝내면 이곳에 와서 내가 원하는 일들을 해주게"라고 말했다. 따라서 나는 로마로 돌아와서 착수했던 일을 끝냈다.

34
나는 미세리코르디아 인 산 조반니 데콜라토Misericordia in S. Giovanni Decollato에 제단화를 완성했는데, 이것은 1553년에 시작했으며 보통 처리 기법과는 좀 색다르게 만들었다. 나는 그곳을 떠나려고 했으나 빈도 알토비티 씨를 위해 부득이 스투코stucco로 큰 로지아 둘과 프레스코를 제작할 수밖에 없었다. 그중 하나는 새로운 양식의 별장에 그렸는데, 로지아가 너무 커서 둥근 천장을 덮으려면 위험을 감수해야 했다. 나는 그런 위험을 피하려고 외梗를 가득 채운 나무 뼈대로 지붕을 덮고 스투코를 놓은 다음 마치 벽돌처럼 보이게 프레스코화를 그렸는데, 이를 본 구경꾼들은 모두 벽돌인 줄 알 정도였다. 지붕은 여러 종류의 대리석으로 만든 원주로 지탱했다. 폰테Ponte에 있는 그의 자택 1층 로지아들은 화려한 장면들을 그린 프레스코화로 가득 채웠다. 대기실 천장에는 유채화로 네 계절을 그렸다.

이 작업을 끝내자 나는 또 절친한 친구 안드레아 델라 폰테Andrea della Fonte 부인의 초상화를 그려야만 했는데, 이 작품과 함께 「십자가에 못 박힌 그리스도」도 그에게 주었다. 이 그림은 교황의 친척을 위해 그렸지만 그에게는 어울리지 않았다. 바소나Vasona 주교를 위해 「니코데모가 부축하는 죽은 그리스도와 두 천사」를, 피에르 안토니오 반디니Pier Antonio Bandini를 위해 「그리스도의 탄생」을 제작했는데, 한밤의 조명과 환상적인 사물들도 첨가했다.*

■   * 피에르 안토니오 반디니를 위해 그린 「그리스도의 탄생」은 피치 미술관에, 복제품은 로마의 보르게세 미술관에 있다.

35

이 작업을 진행하면서 나는 교황의 다음 계획을 기다렸는데, 그에게 별로 기대할 것이 없으며, 또 그에게 봉사하는 것은 시간 낭비라는 생각이 들었다. 그리하여 나는 그의 별장에 있는 분수噴水 앞의 로지아에 그릴 예정이었던 프레스코화의 밑그림도 이미 제작해놓았지만, 피렌체로 가서 코시모 공작에게 봉사하기로 결심했다. 리카솔리Ricasoli의 주교 겸 코시모 공의 로마 주재대사인 아베라르도 세리스토리Averardo Serristori 씨는 벌써부터 그렇게 하라고 나를 재촉했으며, 공작의 시종장侍從長이며 가령家令인 스포르차 알메니Sforza Almeni도 같은 사연의 편지를 보내왔다. 그런데 피렌체로 가던 길에 아레초에 들러 이곳 주교 미네르베티Minerbetti를 위해 「인내」La Pacienza의 큰 유채화를 그려야만 했다. 이분은 나의 후원자인 동시에 막역한 사이였기 때문이다. 이 그림은 후에 문장으로 채택되었고, 페라라Ferrara의 에르콜레Ercole 공작은 메달 뒷면으로 사용했다.

나는 이 작업을 끝낸 뒤 마침내 코시모 공작을 예방하고 그에게 경의를 표했으며 정중한 환대를 받았다. 내가 착수하게 될 작품을 구상하는 동안 보르고Borgo의 크리스토파노 게라르디Cristofano Gherardi에게 가서 내가 직접 설계해서 스포르차 알메니 씨의 저택 정면을 명암법chiaroscuro으로 장식했는데, 이에 관해서는 다른 곳에 기재한 바 있다. 당시 나는 아레초시 행정기관 요인 중 한 사람이었지만 코시모 공작이 나를 소환하려고 그 직위에서 풀어주었다. 피렌체에 도착한 나는 코시모 공작이 그라노Grano 광장에 면한 곳에 궁전을 건립하기 시작한 것을 보았다. 궁전의 건축가이며 조각가인 타소Tasso가 공사를 지휘하고 있었다. 그런데 지붕을 너무 낮게 만들어서 방이 모두 비규칙적이고 통풍도 잘 안 되고 비좁았다. 마루대공과 지붕을 높이 올리려면 너무 많은 시간이 걸릴 것 같이 니는 다음과 같은 조언은 했다. 즉 마루대공 사이에 피라미드 모양의 깊이 2.5브라차가량의 공간을 내고, 까치발을 만들어 건축물의 직립 재목을 지탱한 뒤 대들보 위에 2브라차 정도의 프리즈를 만들도록 했다. 공작은 내 말에 찬성하고 곧 실행에 옮기도록 했다. 타소는 신神들의 족보를 그리는 데 필요한 목공과 뼈대를 만들었다.

36

이 작업이 진행되는 동안, 내 개인 용무와 코르토나Cortona에 있는 예수회Jesus 조합의 둥근 천장과 벽에 그리던 프레스코화를 완성하기 위해 피렌체를 떠나 두 달 동안 아레초와 코르토나 사이를 왕복했다. 코르토나에는 그리스도의 생애에서 세 장면과 카인과 아벨에서 예언자 느헤미야Nehemiah에 이르는 『구약성서』 중에서 하느님을 위한 희생 장면들을 그렸다. 그동안 나는 시 변두리의 마돈나 누오바Madonna Nuova 성당에서 모델과 소묘素描들을 제공했다.

예수회 작업을 끝낸 나는 아예 코시모 공작을 모시기로 결심하고 1555년에 가족을 데리고 피렌체로 돌아왔다. 그리고 당시 엘레멘티 Elementi라고 불리는 홀과 천장에 땅이 하늘의 사지를 절단하는 일련의 그림*을 완성했다. 홀에 달린 테라스의 천장에는 크로노스**와 레아 Rhea***의 이야기를, 다른 큰 홀의 천장에는 케레스Ceres와 프로세르피나 Proserpine의 이야기를, 그 옆의 장식이 풍부한 천장에는 승리의 여신 베레킨티아Berecynthia와 키벨레Cybele 이야기, 4계절**** 12개월을 벽에 그렸

---

* 그리스신화에서 태초에 어머니 가이아(Gaea)인 땅이 아들 우라누스 (Uranus)인 하늘과 관계를 맺어 첫 자손 티탄(Titan)을 낳았다. 우라누스가 아들을 하계에 버리자 가이아는 막내 크로노스(Cronus)에게 낫을 주어 우라누스의 사지를 자르게 하여 복수했다.
** 로마신화에서는 사투르누스(Saturnus)에 해당.
*** 크로노스의 아내. 로마신화에서는 옵스(Ops)에 해당.
**** 르네상스 회화에는 사철의 표시로, 봄은 비너스(Venus) 또는 플로라 (Flora), 여름은 케레스(Ceres), 가을은 바쿠스(Bacchus), 겨울은 보레아스(Boreas) 또는 볼카노로 나타낸 것이 많다.

다. 장식이 많지 않은 다른 홀에는 유피테르의 탄생과 그를 염소젖으로 기른 아말테이아Amaltheia를 그렸다. 이 홀 옆의 테라스는 돌과 스투코로 잘 장식되었는데 유피테르와 유노를, 그 옆 홀에는 헤르쿨레스의 탄생과 그 하인들을 그렸다. 천장에 다 들어가지 못하는 부분은 프리즈나 내가 벽 그림에 알맞게 디자인해 공이 짠 벽걸이 천에 넣었다. 계단의 그로테스크, 장식, 그림에 관한 자세한 이야기는 여기에서 생략하고 다른 곳에서 언급하겠는데, 그것을 보고 싶어 하고 또 의견을 제시하고 싶은 분들이 많으리라고 본다.

37

이들 홀에 그림을 그리는 동안, 다른 사람들은 본채 건물 꼭대기에서 밑에까지 직접 통하는 공용 및 개인전용 계단을 만들었다. 그 무렵 타소가 죽는 바람에 공작은 궁전을 수리하느라 큰 고생을 했다. 이 건물은 여러 시대를 거치면서 제멋대로 손질했으며, 방을 배치할 때 별다른 계획 없이 그저 사무용으로만 지었기 때문이다. 공은 큰 홀을 되도록 합당한 방법으로 장식하기로 결심하고 반디넬리Bandinelli에게는 큰 접견실의 공사를 맡겼다. 현재 진행 중인 공사를 심사숙고한 끝에 각종 설계와 계획을 나에게 명령했으며, 나는 최종적으로 공작이 원하는 대로 홀들을 배치하려고 가장 잘된 모형을 나무로 만들었으며, 그가 가파르고 모양이 나쁘다고 한 계단도 새로 바꾸기로 했다.

나는 큰 모델을 만든 다음 작업에 착수했는데, 처음부터 이 공사가 어렵고 힘겹다는 것은 잘 알고 있었지만, 성공할 수 있다는 희망을 가지고 진행했다. 나의 행운과 공작에게 기쁨을 주려는 대단한 욕망이 공작으로 하여금 잘 수긍하도록 했다. 그리하여 건물 공사가 시작되었고 점차 현재와 같은 단계에 이르렀다.

38

나는 큰 홀이 있는 층의 새로운 방 여덟 개, 즉 살롱, 침실, 경당 등에 코시모 공의 형제를 비롯해 여러 역사적 장면을 화려한 스투코로 장식했다. 각 홀에는 유명한 그들의 가족 이름을 따서 붙였다. 그중 하나는 코시모 공의 생활을 나타냈는데 그의 뛰어난 자질, 훌륭한 친구들, 가족, 자녀들을 실물대로 그렸다. 맏형 로렌초Lorenzo의 홀, 교황 레오Leo, 그의 아들, 교황 클레멘티우스, 조반니 각하, 코시모 공의 부친, 코시모 공 자신의 홀의 경우도 마찬가지다.

경당에는 라파엘로가 그린 아름다운 큰 그림이* 내가 그린 「성인 코시모S. Cosimo와 성인 다미아노S. Damiano」와 「수호성인」 사이에 있다. 레오노라Leonora 후작부인을 위해서 그린 홀 네 개에는 빛나는 그리스, 헤브레아, 라틴 및 토스카나 부인들의 행적을 각각 나타냈다. 지금까지 너무 많은 이야기를 했는데, 나머지는 곧 출판될 『대화집』**에 싣고자 한다.

이렇게 거창하고 또 계속되는 일을 위해서 공은 나에게 어마어마하게 관후한 은혜를 베풀어주었으며, 봉급과 도량 넓은 선물 외에도 피렌체와 시골에 거처를 마련해주어 나는 더욱 좋은 환경에서 그에게 봉사할 수 있었다. 내 고향 아레초시 최고행정장관의 직분과 사무실, 의원 임명권도 주었다. 내 형제 세르 피에로Ser Piero에게는 피렌체에 편리한 사무실을 마련해주었고, 아레초에 사는 내 친척들에게도 여러 가지 혜량를 베풀었으니, 나는 그에게 진 은혜를 표현할 길이 없다.

---

* 라파엘로가 그린 큰 그림은 「임파난타의 마리아」(Madonna dell' Impannata)이며 피치 미술관에 있다.
** 『대화집』(*I Ragionamenti*), 즉 『팔라초 베키오의 회화에 관한 이야기』는 바사리가 죽은 뒤인 1588년에 간행되었다.

39

다시 내 일 이야기로 돌아가자. 코시모 공은 오랫동안 마음에 품고 있는 고매高邁한 정신에 견줄 만한 그림을 갖춘 큰 홀을 원했다. 공은 자신의 생전에 내가 그것을 틀림없이 완성하는 것을 보고 싶다면서 내게 농담처럼 말했다. 그러다가 급기야 공은 나에게 마루대공과 지붕을 13브라차가량 높이라고 명하고, 나무로 천장을 만들어 금박을 입히고 유채화로 장식하라고 했다. 웅대하고 장려한 공사라서 만일 내게 큰 용기가 솟아나지 않았다면 무척 힘겨웠을 것이다.

그러나 공작의 신뢰와 끊임없는 행운이 나로 하여금 두 배나 되는 힘을 내도록 했으며, 이런 훌륭한 일에 대한 희망과 좋은 기회가 내 능력을 더욱 고취했고 또 하느님의 가호가 나에게 힘을 주었으니 나는 바쁘게 이 공사에 착수했다. 그리하여 나는 여러 사람의 반대에도 불구하고, 일을 시작해 약속한 기일보다 빨리 끝냈다. 공사는 공작이나 내가 기대했던 수준에 미치지 못했지만 가장 알맞은 시기에 빨리 끝냈으므로 그가 놀랐으며, 매우 기뻐했으리라고 나는 확신한다. 이렇게 빨리 끝낸 이유는 후에 황제가 될 분의 따님이며 현재 왕의 누이동생인 공주께서 우리 프란체스코 왕자와 결혼식을 앞두었기 때문이다. 나는 그 식전 때 큰 홀을 사용할 수 있도록 모든 노력을 경주하는 것이 최대 의무라고 생각했다.

예술가들은 말할 것도 없고, 그밖의 다른 사람들도 육지와 바다의 전쟁에 사용되는 각종 물품, 포위 공격, 전초전前哨戰, 시가의 건물들, 공적 회의, 고대와 현대의 의식, 승리 장면들을 구경할 때 내 작품이 성공을 못 거두었다 해도 용서해야 할 것이다. 스케치에서부터 데생, 밑그림, 예술의 완전성을 요하는 나상裸像, 여러 장면을 처리해야 하는 풍경 따위는 모두 오랜 시간 작업해야 하기 때문이다. 그림 속의 수많은 장교, 징고, 병시를 그릴 때도 마찬가지다.

나는 이번에 모든 형상, 표정, 의상, 각종 문장, 머리 장식, 말, 예복,

각종 대포, 선박, 폭풍, 비, 눈, 기타 생각나는 모든 것을 천장에 집어넣을 기회를 얻었다고 감히 말할 수 있다.* 이 작품을 보는 사람들은 사방 10브라차 크기인 대형 그림 40여 폭에 담긴 노력과 사려를 상상해도 좋을 것이다.

몇몇 젊은 제자가 나를 거들었지만 도움이 되었다고만 말할 수 없다. 왜냐하면 경우에 따라서는 나 자신이 고쳐 그려 화풍을 통일해야 했으니 말이다. 피렌체의 역사는 도시의 건설부터 현재에 이르기까지 네 부분으로 나눴다. 즉 도시의 각 지역을 거리로 구획을 나눈 뒤 도시를 정복하고 적들을 무찌르고 끝으로 피사와 전쟁을 시작에서 종말까지를 밑부분 한쪽에 그리고, 다른 쪽에는 시에나 전쟁의 시작에서 종말까지를 그렸다. 하나는 공화정부가 14년간 지휘하고서 끝낸 부분이고, 또 하나는 코시모 가문이 14개월간 지배했던 내용이다.

천장과 벽돌에는 길이 8브라차, 높이 20브라차의 프레스코를 내가 그렸는데, 그 사연은 앞서 언급한 『대화집』에 기록했다. 이들 작품에서 내가 예술에 바친 진지한 노력과 기회 있을 때마다 생각한 것과 같이 이 작품이 내 실패작이었다면 좋은 변명의 표시라고 말하고 싶다.

이 기회에 나는 대공 각하에게 결재를 받아 일을 시작해 황태자의 결혼식 준비 작업을 하기 위한 아치 설계법을 잘 체득했다. 그리하여 길이 14브라차, 너비 11브라차의 그림 10폭의 데생을 원근법으로 처리하고 각기 창설자와 그의 문장을 첨가해 이 나라 주요 도시의 광장에 붙이기로 했다. 동시에 나는 반디넬리가 착수했던 홀 한구석에 한 장면을 그리고, 다른 구석에는 많은 명문銘文을, 그밖에 궁전의 현관, 안뜰, 원주들을 수리하거나 재배치했으며, 제국과 티롤Tyrol 지방 15개 도시의 그림을 제작했다.

* 베키오궁의 벽과 천장, 큰 홀의 그림은 화가로서 바사리 필생의 대작이라 하겠다.

40

이 시기에 나는 로지아와 아르노강에 면한 시청 건물에 속하는 건물 본채*그림 725를 제작하느라 적지 않은 시간을 소비했는데, 이 건축물은 강 위와 공중에 걸려 있다시피 해서 내 평생 너무 힘들고 위험한 공사 중 하나였다. 이 건물과 다른 것들을 강 건너 피티 궁전, 정원과 연결하는 큰 통로를 만들어야 했다. 이 공사는 내 설계와 지휘로 이루어졌는데 5년이 걸렸다.

그 후에 같은 결혼식 때문에 산토 스피리토S. Spirito 성당의 큰 설교대를 새로 제작하는 일을 맡아 과거에 말썽이 있었던 위험들을 잘 대처하면서 성공리에 완성했다. 나는 또 피사의 궁전과 산 스테파노S. Stefano 성당 기사騎士의 경당, 또 하나 꽤 중요한 작업인 피스토이아Pistoia의 마돈나 델 우밀타Madonna dell' Umilta 성당 설교단과 둥근 천장의 작업 책임을 맡았다. 내가 스스로 실감하는 많은 결함을 극복하면서 부언가 가치 있는 것을 완성할 수 있도록 도와주시는 하느님에게 감사드린다. ― 하느님, 바라옵건대 내가 모시는 군주들이 완전히 만족할 수 있도록 이 훌륭한 사업이 훌륭히 마무리되도록 도와주소서. ― 그들을 위해 나는 13년간 영예롭고 유용한 일들을 하면서 봉사해왔기 때문에 피로하고 지치고 늙으면 편히 쉬어도 좋을 것이다. 위에 이야기한 일들을 여러 가지 이유로 대부분 서둘러서 했지만, 공작은 내가 허둥대지 않고 즐겁게 일을 진행하는 것을 허락했기 때문에 나는 휴식하면서 여유를 가지고 자유롭게 일할 수 있었다.

41

최근에 여러 작업을 하느라 지친 내게 공은 수개월간 휴가를 떠나도록 허락해주었다. 그리하여 나는 이탈리아 거의 전 지역을 여행하면서

---

* 우피치(Uffizi) 건물을 가리킨다.

그림725 조르조 바사리, 「우피치 미술관」, 1560, 피렌체.

친구들과 후원자들을 방문하는 한편, 이미 다른 곳에서 이야기한 여러 탁월한 미술가의 작품을 구경했다. 피렌체로 되돌아오는 길에 로마에 들러 교황 피우스Pius 5세를 알현했더니 그는 알레산드리아 델라 팔리아Alessandria della Paglia에서 가까운 자기 고향에 건립한 보스코Bosco 성당과 수도원에 보낼 그림을 피렌체에서 제작하라고 위촉했다. 나는 피렌체로 되돌아와서 「동방박사의 경배」를 그렸다.

이 소식을 들은 교황은 측근자에게 명해 내가 그림을 가지고 로마로 오도록 전해왔다. 교황은 자신의 계획을 나와 의논하려고 했고, 특히 가장 마음속 깊이 품고 있는 듯한 성 베드로S. Pietro 대성당에 관하여 이야기하고자 했다. 그가 그림값과 여비를 합쳐 보내준 100두카트를 가지고 나는 로마로 떠났다. 거기에서 성하聖下와 많은 말씀을 나누면서 나는 성 베드로 대성당의 건물 구조와 배치를 변경하지 말라고 조언했다. 나는 몇몇 스케치를 그렸는데, 교황은 보스코의 자기 경당에는 그림을 그리지 말고 제단을 만들라고 지시하면서 마치 개선문과 같은 큰 아치를 세우고, 전후면에 큰 그림 한 폭씩을, 작은 그림 30폭을 제작하도록 했는데, 나는 그것들을 곧 완성했다.

그 무렵 교황의 총애로 대가 없이 교서敎書를 보내서, 나는 아레초의 교구敎區에 교회를 세우고 사제장司祭長직도 받았는데, 이것이 그 고장의 본당으로 나와 가족의 소유가 되었고 내가 기금을 부담했다. 그림은 작은 것이지만 하느님의 무한한 은총에 감사하는 뜻을 담아 내가 직접 그렸다. 이 그림은 좀전에 이야기한 것과 거의 같은 양식이며, 이 그림을 살펴보면 이를 금방 알 수 있다. 성당은 좀 떨어진 곳에 있으며, 그림들은 양쪽에 같은 모양으로 있다. 앞의 것은 이미 이야기했고, 뒤의 것은 성 조르조S. Giorgio의 생애에서 취한 것이며, 측면에는 몇몇 성인의 생애에서 취한 장면들을 아래 작은 구획 안에 그렸다. 그들의 유해는 훌륭한 지하 무덤에 잠들어 있다. 그곳에는 그 도시의 유물들도 보인다. 중앙에 성사聖事를 위한 닫집 달린 감실이 있어 『구약성서』와 『신약성서』에서 따온 장면들로 장식한 제단으로 사용하려고 임시로 만들어놓았다.

42

첨언할 것이 있는데, 작년에 교황 성하를 알현하러 처음으로 로마에 갔을 때, 페루자Perugia에서 베네데토Benedetto 수도원 식당에 큰 그림 세 폭을 제작했다. 중앙에 그린 그림은 카나Cana의 혼인잔치 때 그리스도가 물을 술로 만드는 기적을 나타내는 장면이다. 오른쪽 그림은 콜로시

그림726 조르조 바사리, 「동방박사의 경배」, 1567,
패널에 오일, 65×48cm, 스코틀랜드 국립 미술관, 에든버러.

스colocynths 열매를 넣었기 때문에 너무 시큼해서 예언자들이 먹을 수 없게 된 음식물에 예언자 엘리사가 밀가루를 넣고 간을 맞추는 장면이다. 세 번째 그림은 성 베네데토S. Benedetto에 관한 이야기다. 그해에 흉년이 들어 수사修士들이 먹을 게 아무것도 없었는데, 이 성인이 신참 수사에게 낙타들이 밀가루를 싣고 문밖에 왔다고 고했고, 과연 기적적으로 천사들이 많은 밀가루를 가져왔다는 내용이다.

키아피노Chiappino 각하의 모친인 젠틸리나Gentilina 여사와 파올로 비텔리Paolo Vitelli 각하를 위해 피렌체에서 성모의 대관식을 그려 치타 디 카스텔로Citta di Castello에 보내있다. 위에는 춤을 추는 천사들을 그리고, 아래에는 많은 성인聖人을 실물보다 더 크게 그려서 산 프란체스코S. Francesco 성당을 장식했다. 공의 별장 포조 아 카이아노Poggio a Caiano

성당에는 피에타Pietà를 그렸다. 그 아래에서 성 코시모와 성 다미아노가 쳐다보고 있으며, 하늘에는 「수난受難의 신비」를 든 천사들이 눈물을 흘리고 있다. 피렌체에 있는 카르미네Carmine 성당의 내 친구 마태오와 시몬 보티Simon Botti의 경당에 「십자가 위의 그리스도와 흐느끼는 성모, 성 요한과 막달레나」를 그린 내 작품이 있다. 그 후 야코포 카포니Jacopo Capponi를 위해 프랑스로 보낼 큰 그림 두 폭을 그렸다. 하나는 「봄」, 또 하나는 「가을」인데, 큰 인물화를 새로운 스타일로 제작한 작품이다. 또 하나 큰 그림에는 두 천사가 부축하고 있는 죽은 그리스도와 천상에 있는 성부聖父를 그렸다.

그 무렵 혹은 그보다 얼마 전에 아레초에 있는 산타 마리아 노벨라S. Maria Novella 수녀원의 수녀들을 위해 성인들이 옆에 대령하는 「성모영보」를 그리고 카말돌리 수도회의 루코 디 무젤로Luco di Mugello 수녀원 수녀들을 위해 「십자가 위의 그리스도, 성모 마리아, 성 요한, 성녀 마리아 막달레나」를 그렸는데, 지금 그곳 성가대석에 있다. 나의 절친한 친구 루카 토리지아니Luca Torrigiani가 수집을 목적으로 내 그림을 원했으므로 「비너스와 세 여신女神」을 그렸는데, 한 여신은 자기 머리카락을 옷처럼 걸치고, 두 번째 여신은 거울을 들고, 세 번째 여신은 씻으려고 물을 따르고 있다. 나는 나 자신의 만족과 친구들을 위해 이 그림에 최선을 다했다.

43

각하의 재산 관리자이며 내 친구인 안토니오 데 노빌리Antonio de' Nobili를 위해 그림을 그리고 렌툴루스Lentulus의 기록에 따라 그리스도의 머리를 그렸는데, 두 작품 모두 큰 힘을 들였다. 피렌체와 시에나의 왕자 돈 프란체스코 데 메디치Don Francesco de' Medici의 수석 부관인 만드라고네Mandragone 각하를 위해 지금 것과 비슷한 스타일이지만 조금 큰 작품을 제작해 그의 부인에게 기증했다. 그녀 남편이 내 친구이며 예술 애호가이므로 우정의 표시로 그렇게 했다. 나는 또 공작의 수석 가령家令이자 그의 막역한 친구이며 사세타Sassetta의 영주領主인 안토니오 몬탈보Antonio Montalvo 각하를 위해 큰 원화原畫 한 폭을 준비했는데, 그는 나의 친구이자 상관이다. 내 기량이 충분하다면 이 작품으로 내가 그를 얼마나 존경하는지를 보여주며, 동시에 후손을 위해 길이 기억에 남을 우정의 징표로 삼고 싶다. 그는 모든 예술가의 후원자인 동시에 예술 애호가이기 때문이다.

최근에는 돈 프란체스코 왕자를 위해 그림 두 폭을 제작했는데, 하나는 톨레도Toledo에 있는 레오노라Leonora 공작부인의 자매인 그의 어머니에게 보냈으며, 또 하나는 황태자 자신을 위한 것으로 세밀화細密畫 기법으로 그린 것이며, 그분의 아이디어에 따라 제작된 크고 작은 인물화 40여 폭이 들어 있다. 필리포 살비아티Filippo Salviati를 위해서는 프라토Prato에 사는 산 빈첸치오S. Vincenzio의 자매들에게 보내는 그림보다 조금 먼저 제작했다. 즉, 윗부분에는 천상天上에 도착한 성모가 대관戴冠하고, 아래에 있는 무덤 옆에는 복음사가들이 보인다. 피렌체의 바디아Badia 성당의 베네데토Benedetto 교단 수도원을 위한 그림은 거의 완성되었다. 이 그림은 「성모 몽소승천蒙召昇天」으로 복음 전도자들과 그 옆에는 풍경과 장식을 새로운 양식으로 표현했으며, 인물화는 실물보다 크다.

44

모든 방면에 찬양할 만한 코시모 공은 궁전, 도시, 요새, 성문, 로지아, 광장, 정원, 분수, 별장, 기타 크고 장엄한 사물들의 조영造營에서뿐만 아니라 가톨릭 군주에 걸맞게 교회의 복원復元 등에 힘써 마치 솔로몬Solomon 왕에 비길 만하다. 최근 그는 나에게 모든 외관이 황폐해진 산타 마리아 노벨라 성당의 본당 칸막이를 떼어버리라고 지시했으며, 교회 중앙부의 대부분을 차지한 것을 제거하고, 대제단 뒤에 새롭고 웅장한 성가대석을 만들라고 지시했다. 그리하여 나는 당당하게 새 성당이 되도록 공사를 시행했다.

균형이 결여된 사물들은 완전한 미美를 지닐 수 없다. 그는 측랑側廊의 원주圓柱들을 둥그렇게 만들어 뼈대를 화려하게 장식하고, 제단을 가진 하나 또는 두 양식의 소유자로 하여금 경당들을 만들어 경당 소유자들이 각자 취향에 따라 높이 7브라차, 너비 5브라차 크기의 그림을 넣도록 했다. 내가 설계한 이들 뼈대 중 하나에는 볼테라Volterra의 주교이며 존경할 만한 내 후원자 알레산드로 스트로치Alessandro Strozzi를 위한 그림을 그렸다. 이것은 일곱 가지 덕七德을 지닌 성 안셀모S. Anselmo가 본 바에 따라「십자가 위의 그리스도」를 그렸다. 이 7덕 없이는 예수 그리스도에게 또는 다른 성인의 상황에 이르는 7단계를 올라갈 수 없다. 같은 교회 안에 나는 코시모 공의 주치의를 위해 비슷한 뼈대 안에「부활」復活을 그렸는데, 신의 영감 덕분인지 친구들을 즐겁게 할 만한 좋은 작품을 만들었다.

45

위대한 공작은 피렌체의 산타 크로체S. Croce 성당도 크게 수리하고자 했다. 즉 본당 칸막이를 없애고 성가대석을 대제단 뒤로 물러앉게 하되 제단은 좀 앞으로 나오게 하고, 가장 거룩한 성사聖事를 위해 당당한 감실을 만들고 거기에 인물들과 풍경을 금박金箔으로 장식해 마치 산타 마리아 노벨라 성당과 같이 벽을 따라 14개 경당을 만들되 더 화려하게 장식하기를 원했다. 여기에는 살비아티와 브론지노의 두 작품을 포함해 구세주의 중요한 기적을 모두 그리게 되어 있었는데, 그리스도의 수난受難에서 시작해 성령聖靈이 복음 전도자들에게 내리는 데까지다.

경당들을 설계하고 돌로 장식한 후, 나는 친한 친구이며 정부 재무 총책임자인 아뇰로 비폴리Agnolo Biffoli를 위해「성령聖靈의 강하降下」를 준비하고 있다. 얼마 전 그림 두 폭을 완성했으며, 지금 산 피에로 스케라조S. Piero Scheraggio 성당 옆 콘세르바도리Conservadori의 사무실에 있는데, 하나는 「그리스도의 두상」이고, 또 하나는 「성모 마리아」다.

지금까지 내가 제작한 그림들, 데생, 모델, 마스크에 관하여 남김없이, 그러나 두서없이 다소 장황하게 기술했다. 분명히 충분하게 이야기하긴 했다. 다만 한 가지 부언하고 싶은 것은, 내가 대공에게 이 모든 작업의 결과물을 보여준다는 것이 중요한 일이며, 나는 그분 착상의 위대함을 도저히 따를 수 없었다는 점이다. 예를 들면 그는 산 로렌초 성당 근처에 미켈란젤로가 제작한 것과 같은 제3성기실聖器室을 원했는데, 얼룩얼룩한 대리석을 사용해 그분의 왕자, 부모님, 레오노라 대공비와 대공 자신을 위한 영묘靈廟를 제작하고자 했다. 나는 그의 지시대로 모형을 만들었는데, 그는 크게 만족해했으며 그분 의도대로 제작했더니 참으로 장엄한 왕실의 건축물에 조금도 손색이 없었다. 이것으로 나는 모든 것이 흡족하게 되었다. 지금 내 나이 55세에 이 모든 작업을 완성했는데, 하느님의 은총으로 장수할지도 모른다는 희망을 가지고 내 힘이 닿는 한 이 고상한 예술을 증진하기 위해, 또한 하느님의 영광과 친구들을 위해 이 어려운 일들을 수행했다.

저자가 디세뇨 예술가들에게 드리는 말씀

 존귀하신 예술가 여러분. 나는 여러분의 이익과 편의를 위해 오랫동안 이 책을 써왔으며, 하느님의 은총과 도움으로 드디어 완성했습니다. 먼저 이런 결과를 얻게 해주신 하느님께, 다음으로는 내가 집필에 전념하고 여가와 마음의 휴식을 얻도록 편의를 봐주신 나의 후원자이신 대공 각하께 감사드립니다.

이 기회에 소감을 몇 마디 피력하고자 하는 것은, 어느 분이 내 저서를 읽으며 기사가 길고 장황하다고 느낀다면, 그것은 이야기의 모호함을 피하려고 힘닿는 데까지 사실을 밝혀내려고 했기 때문이라고 말씀드릴 수 있습니다. 또 한 번 이야기한 것을 다른 데서 되풀이한 이유는 이야기 주제의 특성상 피할 수 없었으며, 또 한 가지 이유는 내가 이 기록을 다시 쓰는 동안에 여행이나 과중한 그림 제작, 건축 관계 일 때문에 며칠 동안, 아니 수개월간 집필을 중단할 수밖에 없었기 때문입니다.

그밖에도 굳이 말하자면 나로서는—기꺼이 후회하고 있지만—일부 오류를 범하지 않을 수 없었기 때문입니다. 또 어떤 분은 내가 과거와 현대 예술가들을 지나치게 과찬한다고 느끼셨을 것이며, 또 어떤 분은 내가 과거와 현대 작가들을 비교하는 것을 보며 의아해할 수도 있겠지만, 이에 대한 내 대답은 시대와 장소, 환경을 고려했다는 것입니다. 조토Giotto를 예로 들면 그가 살던 시대에는 모두가 그를 격찬했습니다. 그러나 만일 그가 오늘날 미켈란젤로의 시대에 살았다면 어떻게 평가를 받게 될지 짐작하기는 쉽지 않습니다. 다만 완벽한 예술이 개화한 오늘날의 예술가들 중에는 최고 수준에는 도달하지 못하지만 그들의 선배들이 갖지 못했던 무엇인가를 가지고 있는 사람도 있을 수 있습니다.

요긴대, 내가 평한 칭찬과 비난은 진심 또는 진실이라고 믿는 것일 따름입니다. 우리는 금은세공인이 사용하는 저울을 가지고 있지 않으니, 문필에 경험이 있는 사람일지라도 사물을 비교해 판단을 내린다는 것은 어려운 일이듯이 나를 비난하는 말은 일단 보류해주시기 바랍니다. 내가 확실히 알고 있는 것은, 이 예술이라는 작업이 무척 힘든 육체노동이며 많은 비용이 든다는 것입니다. 나는 그동안 얼마나 극심한 어려움을 경험했으며, 또 실의에 빠져 얼마나 많은 시일을 허비했는지 모릅니다. 그나마 진실하고 선량한 친구들이 나를 여러모로 도와주신 것에 대해 그들에게 깊은 감사를 드립니다. 그들은 내게 용기를 북돋아주고 고통을 견뎌내도록 설득하고 각종 문서, 조언, 여러 사물의 비교, 비판 등 애정 어린 도움으로 적지 않게 의문에 쌓이고 당혹해하던 나를 일깨워주었습니다. 정말 이런 도움으로 말미암아 진실을 기록할 수 있었으며 결국 저작이 햇빛을 보게 되었으니 그동안 거의 사라져가던 많은 희귀한 기억과 더불어 무한한 지혜를 되살아나게 해서 우리 후손들에게 도움을 줄 수 있게 되었습니다.

이미 다른 곳에서 언급했지만 이 책을 저술하는 데 다음과 같은 여러 저자의 도움이 적지 않았습니다. 즉 로렌초 기베르티Lorenzo Ghiberti, 도메니코 기를란다요Domenico Ghirlandaio, 라파엘로 다 우르비노Raffaello da Urbino입니다. 그러나 이 저자들의 기록을 신뢰했지만 나는 작자의 견지에서 그들의 진술을 항상 비판해왔습니다. 그것은 바로 오랫동안 예술에 종사한 이가 성실한 화가를 가르쳐서 여러 작가의 스타일을 깨우치게 하거나 또 유능한 비서가 동료나 친구, 친척들의 필적을 잘 가려내는 것과 같은 이치입니다.

지금 나는 하느님의 은혜로 그간 갈망하던 종착점에 와닿았으니 기쁨과 동시에 더없는 만족에 이르게 되었습니다. 설령 그 정도는 아닐지라도 나에게는 하나의 작은 만족이며, 적어도 아픔을 덜어주는 것이며―이런 말이 허락된다면 모든 지식인 사이에 관심을 끄는 이 명예로운 저서가 내 피로감을 잊게 할 것입니다.

드디어 이 기나긴 이야기의 끝에 도달했습니다. 나는 한 화가로서 내

3656

능력껏 가장 좋은 방법으로 내가 쓰는 언어, 즉 피렌체와 토스카나어로 자연스럽고 알기 쉽게 기술했으며, 길고 화려한 문장을 피하고 시칭과 분위기, 즉 유머의 취사, 말의 꾸밈 등은 나같이 문필보다는 화필畵筆에, 글쓰기보다는 데생에 익숙한 화가 입장에서 기술했습니다. 만일 내가 예술에 관한 용어를 너무 많이 사용했다면 그것은 단지 여러분의 이해를 돕기 위한 것이었으며, 그밖에 별 도리가 없었습니다.

예술가 여러분, 그대들에게 도움을 주기 위해 지금까지 이러한 노력을 한 것으로 생각하고 이해해주십시오. 끝으로 나는 최선을 다한 것이니만큼 기꺼이 이를 받아주시기를 원합니다. 또 내가 모르는 것과 내 힘이 미치지 못하는 것은 내게 기대하지 마시기를 바라며 여러분에게 만족과 도움을 드리려는 나의 선의에 만족하시기 바랍니다.

출판허가서(IMPRIMATUR)

교의教義와 기타 교회의 규정에 반하지 않고
그 내용이 신앙과 종교에 조금도 어긋남이 없이
잘 조화를 이루고 있음을 확인하고
출판 허가에 반하는 어떠한 문제점도 없으므로
피렌체의 화가, 조각가, 건축가들의 생애에 대한
책의 인쇄를 기꺼이 승인한다.
1567년 8월 25일
피렌체 대교구 총대리 주교,
귀도 세르비디우스.

DIE 25 AUGUSTI, 1567.

CONCEDIMUS LICENTIAM ET FACULTATEM

IMPUNE ET SINE ULLO PRÆJUDICIO IMPRIMENDI

FLORENTIÆ VITAS PICTORUM, SCULPTORUM, ET

ARCHITECTORUM, TANQUAM A FIDE ET RELIGIONE NULLO

PACTO ALIENAS,

SED POTIUS VALDE CONSONAS.

IN QUORUM FIDEM ETC.

GUIDO SERVIDIUS,

PRÆPOSITUS ET VICARIUS GENERALIS FLORENT.

조르조 바사리가 기록한 디세뇨 예술 3종

건축, 조각, 회화의 길잡이

제1부 건축

제1장*

건축가가 장식물을 만들거나 조상을 조각하는 데 사용하는 각종 석재, 즉 반암斑巖, 사문석蛇紋石, 치폴라초Cipollaccio, 각력암角礫巖, 화강암花崗巖, 시금석試金石, 투명한 대리석, 흰 대리석, 줄무늬 있는 대리석, 결이 있는 대리석, 살리니Saligni, 캄파니니Campanini, 건축용 석회화, 점판암粘板巖, 용암熔巖, 이스키아 스톤Ischia Stone, 피에트라 세레나Pietra Serena, 피에트라 포르테Pietra Forte 등에 관한 기록이다.

1. 건축에 관한 저자의 견해

건축이 얼마나 유용한지는 이미 여러 저술가가 역설했으므로 내가 여기서 새삼스럽게 재론할 필요가 없다고 생각한다. 그러므로 이 자리에서는 석회·모래·목재·철재 등의 재료, 기초공사를 하는 방법, 그밖에 실제로 건축물을 세울 때 필요한 작업들, 물줄기 지형 등을 이야기하고자 한다. 비트루비우스Vitruvius**와 우리의 선배 레온 바티스타 알베

---

* 이 '길잡이'(기법론)는 바사리 원문에는 「총서」 다음에 게재되어 있다. 게스튼 베어(Gaston Vere)의 영어본(1912~15)에는 이 길잡이 부분이 누락되어 있다. 게스튼 베어에 따르면 이 길잡이의 권위 있는 영어본이 이미 1907년 영국의 루이사 맥클로즈(Louisa S. Maclehose)에 의해 단행본으로 출판되었기 때문에(*Vasari on Technique*, J.M. Dent & Company, London) 별도 게재를 생략한다고 했다. 이 책에 볼드윈 브라운(Baldwin Brown) 교수가 상세한 주석과 해설을 제공했다. 따라서 옮긴이는 본문 번역은 맥클로스의 영어본과 밀라네시(G. Milanesi)의 이탈리아본을 저본으로 했으며, 브라운 교수의 해설과 주석을 상당 부분 참조했다. 덴트(Dent)의 영어본은 1960년 뉴욕 도버(Dover)출판사에서 다시 간행되었다.

** 비트루비우스의 『건축론』 초판은 1468년 간행되었으며, 체사레 체시아

르티Leon Battista Alberti*가 자세하게 기록한 것과 건축에 관심이 있는 분들을 위해 건축물이란 어떤 것이며, 또 어떠한 것이어야 하는지를, 우아한 건축물을 지으려면 어떠한 비례로 부분과 전체를 통일해야 하는지를 기술하고 아울러 무엇이 필요한지를 간단히 요약하려고 한다.

2. 굳은 석재의 시공

여기서는 몹시 굳고 무거운 석재石材를 다루는 작업이 얼마나 힘든 일인지를 밝히고 공장工匠들이 다루는 석재들을 알기 쉽도록 간결하게 적으려고 한다.

첫째로, 반암斑巖, Forfido 이야기에서부터 시작하자. 반암은 아주 작은 흰 반점이 들어 있는 붉은 돌이며, 원산지인 이집트에서 이탈리아로 가져왔다. 채석 후 비, 서리, 햇빛을 받아 세월이 갈수록 점점 굳어지므로 세공하기 힘들다. 이 돌로 만든 작품은 매우 많으며, 어떤 것은 끌로 깎은 것, 어떤 것은 톱으로 켜서 만든 것, 회전하는 줄이나 금강사로 갈아서 만든 것들이다. 그리하여 여러 모양의 반암이 각처에 산재한다. 네모난 것, 둥근 것에 어떤 것은 평평하게 만들어 도로를 포장했으며, 건축물을 장식하기 위한 조상들, 크고 작은 수많은 원주, 천태만상의 탈들이 면밀하게 조각되어 있는 샘터 따위가 있다.

매우 공들여 만든 얕고 깊은 돋을새김의 인물상으로 장식한 석관石棺

노(Cesare Cessiano)가 이탈리아어로 번역한 책은 1521년 코모(Como)에서 출판되었다.

* 레온 바티스타 알베르티의 『건축론』은 그의 사후 1485년에 피렌체에서 최초로 출판되었으며, 체칠리아 바르톨리(Cecilia Bartoli)가 이탈리아어로 번역한 책은 바사리의 『전기』의 초판 발행 연도인 1550년 트렌티노(Trentino)에서 간행되었다.

들이 아직도 남아 있다. 예를 들면 로마 교외의 산타 아녜세S. Agnese 성당 근처에 있는 바쿠스 신전에는 콘스탄티누스Constantinus 대제의 딸 성녀 콘스탄차S. Constanza의 석관*이 있는데, 거기에서 포도를 들고 있는 어린이들과 포도나무 잎으로 장식한 굳은돌에 조각한 노력과 공을 짐작할 수 있다. 또 포르타 산타Porta Santa 근처에 있는 산 조반니 인 라테라노S. Giovanni in Laterano 성당의 납골納骨 단지도 마찬가지다. 이 항아리는 사연을 말하는 많은 인물상으로 장식되어 있다. 리톤다Ritonda 광장에도 석관으로 사용된 아름다운 항아리가 있는데** 이것도 섬세하게 공들여 제작했으며, 다른 것들과 비교할 수 없을 만큼 우아하고 아름답다.

에지디오Egidio와 파비오 사소Fabio Sasso의 저택에 3.5브라차 크기의 좌상이 있었는데, 지금은 파르네세 저택에 다른 조상들과 함께 보관되어 있다.*** 그밖에 라 발레la Valle 저택의 안뜰, 들창 위에 멋진 암컷 이리의 조각이 놓여 있으며, 정원에는 같은 반암으로 제작된 묶인 두 죄수의 조상이 있는데, 높이가 4브라차이며 탁월한 고대인의 솜씨를 보여준다. 이 작품은 굳은 반암으로 제작하는 게 얼마나 힘든지를 잘 알고 있는 뛰어난 인사들에게 오늘날에도 절찬을 받고 있다.****

그러나 오늘날에는 예술가들이 작품을 제작할 때 끌과 그밖의 도구

---

* 이 석관(石棺)은 현재 바티칸(Vatican) 궁전 미술관에 있다.
** 리톤다 광장은 판테온(Pantheon) 광장을 말한다. 원래 석관으로 만든 것이 아니라 욕실용이며 교황 클레멘티우스 12세 때 산 조반니 인 라테라노(S. Giovanni in Laterano) 성당으로 옮겼다.
*** 에지디오(Egidio)와 파비오(Fabio) 형제의 저택 미술 수집품은 1546년 오타비아노 파르네세(Ottaviano Farneze) 공에게 팔렸다. 「좌상」은 아폴로상으로 현재 나폴리 국립 미술관 소장품.
**** 델라 발레(della Valle) 추기경의 수집품은 1584년 페르디난도 데 메디치 추기경이 사들여 로마의 빌라 메디치(Villa Medici)로 옮겼다. 「암컷 이리」는 도난당했으며 「두 죄수」는 현재 보볼리(Boboli) 정원에 있다.

로 돌을 손질하는 방법을 모르기 때문에 이런 종류의 돌로 완벽한 작품을 만들어낼 수 없다. 물론 오늘날에도 금강사를 사용해 원주를 베서 조각을 낸다든가, 돌을 잘라서 마루를 깔거나 건축물을 장식하기도 한다. 동銅으로 만든 이가 없는 톱으로 두 사람이 마주 서서 돌을 베는데, 이때 잇달아 가루 금강사와 물을 뿌리면서 오랫동안 톱질을 계속한다. 옛날 사람들이 이 돌을 어떤 방법으로 취급했는지를 밝히려고 끈질긴 시도를 거듭했으나 모두 허사였다.

레온 바티스타 알베르티는 반암을 효과적으로 시공하려고 가장 애쓴 건축가인데, 그는 냉각제로는 수컷 산양의 피가 가장 좋다는 사실을 발견했다. 이 방법을 쓰고도 그는 반석을 세공하는 데 애를 먹었으며, 계속 불꽃이 튀는 상태였다. 그는 마침내 피렌체의 산타 마리아 노벨라S. Maria Novella 성당 정문 위에 균형이 잡힌 커다란 고대풍 글자 18자를 이 딱딱한 반암에 새겨 넣을 수 있었다. 이 18자는 'BERNARDO ORICELLARIO'다.그림 727, 그림 728* 보통 끌로는 귀퉁이를 깔끔하게 정사각형으로 마무리할 수 없으므로 그는 기다란 쇠꼬챙이에 손잡이를 붙여 회전 도구를 만들어 손잡이 부분을 가슴에 대고 누르면서 두 손으로 회전시켜 글자를 새겼다. 일이 끝나면 그는 끌 대신 필요에 따라 크고 작은 동으로 만든 회전판을 갈아 끼우고 금강사를 뿌리면서 회전시켜 돌 표면과 모퉁이를 매끄럽게 손질했다.

알베르티는 이런 작업에 너무 많은 시일을 낭비한 끝에 기력이 빠져 그밖의 일, 예를 들면 조상, 꽃병, 기타 섬세한 일은 손대지 못했다. 후대의 다른 사람들은 이 비법을 써서 원주圓柱를 수복하고 돌을 매끈하게 만들었다. 그들은 수컷 산양의 피로 강철 끝을 불리고 다이아몬드처

---

* 조반니 루첼라이(Giovanni Rucellai)의 위촉으로 알베르티가 1456~70년에 걸쳐 완성. 베르나르도 오리첼라리오(Bernardo Oricellario)는 그의 아들이며 인문학자다. 글자 수는 19자이며, 18자는 바사리의 오산이다.

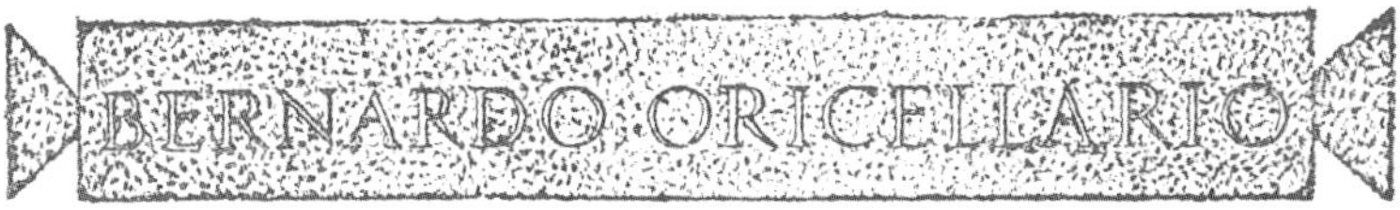

그림 727 피렌체의 산타 마리아 노벨과
성당 안 반암 판자에 새긴 명문(銘文)

그림 728 산타 마리아 노벨라 성당 정문, 피렌체.
게단 수 기면 반암 서판 위 명가이 위치를 보여주다

럼 날카롭게 만들어 육중하고 무거운 해머에 붙인 다음 그것으로 조심스럽게 돌의 표면을 두들기면서 귀퉁이를 다듬었는데, 적지 않은 시간과 노력이 필요했지만 결국 예술가들의 마음에 드는 형태로 만들었다. 그러나 그들은 조상을 만들어낼 만한 기술은 가지고 있지 못했다. 다만 금강사나 가죽으로 문지르고 닦아 반들반들 윤이 나게 마지막 손질을 했다.

세월이 흐름에 따라 인간의 창의성은 나날이 발전했고 새로운 탐구는 계속되었으며 기회 있을 때마다 반암 조각에 관하여 새로운 방법이 시도되어왔다. 더욱 순수하게 정련精練된 강철에 갖가지 불림을 시도해보았으나 근래에 이르기까지 헛된 수고만 계속했다. 그 한 예로 1553년에 아스카니오 콜론나Ascanio Colonna가 교황 율리우스Julius 3세에게 지름이 7브라차나 되는 아름다운 반암으로 만든 고대 수반水盤*을 기증했는데, 교황은 그것으로 자신의 포도밭을 장식하고 싶어 깨진 부분을 수리하라고 명했다. 그리하여 미켈란젤로와 그밖에 뛰어난 거장들의 충고에 따라 여러 방법으로 공사에 착수해 오랜 시일에 걸쳐 고생했으나 그 계획은 무산되고 말았다. 왜냐하면 수리해야 할 모서리 몇 군데를 어느 누구도 복원할 수 없었기 때문이다. 굳은 석재를 다루는 데 익숙했던 미켈란젤로마저 다른 공장들과 함께 손을 들어버려 그 공사는 중단되고 말았다.

결국 우리 시대에는 반암 시공이 미숙한 점만 제외한다면, 모든 예술 분야를 완벽하게 성취하는 데 부족함이 없게 되었다. 그런데 다행히 다음과 같은 방법이 발견되어 더 바랄 것이 없게 되었다. 1555년 코시모 공은 피렌체에 있는 자기 본궁전** 안뜰에 아름다운 샘터를 만들고 피티

---

* 이 수반은 1443년 티투스(Titus) 대제의 목욕탕에서 발견되었으나 오랫동안 율리우스 3세의 궁전 정원에 방치되었다가 1717년에 바티칸궁으로 옮겨졌고, 피우스 6세 때 수복되어 현재 바티칸궁 미술관에 있다.
** 베키오궁을 가리킨다.

그림 729 레온 바티스타 알베르티, 「산타 마리아 노벨라 성당」,
1246년경, 산타 마리아 노벨라, 피렌체.

궁전과 정원에서 맑은 물을 끌어오기로 했는데, 그가 가지고 있는 고
대 유품 중에는 꽤 큰 반암 덩어리들이 있었으므로 그것들로 다리가 붙
은 수반을 만들라고 명했다. 코시모 공은 석공들이 반암을 쉽게 세공하
도록 내가 이름을 모르는 풀에서 특이 효능이 있는 액체를 증류시켰다.
불에 달군 철물을 이 액체에 담그면 철물의 불림 효과가 현저하게 나타
났다. 피에솔레Fiesole의 프란체스코 델 타다Francesco del Tadda는 이 비법
을 사용해 내가 그린 디자인에 따라 이 분수의 수반을 제작했다.* 이것
은 현재 이 궁전 안뜰에 보는 바와 같이 지름이 2.5브라차이며 발이 달
려 있다.

타다는 코시모 공이 가르쳐준 이 방법을 소중히 여겨 이 방법을 시험

* 프란체스코 타다(Francesco Tadda, 1497~1585)는 이 조상을 1555~57
년에 제작했는데, 현재 베키오궁 안뜰에 있다. 반암 세공을 쉽게 하는 방
법을 코시모 공이 타다에게 가르쳤다고 바사리는 주장하지만 그런 증거
는 없으며, 벤베누토 첼리니(Benvenuto Cellini)는 『회화론』에서 그 새로
운 방법은 타다의 창의에 따른 것이라고 기록했나.

그림 730 안드레아 델 베로키오, 「돌고래와 함께 있는 푸토」,
1470년경, 청동, 높이 67cm, 베키오궁, 피렌체.

해보려고 다른 작품들을 만들었는데, 짧은 시일 안에 등신대의 타원형
조상 셋을 얕은 돋을새김으로 완성했다. 이것은 코시모의 조상, 레오노
라Leonora 공비公妃의 조상, 그리스도의 머리 부분으로 완벽한 작품이었
으며, 머리카락과 수염은 조각에서도 특히 힘든 부분이었으나 뛰어난
솜씨로 제작했다.* 코시모 공이 미켈란젤로에게 이 작품을 이야기했는

---

* 타다가 코시모 공작을 위해 만든 반암 돋을새김이 피렌체의 바르젤로 미
술관에 있다. 그러나 일설에는 리카르디궁(Palazzo Riccardi) 안의 메디
치 미술관에 있다고도 한다.

데, 그는 반신반의하는 태도였다. 그래서 나는 코시모 공의 명에 따라 그리스도의 두부 조상을 로마로 보냈는데, 미켈란젤로는 이것을 보고 깜짝 놀라 극찬하면서 오랫동안 기다렸던 이 귀중한 선물로 조각이 이렇게 풍성해진 것을 보고 기뻐했다고 한다. 최근에 타다는 앞에 이야기한 것과 거의 같은 크기로 타원형 안에 코시모 공작의 두부 조상을 제작했으며,그림 731 그밖에도 비슷한 다른 작품도 만들기 시작했다.

반암에 관해서 좀더 언급하지 않으면 안 될 것은 오늘날에는 이 석재의 채석장이 어디인지 알 수 없게 되었다는 점이며,* 현재로서는 고대 유품이나 그 단편, 원주의 일부분 등을 재사용하지 않을 수 없다는 것이다. 또 사용자는 그 돌이 불에 노출된 적이 있는지를 알아봐야 할 것이다. 왜냐하면 일단 불에 노출되면 설령 색채가 뚜렷하게 변하지 않았거나 형태에 변화가 없다 하더라도 이 돌의 본래 특성인 선명한 광채는 대부분 사라지므로 불에 닿지 않은 돌에서 보는 자연적 광채는 찾아볼 수 없고 또 세공할 때 잘 부서지기 때문이다.

반암에 관해서 또 하나 알아둘 것이 있다. 반암은 화덕에 집어넣어도 검게 타지 않고, 그 주위에 던져진 돌들을 타지 않게 하지만 자신은 빛깔을 잃고 흰색을 띠게 된다. 그것은 1117년에 피사 사람들이 마요르카Majorca섬을 정복한 후 피렌체 사람들에게 기증한 원주 두 개를 보면 잘 알 수 있다. 그 원주는 현재 산 조반니S. Giovanni 세례당 정문 입구를 만드는 데 사용했는데, 조반니 빌라니Giovanni Villani가 자신의 저서에서 말했듯이 화재를 당한 일이 있어 광채가 없고 매끈하지도 않다.**

---

  * 반암의 원산지는 바사리 말대로 이집트이지만, 정작 이집트 사람들은 반암을 별로 이용하지 않았으며, 로마 사람들이 제정 말기부터 많이 썼다.
 ** 빌라니(Villani)의 『연대기』(Cronica, IV, 31)에서 바사리가 인용한 것이다.

그림 731 프란체스코 델 타다가 화강암에 새긴
국부 코시모의 초상, 1568, 바르젤로 미술관, 피렌체.

3. 사문석(蛇紋石)

사문석Serpentino은 조금 검은 녹색이며, 노란 빛깔을 띤 기다란 십자
문양이 몇몇 들어 있다. 예술가들은 이 돌을 반암과 같이 원주와 건축
물 마루의 평석平石을 만드는 데 사용한다.* 이 돌로 인물상을 조각한
예는 없고 원주圓柱의 기반, 테이블 다리, 기타 실용적인 물건을 만드는
데 널리 쓰인다. 이런 종류의 돌은 반암보다는 단단하지만 갈라지기 쉽

* 바사리가 말하는 사문석은 오늘날의 기준에 따르면 반암의 변종이며 실
제 사문석이 아니라고 한다.

고 세공하기도 반암보다 쉬워 노력이 안 든다. 원산지는 이집트와 그리스이며, 채석할 때 덩어리가 크지 않으므로 이 돌로 만든 작품 중에 한 변이 3브라차 이상 되는 것이 없으며 거의가 포상鋪床, 포도鋪道 건설용으로 쓰인다. 간혹 원주를 만들 때 쓰인 것도 있지만 크지도 않고 굵지도 않으며, 동물의 탈이나 건축물의 까치발을 조각한 일이 있으나 사람의 조상을 만든 예는 없다. 이 돌의 세공 요령은 반암의 경우와 같다.

4. 치폴라초

사문석보다 좀더 부드러운 것이 치폴라초Cipollaccio인데 여러 지방에서 볼 수 있다. 이 돌은 좀 노란 빛깔을 띤 옅은 초록색으로, 크고 작은 네모난 검은 반점과 더 큰 흰 반점이 있다. 굵은 혹은 가느다란 원주, 출입문, 기타 장식 등 여러 곳에 사용되는데 인물상을 조각한 예는 없다. 이 돌로 만든 샘터가 로마의 벨베데레에 있는데, 나일강과 티베르강을 나타내는 조상이 있는 정원 한구석의 벽감이다. 교황 클레멘티우스 7세가 고대 어떤 강의 신神의 조상을 장식하려고 자연을 본떠 만든 바위의 한 모퉁이를 아름답게 보이기 위해 미켈란젤로의 디자인으로 만들게 했으며, 실제로 잘 만들어졌다.*

치폴라초는 이 돌을 톱으로 켜서 판자, 둥근판, 타원형판, 기타 여러 모양으로 제작했는데 다른 종류의 돌과 함께 맞추어 아름다운 포상鋪床과 마루를 매력 있는 여러 모양으로 만들 수 있었다. 이 돌은 반암斑巖이나 사문석蛇紋石처럼 문지르고 닦으면 광채가 나고 자르기도 쉬우며,

* 벨베데레궁의 안뜰은 16세기 말 바티칸(Vatican)궁 도서관 건설, 18세기에 들어서 새 건물 건설로 현재는 모습이 많이 달라졌다. 「고대의 어떤 강의 신」이란 티그리스를 말하는데, 현재 바티칸궁 미술관에 있다.

로마에서 매일같이 출토出土되는 고대 유물의 단편으로 묻혀 있다. 이 돌은 출입문과 여러 장식에 쓰이는데, 그것들이 놓인 장소에 따라 뛰어난 효과와 아름다움을 보여준다.

5. 각력암(角礫巖)

여러 종류의 돌이 섞여서 오랜 시간이 흐르는 동안 물의 작용을 받아 하나로 뭉쳐 굳어졌다는 뜻에서 미스키오Mischio, Breccia라는 이름이 붙은 각력암Mischio이라는 돌이 있다. 이 돌은 베로나Verona의 산山, 카라라Carrara의 산, 토스카나Toscana의 프라토Frato의 산, 피렌체 근처 임프루네타Impruneta의 산 등 여러 곳에서 풍부하게 산출된다. 그러나 가장 아름답고 질이 좋은 각력암이 피렌체에서 약 8킬로미터 떨어진 산 주스토 아 몬테 란톨리San Giusto a Monte Rantoli에서 최근에 발견되었다. 코시모 공은 이 석재를 사용해 궁전의 새로 만든 방의 문과 난로의 장식을 하라고 내게 명했는데 그 결과는 정말 아름다웠다. 또 피티 궁전의 정원에도 같은 곳에서 가져온 석재로 만든 7브라차의 아름다운 원주가 있는데,* 흠집 하나 없는 이렇게 큰 돌덩어리를 보고 나는 정말 놀라지 않을 수 없었다.

이 돌은 석회석의 일종인데, 닦을수록 아름다운 광택이 나며 붉은색을 띤 자색에 흰색과 노란 빛깔이 마치 엽맥葉脈 같은 문양으로 서로 어울려 아름답다. 그러나 질이 가장 좋은 각력암은 그리스와 이집트에서 나오는데, 그것들은 이탈리아에서 채굴한 것보다 아주 단단하다. 이런 돌은 위대한 어머니이신 자연이 과거에는 물론, 현재도 완전하고 다채

* 이 원주는 현재 보볼리 정원의 샘터 서쪽에 있다. 또 바사리가 장식한 방들은 베키오궁이다.

로운 형태로 계속 만들어내고 있다. 이 각력암으로 제작된 작품들은 고대 로마의 것은 물론이며 현대의 것도 많이 있다. 즉 원주, 항아리, 샘터, 출입문의 장식, 건축물의 각종 상감세공象嵌細工, 각종 마루의 포석鋪石 등이다. 이 돌의 빛깔은 노란색을 띤 것, 붉은색을 띤 것이 있고 어떤 것은 흰색에, 어떤 것은 검은색에 가까운 것, 또 붉은 점이 박힌 회색과 흰 바탕의 것 등 무척 다양하다. 어떤 것은 동쪽 나라에서 왔는데 붉은색, 초록색, 검은색, 흰색 등이다.

코시모 공의 피티 궁전 정원에는 길이가 4브라차 반이나 되는 고대의 수반이 있는데, 매우 딱딱해 세공하기 힘든 아름다운 각력암으로 만든 것으로 동양에서 가져온 아주 귀한 것이다. 이 돌은 매우 단단하며 빛깔이 아름답고 질이 좋아서 로마의 성 베드로 대성당 정면 출입문에 있는 높이 12브라차의 원주 두 개가 신랑부身廊部의 첫 부분을 양쪽에서 지탱하는 것을 보면 잘 이해할 수 있다. 베로나의 산에서 생산되는 돌은 동양에서 나온 것에 비하면 무척 부드러우며 빛깔도 붉어서 마치 이집트콩 같은 색인데, 이것은 우리나라도 같은 방법으로 불리고 끌을 쓰면 잘 세공할 수 있다. 롬바르디아 지방을 비롯해 이탈리아 전국 어디서나 이 돌로 들창, 원주, 샘터, 마루와 포장도로, 출입문의 기둥, 까치발, 장식 코니스 따위를 만든다.

6. 화강암(花崗巖)

화강암Granite은 가장 아름답고 단단한 돌이며, 표면이 좀 거칠고 검은색이나 흰색이다. 붉은 반점이 들어 있는 것도 있지만, 원래 돌의 입자상粒子狀 무늬 때문에 그라니테花崗巖라고 부른다. 이 돌은 이집트에서는 거대한 덩어리로 존재하며 믿을 수 없을 만큼 큰 조각으로 길게 채석할 수 있어 현재 로마의 수많은 오벨리스크obelisk, 첨탑尖塔, 피라미드, 원주 따위와 산 피에트로 인 빈콜라S. Pietro in Vincola 성당, 산 살바토레 델 라우로S. Salvatore del Lauro 성당, 산 마르코S. Marco 대성당 등에서 볼 수 있는 거대한 수반水盤을 만들었다.* 석질이 굳고 견고하기 때문에 화재와 총칼의 위협에도 끄떡없는 원주를 많이 만들었다. 만물을 대지에 환원시켜버리는 시간의 작용마저도 화강암만은 파괴할 수 없었을 뿐만 아니라 빛깔조차 변화시키지 못했다. 그러므로 이집트 사람들은 이 돌로 죽은 사람을 위해 첨탑을 만들어 위대한 그들의 생애를 기묘한 문자로 적어서 고귀한 덕德을 회상하고자 했다.

이집트에서 생산되는 또 다른 화강암으로 검은색, 흰 반점에 초록색을 띤 것이 있다. 이 돌은 단단하기는 했지만, 당시 성 베드로 대성당의 조영造營을 담당하던 우리 석공들이 고대 유물의 단편들을 주워다가 공사에 이용했을 무렵, 현재 행해지는 식의 끝을 불리는 방법으로 원주와 다른 부분들을 마음대로 미세한 부분까지 깎아내고 닦아서 반암과 같은 광택을 내게 했을 정도로 단단하지는 않았다. 이 회색 화강암은 이탈리아 각지에서 풍부하게 생산되는데, 가장 큰 덩어리는 엘바Elba섬에서 나오며, 옛 로마 사람들은 이 섬에 사람을 주재시키고 많은 돌을 채취했다.

이 돌은 잘 알려진 바와 같이 채석할 때는 비교적 부드럽지만 그 후 방치하면 시일이 갈수록 굳는다. 따라서 될수록 빠른 시일 안에 세공해야 하며, 이때 반암을 가공할 때 쓰이는 것과 같은 한 끝은 뾰족하고 다른 끝에는 톱날 같은 것이 붙은 곡괭이로 작업해야 한다. 코시모 공은 큰 덩어리에서 잘라낸 단편으로 지름이 12브라차나 되는 둥근 반盤과 같은 크기의 테이블을 피티 궁전과 정원을 위해 조각시킨 일이 있다.

----

* 이 「수반」은 「아그리파」(Agrippa)의 욕실에서 출토한 것을 산 마르코(S. Marco) 성당 광장에 가져다놓았는데 그 후 로마의 파르네세궁으로 옮겼다.

7. 시금석(試金石)

시금석은 이집트와 그리스의 몇 군데에서 생산되는 검은색 돌이며, 금金을 가려내고자 할 때 이 돌에 비벼서 그 빛깔을 찾아냈기 때문에 파라고네Paragone라고 부른다. 이 돌은 과립顆粒 무늬와 빛깔이 조금씩 다르지만, 대체로 거무스름하며 세공하기 힘들 정도로 단단하다. 고대 사람들은 이 돌로 스핑크스Sphinx와 동물상을 만들었는데, 현재 로마 시내에서도 몇몇 작품을 볼 수 있다. 좀더 큰 덩어리로 조각한 것으로는 파리오네Parione 거리에 다른 반암의 조상*과 나란히 있는 헤르마프로디테Hermaphrodite인데, 매우 아름답다.

이 돌은 조각하기에는 지나치게 단단하지만 절묘한 아름다움과 찬란한 광택을 보여준다. 이런 종류의 돌은 토스카나 지방에서는 피렌체에서 약 10밀리아 떨어진 프라토산과 카라라산에 아직 있으며, 근대에 와서는 이 돌로 죽은 자의 관棺과 유품遺品을 넣는 용기를 만든다. 그 예로 피렌체의 카르미네Carmine 성당 주경당에는 이 돌로 만든 피에로 소데리니Piero Soderini의 묘지가 있다.** 프라토의 시금석으로 제작한 닫집 canopy도 있는데, 끝마무리를 너무 잘했기 때문에 반들반들하며, 깎고 닦아서 치장한 돌이라서 매끈한 비단처럼 보인다. 또 피렌체의 산타 마리아 델 피오레S. Maria del Fiore 대성당 건물 전체의 외벽으로 사용한 각종 검은 대리석, 흰 대리석도 같은 방법으로 세공했다.

---

* 이것도 「아폴로」 조상이며 나폴리 미술관에 있다.
** 소데리니의 묘지는 베네데토 다 로베차노(Benedetto da Rovezzano) 작품이며, 소데리니가 살아 있을 때 완성했다(1510). 그의 시신이 없는 가묘(假墓) 상태로 있다. 그의 유해는 로마의 산타 마리아 델 포폴로(S. Maria del Popolo) 성당에 매장되었다.

8. 들창의 공간을 막는 투명한 대리석

그리스를 비롯해 동방 전역에서 생산되는 어떤 종류의 대리석은 흰색 또는 조금 노란색을 띠며 매우 투명하다. 고대 사람들은 욕실, 보온실을 짓거나 바람을 막기 위해 이런 종류의 대리석을 사용했다. 오늘날에도 피렌체 성문 위에 자리 잡은 몬테 올리베토Monte Oliveto 수도회의 수사들이 기거하는 산 미니아토 아 몬테S. Miniato a Monte 성당 설교단 위의 들창에 이런 종류의 대리석을 사용한다. 이 대리석은 빛만 통과시키고 바람은 차단해주어 사람들은 보금자리를 밝고 따뜻하게 만들 수 있다.

9. 조상 제작에 쓰이는 대리석

같은 채석장에서 생산되는 대리석 중 돌결이 없으면서 같은 빛깔을 띤 것으로는 기품 있는 조상을 많이 만들었다. 이 대리석은 돌결이 아주 섬세하면서도 딱딱해 주두柱頭와 다른 건축 장식에 널리 사용된다. 조각에 쓰이는 덩어리가 엄청나게 크다는 것은 로마의 몬테카발로 Montecavallo의 거상巨像, 벨베데레의 나일강 조상, 그밖의 이름난 조상들을 보면 알 수 있다.* 이 조상들은 대리석의 종류, 머리 스타일, 머리카락 처리법, 두 눈썹 사이에서 콧날을 지나 코끝까지 내려오는 사이의 구부러진 곳 등을 보면 그리스 사람들이 만들었음을 알 수 있다. 이 돌을 세공할 때는 보통 끌과 드릴을 사용하는데 윤을 내려면 속돌, 트리

---

* 이 거상들은 그리스가 아니라 로마 시대에 제작됐다. 로마 퀴리날레 (Quirinale) 궁전 앞의 「몬테카발로」(Montecavallo) 거상은 디오스쿠로이(Dioscuri, 제우스와 레다 사이에 난 쌍둥이)를 제작한 것이다.

폴리Tripoli산 백악白堊, 가죽, 작은 볏짚단이 필요하다.

루니Luni산 봉우리 근처의 카르파냐나Carfagnana에 있는 카라라산에는 여러 종류의 대리석이 있으며, 검은 대리석을 비롯해 회색·붉은색이 섞인 것, 회색 돌결이 있는 것들이 흰 대리석을 덮는 표면층을 이루고 있다. 이런 빛깔이 나는 이유는 시간, 물, 흙 때문에 돌이 정화되지 못했기 때문이다. 그밖에도 그곳에서는 치폴리니Cipollini, 녹운석綠雲石, 살리니Saligni, 염석鹽石, 캄파니니Campanini, 미스키아티Mischiati라고 부르는 각종 대리석이 산출되는데, 가장 흔한 것은 유백색乳白色 대리석이며, 세공하기 쉽고 인물상을 조각하는 데 매우 적합하다. 이것은 큰 덩어리로 많이 발견되며, 최근에는 한 덩어리에서 커다란 조상 두 개를 제작했다. 그 하나는 미켈란젤로가 만든 「다비드」Davide로* 피렌체에 있는 두칼레궁 입구에 있고, 또 하나는 반디넬리가 제작한 「헤르쿨레스Hercules와 카쿠스Cacus」로 같은 건물 입구의 맞은편에 있다.

몇 해 전쯤 공작이 광장에 분수噴水를 만들려고 바초 반디넬리에게 「넵투누스」 조상을 제작시키려고 9브라차나 되는 큰 대리석 덩어리를 채굴했지만 반디넬리가 세상을 떠나게 되자, 같은 훌륭한 조각가 아만나티Ammannati에게 다시 위촉했다. 그러나 이 폴바초Polvaccio 채석장―같은 이름의 땅에 있는―에서 나온 대리석들은 흠과 돌결, 옹이 따위는 적지만 세공할 때 적지 않은 논란을 불러일으켰으며 완성한 후에도 흠이 드러났다. 피에트라산타 근처의 세라베차Seravezza 채석장採石場에서 나온 같은 길이의 원주들이 있는데, 이것들은 원래 피렌체의 산 로렌초 성당 정면을 장식할 예정이었으나 그중 하나가 성당 입구에 방치되어 있으며, 나머지는 채석장과 바닷가에 흩어져 있다.

* 미켈란젤로의 이 유명한 조상은 현재 아카데미아 미술관에 보관되어 있으며, 모상은 베키오궁 입구에 있다.

그림 732 미켈란젤로 부오나로티, 「다비드」, 1504, 대리석,
높이 434cm, 아카데미아 미술관, 피렌체.

피에트라산타 채석장* 이야기로 되돌아가자. 옛날 훌륭한 조각가들
은 모두 이 채석장에 모여서 일했기 때문에 다른 채석장의 대리석을 쓰
지 않았다. 그들은 돌덩어리를 채취하면 언제나 그 자리에서 대충 인
물상을 새겼으며, 오늘날 그 증거가 아직도 채석장에 남아 있다. 현재
도 이곳에서 채취한 대리석이 조각에 널리 쓰이는데, 이탈리아뿐만 아

* 피에트라산타(Pietrasanta) 채석장은 미켈란젤로 시대에 개발된 것으로
바사리는 카라라 채석장과 혼동했다.

그림 733 바초 반디넬리, 「헤르쿨레스와 카쿠스」,
1525~34, 대리석, 높이 505cm, 시뇨리아 광장, 피렌체.

니라 프랑스, 영국, 스페인, 포르투갈 등 여러 나라로 가져간다. 나폴리Napoli 왕국의 부왕인 돈 피에로 디 톨레도Don Piero di Toledo를 섬기던 뛰어난 조각가 조반 다 놀라Giovan da Nola가 나폴리에서 묘지를 만들 때, 그곳에 쓰일 대리석을 메디치Medici 공작이 기증해 나폴리로 실어간 것을 보아도 이해된다. 이런 종류의 대리석은 원래 덩어리가 크고 부드러워 세공하기가 쉬우며, 다른 대리석보다 광택이 좋아 더욱 아름답다. 조각가들이 대리석 세공을 할 때, 가혹 금강사가 독결smerigli에 부딪혀서 연장이 깨지는 일도 있다.

대리석에 세공을 할 때는 우선 블록을 깎아서 대충 형상을 만드는데, 이 단계에서는 끝부분에 면 몇 개가 있는 뾰족한 수비아subbia, 그림 734 참조라고 부르는 끌을 사용한다. 필요에 따라 무거운 것과 가벼운 것 중에서 골라 쓴다. 다음 단계에서는 칼날 한가운데에 부자 모양으로 벤 칼카뉴올로calcagnuolo라고 부르는 끌을 쓰며, 일이 진행됨에 따라 점점 벤 자리가 많은 섬세한 끌을 사용한다. 형상이 뚜렷이 나타나면 다른 끌, 즉 그라디나gradina를 쓰면서 거친 면을 조금씩 깎는다. 다음에는 철로 만든 거친 줄을 쓰는데, 줄에는 곧은 것, 구부러진 것이 있으며 그것으로 울퉁불퉁한 면을 간다. 그런 다음 경석輕石으로 문지르면서 면을 반반하게 만든다. 대리석에 금이 가지 않게 하려면 구멍을 뚫어야 하는데 크고 작은 드릴을 사용한다. 무게가 12파운드에서 20파운드 등 여러 종류가 있으므로 적절히 사용해야 한다. 회색 돌결이 있는 대리석은 조각가와 건축가들이 건축물의 출입문과 원주의 장식을 제작하는 데 사용하며, 마루의 보석과 겉단장에도 쓰인다. 각종 각력암의 용도도 마찬가지다.

10. 치폴리노 대리석

치폴리노Cipollino, 즉 녹운석綠雲石은 빛깔과 성질에 따라 여러 종류로 나뉘는데, 카라라 지방 이외의 다른 장소에서도 발견된다. 이 돌은 대부분 녹색을 띠고 돌결 무늬가 풍부해 여러 용도로 쓰이나 인물상은 만들지 않는다. 부분적으로 투명하고 소금 같은 광택이 있기 때문에 조각가들이 염석鹽石, Saligni이라고 부르는 돌은 석순石筍과 비슷한 성상을 가지고 있는데, 인물상을 조각하려면 적지 않은 노력을 들여야 한다. 그 이유는 돌결이 좀 거칠고 입자가 크며, 습기 있는 날씨에는 계속 물방울이 떨어지기 때문이다.

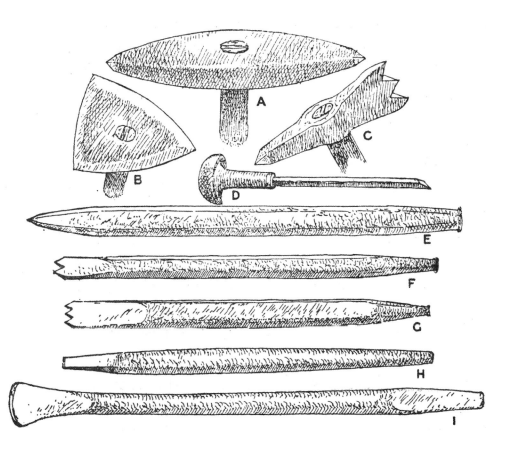

그림 734 조르조 바사리가 기재한 도구들.

A, B: 현재 이집트에서 사용하는 굳은돌을 가공하는 연장들

C: 바사리가 이 책 3676쪽에서 언급한 곡괭이

D: 대리석 조각용 정

E~I: 세티냐노에서 현재 석수들이 사용하는 연장들

E: 뾰족한 끌(subbia)

F: 날이 달린 끌(calcagnuolo)

G: 날이 달린 끌(gradina)

H: 끌(scarpello)

I: 드릴(trapano)

캄파니니Campanini라고 불리는 돌은 세공할 때 마치 종을 치는 것 같은 소리를 내는데, 그 소리가 다른 대리석보다 아주 크다. 이 돌은 단단하기는 하지만 다른 돌에 비하면 부서지기 쉬우며 피에트라산타에서 생산된다. 세라베차Seravezza의 각 지역과 캄필리아Campiglia에서 나오는 각종 대리석은 네모꼴 석재의 재료로 가장 뛰어난 돌들이며 때로는 조상을 만들기에도 적당하다.

11. 피사의 흰 대리석

피사 근처에 있는 산 줄리아노S. Giuliano산에서는 석회암과 비슷한 흰 대리석이 나오는데, 피사 대성당과 매장당埋葬堂의 외벽을 이 돌로 장식했다. 과거에는 대리석을 산 줄리아노산에서 피사까지 운반하려면 크게 불편했으며 비용도 많이 들었지만, 오늘날에는 코시모 공이 이 나라를 개척하려는 의도에서 오솔리Osoli강과 홍수 때 평야를 넘쳐흐르는 강물을 곧바로 운하로 흐르게 만들었기 때문에 석재를 쉽게 운반할 수 있게 되었다. 채석장에서 직접 혹은 일단 세공한 돌들을 이 운하運河를 이용해 운반할 수 있어 여간 편리하지 않다. 그 결과 이 마을은 코시모 공 덕분에 옛날의 위대한 번영에 뒤지지 않는 발전을 이루게 되었다. 자신이 주인이 되기 전에 황폐했던 이 마을을 확충해 재건한 공작의 강한 열의에 찬사를 보낼 만하다.

12. 석회화(石灰華)

또 다른 종류의 대리석 중 석회화Travertino가 있는데 건물을 지을 때 널리 쓰이며, 여러 가지 목적으로 조각에도 쓰인다. 이탈리아에서는 루카, 피사, 시에나 근처 등 여러 곳에서 나온다. 질이 가장 좋고 세공하기 쉬운 큰 덩어리로 나오는 곳은 티볼리Tivoli의 테베로네Teverone강 상류 부근이다. 이 돌은 원래 흙과 물이 응고해서 생긴 것인데, 흙뿐만 아니라 나무뿌리, 가지, 잎도 화석化石이 된다. 땅속에는 물이 있어 건조하지 않지만, 채석한 후에는 돌 안팎에 많은 구멍이 생겨 마치 해면처럼 보인다. 옛사람들은 이런 종류의 돌로 가장 경탄할 만한 건축물을 지었다. 예를 들면 콜로세움Colosseum, 산타 코시모 에 다미아노S. Cosimo e Damiano 성당 옆의 보물고, 기타 많은 건축물이 있다.

그밖에 그들은 거칠고 볼품없는 상태의 이 돌을 건축물의 기초 재료로 풍부하게 사용했는데, 아마 이 돌의 겉모습에서 웅장함과 고상함을 느꼈기 때문일 것이다. 우리 시대에도 이 돌을 건물의 토대 부분을 만드는 데만 이용했으며, 프랑스 사람들이 손댄 다음 그냥 방치해두었던 로마의 산 루이지 데 프란체시San Luigi de' Francesi 광장의 원형 성당에서 보는 바와 같이, 이 석회석을 아주 정교하게 세공할 수 있는 사람이 있었다. 건물 토대는 지안Gian*이라는 프랑스 사람이 만들었는데, 이 사람은 로마에서 조각 기술을 배운 뒤 거장이 되었다. 그는 이 돌에 조각을 시작했는데, 고대와 현대의 어느 조각 작품과 비교해도 손색이 없을 정도다. 그는 거기에 점성술占星術적 천구의天球儀와 왕가의 문장인 화중火中의 살라만드라Salamandra, 종이 갈피까지 보이도록 정성껏 조각한 책, 전승기념물, 수면獸面 조각 등을 제작했다. 이것들은 아직 제자리에

* 지안(Maestro Gian 또는 Maestro Janni)의 신원에 관하여 브라운 (Brown) 교수의 다방면의 고증에도 불구하고 확실한 기록이 없다. 다만 베르톨로티(A. Bertolotti)의 『15~17세기에 로마에서 활약한 프랑스 예술가들』(Astisti Francesi in Roma nei Secoli XV, XVI, e XVII, 만토바, 1886)에 따르면 그의 이름은 샤브니에르(Chavenier)이며 1527년 로마에서 죽었다고 한다. 원형성당이 로마 약탈 때문에 공사를 포기한 것도 1527년이다. 그가 루앙(Rouen) 태생임은 확실하며 그의 이름은 샹 브 샤브니에르(Jean de Chavenier)라고도 한다.

있는데, 거칠기는 하지만 이 돌의 장점을 잘 보여주며, 다른 대리석처럼 세공할 수 있음을 증명했다. 돌 표면의 해면 같은 작은 구멍들이 우아함을 한층 돋보이게 했다. 둥근 성당은 미완성으로 남아 있었는데, 프랑스 사람들이 그것을 헐어서 돌과 부품들은 산 루이 성당의 정면과 성당 안의 경당 건축에 썼으며, 적재적소에 배치해 더한층 아름답게 장식했다.

석회화는 옆으로 줄짓는 층과 장식 코니스를 위한 벽의 재료로 아주 적당하다. 왜냐하면 표면에 스투코stucco로 장식할 수도 있기 때문이다. 우선 전체를 스투코로 덮은 후 누구든 원하는 사람의 주문대로 조각을 하면 된다. 이런 방법은 옛사람들이 콜로세움의 관객 출입구나 다른 여러 장소에 이용했으며, 오늘날에는 안토니오 다 산 갈로Antonio da San Gallo가 교황청 경당 전면*을 장식할 때 석회화 위에 스투코로 덮고 아름다운 조각을 했다.

그러나 이 돌을 누구보다도 고귀한 돌로 만든 이는 미켈란젤로다. 그는 파르네세 저택**의 안뜰을 장식할 때 정말로 경탄할 만한 판단력에 따라 이 돌로 들창, 까치발, 마스크, 그밖의 각종 환상적인 것들을 조각했는데, 이런 종류의 장식으로는 이보다 아름다울 수 없다. 또 이 저택 정면의 대형 코니스는 더욱 놀랄 만한 것이다. 그는 이 돌로 성 베드로 대성당 건물 바깥에 큰 경당들을, 안쪽에는 설교단 둘레를 코니스로 아름답게 마무리했는데, 어디가 접합점인지 분간할 수 없을 정도다.

그보다 더 놀라운 것은 그가 성 베드로 대성당 후진後陣에 자리 잡은

---

* 이 홀은 시스티나(Sistina) 경당으로 통하는 살라 레자(Sala Regia)를 가리키며, 안토니오 산 갈로가 장식을 시작했고 그 후 페리노 델 바가와 다니엘로 다 볼테라가 마무리했다. 가장 화려한 장식이다.
** 이 건물은 산 갈로의 설계로 공사가 시작되어 그가 1546년에 죽자 미켈란젤로가 이어받아 2층을 마무리 짓고, 3층과 까치발 및 안뜰을 자신의 설계로 장식했다.

그림 735 미켈란젤로 부오나로티,
「파르네세 저택 파사드」, 1517~50,
파르네세 광장, 로마.

그림 736 미켈란젤로 부오나로티,
「파르네세 저택의 안뜰」, 1517~50,
파르네세 광장, 로마.

제실祭室 3개의 둥근 천장을 석회화로 제작할 때, 건축물을 각양으로 연결했다는 점이다. 그 덕분에 잘 지탱되어 있을 뿐만 아니라 밑에서 올려다보면 마치 단 하나의 덩어리로 만든 것처럼 돌들이 절묘하게 결합되어 있다.*

13. 점판암(粘板巖)

점판암Slate은 빛깔이 좀 검어 건축가들은 지붕을 덮는 데만 사용하는 돌이다. 얇은 판으로 되어 있는데 자연과 시간의 작용으로 사람이 쓸 수 있도록 층을 이루게 되었다. 이 돌로 그릇이나 석판들을 열장이음으로 하여 벽을 만드는데, 만들어진 그릇의 크기에 따라 기름 따위를 넣어도 오랫동안 보관할 수 있다. 이 돌은 제노바 해안의 라바냐Lavagna에 묻혀 있는데 길이 10브라차만큼 큰 것도 있다. 화가들은 이 석판 위

* 성 베드로 대성당 후진 내부는 그 후 많은 장식을 했기 때문에 보이시 낳지만, 외부는 당시 그대로이며 석회화의 가치를 실제로 볼 수 있다.

에 그림을 즐겨 그리는데, 특히 유채화는 그 무엇보다 가장 오랫동안 보존된다고 한다.

14. 호초석(胡椒石)

호초석Piperno=Peperigno은 석회화처럼 해면과 결이 같은 검은 돌이며, 로마 근방 일대에서 나온다. 로마와 나폴리에서 들창과 출입문의 기둥으로 사용된다. 후에 다시 말하겠지만 화가들이 이 돌 위에 유채화를 그리는데, 매우 건조한 돌이며 거의 잿덩어리라고 해도 좋을 정도다.

15. 이스트리아산 돌

이스트리아Istria 지방에서는 쪼개지기 쉬운 희고 건조한 돌이 생산된다. 베네치아뿐만 아니라 로마냐 지방 사람 전체가 이 돌을 석재나 조각에, 그밖의 여러 부문에 즐겨 사용한다. 이 돌을 세공하려면 긴 끌을 써야 하며, 특히 양쪽 끝에 칼날이 달린 망치로 돌 층의 사이를 휘저으면 돌이 부드러워져서 쉽게 갈라진다. 이 돌로 많은 작품을 만든 사람은 야코포 산소비노다. 그는 베네치아에서 도리아 방식dorico의 빵집 건물Panatteria,* 산 마르코S. Marco 광장에 토스카나 방식의 조폐소造幣所, Zecca를 지었다. 이 도시에는 아디제Adige강을 이용해 베로나Verona에서 각력암과 기타 석재를 운반해올 수 있는 방법이 있었지만 출입문, 들창, 성당, 기타 적당하다고 생각되는 일을 이 돌로 제작해서 각력암 등

* 다소 우스꽝스러운 이 이름은 산소비노가 1537~54년까지 지은 산 마르코 도서관을 말한다. 1537년까지는 정부가 곡물창고로 사용했다.

그림 737 야코포 산소비노, 「산 마르코 도서관」, 1537~88,
산 마르코 광장, 베네치아.

으로 만든 것은 그리 많지 않다. 그러나 이 돌과 각력암을 함께 사용하
면 아름다운 장식 효과를 얻을 수 있다. 이 돌은 알베레세Alberese 돌과
유사해 잘 쪼개진다.

16. 피에트라 세레나

마지막으로 피에트라 세레나Pietra Serena, 회색을 띤 옥석玉石, Macigno,
이탈리아의 산속, 특히 토스카나 지방과 피렌체 근방 여러 곳에서 널리
사용되는 피에트라 포르테Pietra Forte가 있다. 피에트라 세레나는 청색
또는 회색을 띤 돌이며 아레초 부근과 코르토나Cortona, 볼테라Volterra,

아페니니Apenini산맥 전역에서 생산된다. 피에솔레의 산에서 나는 돌은 큰 덩어리이며, 빛깔이 아름다워 피렌체에서는 필리포 브루넬레스키가 지은 여러 건축물에 쓰였다. 그는 산 로렌초 성당, 산토 스피리토 성당을 건조하기 위해 이 지방에서 나오는 모든 종류의 석재를 캐내도록 했다. 이 돌은 외관은 아름다우나 습기나 비에 잘 손상되며 표면이 벗겨진다. 그러나 실내에서는 내구성이 좋은 편이다.

내구성이 더욱 좋으며 빛깔이 아름다운 것은 오늘날 포사토Fossato라고 부르는 청색의 돌인데, 채석한 당시 상태를 보면 제1층은 모래가 많아 거칠고, 제2층은 결절과 터진 자리가 있지만, 제3층은 밀도가 높고 놀랄 만큼 아름답다. 미켈란젤로는 돌결이 미세하고 세공하기 쉬운 이 돌을 교황 클레멘티우스를 위해 산 로렌초 성당의 도서관과 성기실聖器室을 만드는 데 사용했으며, 공력을 들여 세공해 은으로 만든 것보다 더 아름다웠다. 코니스와 원주도 이 돌로 만들었는데, 닦으면 닦을수록 아름다운 광채가 난다.

이 돌은 공공 건축물이나 정부의 허가를 받은 건조물이 아니면 쓰지 못하도록 법률로 규정되어 있으나 코시모 공작은 이 돌을 많은 공사에 사용하도록 했다. 예를 들면 메르카토 누오보Mercato Nuovo의 주랑열柱廊列과 그의 궁전 큰 홀에 반디넬리가 제작한 알현실의 작품들, 또 그 맞은편 홀의 작품 따위다. 그러나 이 석재를 그가 가장 많이 이용한 곳은 아레초의 조르조 바사리의 설계와 감독하에 조영 중인 「법관들의 유보도」Strada de' Magistrati*다. 포사토를 세공하는 데는 대리석과 거의 같은 시간이 걸린다. 그 성상이 단단할 뿐만 아니라 물에 잘 견디며 세

* 바사리가 1560~74년에 걸쳐 조영한 건물로, 현재의 우피치 미술관을 말한다. '유보'(Strada)라고 지칭한 것은 이 건물이 양쪽으로 길게 설계되어 있어 마치 한가운데는 길 같은 느낌을 줄 뿐만 아니라 아래층도 상점처럼 길에서 출입하도록 되어 있기 때문이다. 당시에는 정부 각 부처 사무실이었다.

그림 738 조반 바티스타 포지니, 「풍요」, 1721,
카사 디 리스파르미오, 피렌체.

월이 지나도 잘 변하지 않는다.

　그밖에 거의 모든 산악지대에서 나오는 피에트라 세레나Pietra Serena
란 돌이 있는데, 표면이 깔깔하고 견고하며 돌 속에 결절이 있다. 물과
서리에 잘 견디며, 인물상과 기타 조각 장식에 많이 쓰인다. 도나텔로
가 제작해 피렌체의 메르카토 베키오Mercato Vecchio의 원주 위에 놓아

둔 인물 조상인 「풍요」Dovizia도 이 돌로 만들었다.* 그밖에도 많은 조각가의 뛰어난 솜씨로 만든 조상이 많다.

17. 피에트라 포르테

여러 곳에서 생산되는 피에트라 포르테Pietra Forte는 물, 태양, 서리, 기타 공격에 강한 저항력이 있으며 세공하는 데도 많은 시간이 걸린다. 그러나 다루기가 쉬우며 고트Goth 사람들이나 토스카나 사람들도 이 돌로 아름다운 건축물을 만들었다. 그 예로 피렌체에 있는 오르산미켈레Orsanmichele 성당의 기도소祈禱所 정문 입구의 아치 두 개 위에 있는 작품도 공들여 제작한 것으로 칭찬할 만하다. 이 돌로 만든 작품은 시내에도 몇몇 남아 있으며, 요새와 다른 장소에도 조상들과 문장들이 있다. 이 돌은 약간 노란 색깔을 띠며 매우 섬세한 흰 결이 있어 우아해 보인다. 또 물에 잘 견디기 때문에 분수에 놓는 조상을 만드는 데 주로 쓰인다.

이 돌로 만든 건축물에는 시뇨리Signori 시청 건물, 로지아Loggia, 오르산미켈레의 벽, 산타 마리아 델 피오레 대성당 건물 전체의 내부, 이 거리의 모든 다리, 피티 궁전, 스트로치 궁전 등이 있다. 이 돌은 매우 단단하므로 세공할 때는 양쪽에 날이 붙은 망치를 사용해야 한다.

* 1431년에 비아 칼리마라 거리에 화강암 원주가 건립되고, 그 위에 같은 해 도나텔로가 제작한 「풍요」 조상을 올려놓았는데, 1721년 10월 20일 원주에서 떨어져 산산조각이 났다. 1722년에 조반 바티스타 포지니(Giovan Battista Foggini)가 같은 이름의 조상을 만들어 그 자리에 올려놓았으며 현재에 이르렀다.

18. 맺는말

돌의 질과 끌의 불림 방법이 좋아야 하지만, 무엇보다도 중요한 것은 세공하는 사람의 솜씨, 머리, 판단력이다. 왜냐하면 만들어지는 작품을 아름답고 우아하게 하는 기준은 손에서 손으로 전해진다 하더라도, 예술가들 사이에는 매우 큰 차이가 있기 때문이다. 이 점이 기법技法에 숙달한 자와 그렇지 못한 자가 만든 작품의 완벽성을 식별하며 인식할 수 있게 하기 때문이다. 그러므로 높이 평가되는 작품의 아름다움과 우수성은 작품을 잘 이해하며 판단할 수 있는 사람들에게 주어진 최고의 완벽성에 속하기 때문에 항상 모든 노력을 기울여 아름답고 완벽한, 아니 최고의 미와 완전성을 갖춘 작품을 만들어야 할 것이다.

제2장

장식하지 않은 각석角石 쌓기와 장식을 조각한 각석 쌓기에 대한 기록이다.*

19. 석공 작업

지금까지 우리는 예술가들이 작품을 제작할 때, 장식과 조각에 사용하는 여러 종류의 석재石材에 관해서 개괄적인 이야기를 했다. 이제부터는 그 석재를 사용해 건물을 지을 때 곱자와 컴퍼스로 네 귀가 있는 석재를 다듬는 일을 뜻하는 '떠내어 다듬는 돌 일'lavoro di quadro**에 관해서 이야기하고자 한다. 이 말은 돌의 면面과 능선稜線이 직각直角인데서 연유했으며, 모든 방식의 장식, 코니스, 직선적인 것들, 돌출부를 가진 것들과 같은 네모가 있는 석재를 말한다.

예술가들은 이런 종류의 작업을 '모나게 깎는 돌 일'이라고 부른다. 그러나 돌의 면을 평평하게 만들지 않고 장식 코니스나 프리즈, 나뭇잎 모양 장식, 타원 모양, 방추紡錘 모양, 톱날 모양, 조개껍질 모양 따위로 장식하는 석공 작업은 '조각 장식을 떠내어 다듬는 돌 일'lavoro di quadro intagliato이라고 한다.

이 두 종류의 돌 일을 병행함으로써 루스티카식Rustico, 도리아식 Dorico, 이오니아식Ionico, 코린트식Corinto, 콤포지트식Composto 등 여러 가지 종류의 건축양식이 만들어진다.그림 739 마찬가지로 고딕시대

---

* 고딕 양식을 말한다.
** 라보로 디 콰드로(lavoro di quadro)의 의미는 큰 돌의 블록을 우선 직각이 되도록 베어 쓰기에 적합한 크기로 다시 벤 뒤 벽을 쌓거나 지면에 까는 작업을 뜻한다. '베어내서 다듬는 돌 작업' 또는 '모나게 깎는 돌 작업'이라고도 표현할 수 있다.

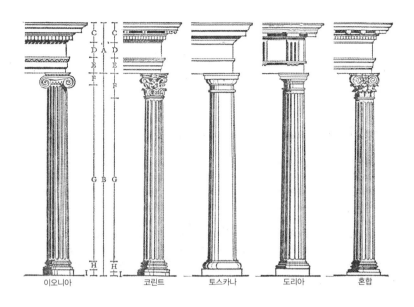

그림 739 건축의 기둥 양식.
A: 돌림띠 B: 원주 C: 코니스 D: 프리즈 E: 평방(처마도리)
F: 기둥머리 G: 기둥 몸 H: 대좌 I: 주초

이오니아　코린트　토스카나　도리아　혼합

Goths의 사람들은 '독일식 건축물'lavoro Tedesco을 조영했다. 따라서 어떠한 장식 일도 우선 '떠내어 다듬는 돌 작업', 그다음으로 '조각 장식을 떠내어 다듬는 돌 작업'을 거치지 않고는 행할 수 없다.

　각력암, 대리석, 그밖의 어떤 대리석을 사용할 때뿐만 아니라 벽돌 건물을 지을 때도 그 위를 장식으로 조각한 스투코로 치장하게 되므로 역시 마찬가지다. 또 호두나무, 미루나무, 그밖에 어떤 종류의 나무도 같다. 그러나 대다수 사람은 각종 방식의 차이점을 잘 이해하지 못하므로, 다음 장에서 각각의 양식과 일하는 방법을 될수록 간결하게 이야기하고자 한다.

제3장

건축의 다섯 가지 주식柱式, 즉 루스티카 방식, 도리아 방식, 이오니아 방식, 코리트 방식, 콤포지트 방식 및 고딕 방식에 관한 기록이다.

20. 루스티카 방식(L'Ordine rustico)

루스티카 방식은 주식柱式 중에서 가장 키가 낮고 육중하며, 모든 주식의 시작이자 기본이다.* 장식 코니스는 외양이 간단하며, 다른 것들보다 아름답다. 주두柱頭 기초base 및 다른 모든 부분도 마찬가지다. 기초라는 말은 받침돌zoccoli, 좌대座臺, piedistalli라고도 부른다. 원주圓柱를 올려놓는 기초 부분의 높이는 지름의 길이와 같으며, 밑부분에는 튼튼한 코니스가 있고 윗부분에도 또 하나가 둘러싸고 있다. 원주의 길이는 원주 아랫부분 지름의 6배이며, 무거운 짐을 진 6두신으로 표시된다.**

이런 종류의 방식으로 지은 건축물로는 토스카나 지방에서 많은 주랑柱廊이 발견되는데, 그중에는 평평하고 아름다운 벽면이 있는가 하

---

* 바사리는 여기서 완전히 다른 두 방식, 즉 루스티코 방식과 토스카나 방식을 한데 묶어서 이야기했다. 고대 건축양식의 하나인 루스티카 방식과 또 하나는 거친 돌을 쌓아올리는 방식을 지칭한다. 첫째 것은 비트루비우스가 이야기한 토스카나 방식으로, 고대 로마의 건축양식이다. 가장 소박한, 주신에 세로로 새긴 줄이 없고, 프리즈에 트리글리프(triglyph)도 붙지 않고 기초는 하나만 붙인 간소한 방식이며, 막돌로 쌓아올린 벽면과 어울리는 소박한 외양이므로 '루스티카'(Rustica)라고 부른다.

** 6두신(頭身)이라는 바사리의 표현은 각종 원주 길이를 사람과 대조한 것으로, 비트루비우스(『회화론』, IV, i, 6f.)와 알베르티(『회화론』, Lib, IX, c. 7)에서 이미 기재한 것을 인용한 것이다. 6두신의 의미는 주신(柱身)이 하부 직경의 6배임을 말한다.

그림740 피렌체의 요새.

면 울퉁불퉁하게 쌓아올린 것, 원주 사이에 움푹 들어간 것과 그렇지 않은 것도 있다. 옛날 사람들이 별장을 장식하는 회랑回廊을 예로 들 수 있다. 시골에 있는 티볼리Tivoli와 포추올로Pozzuolo의 묘지에서 볼 수 있다. 고대인들은 이 방식을 출입문, 들창, 다리, 도수관導水管, 보고, 성, 탑, 탄약과 총포를 보관하는 요새要塞, 항구, 감옥, 성채城砦 등에 사용했다.

이 건물들은 돌의 면을 마치 다이아몬드처럼 끝을 뾰족하게 갈아 매우 아름다우며, 한편 이렇게 불쑥 나오게 함으로써 벽을 쉽게 오르지 못하도록 했다. 그 뚜렷한 예가 초대 피렌체의 알레산드로 공작이 건조한 치타 델 마조레Cita del Maggiore 정면의 벽이다.그림740* 이 벽면은 메

* 알레산드로 데 메디치(Alessandro de' Medici)가 1534년에 조영한 피티

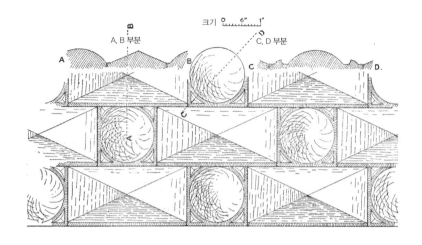

그림741 피렌체의 바소(Basso) 요새 외곽의
모접기 석공술.

디치가의 사적을 과시하기 위해 다이아몬드형과 쭈그러진 공 모양의
돌을 쌓아올린 것인데, 바깥으로 튀어나오지 않았다.그림741 정면을 이
두 모양의 돌이 교대로 줄짓게 해서 화려한 장식같이 아름답다.

피렌체 사람들이 시골 별장의 정문, 주택, 궁전 등에 이런 공법을 이
용했는데, 시골뿐만 아니라 도회지에서도 그 아름다움 때문에 루스티
카 방식으로 지은 건물이 많다. 예를 들면 메디치가의 궁전, 피티 궁전,
스트로치 궁전의 벽면, 그밖에도 많다. 설계가 잘되어 있을수록 더욱
견고하고 간결하며 건물이 아름답고 뛰어났다. 그뿐만 아니라 다른 건
물보다 견고하며 반영구적이다. 돌 하나하나가 다른 건물의 것보다 크
며, 돌들이 더 잘 연결되어 있어 건물 전체가 한 덩어리 같다. 그러므로
조각가들의 극성으로 '공중에 뜬' 방식으로 조각한 돌보다 세월의 지
배를 받지 않는다.

(Pitti) 궁전 뒷면의 벽 성채. 루스티카 양식의 아름다운 예다.

21. 도리아 방식(L'Ordine dorico)

도리아 방식은 그리스 사람들에게서 유래했으며, 육중하고 구조가 가장 견고하다. 또 다른 방식에 비해 짜임새가 있다. 그리스 사람들뿐만 아니라 로마 사람들도 이 방식의 건물을 군대의 최고사령관인 황제, 집정관, 최고재판관에게 바쳤지만 그보다 먼저 제우스와 마르스와 헤르쿨레스에게 바쳤다.* 건축가들은 건축물을 위촉한 사람의 신분에 맞도록 장식을 하지 않은 건축물과 풍부하게 조각한 건물을 알아서 지었다. 이와 같이 고대 사람들은 구조상 각양의 기교를 썼으며, 도리아 방식의 코니스는 매우 우아하고 모든 곳이 균형이 잡혀 있어 누가 보아도 아름답다.

도리아 방식은 원주의 주신柱身의 부풀림도 알맞으며, 너무 굵지도 않고 너무 가늘지도 않다. 즉, 세상 사람들이 말하듯 헤르쿨레스를 닮았다. 처마도리, 프리즈, 코니스를 비롯한 다른 부분들의 하중을 지탱하기에 충분할 만큼 견고하다. 이 방식은 다른 어떤 방식보다도 안정되고, 또 안전하므로 코시모 공은 항상 이 방식을 좋아했다. 궁전에서 아르노강에 이르는 지역에 공의 도시와 영토를 다스리는 행정관 13명을 위해 돌로 장식한 훌륭한 건물을 짓도록 나에게 명했는데, 도리아 방식으로 짓기를 원했다.**

* 비트루비우스의 『건축론』(1, ii, 5)에 따르면, 미네르바나 헤르쿨레스 같은 남성다운 신에게는 장식이 별로 없는 도리아 방식의 웅장한 신전이 적합하다. 비너스나 플로라, 샘터의 요정 따위에는 우아하고 섬세한 잎 장식의 코린트 방식이 알맞고 유노·디아나와 그밖의 유사한 신에게는 도리아 양식과 코린트 양식을 잘 조화시킨 이오니아 방식이 알맞다고 기재했다.

** 3696쪽 각주 참조. 이 건물의 원주에는 세로로 새긴 홈과 트리글리프 (triglyph, 도리아 방식 건축의 프리즈에 일정한 간격을 두고 되풀이되는 세 줄 홈이 진 돌기식突起石)가 없으므로, 엄밀히 밀하면 도리아 방식이

나는 진정한 도리아 방식의 공법을 부활하려고 주두 위에 로지아의 아치를 거는 방법을 피하기로 했다. 왜냐하면 원래 도리아 방식의 공법은 처마도리를 원주 위에 수평으로 올려놓게 되어 있기 때문이다. 나는 고대 사람들이 실제로 사용했던 정통적인 방법을 따르기로 했다. 당시 건축가들은 이미 이 공법을 잊었다. 왜냐하면 돌로 만든 처마도리는 현재 우리가 보는 어떤 건물에서도 옛것이건 새로운 것이건 전체 또는 대부분이 한가운데에서 파괴되어버렸기 때문이다. 원주와 처마도리 위에서 프리즈와 코니스는 벽돌로 된 수평의 아치 구조이며, 이것들은 처마도리와 연결되어 있지도 않고 하중도 걸고 있지 않지만, 나는 이 공법을 주의 깊게 관찰해 처마도리를 확실히 거는 정통 공법을 부활시키기 위한 최선의 방법을 발견했다. 즉, 처마도리를 손상시키지 않고 모든 부분을 안전하게 유지하도록 하여 건물의 수명을 늘리려고 했다. 그 방법이란 다음과 같으며, 나는 예술가들과 후세 사람들에게 도움이 될까 하여 기재하고자 한다.*

■ 아니라 토스카나 방식이다.

   * 바사리가 여기에 기록한 구절은 이해하기 어렵다는 것이 여러 주석자의 일치된 의견이다. 다만 브라운(Brown) 교수의 도식과 설명이 이해를 다소 도와준다. 그에 따르면 프리즈의 돌은 서로 엇갈려 맞닿은 수평 아치를 만들었는데, 그 구조는 모두 내부에 가려져 있다. 바사리가 이렇게 자세하게 기술한 공법을 건축사가들은 등한시해왔으며, 현재도 이 주랑들은 아무런 손상을 입지 않고 있으므로 이 공법을 검토하지도 않았다. 이 이해하기 어려운 해설이 초판본에는 짧았지만 재판본에서 이렇게 길게 증보한 이유는, 초판본 독자들이 『기법론』에 특별한 관심을 보였으며, 특히 플랑드르 예술가들이 바사리에게 좀더 상세한 설명을 요청했기 때문이라고 한다. 이런 공법이 르네상스 시대에 쓰였는지는 모르지만 혹시 쓰였다면 획기적이라고 할 수 있다.

22. 처마도리에 주는 부담을 피하기 위한 건축 구조상의 장치

그림 742

우선 원주와 주두 위에 처마도리를 원주의 중심축상에 돌과 맞닿게 놓는다. 그다음 프리즈를 위한 입체 석재를 만든다.그림 742의 D 만일 원주가 1브라차 정도 굵고 처마도리도 그만큼 두껍고 높으면, 프리즈도 같은 크기로 만든다. 그러나 그 돌 앞, 다시 말해서 정면에는 전체 부피의 8분의 1을 다른 돌과 맞추려고 남겨놓는다. 그다음의 8분의 1, 또 그보다 더 두껍게 석재 안쪽에 양측으로부터 45도度의 경사로 잘라낸다.그림 742의 1 그다음에는 원주와 원주 사이를 셋으로 나누고,그림 742의 B, A, B 그 양끝에 있는 두 돌그림 742의 B, B에 각각 짝이 되도록 45도 각도로 안쪽에서 결합하도록 잘라내고그림 742의 2 아치의 요령으로 빽빽하게 연결한다. 그리고 정면에서는 8분의 1의 두께를 수직으로 맞은편 돌과 교차시키고, 그 반대쪽도 옆의 돌과 교차시킨다. 다음 원주 위의 세 돌 중 한가운데 것을 안쪽에서 연결하기 위해 정확히 절반되는 곳까지 45도가 되게 베어낸다. 나머지 절반은 사각으로 베어서 밖에서 보면 곧바른 벽같이 보이도록 아치의 공법으로 다른 돌과 연결되게 간격을 떨어뜨린다. 이 프리즈 돌은 각각 그 자체로 서로 지탱하며, 처마도리에 하중을 걸지 못하도록 손가락 하나 이상은 절대로 접근하지 않게 유의해야 한다. 그밖에 프리즈와 같은 높이의 수평 벽돌 아치를 프리즈 안쪽에 걸고, 원주 위에 놓인 중심이 되는 돌과 돌 사이를 연결한다.그림 742의 4. 이것은 5의 X·Y상의 평면도다. 그다음에는 이 원주 위에 놓인 프리즈 석재와 같은 두께로 코니스를 위해 돌을 하나 만들어, 전면에서 프리즈와 같은 방법으로 연결한다. 내측에서는 역시 같은 방법으로 비스듬히 베어내고, 프리즈와 같은 순서로 블록 3개를 만들어 양쪽의 돌 2개를 넌설하고, 또 아지처럼 꼭 묶기 위해 파이프지림 골격 속에 들이가게 해야 한다.그림 742의 C

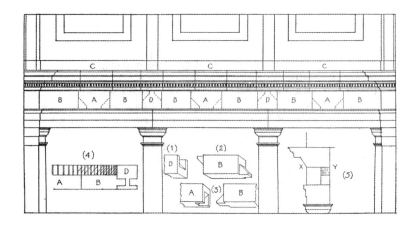

그림 742 피렌체 우피치 미술관의 주랑
(바사리의 기록에 따름).

이 방법으로 프리즈는 그 자체가 자신을 지탱하며, 마찬가지로 코니스도 거의 전체가 벽돌 아치 위에 실려서 자기 자신을 지탱할 수 있다는 것을 이해했을 줄 안다. 이처럼 모든 것이 자기 자신을 지탱하므로 처마도리는 자신의 하중만 지탱하면 되고 지나친 하중 때문에 파손될 걱정이 없다. 실제로 이 방법이 가장 확실하다는 것을 알았으므로 나는 여러 사람의 편의를 위해 이렇게 자세하게 설명했다. 고대 사람들이 한결같이 처마도리 위에 프리즈와 코니스를 올려놓아 시일이 경과함에 따라 지진이나 기타 사고로 처마도리가 파괴되는 것은 주지의 사실이다. 왜냐하면 이렇게 큰 코니스를 실은 아치를 처마도리가 지탱할 수 없기 때문이다. 그렇지만 지금 이야기한 것과 같은 방식으로 아치를 걸고 이것을 평상시와 같이 쇠[鐵]로 연결하면 어떤 위험도 막아낼 수 있으며, 그 건물을 영구히 보존할 수 있을 것이다.

이야기를 다시 본제로 돌리면 도리아 방식은 단독으로 써도 좋고 루스티카 방식과 함께 써도 좋다. 또 이오니아 방식, 코린트 방식, 콤포지트 방식 등 다른 방식을 그 위에 올려놓아도 좋다. 고대 사람들이 로마의 콜로세움을 만든 것이 바로 그런 예다.* 이 건물을 보면 그들이 기술과 판단력을 정확하게 사용했음을 알 수 있다. 그리스 사람뿐만 아니라. 전 세계를 정복한 로마 사람들은 콤포지트 방식을 건축 방법의 원점으로 삼았다. 토스카나 사람들은 콤포지트 방식을 힘과 우미, 아름다움보다도 뛰어나다고 여겼으며, 최고 건축물로 알았다. 왜냐하면 건축물은 아름다운 부분들이 장식됨으로써 완벽해지며, 다른 방법으로는 그런 길이 없기 때문이다.

23. 도리아 방식의 비례와 각 부분

이 방식에서 원주는 7두신頭身 높이로 만들어지며, 그 대좌의 높이는 직경의 1배 반이 좀 모자랄 정도다. 비트루비우스에 따르면, 대좌 위에는 코니스를 붙이고 아래에는 두리기둥 밑의 코니스와 코니스 사이의 철조凸彫로 된 장식을 만든다. 주두의 밑부분을 원주 코니스로부터 끌어올려 주두의 높이를 대좌의 높이와 같도록 한다. 코니스는 프리즈와 처마도리와 합쳐서 원주 위에 똑바로 돌출해 있으며, 프리즈에는 이른바 세 줄기 가로 홈 장식을 붙인다. 이 가로 홈 장식 사이에는 네모난 공간이 있어 거기에는 황소의 골격, 트로피, 짐승의 가면, 방패 또는 환상적인 사물을 조각해놓는다. 일렬의 돌출부와 처마도리를 묶고, 두둑** 밑에는 작은 두둑들을 붙이고, 그 밑에는 고대 사람들이 단대공이라고 부른 작은 종 모양의 장식을 6개씩 붙였다. 그보다 더 밑에는 옛날 방식인 세로로 파는 홈 대신 작은 면 20개를 만드는데, 뾰족한 모만 드러

---

* 로마에 있는 콜로세움(Colosseum)의 아래층은 도리아 방식, 중층은 이오니아 방식, 상층은 코린트 방식이다. 바사리는 이 자리에서 콤포지트 방식까지 들고 나온다.
** 두 코니스 사이의 평연(平緣), 홈과 홈 사이의 이랑.

나야 한다.

이런 종류의 작품은 로마의 포룸 보아리움Forum Boarium에서 많이 볼 수 있으며, 좀 변형된 코니스를 만든 것은 마르첼루스Marcellus 극장에 있다.그림 743* 이것은 현재 몬타나라Montanara 광장에 있는데, 이 건물에는 대좌가 없고 코린트 방식의 기둥만 대좌를 가지고 있다. 일설에는 고대 사람들은 대좌를 만들지 않는 대신 네모난 큰 돌을 놓았다고 한다. 이렇게 지은 건물이 로마에 있는 툴리아눔Tullianum 감옥이다. 이 건물에는 다른 도리아 방식의 건물에서 볼 수 없는 풍부한 조각이 붙은 주두가 있다. 안토니오 다 산 갈로는 이런 방식으로 로마 캄포 디 피오레Campo di Fiore에 있는 파르네세 궁전의 안뜰을 만들었는데, 아름다운 장식이다. 이처럼 고대에서 현대에 이르기까지 도리아 방식의 신전과 궁전이 계속 건립되었는데, 건물이 견고하고 돌들 사이의 연결이 좋아 다른 건물에 비해서 오랫동안 보존되어왔다.

24. 이오니아 방식(L'Ordine ionico)

이오니아 방식은 도리아 방식에 비하면 경쾌한 양식이며, 옛사람들은 이것을 유화한 사람과 장건한 사람의 중간쯤 된다고 비유했다. 옛사람들이 이 방식으로 아폴로, 디아나, 바쿠스, 비너스를 위한 건물을 지은 것이 그 증거다. 그들은 이오니아 방식의 원주를 지탱하는 대좌를 직경의 1배 반 높이로 했다. 이 원주의 코니스도 같은 치수로 만들었다.

* 바사리는 로마 포룸(Forum)에 있는 바실리카 에밀리아(Basilica Aemilia)를 염두에 두고 기록했다. 이 건축물은 바사리 시대에는 남아 있었으나 르네상스 말에 파괴되었는데, 줄리아노 다 산 갈로의 데생이 남아 있다. 마르첼루스(Marcellus) 극장은 기원전 11년경에 아우구스투스 황제가 건설했는데, 콜로세움처럼 세 가지 건축 방식으로 지었다.

그림743 줄리아노 다 산 갈로가 그렸고 바사리 생존 시
현존하던 포룸 로마노에 있는 에밀리아 성당(부분)의 스케치.

원주는 8두신頭身 높이이며, 대좌의 코니스는 2중으로 만들었다. 이것
은 비트루비우스가 그의 『건축론』 제3서 제3장에 기록한 것과 같다. 이
주두에는 달팽이형voluta 또는 와형渦形, cartoccio, 나선형螺旋形, viticcio이
라고 부르는 장식을 많이 붙였다. 이런 건축의 예는 많으며, 그중에서
도 로마에 있는 마르첼루스 극장 속 도리아 방식의 주두가 대표적이다.

마찬가지로 코니스도 처마 까치발과 이[齒] 모양으로 장식했으며, 프리즈는 다소 부풀어 있다. 또 주신柱身에는 세로 홈 24개를 만들어야 하며, 그들 사이에는 홈의 4분의 1 너비만큼 평평한 간격을 두어야 한다. 이 방식은 뛰어난 경쾌감과 우아한 미가 있어 현대 건축가들도 흔히 사용한다.

25. 코린트 방식(L'Ordine corinto)

코린트 방식의 건축은 로마 사람들이 좋아한다. 그들은 그것을 무척 사랑해 자신들의 아름다운 회상을 기념하기 위한 가장 영광된 건축물을 이 방식으로 지었다. 예를 들면 티볼리Tivoli에 있는 테베로네Teverone 강가의 신전, 템피오 델라 파체Tempio della Pace, 폴라Pola 개선문, 안코나 Ancona 항구의 개선문 등이 있다. 그러나 이것들보다 더 아름다운 것이 판테온, 즉 로마에 있는 리톤다Ritonda다.

이것은 지금까지 이야기한 것들 중에서 가장 아름답고 호화로운 방식으로 장식했다. 원주를 지탱하는 대좌는 다음과 같은 방식으로 만들었다. 높이가 직경의 1과 3분의 2배이고, 아래위의 코니스도 비트루비우스의 비례比例에 따랐다. 원주의 높이는 대좌臺座와 주두柱頭를 합쳐서 9두신이다. 또 주두의 높이는 주신 아랫부분의 직경과 같으며, 대좌의 높이는 그 절반에 해당한다. 고대 사람들은 이 대좌에 각종 조각을 하는 것이 상례였다. 또 주두의 장식은 비트루비우스가 자신의 저서 제4서에 기록했듯이, 덩굴이나 나뭇잎 같은 문양을 사용했다. 비트루비우스에 따르면 이런 종류의 주두는 코린트에 있는 어떤 소녀의 무덤에서 채취했다고 한다.

이 방식의 처마도리, 코니스, 프리즈 등은 모두 비트루비우스가 기록한 비례에 따랐다. 또 빗물받이 돌 밑에 있는 처마 까치발과 코니스도 장식했다. 이 방식의 프리즈에는 전면에 잎 모양의 장식을 조각할 수도 있으며, 그냥 두어둘 수도 있다. 판테온의 주랑柱廊에서 보는 바와 같이 대리석에 청동으로 글자를 새겨 넣을 수도 있다. 이런 종류의 원주에 있는 세로 골은 26개 또는 그 이하이지만, 그 골의 4분의 1 너비가 골과 골 사이에 남아 있도록 한다. 이런 것은 코린트 방식의 비례를 가진 고대 건축 또는 고대 건축에서 취한 치수를 적용한 현대 건축에서도 흔히 볼 수 있다.

26. 콤포지트 방식(L'Ordine composito)

비트루비우스는 콤포지트 방식에 관해서 아무런 기록도 남기지 않았다. 그는 도리아 방식, 이오니아 방식, 코린트 방식, 토스카나 방식 이외에는 고려하지 않았다. 그는 이 네 가지 방식을 채택했으며, 사람이라기보다는 괴물들을 표현하는 듯한 건물을 짓는 사람들을 너무 방종하다고 생각했다. 그러나 로마 사람들과 그들을 모방한 현대 사람들은 콤포지트 방식을 잘 쓰고 있다. 그러므로 나는 사람들이 이 방식도 알 수 있도록 이 방식의 비례를 적용한 건축물을 설명하고자 한다.

만일 그리스 사람이나 로마 사람이 위에 기술한 네 가지 방식을 생각해내고, 그것들을 하나의 비례와 일반적 기준으로 정리했다면 당연히 콤포지트 방식도 생각해내서 고대 사람이 제작한 우아한 작품을 자신의 손으로 만들어내고, 거기에 비례와 기준을 부여한 사람들도 틀림없이 있었을 것이라고 확신하기 때문이다. 이것은 미켈란젤로가 제작한 피렌체의 산 로렌초 성당 성기실聖器室과 도서실이 증명한다. 거기에 있는 출입문, 벽감, 대좌, 원주, 주두, 코니스, 캐비닛은 모두 미켈란젤로가 창안했다. 그것들은 아름다울 뿐만 아니라 경탄할 만한 일이다. 그는 파르네세 저택 인뜰 2층의 건축물과 궁전의 지붕을 밖에서 지탱

그림744 미켈란젤로 부오나로티, 「라우렌치아나 도서관」,
1530, 산 로렌초 성당, 피렌체.

하는 코니스도 이 방식으로 아름답게 마무리했다.

마치 하늘이 내린 듯한 미켈란젤로가 그 엄청난 기량, 즉 신들린 조형력과 변화무쌍한 수법으로 이렇게 아름다운 공법을 발휘한 것을 본 사람들은 성 베드로 대성당 내부에서 그가 한 일을 한 번 더 봐야 할 것이다. 그곳에서 건축의 수많은 부분을 하나의 통일체로 정리하고, 또 갖가지 참신한 장식과 아름다운 코니스, 다양한 벽감, 그밖에 옛날 사람들의 관습과는 다른 방법으로 만든 그를 발견할 것이다. 그러므로 어느 누구도 미켈란젤로가 완벽하게 만든 이 새로운 콤포지트 방식을 다른 방식과 한자리에서 논의하지 못할 것이 분명하다. 뛰어난 조각가이며 화가이자 건축가인 그는 탁월한 능력과 통찰력으로 손대는 것마다 기적이 일어나게 했을 뿐만 아니라, 다른 사람이 지은 건물의 찌그러진 곳을 바로잡고 보기 추한 건물들은 아름답고 환상적으로 장식해 예술

그림 745 미켈란젤로 부오나로티, 「라우렌치아나 도서관」,
1530, 산 로렌초 성당, 피렌체.

과 자연의 결합으로 단장함으로써 완벽한 것으로 변형했는데, 이는 햇
빛처럼 명백한 일이다.* 지금 시대의 몇몇 건축가는 뛰어난 판단력이
없어 미켈란젤로를 모방하지도 못하며 조형력도 없고 심사숙고하지
않고 남이 보라는 듯이 미켈란젤로를 흉내 내지만, 그들이 만든 것은
모두 괴물처럼 보이며, 고딕 방식보다 더욱 추하다.

　본론으로 되돌아가자. 이 방식은 과거에 어떤 이는 콤포지트 방식이

---

* 데이 콘세르바토리궁(Palazzo dei Conservatori)과 캄피돌리오
(Campidoglio) 광장의 개조를 말한다.

라고 불렀으며 어떤 이는 라틴 방식Latino, 또 어떤 이는 이탈리아 방식 Italico이라고 불렀다. 이 원주의 높이는 14두신이 아니면 안 되고 대좌의 높이는 원주 직경의 절반이며, 코린트 방식과 같은 비례를 가지고 있어야 한다. 로마제국 티투스 베스파시아누스Titus Vespasianus 황제의 개선문이 그러하다. 또 이 원주colonna에 세로 골을 파고자 하는 사람은 이오니아 방식을 따라도 좋고, 모든 방식을 병용한 건물을 지으려는 사람은 자기 생각대로 하면 좋을 것이다.

주두柱頭, capitello를 코린트 방식으로 만들어도 좋다. 그러나 위에 이야기한 바와 같이 주두의 원주두를 받치는 코니스는 코린트 방식보다 커야 하며, 소용돌이와 나선은 코린트 방식의 그것보다 조금 커야 한다. 처마도리는 원주의 직경의 1과 3분의 1 높이이며, 프리즈의 나머지 부분은 처마 까치발에 닿고, 코니스의 높이도 처마도리와 같다. 또 로마 콜로세움의 가장 위층에서 보는 바와 같이 코니스가 조금 더 돌출되어 있으며 처마 까치발은 프리즈의 세 줄기 가로 홈과 기타 건축가가 마음먹은 대로 홈을 조각했다. 원주를 올려놓을 대좌는 직경의 2배이며 대좌의 처마 까치발은 건축가의 환상에 따라 마음대로 만들면 된다.

27. 끝머리의 조상들

고대 사람들은 출입문과 묘지墓地를 비롯해 다른 것들을 장식하는 데 원주를 대신할 만한 각종 형상으로 만든 기둥을 사용했다. 예를 들면, 주두에는 광주리를 머리에 인 인물 또는 상반신, 대좌에는 피라미드 또는 큰 나무 몸통 등이다. 그들은 끝머리를 장식하려고 소녀들, 사티로스, 귀여운 어린이, 그밖에 어울리는 괴물, 그로테스크한 것들을 만들었다. 즉, 그들은 머리에 떠오르는 환상幻想에 따라 적당한 것을 제작해 건물을 장식했다.

28. 고딕 방식(L'Ordine Tedeschi)*

여기 또 하나 고딕Gothic 방식이라는 건축 기술이 있다. 이것은 장식이나 비례가 고대와 현대의 방식과 매우 다르다. 오늘날 뛰어난 건축가들은 이 양식을 사용하지 않는다. 오히려 그들은 마치 괴물이나 야만인으로부터 도망치듯 이 양식을 피한다. 왜냐하면 이 양식은 질서라는 것이 전혀 없어 차라리 혼란과 무질서뿐이라고 부르는 것이 좋겠기 때문이다.

그런데 건물의 수가 많아 예술성을 혼란시켰다. 가늘고 포도나무처럼 꼬인 원주는 장식된 건물의 무게를 지탱할 만한 힘이 없다. 그들은 모든 담벼락과 장식 부분에 첨탑尖塔과 돌기突起, 잎 문양을 붙인 벽감을 위로 계속 쌓아올렸다. 그것들은 다른 것들을 지탱할 수 없어 보인다. 그뿐인가. 그들은 건물에 놀출불, 까지발을 수없이 붙이고 덩굴 모양으로 장식해 건물의 비례를 파괴한다.

이 양식은 고트Goths 사람들이 창안했다. 그들이 고대 건축물을 파괴한 후 전쟁으로 건축가들이 모두 죽어버려서 살아남은 사람들이 이 양식으로 건물을 세운 것이다. 그들은 뾰족한 아치를 둘러싸고 이탈리아 전 국토에 이 저주받을 건물들을 만들어놓았다. 하느님! 원컨대, 이 같은 양식과 의상으로부터 나라를 지켜주소서. 그것들은 우리 건물에 비하면 한없이 추한 것이며, 더는 이야기할 가치조차 없다. 그러므로 이제 둥근 천장 이야기를 시작하자.

---

* 브라운(Brown) 교수의 주장에 따르면 '고딕'이라는 용어는 바사리가 처음으로 사용했다.

제4장

콘크리트로 장식한 둥근 천장을 만드는 방법과 홍예틀을 떼어냈을 때 및 회 반죽하는 방법을 기록했다.

29. 여러 가지 재료를 섞어 반죽한 스투코로 둥근 천장을 만드는 방법

필요한 높이까지 벽을 쌓아올리고 그 위에 벽돌, 석회석 또는 구멍이 많은 석회석으로 둥근 천장을 만들게 되는데, 우선 버팀목, 뼈대 위에 두꺼운 판자로 홍예틀을 만들어야 한다. 두꺼운 판자는 둥근 천장이나 배 밑 같은 형태로 서로 연결해 틈이 벌어지지 않도록 한다. 또 둥근 천장에 쓰일 지주支柱는 무거운 하중荷重에도 쓰러지지 않도록 튼튼한 버팀대로 고여야 한다. 그런 다음 콘크리트를 부어 넣었을 때 밑으로 새지 않도록 판자들 사이에 틈이 없어야 하므로 점토를 구석구석 틀어박아야 한다. 그다음에는 판자 표면에 오목한 곳이 생기면, 그것이 잘 나타나도록 표면이 두드러지게 만든 나무 주형鑄型을 위에 놓는다.

같은 방법으로 우리가 만들고자 하는 코니스, 기타 것의 입체면立體面과 반대되는 나무 주형을 만든다. 만약 표면에 장식 조각을 하고 싶으면 점토粘土로 오목하거나 두드러진 주형을 만든다. 이때 나무로 원형原型을 만들어야 한다. 장식을 하려면 주형을 떠낸 점토로 사각의 판을 만들어 평판 위에서 합치거나 홍예틀을 장식할 주형을 뜬다. 점토 조각 장식이 끝나면 화산재火山灰나 체로 친 부드러운 모래와 석회를 섞어 조심해서 물을 부어 죽같이 만들어 오목한 주형에 골고루 부어서 가득 채운다. 그리고 그 위에 벽돌을 아래에서 위로 쌓아올려 둥근 천장을 만드는데, 온통 덮일 때까지 벽돌을 놓는다.

3712

이 작업이 끝나면 그것이 말라서 굳어질 때를 기다린다. 그런 다음 앞에서 이야기한 버팀목을 제거하고 둥근 천장의 버팀목들도 뗀다. 점토는 쉽게 떨어지므로 표면에는 마치 스투코를 제작한 듯한 장식이 나타난다. 만일 완전하지 못한 곳이 생긴다면, 다시 스투코 작업을 한다. 고대 건축에서는 모든 둥근 천장을 이런 방법으로 제작했으며, 작업이 끝난 후에 스투코로 세공했다. 요즘도 사람들은 성 베드로 대성당의 둥근 천장을 같은 방법으로 만들었으며, 이탈리아 전국에서 다른 예술가들도 그렇게 하고 있다.

30. 대리석 가루로 스투코를 만드는 방법

이번에는 스투코를 반죽하는 방법을 이야기하려고 한나. 돌절구에 대리석 조각을 넣고 찧는다. 또 하나의 재료는 석회석 조각으로 만든 석회인데, 모래 대신에 빻은 대리석을 체로 쳐서 그 가루와 석회를 1 대 2의 비율로 섞는다. 작품을 섬세하게 만드느냐, 좀 거칠게 만드느냐에 따라 이 가루를 가늘게 또는 거칠게 만든다.

스투코는 이 정도만 기록해도 충분하다고 본다. 나머지 문제는 후에 「조각론」에서 실제로 스투코를 써서 조각을 만들 때 다시 이야기하겠다. 다른 이야기로 들어가기 전에, 벽에 만드는 분수와 그곳에 꾸미는 장식을 간단히 언급하고자 한다.

제5장

종유석과 물에서 나온 석회질 응고물로 정취 있는 분수를 만드는 방법, 스투코에 새조개껍데기와 반들반들한 광채 나는 돌을 꽂는 방법을 기록했다.

31. 작은 돌을 모아 만든 그로타(Grotta)와 분수

고대 사람들은 궁전, 정원, 기타 여러 곳에 분수噴水를 만들었다. 그들은 돌로 만든 수반水盤, 항아리 따위로 단독으로 장식하거나 벽감壁龕, 가면假面, 사람의 조상彫像, 바다 동물 등으로 장식해 벽에 붙여 만들거나 욕실浴室에 쓰려고 간단하고 별로 장식이 없는 것과 마치 숲속에서 자연히 솟아오르는 샘터처럼 만든 것 등 여러 가지 수법으로 분수를 만들었다. 근대 사람들도 이와 비슷한 방법으로 다양한 분수를 만들면서 고대의 분수에 변화를 주어왔으며, 토스카나 방식으로 만든 분수에서 보는 바와 같이 오랜 세월이 흐르는 동안 물에서 화석화化石化해 나무뿌리같이 늘어진 종유석鍾乳石으로 덮기도 했다.

그밖에도 티볼리뿐만 아니라 테베론Teverone강에도 화석화된 나뭇가지가 있으며, 피에 디 루포Pie di Lupo 호수에도 매우 큰 것이 있다. 토스카나 지방에서는 엘사Elsa강에서 화석을 볼 수 있다. 이 강물은 대리석과 마치 초자질 같은 것, 백반처럼 투명한 것들을 만들어낸다. 그밖에도 피렌체에서 8밀리아 떨어진 모렐로Morello산에서도 나온다. 코시모 공은 카스텔로Castello 별장 근처의 올모Olmo 정원에 이런 종류의 석재를 사용해 조각가 트리볼로로 하여금 루스티카Rustica 방식으로 장식한 분수를 만들게 했다. 이렇게 자연적으로 만들어진 종유석을 쇠막대기로 고정하고 납을 녹여서 연결한 다음 돌과 접촉시켰다. 그 주위에는 토스카나 방식으로 돌을 쌓아 벽을 만들고 벽 사이에는 납으로 만든 대롱을 잘 보이지 않도록 배치해 꼭지를 틀면 물이 뿜어 나오도록 했다. 그때 솟아나오는 물줄기는 보기에 아름답고 듣기에 즐겁다.

또 하나, 자연 그대로 샘터를 완전히 모방함으로써 정취가 담긴 다른 종류의 동굴grotto을 만든다. 구멍이 많은 돌들을 모아놓고, 그 위에 풀을 마치 제멋대로 자생自生한 것처럼 기른다. 다른 사람들은 스투코를 사용해 좀더 아름답고 반들거리는 분수를 만들었는데, 스투코와 돌들을 함께 사용하며 스투코가 마르기 전에 새조개껍데기, 달팽이, 거북의 껍질 등 크고 작은 것들을 박아 프리즈 모양을 만든다. 또 이것들로 항아리, 꽃줄 장식도 하는데, 새조개껍데기로는 잎을, 다른 조개껍데기로는 과실을 표현하며, 물속에는 거북의 껍질도 넣는다. 그 예로 교황 클레멘티우스 7세가 추기경일 때 조반니 다 우디네Giovanni da Udine의 조언으로 몬테 마리오Monte Mario 포도원에 만든 분수가 있다.

그밖에 지나치게 구워서 쓸모가 없게 된 벽돌 조각이나 불이 너무 세서 폭발한 냄비에 남은 초자 부스러기 따위로 전원풍의 아름다운 모자이크를 만들 수도 있다. 이런 것들을 섞어 앞서 말한 요령으로 스투코로 굳혀 벽을 만들고 사이사이에 산호, 기타 바다 식물의 뿌리가 나오도록 하면 그것만으로도 매우 아름답다. 또 짐승과 사람의 형상을 조개껍데기 등으로 만들어 붙이면 더욱 새롭다. 이런 분수는 현재 로마에서도 만드는데, 이런 것들이 수많은 사람에게 세공의 아름다움을 새삼 느끼게 한다.

오늘날, 또 하나 다른 전원풍 분수 장식이 쓰이고 있다. 즉, 다음과 같은 방법이다. 우선 사람의 조상이나 좋아하는 형상의 골격을 만들고 그것을 석회가루 또는 스투코로 덮은 다음 표면에 흰색, 검은색 등 자신이 좋아하는 대리석과 여러 빛깔의 자갈을 붙인다. 정성들여 붙이면 수명이 오래간다. 이렇게 세공한 스투코로 고정하면 그 자체가 벽면이 되며, 자갈이나 개천가이 돌로 분수이 바다은 만들고 물은 뿜어내도록 하면 매우 신선한 감을 준다. 다른 사람들은 여러 가지 모양으로 베고 불

그림 746 보볼리 정원 안의 그로타, 1583~93, 피렌체.
여기에 보이는 미완성 조상은 미켈란젤로의
작품으로 추정된다.

로 유약을 태워 갖가지 빛깔의 프리즈 문양과 잎 모양을 그린 테라코타
terra cotta 돌을 써서 매우 우아한 마루를 만든다. 그러나 이런 종류의 마
루는 분수보다는 욕실이나 한증탕에 더 잘 어울린다. 그림 746

제6장

모자이크 방식으로 마루를 놓는 방법을 기록했다.

32. 모자이크 포상

고대 사람들은 사람의 눈에 아름답고 진귀하게 보이는 것은 무엇이든지—그런 일이 얼마나 힘들더라도—여러 분야에서 발견했으며, 또 발견하려고 노력했다. 그들은 다른 아름다운 것들과 같이 둥근 모양, 네모난 모양, 그밖의 다른 모양으로 벤 반암과 사문암, 석회암 따위를 이리저리 섞어 마루를 만들었다.

또 그들은 마루에 프리즈 문양, 잎 문양 등 다양한 방식으로 의장意匠과 형상들을 그릴 수 있다고 생각했다. 그들은 쉽게 작업하려고 대리석을 잘게 벤 돌로 땅 위에 동그라미, 직선, 곡선 등을 마음대로 표현했다. 이와 같이 돌조각을 빈틈없이 붙이는 것을 모자이크mosaic라고 한다. 그들은 많은 건축물의 마루에 모자이크를 활용했다. 예를 들면 로마의 카라칼라Caracalla 욕탕*과 다른 곳에서도 지금 볼 수 있다. 이 욕탕은 네모난 대리석 조각으로 잎 문양, 가면 등 환상적인 문양을 그리고 좀 커다란 백색 또는 흑색 대리석으로 바탕을 만들었다. 이 모자이크들은 다음과 같은 방법으로 만든다.

우선 밑바닥을 충분히 그리고 골고루 닿도록 석회와 대리석 가루로 틀어막아 돌덩어리들을 고정한다. 그렇게 하면 스투코가 말랐을 때 돌조각들이 잘 고정되어 훌륭한 겉치장이 만들어지며, 그 위를 걸어 다니거나 물에 젖어도 끄떡없을 것이다. 이런 공사는 높이 평가받았으므

* 서기 212년에 조영.

로 유능한 공장들은 이 방법을 열심히 연구하면서 더욱 좋은 방법을 생
각해내려고 했다. 또 그들은 더 작은 대리석 조각으로 욕실과 한증탕의
바닥을 만들었는데, 치밀한 기술과 조심성으로 섬세하게 세공해 여러
빛깔, 여러 종류의 물고기를 마치 그림처럼 표현했다. 그들은 더 많은
종류의 대리석을 사용했으며 그밖의 물고기 뼈에서 얻어낸 반짝이는
네모난 모자이크를 섞기도 했다. 물고기를 얼마나 생기 있게 그렸는지
그 위에 물을 부으니 바닥의 물고기들이 마치 살아 있는 것 같았다. 이
런 모자이크는 로마의 파리오네Parione 거리에 있는 에지디오Egidio 및
파비오 사소Fabio Sasso 씨 저택에서 볼 수 있다.

33. 담벼락에 모자이크로 그린 그림에 대하여

모자이크는 물, 바람, 햇빛에도 견디어내는 영원한 회화라고 생각되
며, 작품은 가까이에서 보면 돌조각 하나하나가 보이지만 먼 곳에서 보
아야 더욱 아름답게 보인다. 따라서 모자이크는 먼 데서 감상할 수 있
도록 천장과 벽면 장식에 사용된다. 그뿐만 아니라 모자이크는 광택
이 나며 물과 습기를 막아주므로, 혹시 초자硝子로 만들지나 않았나 생
각되어 초자를 섞어 만들었더니 역시 아름다웠다. 그 예가 로마의 바
쿠스 신전 등이며 신전과 성스러운 장소를 장식했다. 오늘날에는 초자
를 사용한 모자이크에서 달걀 껍데기로 바뀌었으며, 다시 명암법明暗
法, chiaroscuro으로 인물과 이야깃거리를 그리는 데까지 이르렀다. 모자
이크는 쪽을 맞추어 까는 세공이긴 하지만 마치 그림처럼 보인다. 그런
이유에서 「회화론」에서 다시 이야기하고자 한다.

제7장

비례가 훌륭한 건물을 식별하는 요령과 부분과 전체의 조화에 관한 기록이다.

34. 설계와 조형력의 원리

이 부분을 너무 자세하게 논하면 본제에서 벗어나게 되므로 그런 점은 건축 이론가에게 맡기기로 하고, 나는 여기에서 단지 좋은 건축을 식별하려면 어떻게 해야 하는지, 또 그 건물이 실용성과 미관을 갖추려면 어떤 모양이어야 하는지를 보편적으로 논하려고 한다. 건물을 볼 때 뛰어난 건축가가 질서에 맞도록 지었는지, 건축가의 기술력은 어느 정도인지, 또 건축가가 과연 지형과 건물주의 의향에 맞게 지었는지를 알고 싶다면 다음에 이야기하는 모든 장소를 관찰해야 할 것이다.

우선 건물을 대지에서 솟아오르게 한 건축가는 이 장소가 건물의 방식과 크기에 알맞으며 또 건축이 가능한지를 고려했을 것이라는 점이다. 방의 배치와 벽의 장식이 좁은지 넓은지, 높은지 낮은지, 장식이 그 장소에 어울리는지, 원주·들창·출입문의 모양과 수가 합당한지, 내외 벽면의 높이와 폭이 대칭을 이루는지 등 건물이 아름답고 적정한 비례로 배치되어 있는지, 다시 말하면 모든 장소가 제자리에 알맞도록 배치되어 있는지를 고려해야 한다.

건물 내 방의 배치도 중요하여 출입문, 들창, 복도, 뒤쪽 계단, 곁방, 화장실, 서재 등도 잘 배치해야 한다. 예를 들면 홀은 넓고 현관은 좁고 거실은 좀더 좁아야 한다. 이것들은 건축물의 지체肢體이므로 사람의 신체와 같이 건물이 성질과 종류에 따라 잘 조화시켜 분배해야 한다. 예를 들면 원형 형식의 신전神殿, 8각, 6각, 십자형, 장방형 또는 각각 다른 주식柱式 등은 이 건물의 주인이 누구이며, 그의 신분이 어떤지에 맞추어 고려해야 한다. 그러므로 판단력 있는 사람이 훌륭한 수법으로 설계한 건물은 기술자의 우수성과 건축가의 의도를 함께 보여준다.

35. 이상적인 궁전

이해를 돕기 위해 궁전 하나를 예로 들고자 한다.* 우선 건물의 정면을 앞에서 보는 사람은 건물 위로 쌓아올린 계단과 건물을 둘러싼 낮은 담장에서 그 건물이 대지에서 쌓아올려진 형태임을 인식할 것이다. 건물이 대지로부터 당당하게 높이 솟아오를수록 지하의 부엌과 창고는 밝아지고 지진과 기타 불행으로부터 잘 지탱할 수 있다. 다음에 필요한 것은 건물은 전체에서나 부분에서나 사람의 신체를 표현했다는 점이다. 건물은 비, 바람, 기타 자연현상으로 파손될 수 있으므로 질병을 일으키는 오물과 악취를 함께 씻어버릴 수 있도록 한곳에 모이게 만든 배수장치를 만들어야 한다.

건물의 외관에 관해서 말하면, 우선 정면은 품위와 위엄을 간직해야 하며, 사람 얼굴처럼 균형 있게 배치되어야 한다. 아래쪽 또는 중턱의

---

* 이 '이상적(理想的)인 궁전'은 르네상스와 마니에리즘(Manierism) 시대의 건축이론가들이 항상 화제로 삼던 주제다. 르네상스 교양인들은 자신이 거주하는 집에 '인격'이라는 상징적 의미를 부여했는데, 이는 완벽한 디세뇨에 따른 자신들의 이상적 주거지를 갈망하는 인문주의적 개념을 의미하기도 한다. 바사리 역시 고전학에 관한 지식과 이해가 깊었다. 그 시대 문필가들은 소설과 수필로 자신들의 이상을 피력했다. 프랑수아 라블레(1494?~1553?)는 그의 풍자소설 『텔렘의 수도원』에 홀이 9,332개 있는 큰 규모의 건물을 만들고, 왕자(王子) 및 공동사회의 이상적 생활을 묘사했다. 프랜시스 베이컨(1561~1626)도 『수필집』의 한 대목에 '완전한 궁전'을 묘사했다.

출입문은 모든 음식물을 체내로 들여보내는 입에 비유된다. 들창은 사람의 눈이므로 항상 양쪽에 하나씩 배치해야 하며, 아치·원주·각주·벽감·들창의 장식, 다른 여러 종류의 장식도 들창처럼 균형이 잡혀 있어야 한다. 그것들은 훌륭한 비례를 유지해야 하며, 앞서 이야기한 건축 방식, 즉 도리아 방식, 이오니아 방식 또는 토스카나 방식에 들어맞아야 한다. 지붕을 지탱하는 코니스는 벽면 크기에 걸맞게 만들어 빗물이 벽이나 길가에 앉은 사람을 적시지 않도록 해야 하며, 그 돌출부도 벽면의 높이, 폭과 비례를 이루어야 한다.

다음으로 건물 안에 발을 들여놓으면, 가장 먼저 만나는 첫 번째 입구 홀은 호화롭고 장대해야 한다. 사람들이 왕래하는 복도가 이곳으로 통하는 중심점이어야 하며, 들어가기 쉽고 넓어야 한다. 왜냐하면 여기에는 축제나 그밖의 모임이 있을 때 말과 많은 사람이 들어오게 되는데, 서로 밀치다가 재난이 일어나지 않도록 해야 하기 때문이다. 안뜰은 사람의 동체胸體에 해당하므로 인체의 여러 부분과 같이 네모꼴 또는 1대 2분의 1의 사방형으로 만들고, 출입문은 건물 방식에 따라 짜며 아름답게 장식한 부분들이 균형을 이루도록 배치해야 한다.

주계단은 넓어야 하며, 마치 흐르는 듯한 경사면을 지어야 하고 조명도 호화롭게 장식해야 하며, 계단 중간의 구부러지는 곳에는 들창과 인공조명이 필요하다. 다시 말하면 계단은 모든 부분이 호화롭고 장려해야 한다. 사람들이 그 집의 다른 곳은 안 볼지 몰라도 계단만은 꼭 보기 때문이다. 계단은 신체의 팔다리에 해당하므로 두 손이 사람 양쪽에 붙어 있는 것처럼, 반드시 건물 양쪽에 있어야 한다. 이들 작은 계단은 적어도 높이 5분의 1브라차, 너비 3분의 2브라차가량 되어야 한다. 공공건축물의 계단, 그밖의 비례가 훌륭한 계단은 모두 이렇게 만들어졌다. 계단이 가파르면 어린아이나 노인은 오르내릴 수 없으며 다리를 다칠 수 있다. 계단은 사람이 빈번히 왕래하는 곳이며 공공적 장소이므로 건물을 지을 때 배치하기가 가장 어려우며, 우리는 왕왕 방을 지키다가 계단을 잃어버리곤 한다.

다음으로 아래층에 있는 큰 홀은 여름 동안은 공공 거실로 만들며 많은 사람을 위해 둘레에 작은 방들을 만들어야 한다. 위층에는 객실과 홀, 작은 방을 몇 개 만든다. 부엌과 다른 방들을 만드는데, 질서가 없어 구성이 무너지면 어떤 것은 높고 어떤 것은 낮으며, 크고 작아 그 건물은 손발이 비뚤어진 사람의 몸같이 된다. 이런 건물은 경멸의 대상이 될 뿐 조금도 칭찬을 받지 못할 것이다. 건물 안팎 벽면을 장식하는 여러 요소를 비롯해 건축 방식도 규격에 따라야 한다. 원주圓柱의 주신柱身도 너무 길거나 굵지 않아야 하며, 항상 그 양식에 충실해야 한다. 또 홀쭉한 원주에는 두꺼운 주두나 대좌를 붙일 수 없으며, 수족은 항상 몸집에 알맞도록 만들어야 한다. 그러면 전체는 우아하고 정묘해 아름다운 방식과 의상을 찾을 수 있다.

이런 것들은 정확한 눈을 지닌 이에게는 더욱 잘 보이는 법이다. 눈에 판단력이 있으면 컴퍼스처럼 진짜 비례를 알 수 있다. 이 판단력에 따라 작품은 칭찬받을 수도 있고 비난받을 수도 있다. 건축에 관한 일반론은 이것으로 충분하다고 생각한다.

제2부 조각

제8장

조각이란 무엇인가, 훌륭한 조각은 어떻게 해서 만들어지는가, 완벽한 조각은 어떤 요건을 갖추어야 하는가 등에 관한 기록이다.

36. 조각의 본질

조각彫刻이란 재료에서 쓸데없는 부분을 떼어버리고 예술가가 마음 속에 그린 것과 같은 형상으로 만들어가는 예술을 말한다.*

37. 입체를 제작하는 데 요구되는 질적 요소

조각[彫像]은 대리석으로 새겼든 브론즈[靑銅]로 주조했든 스투코나 나무를 새겼든 어떤 종류를 막론하고 둥그스름한 입체여야 하며, 그 주위를 거닐면서 어떤 방향에서든 볼 수 있어야 한다. 조상이 완벽하게 제작되었다고 평가받으려면 여러 조건을 갖추어야 한다.

우선, 우리가 조상을 일별一瞥했을 때 무엇을 나타내려는지를 이해하도록 표현되어 있어야 한다. 가령 그것이 인물 조상이라면 그 인물의 태도가 자랑스럽든가 겸손하다든가 이채롭다든가 즐거워한다든가 우울하다든가 등을 나타내야 한다. 또 각 부위가 균형이 잡혀 있어야 한

---

* 바사리가 「조각론」에 쓴 이 첫 구절은 미켈란젤로의 사상과 관련성이 엿보인다. 미켈란젤로는 그의 유명한 소네트 한 구절에서, "가장 뛰어난 예술가는 아무런 사상도 가지고 있지 않다. 다만 대리석만이 덧게비에 싸여 자기 속에 간직되어 있을 뿐이다. 고귀한 넋의 안내로 덧게비를 떼어버리려고 예술가의 손이 와닿을 따름이다"라고 말했다.

그림747 조토 디 본도네, 「조토의 종탑」, 1334~59,
대리석, 높이 85cm, 두오모, 피렌체.

다. 다시 말하면 다리가 길든가, 머리가 지나치게 크든가, 팔이 너무 짧
지 않아야 하며 머리에서 발끝까지 균형이 잡혀 있어야 한다. 노인 조
상이라면 얼굴도 팔도 몸통도 발도 다리도 손도 노인의 것이 아니면 안
되며, 그것과 맞추어서 전신도 뼈가 두드러지고 근육과 혈관도 있을 자
리에서 두드러져 나와야 한다. 젊은이 조상은 몸 전체가 뚱뚱하고 전신
이 젊어 보이는 체격이어야 한다.

만일 나체상이 아니라면 입힌 옷의 주름을 무미건조하게 가늘게 하

그림 748 미켈란젤로 부오나로티, 「승리」, 1532~34,
대리석, 높이 261cm, 베키오궁, 피렌체.

지도 말고, 돌덩어리처럼 거칠게도 말고, 마치 주름이 물결치며 그 밑의 나체를 느끼도록 옷을 입혀야 한다. 기술과 우미를 다해 딱딱한 자세를 피해야 하며, 육체를 때로는 숨기고 때로는 노출시켜야 한다. 머리카락과 수염은 끌로 쪼을 수 있는 한, 마치 깃털처럼 가볍고 우아하게 표현함으로써 금방 빗질한 것같이 부드럽게 쪼아 물결치게 해야 한다. 그러나 조각가들은 이런 면에서 자연을 그렇게 잘 모방하지 못하므로 곱슬곱슬하고 숱이 많은 머리카락 다발을 재현하기보다는 전래의 방법으로 처리해버리는 실정이다.

착의상着衣像도 손과 발을 다른 부분처럼 아름답게 마무리해야 한다. 조상 전체가 둥그스름하려면 정면은 물론 측면과 후면에서도 같은 비례관계를 유지해야 하며, 어디를 돌려도 또 어디에서 보아도 각 부분이 잘 배치되어 있어야 한다. 요컨대 조상의 각 부분이 서로 조화를 이루어 자태 전체가 조형, 통일, 우미, 세심한 자세로 표현되어 있어야 이것들을 모두 합친 것이 예술가의 수완과 진가로 증명된다.

38. 조각 작품이 놓일 위치

조각이건 회화이건, 작품을 멀고 높은 곳에 가져다놓을 때에는 손재주보다도 판단력에 따라 일을 진행해야 한다. 아무리 정성을 들여서 끝마무리를 짓는다고 해도 먼 데서는 잘 보이지 않기 때문이다. 눈에 띄는 것은 팔다리의 아름다움과 몇 줄 안 되는 흐르는 듯한 옷 주름을 나타낸 뛰어난 제작자의 판단이며, 이들의 간결한 솜씨에 재능의 예리함이 나타난다. 따라서 대리석이든 브론즈이든, 조금 높은 장소에 놓을 때는 대담하게 새겨야 한다. 그렇게 하면 흰 대리석이라도, 검은 브론즈라도 대기를 통하면 그늘이 생겨 먼 데서는 완성된 것으로 보이며, 가까운 곳에서는 좀 거칠게 보인다.

고대 사람들이 이 점에 매우 유의했다는 것은 로마의 개선문과 기념주를 장식한 돋을새김에서 볼 수 있으며, 그것들은 고대 사람들의 판단력이 뛰어났음을 보여준다. 근대 사람들도 도나텔로의 작품을 보면, 같은 점에 주의를 기울였음을 알 수 있다.* 더욱 주의할 것은, 조상을 높

---

* 도나텔로가 산타 마리아 델 피오레 대성당의 종루(鐘樓)를 위해 제작한 예언자들의 조상. 현재 이 대성당 미술관과 산 로렌초 성당 성기실의 소장품.

은 곳에 놓아 밑에는 그것을 먼 곳에서 바라볼 공간이 없을 때는 조상을 1두신 내지 2두신 이상 높이 만들어야 한다는 점이다. 왜냐하면 높은 곳에 놓인 인물상은 밑에서 올려다보면 짧게 눈에 비치기 때문이며, 1두신 또는 2두신 높이면 그것으로 단축된 만큼 보상해주는 결과가 되고, 조상이 작아 보이지 않으며 우아한 비례를 되찾게 된다. 이런 방식이 싫은 사람은 인물의 지체肢體를 홀쭉하게 만들면 같은 효과를 얻을 수 있다.

39. 인물 조상의 비례

대다수 예술가는 관습에 따라 9두신* 인물상을 만들었다. 즉, 목젖과 목, 발 등의 높이를 제외하면 전신을 8두신으로 나누고, 여기에 목젖을 합하면 9두신이 된다. 정강이뼈가 2두신, 무릎에서 생식기관까지가 2두신, 몸통胴체은 목젖 아래 오목한 데까지 3두신, 턱에서 이마 끝까지 1두신으로 합하면 9두신이다. 목젖 오목한 데서 팔 붙은 데까지 1두신, 팔은 손목까지 3두신이다. 따라서 두 팔을 펼치면 그 사람의 키와 같아진다.

40. 예술가는 자보다는 자신의 판단력에 따라야 한다

눈보다 뛰어난 자[尺]는 없으므로 이밖의 것은 쓰면 안 된다. 가령 어떤 작품이 정확한 비례에 따라 분할되어 있어도, 그것이 눈에 불쾌감을

---

* 바사리가 9두신이라고 한 것을 많은 수석사는 기이아세 생각 한다. 8두신도 두부가 작기 때문이다. 그리스 조상에도 8두신은 드물다.

준다면 눈은 계속해서 그것을 비난할 것이다. 그러므로 설령 이 비례
분할이 조상을 그대로 확대할 수 있는 옳은 비례의 것이며, 거기에서
산출한 높이와 폭이 질서에 따라 균형이 잡힌 우아한 작품을 만들어내
도록 의도된 것이라 하더라도, 눈이 이 작품의 결함을 발견한다면 비
례·우미·조형·완전성을 올바르게 조상에 부여하도록 자신의 판단력
에 따라 깎든가 더 붙이든가 하여 완벽하게 만들어야 그 작품은 진가를
나타낼 수 있다.

　이러한 요건을 구비해야 아름다움, 조형, 우미 등 모든 면에서 완벽
한 조상이 될 것이다. 또 마치 어떤 사람의 주위를 한 바퀴 돌면서 여러
방향에서 전신의 어느 부분을 보아도 완성된 것이 인정되어야 조상이
라고 할 수 있을 것이다. 이제 좀더 자세한 사항을 언급할 때가 왔다.

제9장

밀초나 점토로 원형을 만드는 방법, 의복을 입히는 방법, 비례를 정확하게 대리석상에 확대하는 방법, 끌과 톱니 달린 끌을 쓰는 법, 경석으로 갈고닦고 광을 내어 마지막 손질하는 방법을 기록했다.

41. 밀초나 점토로 만든 소형 시작(試作) 모델

대리석 조상을 제작할 때 조각가는 이른바 모델, 다시 말하면 소형 모형小形模型을 만들어야 한다. 크기는 작가의 취향에 따라 반 브라차 안팎이며, 점토나 밀초 또는 스투코를 사용해 만들고자 하는 조상이 지녀야 할 자세와 비례에 따라 조상을 제작하기 위해 베낸 석재의 높이와 폭에 맞추어가면서 이 소형 모형에서 나타낼 수 있도록 한다.*

42. 밀초 만드는 방법

먼저 밀초의 취급 방법과 밀초 만드는 방법을 이야기하고자 한다. 밀초를 부드럽게 하려면 소량의 동물 기름과 송지松脂, turpentine, 역청瀝靑, pitch을 넣어야 한다. 그중 동물 기름은 밀초를 더한층 부드럽게 하고, 송지는 끈기를 세게 하며, 역청은 밀초에 검은색을 들이고, 세공한 후에는 더욱 견고하게 하므로 시간이 지나면 밀초가 더욱 굳어진다. 또 다른 빛깔을 원한다면 적토赤土, 진사辰砂, 연단鉛丹을 넣어 대추 빛깔

---

* 벤베누토 첼리니(Benvenuto Cellini)도 그의 조각론에서 같은 권고를 했다.

또는 그와 비슷한 빛깔을 만든다. 녹청綠靑을 넣으면 초록색이 된다. 다만 안료顔料들은 분말이나 갈아서 체로 친 것이 좋다. 이렇게 가루를 만든 다음 될 수 있으면 액체로 만든 밀초와 섞어야 한다. 조그만 작품이나 메달, 초상肖像, 소형의 이야기 장면 등 얕은 돋을새김을 제작하려면 흰 밀초를 쓴다. 즉 밀초와 연백鉛白 가루를 위에 기재한 요령대로 섞는다.

43. 다채(多彩, polychrome)로 만든 밀초 초상

요새 예술가들은 여러 빛깔을 조합해 밀초 만드는 방법을 발견했다. 돋을새김으로 등신대等身大의 초상을 만들 때 살결, 머리카락, 의복, 기타 모든 것이 실물과 꼭 같게 제작되므로 이런 초상은 어떤 의미에서는 넋과 말만 없을 뿐 모든 것을 다 갖추었다고 할 수 있다.

44. 밀초의 지주(支柱) 만드는 방법

밀초를 만드는 방법으로 되돌아가서, 재료를 함께 섞어서 녹인 다음 냉각하면 착색着色 밀초가 된다. 이것을 반죽하는 동안 손의 온도 때문에 반죽 덩어리가 되므로 그것으로 좌상座像, 입상立像 등을 만들 수 있다. 그것을 혼자 서 있게 하려면 나무개비나 철사에 지주支柱를 붙여서 고정하는데, 지주는 없어도 좋은 경우가 있다. 예술가가 판단력을 바탕으로 손으로 조금씩 세공을 진행해 밀초를 불려가면서 뼈나 쇠, 나무를 가운데에 밀어 넣고, 그 위에 다른 밀초를 붙이고 형상이 만들어지면 손가락으로 광이 나도록 문지른다.

45. 점토로 만든 소형 모델

점토粘土로 소형 모델을 제작하려면, 밀초에서와 같은 방법으로 세공하는데, 나무도 쇠붙이도 지주로 사용하지 않는다. 그렇게 하면 모델에 금이 가서 파괴되기 때문이다. 점토로 작업해 완성할 때까지 금이 가지 않도록 젖은 수건을 덮어야 한다.

밀초나 점토로 소형 모델을 완성했으면, 대리석으로 제작하고자 하는 조상과 같은 크기로 또 하나와 원형原型을 제작해야 한다. 이것을 만들 때는 젖은 상태에서 세공하는 점토가 마르면 점점 수축하므로 작업하는 동안에는 점토를 조금씩 신중하게 붙여야 하며, 마지막에는 태운 소맥분小麥粉을 점토와 섞어야 한다. 이 분말이 점토를 부드럽게 유지하며 건조하지 않도록 하므로 이런 배려가 원형을 수축시키지 않고 정확히 대리석으로 만들 조상과 가까운 상태가 되게 한다.

또 대형 점토로 만든 원형에 금이 가지 않도록 하려면 부드러운 헝겊을 잘게 자른 조각이나 말 털 따위를 준비해 점토와 섞으면 좋다. 이것들은 점토의 허리를 튼튼하게 만들어 갈라지지 않도록 한다. 나무로 지주를 만들어 잘게 썬 삼베 줄기로 묶어서 조상의 뼈대가 되며, 필요한 대로 자세를 취하게 할 수 있다. 이 뼈대에 점토를 붙이기 시작하여 나체상을 만들어간다.

47. 점토 모델의 의복 주름

나체상을 제작하고 여기에 얇은 옷을 입히려면 얇은 삼베옷을, 두꺼운 옷을 입히려면 두꺼운 삼베옷을 준비해 물에 적셔서 여기에 점토를 바르는데, 액상液狀이 아니라 다소 진흙같이 만들어 소상 표면에 붙여 작가가 마음먹은 곳에 주름과 접는 자리를 만든다. 그것이 마르면 굳어

그림 749 알베르티의 척도를 표시하는 도식.

져서 주름을 만든다.

48. 실물 크기 모델에서 대리석 덩어리로 옮기다

위에서 기재한 방법으로 밀초나 점토의 원형을 만들어 대리석에 정
확한 비례로 확대하려면^{그림 749, 그림 750} 조상彫像을 쪼을 돌덩어리에
댈 직각자를 만들어야 한다. 이것을 조상의 한쪽 다리 면에 수평으로
대고 다른 쪽 다리는 세우며 항상 수평면과 직각을 유지하면서 위쪽으

그림 750 18세기 조각가의 스튜디오 내부.

로 수평으로 뻗친다.* 또 같은 방법으로 나무나 다른 재료로 만든 또 하
나의 직각자를 원형에 대고 다리가 얼마나 튀어나왔는지, 팔이 어떤 모
양으로 돌출했는지 소형 모델의 치수를 잰다. 그리고 원형에서 대리석
으로 이 치수를 옮기며 그것에 맞추어 안쪽을 향하여 쪼아가면서 대리
석과 원형의 정확한 비례를 재고 끌로 돌을 떼어버린다. 그렇게 조금씩

* 데 아고스티니(De Agostini)판의 주석에 따르면, 직각자는 길이가 서로
  다른 다리 세 개로 이루어져 있으며, 각각 직각으로 연결되어 있다. 그중
  가장 짧은 다리를 땅에 수평이 되도록 대고, 가장 긴 다리를 모델 앞에 수
  직으로 세우며, 중간 길이의 다리를 위에 수평으로 뻗친다. 같은 방법으
  로 대리석 덩어리를 위해 직각자를 만들어 모델과 같은 위치에 놓는다.
  그리고 모델의 얼굴과 수직 다리의 거리가 얼마인지를 재고, 다음 대리
  석 덩어리를 이 거리와 같은 깊이에 이를 때까지 쪼아간다. 첼리니는 조
  상 둘레에 광주리 같은 깃을 민돌이 측정했디.

그림 751 미켈란젤로 부오나로티, 「강의 신」, 1524년경,
목재 · 점토 · 양모 · 견인, 70×140×65cm,
카사 부오나로티, 피렌체.

쪼면 수반水盤에 담근 밀초 조상을 곧바로 들어 올리는 경우와 같은 상
태로 돌에서 나오게 된다. 결국 처음에는 동체나 머리, 무릎이 나타나
고 좀더 끌어올리면 반쯤 진행된 조상의 둥그스름한 모습이 나오고, 최
후로 뒷면의 둥그스름한 자세가 보일 것이다.

49. 실물 크기의 모델 없이 때우려는 위험

　성급히 일을 시작해 처음부터 대리석에 구멍을 내면서 돌의 앞뒤를
조심성 없이 깎아버리는 사람들은 나중에 고쳐야 할 필요가 생겨도 걷
잡을 수 없게 된다. 조상을 만들 때 모든 잘못이 여기에서 기인한다. 이
는 제작자가 서둘러 돌에서 조상을 보고 싶어 욕심을 내기 때문이며,

나중에는 보수를 위해 돌조각을 붙이지 않고는 수정할 수 없는 잘못을 저지르는데, 요즘 대부분 예술가에게 이런 일이 습관처럼 되어 있다는 것을 우리는 잘 알고 있다. 이러한 땜질은 뛰어난 공장工匠들이 하는 일이 아니라 마치 구두 수리공이 하는 일 같으며, 극히 부끄럽고 비열한 짓으로 비난할 만한 일이다.

50. 대리석 조각에 쓰이는 연장과 재료들

대리석 조상을 만들 때 조각가들은 처음에는 수비아subbia라고 부르는 끝이 뾰족하고 자루가 굵은 끌로 돌을 대강 깎아낸다. 그리고 칼카뉴올로calcagnuolo라고 부르는 한가운데에 V자 모양으로 잘라낸 짧은 끌로 둥그스름하게 만들고, 최후에 칼카뉴올로보다도 얇고, V자 두 개 모양으로 도려낸 그라디나Gradina라고 부르는 평평한 끌을 쓴다. 그라디나로 돌 전체를 조심스럽게 근육, 의상 등을 비례에 따라 쪼아가며 위에서 말한 V자 또는 톱니를 가진 끌로 돌이 우아한 자태를 나타내도록 다듬는다. 여기까지 일이 끝나면 마무리 짓는 끌로 표면의 거친 곳을 제거한다.

조상에 부드러움과 섬세함을 더해 완성하려면 구부러진 줄로 끌의 흔적을 없앤다. 이것과 별도로 다른 얇은 줄과 곧은 줄로 표면이 매끈해지도록 갈아도 같은 효과를 얻을 수 있다. 그다음 경석輕石 모서리로 조상 전체를 갈면 뛰어난 조각 작품에서 볼 수 있는 둥그스름한 조상이 만들어진다. 트리폴리산 천연 석고도 윤을 내는 데 쓰이며, 볏짚 타래로 문질러서 나타나는 광택은 더할 나위 없이 아름답다.

제10장

돈을새김과 얕은 돈을새김을 제작하는 어려움과 이를 완성하는 방법을 기록했다.

51. 돈을새김의 기원

조각가가 돈을새김*이라고 부르는 것은 벌써 고대 사람들이 매끈한 벽면을 장식하려고 어떤 이야기의 장면을 묘사하기 위해 발명한 기법인데 주로 극장이나 개선문 등을 장식하는 데 사용했다. 조상은 방 안이나 평탄한 광장에 만들어야 하기 때문이다. 이런 장소를 만들지 않기 위해 그들은 돈을새김을 발명했다.

52. 회화적 또는 원근법적 돈을새김

돈을새김은 회화와 비슷해서 우선 주요 인물의 전신이나 반신을 둥그스름하게 또는 그 이상 입체적으로 돋보이게 하여 마치 살아 있는 사람들이 한곳에 모여 있는 장소에서 보는 바와 같이 2차적인 인물들은 그 밑에, 3차적인 인물들은 또 그 밑에, 일부분을 겹쳐서 보이지 않도록 표현한다. 이런 종류의 돈을새김을 보는 사람의 시선을 집중시키기 위

* 여기에 돈을새김이라 한 것은 중간 돈을새김(mezzo relievo) 또는 얕은 돈을새김(basso relievo)을 말한다. 전자는 육체의 완전한 조각이 절반쯤 드러난 돈을새김이며, 후자는 또 그 절반 정도의 것을 말한다. 그밖에 얕은 돈을새김보다도 더 얕은 조각, 다시 말하면 마치 짓눌린 듯한 얕은 조각도 있다. 이것을 '편평한 돈을새김'(stiacciati relievo)이라고 한다.

그림 752 로렌초 기베르티, 「천국의 문」, 1420~22,
금박을 한 청동, 599×462cm, 피렌체 대성당 부속 세례당, 피렌체.

해 가장 먼 곳의 인물은 얕게 만들고, 그중 몇몇은 되도록 연하게 표현한다. 원경遠景에 있는 풍경과 가옥도 마찬가지로 표현한다.

이런 종류의 돋을새김은 고대 사람들 이상으로 면밀히 관찰해 정확한 비례로 감축減縮시키고 인물들을 점차로 후퇴後退시켜서 그들보다 우수한 작품을 만들어낸 이가 없다. 진정한 모방자이며 재능을 타고난 고대 사람들은 과거에 한 번도 앞을 향하여 단축시키든가, 후퇴하는 지면이 있는 이야기 장면에 인물이나 다른 형상을 배치한 일이 없고, 인물상의 발밑에 틀을 두어 밟도록 했다. 이와 대조적으로 자신의 능력 이상으로 대담성을 추구하는 오늘날의 몇몇 작가는 돋을새김으로 만든 이야기 장면에서 전경前景의 인물을 얕은 돋을새김으로 깎은 후퇴하는 면에 놓고, 중경中景의 인물도 같은 면에 가져다놓았다. 그런 모양으로 서서 있지만 굳건하게 발이 땅위에 붙어 있지 못한 상태이므로 뒤를 향한 사람의 발끝이 단축법短縮法과 어긋나 있다.

이런 일은 현대의 여러 작품, 예를 들면 산 조반니S. Giovanni 세례당의 출입문*에서 또 같은 시대의 여러 곳에서 볼 수 있는데, 이런 특징을 보여주는 돋을새김은 이상의 이유에서 본격적인 작품이 아니다. 그도 그럴 것이 조상의 절반을 돌에서 깎아내서 다른 인물상을 최초의 상보다 뒤에 만들 때는 후퇴와 감축 법칙이 필요하다. 발을 땅에 붙일 때 눈으로 실제로 보는 경우와 같이 또 회화작품에서 법칙이 요구하듯이, 지면이 발보다 앞으로 나오지 않으면 안 된다. 또 각각의 조상은 거리에 따라 조금씩 정확한 비례로 부피를 줄여서 최후에는 짓이겨 평평하게 만든 것처럼 얕은 돋을새김으로 표현하는 게 좋다. 여기서는 갖가지 살이 붙은 형상 사이의 조화가 필요하며, 돋을새김에서는 발과 머리가 단축법으로 처리되어야 한다는 것을 생각한다면, 완전한 형상을 만드는 것이 얼마나 힘든 일인지 짐작할 수 있으며, 따라서 예술가가 돋을새김에서 진가를 발휘하려면 매우 뛰어난 조형력을 몸에 지녀야 한다.

이러한 조건을 충족해야만 점토나 밀초로 만든 작품도 브론즈나 대리석 작품에 뒤지지 않을 정도의 높은 지경에 도달할 것이다. 내가 이야기하는 요건을 구비한 여러 작품 중에서 돋을새김이 가장 아름다운 것으로 여겨지며, 이 방면에 정통한 예술가들에게서 최고의 칭찬을 받는 이유도 여기에 있다.

＊『구약성서』를 주제로 한 기베르티(Ghiberti)의 「천국의 문」이다.

그림 753 로렌초 기베르티, 「그리스도의 세례」, 1403~24,
도금한 청동, 산 조반니 세례당, 피렌체.

53. 얕은 돋을새김

제2의 얕은 돋을새김basso relievo이란 살이 절반보다도 얇으며, 우리가
중간 돋을새김이라고 부르는 것의 절반밖에 두드러져 있지 않은데 이
방법으로 지면, 가옥, 투시도법透視圖法, 계단, 풍경 등을 잘 표현할 수
있다. 피렌체의 산 로렌초S. Lorenzo 성당의 브론즈 설교단,* 도나텔로의
모든 얕은 돋을새김에서 보는 바와 같다. 도나텔로는 이 분야의 작품에
서 매우 뛰어난 관찰력으로 신품神品이라고 불러도 좋을 만한 작품을
만들었다. 이 작품들은 비난받을 만큼 큰 돌출 부분이 없으므로 사람들
이 보기에 손쉽게 만들어진 것같이 보이며 소박한 인상을 준다.

* 도나텔로와 그 제자들의 작품. 지금도 그 자리에 있다.

그림 754 도나텔로, 「부활 설교단」,
1465, 대리석과 청동,
123×292cm,
산 로렌초 성당, 피렌체.

그림 755 도나텔로, 「고난 설교단」,
1460~65, 대리석과 청동,
137×280cm,
산 로렌초 성당, 피렌체.

54. 편평한 돋을새김

제3의 돋을새김은 짓이겨서 편평하게 만든 얕은 돋을새김stiacciati relievo이라고 부르는데, 표면을 눌러 밀어넣은 듯한 기복 있는 인물의 형상 이외에 아무것도 아니다. 여기에는 탁월한 조형력造型力과 창의성創意性이 필요한 윤곽輪廓의 선을 잘 만들어야 하므로 우아하게 마무리지으려면 힘이 많이 들고 매우 까다로운 작업이다. 도나텔로는 이 분야에서도 기술과 조형력, 창의성이 뛰어나서 어떤 예술가보다도 훌륭한 작품을 만들었다.*

* 파도바(Padova)의 성 안토니오 성당 「당나귀의 기적」의 제단 돋을새김

그림 756 도나텔로, 「당나귀의 기적」, 1447~50, 청동,
57×123cm, 성 안토니오 성당, 파도바.

이런 종류의 것은 고대 아레초의 항아리에 그린 인물상, 마스크, 기타 고대 설화 장면, 카메오Cameo, 메달 제작에 필요한 브론즈에 돋을새김을 찍을 주형, 화폐에서도 볼 수 있다. 면이 지나치게 불쑥 올라오면 메달이나 화폐를 찍을 수 없으므로 이같이 얕게 만들었다. 즉, 살이 지나치게 두꺼우면 주물을 제작할 재료에 암컷 주형을 두들겨 넣어야 하는데, 쇠망치로 두드려도 뚜렷한 각인刻印을 얻기가 힘들지만, 얇은 것으로는 별로 고생하지 않고 주물 재료가 암컷 주형의 오목한 부분을 잘 채우기 때문이다.

근대 예술가들은 이 기술 분야에서 신神같이 뛰어나 고대 사람보다 훨씬 뛰어난 작품을 만든다는 것은 잘 알려진 사실이다. 이 점에 관해서는 후에 그들의 전기에 남김없이 이야기하고자 한다. 따라서 두꺼운 돋을새김에서는 주의력과 판단에 따라 차츰 얇게 만들어서 형태의 완전성을, 얕은 돋을새김에서는 투시법과 기타 방법으로 뛰어난 조형력을, 짓이겨서 편평하게 만든 돋을새김에서는 거기에 새겨진 인물, 기타

(1446~50년 작품),

그림 757 도나텔로, 「갓난아기의 기적」, 1447~50, 청동,
57×123cm, 산 안토니오 성당, 파도바.

형상의 섬세함과 아름다움과 명쾌함을 잘 식별할 줄 아는 사람이라면
이 돋을새김이 칭찬받을 만한지 비난받을 만한지를 다른 사람에게 보
여주면서 감식하는 방법을 가르쳐야 할 것이다.

제11장

크고 작은 조상을 브론즈로 제작하기 위해 원형을 여러 개 만드는 법, 주조하기 위한 주형을 만드는 법, 쇠로 중심축을 만들어 보강하고 금속과 세 가지 브론즈를 부어 넣는 법, 주조 후에 끌을 어떤 방법을 써서 표면을 반반하게 다듬는가 하는 문제, 갈라졌을 때는 어떻게 땜질해서 맞추는가 하는 방법을 기록했다.*

55. 브론즈를 위한 실물 크기 모델

뛰어난 예술가는 금속 또는 브론즈로 대형의 조상을 주조鑄造하려고 할 때 같은 크기의 상을 우선 점토로 만드는 것이 상례다. 그들의 기술과 실력으로 좋다고 인정되는 점토상을 만든다.

* 르네상스 이탈리아의 조각가들이 모두 주조 기술이 능숙했던 것은 아니었다. 대리석 조각가인 미켈란젤로가 주조에 별 관심이 없었던 것은 당연하다고도 할 수 있다. 도나텔로는 주조 작업을 할 때는 반드시 주조에 정통한 직인을 고용했다. 기베르티(Ghiberti), 안토니오 델 폴라이우올로(Antonio del Pollaiuolo), 안드레아 베로키오(Andrea Verrocchio)는 비교적 주조 기술에 능통했다. 첼리니는 주조할 때 무지한 직인을 믿다가는 실패한다고 경고했다. 지금까지 바사리는 '해야 한다', '하지 않으면 안 된다'라는 표현을 많이 해왔지만, 주조에 경험이 별로 없었기 때문에 주어를 3인칭 단수 또는 복수로 하고 '그(들)는 이렇게 하고 있다' 등 간접화법으로 표현했으며 세부에서는 이해하기 곤란한 곳이 왕왕 있어 브라운 교수의 말대로 불완전한 기재가 있다.

56. 석고로 제작하는 조각 주형

그들이 원형model이라고 부르는 이 상을 만들고 작가의 기술과 지식에 따라 잘 관찰하고 또 완벽하게 손질했으면 다음으로 본을 뜨는 데 필요한 석고石膏를 원형에 붙여서 부분마다 본을 뜨기 시작해 원형을 덮는 조각들을 하나하나 만든다. 그런 다음 그 조각들 하나가 다른 하나와 연결되도록 하고 숫자, 알파벳, 기타 부호를 붙임으로써 분해하거나 조립할 수 있도록 한다. 이렇게 각 부분의 본을 떠서 석고와 석고 사이, 다시 말하면 각 접합면이 만나는 곳에 기름을 바른다. 그리하여 상의 머리, 팔, 동체, 다리, 기타 세부에 이르기까지 본을 떠서 이 상의 오목주형[凹型]에 원형原型의 모든 부분이 오목하게 본을 뜨게 되도록 한다.그림 758, 그림 759의 A

57. 응어리 작성

위에서 말한 작업이 끝나면 그 석고 모형을 방치해 굳게 한다. 그리고 제작할 주조 조상보다 좀 긴 철봉鐵棒을 준비해 흙을 발라서 응어리를 만드는데, 흙을 부드럽게 반죽하여 말똥, 머리카락 따위를 섞어 그 응어리에 원형과 같은 모양으로 만든다. 그리고 흙 속의 물기를 빼기 위해 층을 만들 때마다 불에 굽는데, 이렇게 처리하면 후에 조상을 만들 때 도움이 된다. 이렇게 하면 조상을 주조할 때 덩어리가 된 응어리 부분이 브론즈로 채워지지 않고 빈 상태로 남아 있기 때문이며, 그렇지 않으면 무게가 늘어서 움직일 수 없을 것이다.

이렇게 응어리 이곳저곳을 균등한 비례로 크게 만들어가면서 위에 이야기한 바와 같이 새로운 층을 쌓아가며 가열하거나 불에 쪼여 흙을 잘 구워 물기를 없앤다. 그러면 후에 브론즈를 그 위에 흘려보내도 터

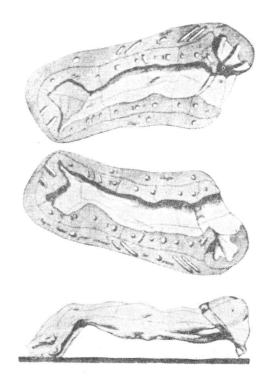

그림 758 석고로 만든 조각 주형 만드는 과정.

지거나 파괴되지 않으므로 과거에 이런 일을 하던 공장工匠이 죽거나
작품이 깨지는 변을 당하지 않을 것이다. 따라서 제작자는 응어리의 중
심을 잘 잡아 점토의 단편이 응어리와 잘 대응하는 형상을 이룰 때까지
점토를 골고루 발라서 평형을 유지하게 하면서 조상에 알맞은 금속의
두께를 조절해야 한다. 응어리를 단단하게 하고 안정되게 하려고 구리
나 쇠의 응어리를 걸어서 보강하지만, 이것들은 필요할 때 떼어내거나
다시 붙일 수 있도록 만들어야 한다.그림 759 D 이 응어리가 완성되면
다시 한번 센 불로 구워서 물기가 조금이라도 남아 있으면 완전히 제거
한 다음 방치한다.

A
B
C
D

그림 759 브론즈로 주조하는 과정을 설명하는 조판.

58. 밀초 껍질로 이은 조각 주형

석고의 오목형[凹型] 조각 이야기로 되돌아가면, 미리 보들보들하게
만든 밀초에 소량의 송지와 유지를 섞어 오목형 하나하나의 주형을 뜬
다. 밀초를 불로 녹여 둘로 쪼갠 오목형 틀에 밀초를 바르는데, 제작자

는 자신의 주물에 적당하다고 생각되는 층만큼 밀초를 바른다. 그다음에 밀초를 오목형 형상대로 잘라내서 이미 점토로 만든 웅어리의 표면을 서로 붙여 연결하며 땜질한다.

59. 밀초 조각을 웅어리 위에 붙인다

동銅으로 만든 가는 못 몇 개를 준비해 불에 구운 웅어리 위의 밀초 각 부분에 박아 고정하고 하나하나의 상을 서로 연결해 완전한 것으로 만든다. 이 작업이 끝나면 오목형 틈에 들어간 밀초 중에서 필요 없는 부분을 제거하고 완성된 주물을 만든다. 그리고 일을 진행하기 전에 밀초의 상을 세워놓고 어느 부분에 밀초가 부족한지 잘 조사해 보충한다.

60. 밀초 표면을 불에 강한 가리개로 덮는다

밀초 손질이 끝나고 상이 완성되면 불고기를 굽는 나무, 돌, 쇠로 만든 장작 두 개의 받침쇠에 올려놓고, 이를 위해 특별히 만든 붓에 재를 칠해 밀초가 보이지 않도록 상 전체에 발라 오목한 곳과 볼록한 곳 밑 구멍을 전부 덮는다. 그다음에는 조상 속에 남겨둔 것과 같은 요령으로 가로축軸을 밀초와 웅어리에 관통시킨다. 이렇게 하는 이유는 내부의 웅어리와 밖의 주형을 지탱하기 위해서다. 결국 브론즈를 주입할 웅어리와 밖의 주형 사이 빈 곳의 덮개를 지탱하기 위한 것이다. 이렇게 보강재補強材를 고정했으면 앞서 이야기한 바와 같이 보드라운 흙과 털, 말똥을 섞어 함께 두드려서 면 전체에 얇게 뿌려서 덮고 건조시킨다. 이 같은 작업을 여러 번 반복한 다음 흙을 부어 반 팔모mezzo palmo가량 두껍게 한다.

61. 바깥 임시테*

이 일이 끝나면 내부의 응어리를 지탱하는 쇠로 만든 가르장을 외부에서 바깥 주형을 지탱하는 다른 가르장과 연결하고 고정한다. 그러면 동여서 연결된 양자는 서로 의지하게 된다.그림 759 C 안쪽의 응어리는 바깥 주형을, 바깥 주형은 안쪽의 응어리를 지탱한다는 것이다.

62. 구멍(도관導管)

일반적으로 응어리와 바깥 주형 사이에는 구멍도관이라고 부르는 것을 몇 개 만든다. 이것은 가스를 위로 뽑아 올리는 것이며, 무릎에서 들어 올린 팔에 부착한다. 이것은 금속의 통로 구실을 하며, 어떤 고장이 생겨서 금속이 막혔을 때 흐름을 통하게 한다.

63. 밀초 녹이는 방법

그다음에는 이렇게 해서 완성된 바깥 주형 전면에 불을 붙여 전체가 서서히 뜨거워지게 한다. 그리고 불을 점차 세게 하여 주형이 펄펄 달아서 내부 공간에 있는 밀초를 용해시키고 후에 그 자리에 금속을 부어 넣을 장소에서 전부 빠져나가게 함으로써 밀초가 조금도 남아 있지 않도록 한다. 그것을 확인하려면 밀초 조각들을 응어리에 연결할 때 하나하나 무게를 달아보고 밀초를 빼냈을 때 또 무게를 측정해 비교하면 알 수 있다. 제작자의 수완과 주의력이 이 밀초를 빼내는 데 달렸으며, 그

---

* 제작 중인 조상을 받치는 테[材].

만큼 아름답고 결함 없는 주물을 제작하기 힘들다고 할 수 있다. 밀초가 조금이라도 안에 들어 있으면 주물 전체를 망치게 되는데, 특히 밀초가 남아 있는 곳이 그렇다.

64. 주형 뜨는 구덩이 속에 주형을 넣는 방법

위 작업이 끝나면 이 주형을 브론즈를 녹인 노爐 근처의 땅에 묻고, 브론즈의 압력에 지지 않도록 주위를 굳게 다진 후 흘러 들어가도록 길을 만들며, 후에 불쑥 내민 불필요한 브론즈 부분을 톱으로 벨 수 있도록 한다. 꼭대기 부분은 여유 있게 남겨둔다. 브론즈가 되도록 빨리 흘러 나가도록 이런 처치를 해둔다.그림 759 D

65. 브론즈의 성분

제작자가 원하는 금속을 주문할 때, 밀초cera 한 근libbra에 금속 열 근이 필요하다. 조각을 제작하기 위한 합금合金은 이탈리아 기준에 따르면 구리와 놋쇠가 2 대 1의 비율이다. 이 기술의 기원을 만든 이집트 사람들은 놋쇠와 구리의 배합 비율을 2 대 1로 섞어 브론즈를 만들었다. 가장 아름다운 호박금琥珀金은 구리와 은을 2 대 1의 비율로 섞어 만든다. 종鍾을 만들 때는 구리 100에 주석 20을 섞으면 종소리가 잘 나고, 소리가 균일하게 퍼져 나간다. 또 대포는 구리 100에 주석 10의 비율로 섞어 만든다.

66. 불완전한 작품을 손질하는 방법

이제 응고한 브론즈의 어느 곳이 얇아졌거나 구멍이 뚫려 조상이 불완전한 상태로 나왔을 때 땜질하는 방법을 이야기하겠다. 이 경우에는 주물에서 실패한 부분을 전부 떼어내고 밖에서 안으로 비스듬히 네모로 베어낸 다음 땜질할 브론즈 조각을 맞추어 넣고 약간 밖으로 튀어나오도록 한다. 이 네모난 구멍에 꽉 들어가 박히면 망치로 두드려서 맞추고, 줄과 끌로 매끈하게 손질한다.

67. 작은 조상과 돋을새김을 주조하는 간단한 방법

예술가들이 소형 조상을 주조하고자 할 때 밀초, 점토, 기타 재료로 만든 조상을 이미 가지고 있으면 대형 브론즈를 제작할 때와 같이 석고를 부어서 오목형[凹型]을 만들고 그곳에 밀초를 가득 채운다. 이때 오목형은 밀초를 부어 넣어 물과 오목형의 냉기冷氣로 응고하도록 물에 담가두어야 한다. 또 주물 내부에 공간이 남아 있도록 오목형 안에 들어 있는 밀초를 밖으로 흘러 나가게 한 다음, 이 공간을 흙으로 메우고 거기에 쇠로 만든 응어리를 넣는다. 이 흙은 후에 응어리로 제몫을 하게 되지만 잘 건조해야 한다. 다음으로 다른 대형 조상을 제작할 때와 마찬가지로 바깥 주형을 만들고, 기체가 빠져나갈 관도 만들며, 가열해 밀초를 빼내면 오목형은 주조 작업을 하기 쉽도록 튼튼한 것이 된다. 얕은 돋을새김, 기타 돋을새김 등 모든 금속 작품을 만들 때 이와 같은 방법을 사용한다.

68. 주물의 표면 다듬기와 브론즈의 착색

주조가 끝나면 적당한 끌, 다시 말하면 불리니bulini, 차폴레ciappole, 스트로치strozzi, 체셀리ceselli, 푼텔리puntelli, 스카르펠리니scarpellini, 줄 따위로 적당한 곳을 잘라내고, 필요한 곳에서 안으로 밀어 넣으며, 거친 면을 정리하고, 기타 연마용 도구로 전면을 정성껏 닦고 갈으며, 최후로 경석 분말로 광택을 낸다.

이 브론즈는 시일이 지나면 주조된 당시와 같은 붉은 색깔이 없어지며 검은색에 가까워진다. 어떤 사람은 올리브기름으로 검은색을 내게 하고, 어떤 사람은 초醋를 발라 녹색을 내거나 니스를 칠해 검게 만든다. 즉, 각자 자신의 기호대로 처리한다.

69. 현대 소형 주조의 놀라운 재주

정말 놀랄 만한 것은 조상의 크기를 불문하고 매우 뛰어난 주조 방법이 현대에 출현했다는 것, 다시 말하면 끌 같은 것으로 새삼스럽게 정리할 필요조차 없을 만큼 표면이 아름다우며, 작은 칼의 끝 정도로 얇은 상을 여러 장인이 만들어내고 있다는 사실이다. 특히 여기에 쓰이는 흙과 재료의 입자가 매우 잘아서 운향雲香의 다발, 기타 섬세한 풀과 꽃을 금과 은에 새겨서 자연 그대로 아름답게 보이도록 교묘하게 주조할 수 있게 되었다는 점이 더욱 놀랍다. 이 점에서는 고대 사람들보다 주조 기술이 더한층 뛰어났다고 하겠다.

제12장

브론즈, 기타 금속으로 메달을 만들기 위한 강철의 주형: 다양한 금속, 동방의 귀석, 카메오로 메달을 만드는 방법에 관한 기록이다.

70. 금속 주형의 제작

옛날 사람들이 만들었던 것과 마찬가지로 브론즈, 금, 은 따위로 메달을 만들려면 우선 불에 넣어 부드럽게 한 강철 부분마다 쇠로 만든 조각 끌을 사용해 돋을새김으로 본을 떠놓아야 한다. 예를 들면 두상頭像만 하나의 강철에 본을 얕은 돋을새김으로 만들고, 그 옆의 다른 부분들도 같은 방법으로 처리한다. 모든 부분의 본을 다 떴으면 불에 불린다. 그리고 메달의 오목형[凹型] 또는 모형母型으로 사용될, 불리지 않은 강철의 형 위에 올려놓고 해머로 때려서 두부의 기타 부분을 찍는다. 전체의 각인이 끝나면 모형으로 쓰일 오목형을 깨끗이 갈며 섬세하고 완전하게 끝마무리를 한다.

지금까지 제작자들은 때로는 수정水晶, 벽옥壁玉, 옥수玉髓, 마노瑪瑙, 자수정, 붉은 무늬 마노, 유리溜璃, lapis lazuli, 귀감람석貴橄欖石, 홍옥수紅玉髓, 카메오Cameo, 기타 동방귀석東方貴石에 새겨 넣는 방식으로 위 모형에 녹로轆轤를 붙여서 조각했다. 이런 세공 방법은 위에 이야기한 귀석貴石들과 마찬가지로 모형을 더욱 날카롭게 만든다. 메달 뒷면의 모형도 같은 방법으로 만든다. 그리고 두상의 모상母像과 뒷면의 모상으로 밀초나 납의 메달을 떠낸 다음 용도에 적합한 매우 잔 흙가루로 이들의 형을 뜬다. 그리고 이 형에서 위에 말한 밀초나 납을 제거하고 틀에 넣고 눌러 메달에 적합한 금속을 주조한다.

이것을 다시 강철 모형에 옮겨 넣고, 스크루와 지레로 죄고 해머로 두드려 압력을 가하면 주조鑄造로는 얻을 수 없었던 표면효과表面效果를 얻게 된다. 다만 화폐, 기타 좀더 얇은 메달은 스크루를 사용하지 않고 손으로 해머를 두드려서 각인을 만든다.

71. 음각과 카메오의 가공

위에 이야기한 동방의 귀석은 녹로轆轤를 써서 금강사로 음각陰刻을 넣는다. 또 제작자는 흔히 가공하는 도중에 오목한 데에 밀초를 밀어 넣고 형型을 뜬 다음, 떼어내는 것이 좋다고 판단되는 곳은 제거하면서 작품을 마무리 짓는다. 그러나 카메오Cameo는 양각陽刻으로 세공한다. 왜냐하면 이것은 층을 이뤄서 위쪽은 희고 아래쪽은 검은데, 두부頭部와 전신이 검은 배경에 흰 얇은 돋을새김이 남도록 흰 층을 대폭 깎아 버리기 때문이다. 때로는 두부나 전신의 검은 배경을 희게 보이게 하려고 배경의 색이 약할 때는 염색을 하기도 한다. 이런 방법으로 만든 신품神品이라고 할 만한 아름다운 작품들은 고대의 것이나 현대의 것이나 우리가 늘 보고 있다.

제13장

스투코로 흰 벽장식을 제작하는 방법: 벽에 묻힌 거친 형태의 스투코 만드는 방법과 공사를 진행하는 방법을 기록했다.

72. 눌러서 만드는 석고 모델 작품

고대 사람들은 흰 스투코로 둥근 천장 칸막이, 벽, 문, 들창, 그밖의 장식을 할 때 보통 잘 구운 벽돌 또는 석회화, 즉 부드럽고 조각하기 쉬운 돌로 벽 골조를 꾸몄다. 벽을 만들 때는 우선 벽돌이나 돌을 잘라서 코니스나 인물상을 만들어 마음먹은 대로 형상을 만들고, 소석회消石灰를 칠해 골조를 완성한다.

다음은 제4장에서 이야기한 바와 같이 대리석 가루와 트래버틴 travertine 석회를 반죽해 만든 스투코로 상기 골조에 최초의 거친 스투코를 제작한다. 그것은 칠이 응고해 완전히 마르지 않았을 때, 좀더 입자가 가는 스투코를 그 위에 올려놓으려고 하기 때문이다. 젖은 상태에서 스투코 덩어리를 놓고 세공하면 더욱 잘 붙으므로 스투코를 놓을 곳은 항상 수분이 있게 해놓으면 세공하기가 쉽다.

장식 코니스나 잎 모양 장식을 조각하려면 원하는 조각을 음각으로 만든 목형木型을 준비해야 한다. 그리고 너무 굳지도 않고 부드럽지도 않은 적당한 물기의 스투코를 준비해 만들고자 하는 물건의 분량에 맞추어 대에 올려놓고, 목형에 대리석 분말을 뿌리고 위에서 누른 뒤 망치로 고르게 두드리면 판이 박힌 스투코가 남는다. 그런 다음 바깥쪽으로 대담하게 돌출한 돋을새김을 제작하고자 하면 스투코를 공중에 달려 있는 듯이 내밀어야 하는데, 이때는 필요한 장소에 쇠로 만든 임시 테와 못을 박아 고정한다. 스투코가 여기에 잘 붙는다는 것은 고대 건

그림 760 미켈란젤로 부오나로티, 「성모 마리아」, 1504~1505,
대리석, 85.8×82cm, 바르젤로 미술관, 피렌체.

물에서 보는 바와 같으며, 거기에는 스투코와 쇠붙이 따위가 아직도 남
아 있다.

따라서 편평한 벽면에 얕은 돋을새김으로 어떤 이야기 장면을 만들
때, 형상을 배치할 위치에 따라 우선 벽면에 많은 못을 박되 어떤 곳에
는 좀 얕게, 어떤 곳에는 좀 깊게 박고 그 사이에 벽돌이나 생석회의 작
은 파편을 밀어 넣는다. 못 끝이 덩어리가 큰 최초의 스투코를 지탱하
도록 하기 때문이다. 그것들이 굳을 때까지 스투코에 온 힘을 기울여
일을 마무리 짓는다. 또 스투코가 굳는 동안 물 묻은 붓으로 쉴 새 없이
깨끗이 손질해 밀초와 점토의 경우와 마찬가지로 마무리 짓는다. 현재
이탈리아 전 국토에서 기능이 뛰어난 많은 공장工匠이 이렇게 필요에

그림 761 미켈란젤로 부오나로티, 「타데이 톤도」, 1505~1506,
대리석, 지름 82.5cm, 영국 왕립 미술원, 런던.

따라 작고 큰 못들, 받침 쇠붙이 따위를 적당한 장소에 박는 방법을 익혀 둥근 천장, 칸막이 벽, 낡은 건물들에 스투코로 장식하는 작업을 하고 있다. 이런 방식으로 세공한 장식이 오래갈지 의심하면 안 된다. 왜냐하면 이것들은 한량없이 오래가며, 만들어진 상태로 단단하게 응고돼 시간이 지남에 따라 대리석같이 되기 때문이다.

제14장

나무조상[木彫像]은 어떻게 만드는가, 그것을 제작하는 데는 어떤 나무가 좋은가 등에 대한 기록이다.

73. 목각(木刻)

목재를 써서 완벽한 조상을 만들고 싶어 하는 사람은 우선 앞에 이야기한 방법으로 밀초나 점토 원형을 만들어야 한다. 이 종류의 조상은 수많은 공장工匠이 많은 십자가상十字架像과 그밖의 각종 작품을 만들었기 때문에 그리스도교에서는 많이 사용된다. 그러나 나무에서는 금속이나 대리석 조각, 스투코, 밀초, 점토로 만든 조각이 보여주는 부드럽고 둥그스름한 감각을 찾아볼 수 없다. 조각에 사용되는 많은 목재 중에서 어느 쪽에나 골고루 세공細工이 있고, 톱이나 줄로 쉽게 다듬을 수 있는 가장 품질이 좋은 것은 참피나무다. 만들고자 하는 상이 커서 나무 한 그루로는 모자랄 때는 나뭇개비 몇 개를 서로 붙여서 원하는 형태에 따라 높고 또 굵게 만들면 된다. 나무들을 서로 바짝 붙이려면 오래가지 못하는 끈적끈적한 고무풀을 쓰지 말고 양피지羊皮紙 아교*를 쓰는 것이 좋으며, 이것을 녹여 위에 말한 나무를 불로 가열하면서 맞붙이고 못을 박는데, 이때 쓰는 못은 쇠못이 아니라 같은 종류의 나무 못이어야 한다.

이 일이 끝나면 모델의 형태에 맞추어서 나무를 새기는데, 숙련된 장

---

* 이들 아교에 대해서는 이미 12세기의 베네딕토회 수사 테오필루스가 그의 저서 『여러 기예에 관한 길잡이』(*Schedula Diversarum Artium*) 제1서 17장에서 언급했으며, 첸니니(Cennini)도 그의 『논총』(*Tmuuuw*) 세 110~112장에 기록했다.

인匠人들은 회양목으로 칭찬받을 만한 작품을 만들었으며, 호두나무로는 아름다움의 극치라 할 만한 장식품을 만들었다. 호두나무는 마치 검은 빛깔의 브론즈 장식 같은 외관을 하고 있다. 독일 사람은 벗나무, 앵두나무 따위 열매를 맺는 나무에 인내력과 치밀성을 가지고 아름답게 세공했다. 이처럼 이방인異邦人들은 이탈리아 사람들이 작품에서 보여준 완벽한 구상력은 몸에 지니지 못했지만, 세상을 경탄시킬 만한 세밀한 작품을 만드는 작업을 옛날부터 계속해왔다.

예를 들면 프랑스 사람 장Jean, Gian, Janni*의 작품은 나무의 기적이라고 할 만한 작품이다. 장Jean은 오래전부터 자신의 조국으로 택한 피렌체에 살면서 항상 기품을 누리던 조형 예술에서 이탈리아 양식을 훌륭하게 몸에 지녔다. 그는 이탈리아 양식과 목각木刻 작업에서 체득한 수완을 결합해 등신等身 크기나 되는 참피나무로 성 로코S. Rocco의 조상을 만들었다.그림 762

그는 이 조상에 입히는 옷을 매우 정교한 기술을 구사하면서 부드럽고도 깊이 쪼아서 마치 종이처럼 가벼운 의상과 물이 흐르는 듯한 주름을 조화함으로써 미의 극치를 이루었다. 그는 이 성인聖人의 머리, 수염, 손, 다리 등을 완벽하게 처리해 언제나 사람들로부터 칭찬을 받아왔으며, 앞으로도 무한한 칭찬을 받을 것이다. 이 작자의 탁월성이 이 작품의 온갖 부분에서 인정되어 이 조상은 오늘날까지 피렌체의 눈치아타 성당 설교단 밑에 보존되어 있으며, 색채와 그림물감을 일체 사용

---

* 얀니(Janni)가 이 책 제1장 12에 기재된 지안(Gian)과 동일인인지 확인되지는 않으나, 바사리가 말하는 장이 제작한 「성 로코(S. Rocco) 초상」은 현재 피렌체의 눈치아타(Nunziata) 성당에 있는데, 설교단 아래가 아니라 그 안의 한 경당에 놓여 있다. 이 조상은 19세기 초에 대리석 조상으로 보이려고 흰 칠을 한 일이 있지만 근년에 다시 벗겨서 흰 나무 상태로 되었다. 보스(H. Voss) 교수는 이 작품을 뉘른베르크(Nürnberg)의 조각가 스토스(V. Stoss, ?1448~1533) 제작품이라고 주장했는데, 제작 연대는 1505년경이라고 한다.

그림 762 프랑스 조각가 마에스트로 장이 만든
성 로코의 참나무 조상, 눈치아타 성당, 피렌체.

하지 않아 나무의 자연색 그대로다. 장인이 가한 광택과 완벽성만으로
만들어 어떤 목각 작품보다도 우아하다.

지금까지 조각 작품에 관해서 간단하게 기술했으나 이것으로 충분
하다고 생각한다. 이제는 회화繪畵에 관해 설명하겠다.

제3부 회화

제15장

디세뇨disegno, 소묘*란 무엇인가, 좋은 회화는 어떻게 제작되며 또 감식되는가, 그 구상構想에 관한 기록이다.

74. 소묘의 본질과 재료

3종의 예술, 즉 건축, 조각, 회화의 아버지인 소묘素描, disegno는 지력에 기원起源을 두고 있는데, 가장 불가사의한 것을 내포한 자연에 있는 모든 물건의 형상形像 또는 관념觀念과 같은 보편적 판단을 많은 사물에서 추출抽出한다. 그러기 위해 인간과 동물체뿐만 아니라 식물 또는 건물과 조각, 회화에서도 전체와 여러 부분 사이에, 여러 부분이 서로 사이에, 또 전체와의 사이에 유지되는 비례를 '디세뇨'는 인식하고 있다. 이 인식에서 모종의 착상着想과 판단이 생겨나서 머릿속에서 형상을 이루어 손을 써서 표현되도록 하는 것을 소묘라고 부른다. 따라서 이 소묘란 머릿속에 생겨난 착상, 또 어떤 경우에는 머릿속에서 상상해 관념 속에서 형성된 착상을 밖으로 표현해 구체화한 것에 지나지 않는다고 결론지을 수 있다.

적당한 예가 될지 모르겠지만 '발톱으로 사자를 안다'는 그리스 속담이 있다. 어떤 현명한 사내가 바위에 사자의 발톱 자국이 남아 있는 것을 보고 그의 지력으로 이 동물의 전신, 각 부분 및 전신상을 마치 눈앞에서 본 것처럼 이해했다고 한다. 어떤 사람은 우연성偶然性이 소묘와 예술의 아버지라고 생각하며, 마치 노련한 유모와 교사처럼 연습과 경험이 지식과 이론의 도움을 받아 그것을 함양한다고 믿었다. 그러나

---

* 디세뇨(disegno)에 관한 개념은 제1부 서설의 각주를 참조할 것.

나는 우연성이 소묘의 아버지라기보다는 그것을 위한 기회를 준다고
하는 것이 옳다고 생각한다.

　이러한 소묘에 필요한 것은 판단력으로 무엇인가를 구상할 때, 손
이 오랫동안 해온 연구와 실천 끝에 펜, 뾰족한 연필, 목탄, 그밖의 도
구로 자연이 창작한 것이 무엇이든 간에 그것을 아름답게 그리고 표현
하는 데 숙달해 있다는 것이다. 지력이 세련되고 판단력이 따르는 착상
을 낳고 있을 때는 오랫동안 소묘를 연습해온 그 손은 예술의 완전성과
탁월함, 예술가의 기량 등을 모두 인식認識시키기 때문이다. 또 어떤 조
각가는 가끔 선과 윤곽에는 별로 익숙하지 못하기 때문에 종이에 그릴
수 없어 흙이나 밀초로 아름다운 비례와 척도에 따라 사람, 동물, 기타
입체를 표현해 종이나 기타 표면에 완벽하게 묘사하는 자와 같은 일을
한다.

　이 같은 예술에 종사하는 사람들은 그리려는 소묘의 성질에 따라 소
묘를 여러 가지 호칭으로 구별해왔다. 펜이나 다른 것으로 가볍게 터치
해가며 대강 그린 것을 스케치sketche라고 부르는데, 이것은 다시 다른
자리에서 언급하겠다. 그리고 주위에 중요한 선 몇 개가 그려져 있으면
프로필profile, 인토르노intorno, 리네아멘토lineamento, 선 그리기라고 한다.

75. 여러 예술에 쓰이는 소묘

　이 모든 것을 프로필이나 다른 말로 부르든 간에 회화에는 물론 건축
과 조각에도 도움이 된다. 특히 건축에서 설계도設計圖는 선 이외의 아
무것으로도 만들어질 수 없다. 다시 말하면 건축학에서는 그것이 예술
의 시작이며 마지막이기 때문이다. 그럴 것이, 그 선으로 만든 목제 모
형으로 진행되는 다른 작업들이란 목수와 석수 일밖에 없기 때문이다.
그러나 조각에서는 모든 윤곽을 표현할 때 소묘의 역할이 크다. 왜냐하

면 조각가가 더욱 좋다고 생각하는 부분, 즉 밀초, 흙, 대리석, 기타 다른 재료로 입체를 만들고자 한 부분을 소묘하고자 할 때 그 조각가는 여러 시점에서 소묘를 하기 때문이다.

회화에서 선 그리기는 여러 방면에 유익하게 쓰이며, 특히 이런저런 像의 윤곽을 잡는 데 쓰인다. 그것이 잘 그려져 있고 비례가 정확하면 거기에 가해지는 그늘과 빛 덕분에 그려질 상의 윤곽이 뚜렷이 나타나는 효과를 보여주며, 완전무결한 것이 되기 때문이다. 그리고 이런 선을 잘 이해하고 구사驅使하는 사람은 누구라도 이들 예술에서 실천과 판단력을 발휘해 탁월하게 될 것이다. 따라서 소묘로 마음속의 착상과 다른 무엇이든 표현하는 방법을 충분히 배우려는 사람이라면, 조금이라도 손을 익히는 데 필요한 것들, 여러 예술의 지식을 체득하기 위해 대리석, 기타 돌로 만든 조상 혹은 아름다운 고대 조상에서 주형鑄型을 뜬 석고상 혹은 실물을 닮게 만든 입체 모델로 나상裸像이나 옷을 입은 조상彫像을 사생하면서 열심히 연습한다.

이런 것들은 모두 움직이는 것이 아니며, 감정感情도 가지고 있지 않으므로 소묘하는 사람들에게는 여간 편리하지 않다. 이런 것들을 그리면서 충분히 기술을 습득한 후에 자연물의 사생을 시작한다. 여러 종류를 사생하는 동안 고생하면서 경험을 쌓아야 한다. 왜냐하면 자연물이 가져다주는 것만이 진실로 고생한 자에게 진정한 명예가 되고 우미와 생기, 자연의 고유한 것들을 완전히 배울 수 있으며, 완성된 예술작품에서는 결코 충분히 배울 수 없는 자연만이 가진 단순성單純性, 부드러움 등이 있기 때문이다.

이상 기재한 바와 같은 방법으로 오랜 시일 공부해 얻은 실체감實體感이야말로 소묘의 진실한 성취成就이며, 장인匠人을 뛰어난 사람으로 만든다는 것을 명심해야 한다. 이것으로 소묘는 충분히 설명했으므로 계속해서 회화繪畵란 어떤 것인지를 생각해 보자.

76. 회화의 본질

　회화란 패널이나 벽 또는 캔버스의 표면에 곡선을 써서 뛰어난 소묘력으로 상을 둘러싼 윤곽선 주변이 색채로 덮인 평면을 말한다. 회화는 이같이 편평하게 만들어졌지만, 화가의 정확한 판단에 따라 한가운데는 밝게, 끝머리와 뒷면은 어둡게 표현하고 양자 사이의 부분에는 밝은 곳과 어두운 곳의 중간색을 바르면 이 세 부분의 색이 일체가 되어 하나의 윤곽선과 다른 윤곽선 사이 부분은 앞에 이야기한 바와 같이 떠올라 둥그렇게 튀어나온다. 그러나 모든 것이 이 세 가지 빛깔로 세부까지 충분히 효과가 나오는 것은 아니다. 그중 하나를 적어도 두 종류로 나누어 명색明色도 그 중간색을, 암색暗色도 나누어 두 색보다 좀 밝은 색을, 중간색들도 둘로 나누어 하나는 밝은 부분에, 다른 것은 어두운 쪽에 가까운 중간색을 써야 한다.

　이들 채색이 어떤 색이든, 단 한 가지 색으로 만들었을 때는, 밝은색에서 시작해 점점 어둡게 해가면서 나중에는 칠흑에 도달하게 한다. 유채화, 템페라, 프레스코 등을 제작할 때도 혼색을 만들 수 있다. 즉 이들 안료顔料를 함께 섞었으면 윤곽선을 감싸면서 그곳에 명색, 암색, 중간색을 놓아가면서, 그밖에 최초의 세 가지 명색과 중간색과 암색 사이의 혼합색인 중간색과 명색을 써서 미색迷色, abbagliati을 넣는다. 이 빛깔들은 밑그림 또는 그밖의 작품에 옮기려고 제작한 소묘에서 복사된다. 이때 필요한 것은 좋은 안배와 숙달된 묘사력, 판단력과 창의력이다.

　회화에서 안배는 그림을 그리는 장소에 분배해 공간이 눈의 판단에 들어맞도록 어떤 장소에서는 좀 비게 하고 또 다른 장소에서는 빽빽하게 하는 데 불과하며, 이것들은 실제 물건을 사생하는 데서 또는 제작하고자 하는 작품의 모형에서 복사하는 데서 생긴 결과다. 소묘에 숙달하려면 자연의 사물을 끊임없이 사생하며, 고명한 스승의 회화와 고대의 조각을 연구하는 것 이외에는 다른 길이 없다. 특히 강조하고 싶은 점은 살아 있는 남성과 여성의 나체이며 그들의 동체, 등, 다리, 팔, 무릎의 근육과 뼈를 항상 연구해 기억해두면 실물이 눈앞에 없어도 자신의 상상력으로 어떤 방향의 자세라도 정확하게 그릴 수 있다. 또 피부를 한 꺼풀 벗긴 인체를 보면 근육과 뼈, 힘줄이 어떤지를 일체의 해부학상의 배치, 용어와 함께 알게 될 것이며 더욱 정확히 형상에 근육을 배치하게 될 것이다.

이런 내용을 잘 아는 자는 당연히 형상의 윤곽을 완벽하게 그릴 수 있으며, 그렇게 윤곽을 붙인 상은 우미함과 아름다움을 보여준다. 왜냐하면 살아 있는 모델을 관찰하고 이해하고, 이런 방법으로 제작된 회화와 조각을 연구하는 사람은 예술의 좋은 양식을 몸에 지닐 수밖에 없기 때문이다. 여기에서 구상構想, invention이 태어나는데, 이것은 그림 속 이야기 장면에 네 명, 여섯 명, 열 명, 열두 명가량의 인물상을 함께 배치해 전쟁이나 예술의 대상으로서 중요한 일들을 제작하게 된다. 구상은 그 자체 안에 조화와 종속관계 등으로 형성된 적합성을 필요로 한다. 왜냐하면 만일 한 인물이 상대방에게 인사하는 동작을 그릴 때 상대방은 응답해야 하므로 엉뚱한 방향을 향하여 그리면 안 되기 때문이며, 다른 장면에도 이와 같은 경우가 허다할 것이다.

그림 주제에 따라 화면에 나타난 동작은 천태만상이겠지만, 자신이 선택한 주제는 현재 제작 중인 회화와 긴밀한 관련성이 있어야 하며, 몸짓과 태도를 가려서 그려야 하고, 여성은 우아하고 정취 있게, 노인은 언제나 용모를 장중하게, 성직자들은 최대한 장중하게 표현한다. 권위 있는 인사들도 그렇게 표현해야 한다.

그러나 언제나 마음에 새겨두어야 할 것은 개개의 사물이 작품 전체와 관련이 깊다는 사실이며, 그림을 마주 볼 때 어떤 통일된 조화, 다시 말하면 분노의 표현이 의도되었을 때는 무서움이, 기쁨의 효과는 감미롭게 느껴지도록 화가의 의도가 그대로 나타나야 하며, 이도저도 않은 것이 나타나면 안 된다. 그러려면 화가는 생생하게 움직이는 위풍당당한 인물들을 그리는 것이 좋으며, 전경前景에서 먼 데 있는 인물은 점차 어두워지게 빛깔을 쓰면 공간空間의 깊이를 줄 수 있다. 그렇게 하면 예술은 색채의 자연스러운 우아함과 유려함을 나타낼 것이다.

반면에 작품을 보는 사람들이 화가가 고통받고 있다고 느끼게 하지 말고, 하늘에서 주어진 듯한 부드러운 화가의 손으로 아름답고 우아한 작품을 만들었다고 느끼게 하며, 이 화가가 끊임없는 연구와 노력으로 성취했다는 감명을 주어야 할 것이다. 화가가 그린 사물이 죽은 것이 아니라 생명을 가진 듯하면 보는 사람을 감동시킬 것이다. 그림이 조잡해지지 않도록 경계하고 그린 모든 것이 살아 있는 듯하며 인물들이 그림 밖으로 뛰어나오는 것처럼 보이도록 노력해야 한다. 이것만이 진짜 숙련된 소묘력이며 진정한 구상력이다. 그렇게 해야 뛰어난 작품이라고 인식되고 판단되는 그림을 그린 화가라고 할 수 있다.

제16장

스케치, 소묘, 밑그림, 투시법의 질서: 그것들을 그리는 이유와 화가들은 그것들을 무엇에 쓰는지에 관한 기록이다.

77. 여러 종류의 스케치, 밑그림, 소묘

이미 이야기했지만 우리는 스케치를 제1단계의 소묘素描라고 칭한다. 그것은 인물의 자세를 정하며 작품의 구도를 구성하는 첫걸음이기도 하다. 그것은 반점斑點이 흩어지는 형식으로 그리며 단 한 장의 종이에 전체의 특징을 그린다. 작가는 좀 흥분된 기분으로 짧은 시간 안에 펜이나 다른 화구나 목탄으로 머릿속에 떠오른 것들의 감흥을 시도하고자 하는 것이어서 스케치sketche라고 한다. 스케치에서 차츰 좋은 형태의 소묘가 생겨나는데, 소묘를 제작할 때 만일 작가가 혼자 힘으로는 그것을 만들어낼 수 없다고 생각되면, 아주 조심스럽게 살아 있는 모델을 관찰하려고 노력해야 한다. 그다음엔 컴퍼스나 눈으로 측정해 제작할 작품의 크기에 따라 작은 치수에서 큰 치수로 확대한다.

이 작업은 여러 가지 방법으로 할 수 있으며, 그중 하나는 독일의 산에서 나오는 붉은 라피스 로소lapis rosso인데 부드럽기 때문에 톱으로 잘라서 끝을 뾰족하게 만들어 종이에 마음대로 그릴 수 있다. 프랑스의 산에서 나오는 검은 돌pietra nera도 붉은 라피스처럼 사용할 수 있다. 기타 빛깔이 연한 돌, 진한 돌들은 색종이에 사용하면 중간색이 나오며 펜은 윤곽선, 즉 딘토르노dintorno와 프로필profile을 그리는 데 쓰인다. 또 잉크는 물을 조금 넣으면 윤곽을 흐리게 하며, 그늘 따위를 연한 색으로 나타낼 수 있다. 고무에 녹인 연백鉛白을 칠한 붓으로는 소묘의 광선 부분을 그린다. 이 방법은 회화적으로 매우 좋은 효과를 나타내며,

그림 763 조르조 바사리, 「아브라함과 세 명의 천사」,
종이에 펜·갈색·잉크·검은색 초크, 22.2×15.7cm,
캐나다 국립 미술관, 오타와.

채색의 질서를 한층 밝게 보여준다. 그밖에 많은 사람이 펜으로만 그리
며 빛을 표현할 때는 종이색 그대로 이용한다. 이는 매우 힘든 일이며,
기량이 부족한 사람은 불가능하다. 그밖에도 무수한 방법이 사용되는
데 모두가 다 소묘를 뜻하므로 그때그때 설명하겠다.

  이렇게 해서 소묘가 만들어지면 프레스코fresco로, 다시 말하면 벽면
에 그리고 싶은 사람은 밑그림cartoon*을 만들어야 한다. 그밖에 패널 그

---

  * 완성될 작품과 같은 치수의 밑그림. 카르톤(cartoon)이라는 두꺼운 종이
    를 뜻하지만, 화가들 사이에 통용되는 전문용어로는 종이 여러 장을 서
    로 귀를 붙여 만든 큰 종이를 뜻한다.

그림 764 안니발레 카라치, 「파르네세 미술관의 프리즈를
위한 스케치」, 1590년대, 펜·잉크·세제, 27×24.2cm,
에콜 데 보자르, 파리.

림panel을 그릴 때도 대다수 화가가 밑그림을 제작한다. 밑그림은 다음
과 같이 만든다. 즉, 소맥분과 물을 섞어 끓여서 만든 풀로 네모반듯한
종이를 서로 붙여 풀로 벽에 바르는데, 벽에는 종이의 가장자리보다 손
가락 두 개 너비만큼 사방에 풀칠을 한다. 그리고 종이 위에 깨끗한 물
을 뿌려 적신다. 물을 머금은 종이는 마르는 동안 주름이 펴진다. 다 마
른 다음 긴 장대 끝에 목탄을 매달고, 작은 소묘로 그린 것을 모두 먼
곳에서 잘 판단하면서 이 종이에 같은 비례로 옮겨 그린다. 이렇게 해
서 조금씩 한 사람의 상이 끝난 다음 다른 사람의 상을 그린다.
　여기서 화가들은 산 사람의 나체 모델과 진짜 의상을 옮겨 그리면서
갖은 고생을 하게 되며, 종이에 그려진 모든 구도를 비례에 따라 확대

그림765 미켈란젤로 부오나로티, 「남성 누드」, 1504년경,
검은색 초크, 27×19.6cm, 알베르티나 그래픽 컬렉션, 비엔나.

하면서 투시법을 원용한다. 만일 종이에 투시법이나 건물이 있다면 그
물 눈금에서 확대한다. 그물 눈금이란 작은 정사방형 격자이며, 밑그림
종이에 확대하면 모든 것이 정확하게 확대된다. 소형의 소묘에 투시도
를 그린 것, 즉 평면도에서 그것을 위쪽으로 밀어내서 입면도立面圖나
단면도에 따라 세우고, 점으로 축소해 소실시킨 것은 밑그림 종이에 그
것들의 비례를 유지하면서 옮겨 그려야 한다.

투시법을 그리는 방법을 이해시키는 일은 번거로우므로 말로 설명
하지는 않겠다. 투시법으로 그린 것을 보면 정확하게 표시되어 있으며,
축소시키면서 눈에서 멀어지면 멀어질수록, 또 그것이 변화 있는 아름
다운 구도로 건물이 구성되어 있을 때는 매우 아름답다는 이야기로 충
분하다. 화가들이 주의해야 할 것은 그것들을 정확한 비례로, 또 아름
다운 배색配色으로 축소하는 일이며, 배색의 아름다움은 예술가의 정
확한 분별력과 뛰어난 판단력에 따라 달라진다. 그 이유는 평면, 입면,
단면으로부터 모여든 얽힌 선들의 곤란성에서 알 수 있다. 그러나 일단
빛깔로 덮이면 모든 것이 명료해지는데, 이것이 예술가를 예술에 숙달

그림 766 미켈란젤로 부오나로티, 「남성 누드」, 1503~1504,
펜과 갈색 잉크, 40.9×28.5cm, 카사 부오나로티, 피렌체.

하고 정통해 유능한 사람으로 인정케 한다. 또 대다수 예술가는 주제를
밑그림에 그리기 전에 점토로 소형 모형을 평면상에 만들고, 모든 상이
주위로부터 보이게 해놓고 빛이 와닿는 상황, 즉 빛 때문에 상의 뒷면
에 생기는 그림자를 관찰한다. 이 그림자는 햇빛 때문에 생기며, 등불
때문에 생기는 그림자보다 진하다. 화면 전체를 사생하고 개개의 상 뒷
면에 생긴 그림자까지 그리고 나면 밑그림 작품은 종이에서 상이 튀어
나오는 것처럼 보이게 된다. 그렇게 되면 아름답게 완성된 것이다.

78. 밑그림을 벽면과 패널 그림을 그리는 데 이용한다

밑그림을 프레스코fresco, 즉 벽면에 사용할 때는 매일 접합 부분에서 한 장씩 잘라내서 생석회를 금방 칠한 깨끗한 벽면 위에 옮겨 그린다. 이 밑그림 한 장은 상을 그리는 장소에 놓으면 그 자리를 잘 기억해두어야 하는데, 그다음 날 다른 밑그림 한 장을 가져다놓을 때 그 장소를 정확히 기억하여 착오 없이 해야 하기 때문이다. 후에 종이에 그린 윤곽선을 옮겨 그릴 때는 철필鐵筆로 생석회를 칠한 표면에 새긴다. 생석회가 아직 부드러우므로 종이와 함께 눌려서 그 자리가 남게 된다. 그다음 밑그림을 떼어버리고 벽면에 남아 있는 자리를 따라 그림물감으로 제작한다. 이렇게 하면 프레스코, 즉 벽면에 그리는 작품이 완성된다. 패널이나 캔버스에 그릴 때도 같은 방법으로 옮겨 그린다. 이 경우에는 밑그림이 한 장뿐이므로 밑그림 뒷면에 목탄이나 검은 안료를 칠하고 철필로 긁어 캔버스나 패널에 선이나 소묘가 옮겨지도록 하는 것만 다르다.

이처럼 밑그림은 작품을 정확한 비례를 보장하려고 만든다. 유채화를 그릴 때는 이 방법을 쓰지 않는 화가가 많지만, 프레스코에서는 꼭 사용해야 한다. 정말, 이 방법을 고안해낸 사람은 머리가 좋다고 칭찬할 수밖에 없다. 왜냐하면 밑그림에서는 작품 전체를 자기 눈으로 똑똑히 볼 수 있을 뿐만 아니라 작품이 좋아질 때까지 고칠 수도 있고 찢어버릴 수도 있기 때문이다. 이런 일은 실제 작품을 만들 때는 불가능하다.

제17장

앙시법仰視法에 따른 단축법, 수평 위치에서의 단축법에 관한 기록이다.

79. 단축법

오늘날 예술가들은 상을 실제보다 크게 보이도록 그리는 기술, 즉 단축법短縮法에 매우 능숙하다. 단축법이란 눈앞에 다가와도 그것을 보고 인지할 만한 깊이와 높이가 없고, 짧은 자세로 그리는 것을 말하며, 덩어리, 윤곽, 음영, 빛 따위가 마치 뛰어나오는 것처럼 느껴지기 때문에 단축법이라고 칭한다. 오늘날 미켈란젤로보다 이 방법을 훌륭하게 구사한 사람은 없다.* 그는 화면에서 불쑥 삐어져 나와 있는 상을 신神같이 훌륭하게 그렸으므로 아직까지 그를 능가할 만한 사람이 없다. 그는 처음에 점토와 밀초로 소형 모형을 만들고, 살아 있는 모델보다 정지 상태에서 윤곽, 빛, 음영을 잘 이해했다. 단축법을 잘 모르는 사람들에게는 매우 힘든 일이다. 왜냐하면 지력만으로는 이 힘든 일의 오묘한 데까지 도달할 수 없고, 그 어려움은 회화에서 보는 어떤 곤란보다 극복하기 힘들기 때문이다.

확실히 옛날 화가들은 예술 애호가로서 그들 이전에는 없었던 투시법透視法에 따라 선을 써서 단축법 효과를 발견해 크게 발전시켰으므로 오늘날에는 그 화법에서 진정한 숙련에 도달하게 되었다. 단축법을 비난하는 사람들오늘날의 예술가들은 그것을 그릴 능력도 없으면서 자신을

---

* 이 대목에서 바사리가 미켈란젤로에게 보낸 찬사는 그가 미켈란젤로 전기에서 말한 시스티나(Sistina) 성당 전상화의 예언자 요나에 대한 칭찬을 여상케 하다

그림767 미켈란젤로 부오나로티, 「해와 달과 땅의 창조」(부분), 1511, 프레스코, 시스티나 성당, 바티칸.

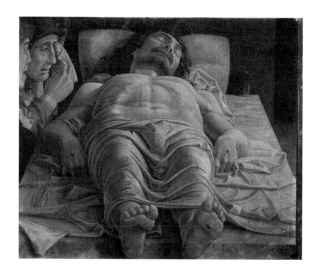

그림768 안드레아 만테냐, 「죽은 예수」, 1480년, 템페라, 68×81cm, 브레라 미술관, 밀라노.

추어올리려고 남을 비방하는 자들이다. 그러나 현재 유능하면서도 단축법 쓰기를 좋아하지 않으며, 단축법이 아름다우며 또 지극히 힘들다는 것을 보고 비난은커녕 입을 모아 칭찬하는 대가도 적지 않다. 몇몇

그림769 안토니오 다 코레조, 「성모승천」, 1526~30,
프레스코, 두오모, 파르마.

근대 화가가 이런 종류의 단축법으로 시행한 것들은 적절하고 또 지극히 힘든 작업이며, 그것은 위를 올려다볼 때 상이 단축되면서 동시에 원근으로 표시된다고 하겠다.

우리는 이것을 앙시법仰視法, al di sotto in su이라고 부르는데, 그것은 천장에 구멍을 뚫을 만큼 큰 힘을 가지고 있다. 이것은 적당히 높은 곳에서 그림 제목과 관련된 자세와 동작을 실제로 사람에게 시키면서 사생하지 않으면 그릴 수 없다. 이런 표현은 매우 힘든 과정을 거치므로 최고의 우미와 아름다움이 따르는 최고 예술이라 하겠다.

앙시법에 관해서는 근대 예술가들이 대단히 큰 돌출효과突出效果, rilievo를 작품에 부여함으로써 완벽하게 마무리 지어 많은 칭찬을 받은 예를 그들의『전기』에서 소개했다.

앙시 단축법은 그려진 상이 높은 곳에 있어 올려다보는 시선에서 보이며, 수평선의 위치에서는 볼 수 없으므로 그것을 보려면 머리를 들고, 우선 발바닥과 그밖의 낮은 곳에 있는 다른 부분이 시야에 들어오므로 이런 이름으로 부른다.

제18장

유채화, 프레스코, 템페라에서 색채는 어떻게 통일되어야 하는가, 상이 흩어지지 않고 둥그스름하고 힘이 있으며 작품을 윤택하고 무게 있게 하려면 육체, 의복, 기타 그려야 할 것들이 작품 속에서 어떻게 통일되어야 할 것인가에 관한 기록이다.

80. 부채법

회화에서 통일이란 몇 개로 나눈 각종 구획 안에서 인체 각부, 예를 들면 육체와 머리카락이라든가, 서로 다른 빛깔의 의복, 사물들이 전체로서 조화를 이루게 하는 것이다. 이들 빛깔은 옛날 어떤 화가들이 습관처럼 사용하던 화려하고 번쩍이는 색채로서, 조화를 이루지 못해 불쾌하고 추하게 보여 소묘마저 손상시키며, 빛과 그림자를 분배할 때 화필로 그렸다기보다 헝겊조각에 그림물감을 받아 그린 것 같다. 따라서 유채화이건 프레스코이건 템페라 그림이건 모든 그림에서 화제에 나오는 중요 인물은 될수록 밝게, 또 전면에 있는 인물들의 의복 빛깔은 지나치게 어둡지 않게, 뒤의 인물들은 근경近景의 인물보다 조금 어두운 색을 쓰는 것이 좋다.

인물들은 중심을 향해 축소해감에 따라 살빛, 의복의 빛깔도 점점 어두워지게 표현한다. 특히 주의할 것은 가장 우미하고 가장 기분 좋고 가장 아름다운 색채는 주요 인물에게 사용하며, 반신상이 아니라 전신상으로 나타내는 인물에는 더욱 그렇게 해야 한다. 왜냐하면 이들 인물은 언제나 가장 중요시되며, 다른 것들은 거의 배경 역할을 하는 데 지나지 않기 때문이다. 누르스름한 색깔은 그 옆의 다른 색을 생기 있게 보여주며, 창백한 색깔은 그 옆의 색을 더한층 밝게, 불타오르는 듯한 아름다운 색깔로 보이게 한다. 나체에 옷을 입힐 때, 너무 짙은 옷은 나체와 뚜렷하게 구별되므로 쓰지 말고, 의복의 밝은 부분 빛깔을 살빛과 거의 같을 정도로 밝은 광색 계통의 색, 붉은 계통, 자색, 남색 등을 쓰며 배경의 어두운 녹색, 푸른색, 남색, 황색 등과 조화를 이루게 한다. 이렇게 하면 우리가 실제로 인체에서 보는 바와 같이 가까이 보이는 부분은 좀더 밝게 보이고, 눈에서 멀어지는 부분은 빛과 색깔을 점점 잃는다.

이와 같이 회화에서는 충분한 통일성을 염두에 두고 색을 사용해야 하며, 명암을 너무 많이 사용해 부조화, 불통일을 자아낸 어두운 곳, 밝은 곳은 그냥 두어서는 안 된다. 음영 표현에서도 단 하나의 빛이 상 하나를 비치고 그 그림자가 제2의 상을 비칠 때는 그 사이에 생기는 그림자는 별문제이지만 그것도 부드럽고 조화 있게 그려야 한다. 만일 이것이 무질서해 보이면 부드러운 살결, 늘씬한 옷, 기타 깃털같이 섬세하고 감미롭다는 인상을 주기보다는 오히려 빛깔 짙은 융단이나 트럼프 그림 두 개로 잘못 알 만한 그림이 되고 만다.

화음이 어울리지 않는 음악이 귀에 거슬리는 것과 같이 지나치게 두껍게 칠한 색은 보기에 불편하다. 또 너무 화려한 색은 소묘를 그르치며, 약하고 거무칙칙한 빛깔이 지나친 회색은 낡고 그을린 것 같고 일매지게 보이지 않는다. 그러나 화려한 것과 어두운 것이 조화를 이룬 색조는 그야말로 완벽하고 마치 화음이 잘된 음악을 듣는 것처럼 눈을 즐겁게 해준다. 군상의 한 부분은 거무스름한 가운데서 원경 속으로 사라져가야 한다. 왜냐하면 만일 그것들이 생생하게 화면에 남아 있으면 군상이 혼란에 빠질 뿐만 아니라 검고 흐릿하게 배경으로 남아서 전경에 있는 상에 강한 힘을 미치기 때문이다.

피부 빛깔은 젊은이에게는 노인보다 생생한 색으로 그리고, 중년은 구릿빛과 녹색과 흰색의 중간색을 내는 게 좋은데 여러 색을 연구해보면 우아한 작품을 만들 수 있다. 소묘에서 노인의 모습은 젊은이, 소녀,

어린아이와 대조적으로 표현하고, 뚱뚱한 자세가 있는가 하면 생기 넘치는 사람도 그려 화면에서 대조를 이루고 조화시켜야 한다. 그린 식으로 어두운 색은 별로 눈에 거슬리지 않도록 하며 상을 두드러지게 하는 곳에 놓아야 한다. 이것은 우르비노 출신 라파엘로Raffaello와 그밖의 몇몇 뛰어난 화가가 그린 상에서 볼 수 있다. 그러나 햇빛과 달빛, 불 또는 야경을 그리는 그림에서는 지금 이야기한 질서는 생각할 필요가 없다. 왜냐하면 이것들은 마치 생물처럼 강렬하고 날카로운 음영으로 그려야 하기 때문이다. 이런 양식으로 그린 빛이 반짝이는 정점에는 언제나 감미로움과 조화가 존재할 것이다. 그리고 위에 적은 요건을 갖춘 회화에서는 화가의 지성이 통일된 색채와 더불어 회화에 아름다움을 부여한다. 또 상의 돌출효과와 무서운 힘을 부여하는 소묘력의 탁월함을 간직할 수 있을 것이다.

제19장

벽면에는 그림을 어떻게 그리는가, 왜 프레스코 화법이라고 하는가에 관한 기록이다.

81. 프레스코 제작법

화가들이 사용하는 여러 화법 중에서 벽면에 그리는 방법은 가장 숙련된 기술이 필요하며 가장 아름다운 그림이다. 다른 화법으로 그린 그림은 그 위에 여러 번 다시 그려도 괜찮지만, 프레스코fresco는 단 하루만에 완성해야 한다는 것을 기본으로 하기 때문이다. 고대 사람들*은 프레스코를 즐겨 이용했으며, 근대 이전의 화가들도 그것을 계승했다. 프레스코는 금방 칠한 회반죽 위에 그리는 것으로, 당일 끝내려고 예정한 그림은 중간에 화필을 놓을 수 없다. 왜냐하면 회반죽에 그리는 시간이 길어지면 더위, 추위, 동결 따위가 원인이 되어 회반죽에 어떤 표층이 생겨 화면 전체에 곰팡이가 생기거나 빛깔이 더러워진다. 그 때문에 그림 그리는 벽면은 항상 적셔야 하며, 사용하는 모든 안료는 광물계가 아니라 천연 토성의 것으로, 그밖의 것은 석회백石灰白, bianco di travertino이다.

프레스코를 그릴 때는 과단성 있고 재빠르고 기교 있는 솜씨가 필요하며, 그중에서도 확고부동하고 완벽한 판단력이 중요하다. 왜냐하면 벽면이 젖어 있을 때 안료가 나타내는 색채는 마른 후에는 좀 다른 색상으로 변하기 때문이다. 따라서 프레스코 작업을 하는 화가는 소묘를 그리는 능력보다 판단력을 더 잘 움직여야 한다. 그러나 그것을 완벽하

* 바사리의 시대보다 1300~1400년 이전.

그림 770 도메니코 기를란다요, 「사가라에 등장하는 천사」(부분),
1486~90, 프레스코, 산타 마리아 노벨라 성당, 피렌체.

게 이끌어간다는 것은 지극히 어려운 일이므로, 최대라기보다는 그 이
상의 연습을 지표로 해야 한다. 오늘날 많은 예술가가 유채화나 템페라
화에서는 기량을 잘 발휘하지만 프레스코화에서는 성공했다고 볼 수
없다. 프레스코 화법은 다른 어떤 화법보다도 남성적이며, 더욱 과감하
고 영속적이기 때문이며, 또 완성된 후에는 처음 상태가 다른 것들에
비해서 언제까지나 아름다움과 통일성이 계속되기 때문이다.

　프레스코는 대기에 오염되지 않고 물에 젖어도 잘 견뎌내며, 어떤
장애에도 저항이 세다. 프레스코에 아교, 달걀노른자, 검, 트라가칸타
tragacantha 등을 섞은 안료로 가필하는 화가가 많으나, 그런 일은 삼가야
한다. 왜냐하면 벽면이 지닌 본래의 밝은 색상을 잃게 되고, 색채는 표
면의 가필 때문에 흐려지고, 짧은 기간 내에 검게 물들기 때문이다. 따

그림 771 도메니코 기를란다요, 「성 피나에 대한 죽음의 발표」,
1473~75, 프레스코, 대성당, 산지미냐노.

라서 벽에 그림을 그리려는 예술가는 남성답게 프레스코를 그리고 세
코secco로 가필하지 않도록 해야 한다. 그것은 좀 소심한 일일 뿐만 아
니라 그림의 수명을 단축시키기 때문이며, 이 점은 다른 곳에서 언급
했다.

제20장

패널이나 캔버스에 템페라 또는 달걀로 그리려면 어떻게 해야 하는가? 또 그것을 건조한 벽에는 어떻게 사용하는가에 대한 기록이다.

82. 템페라 화법

치마부에 이전은 물론 그 후에도 언제든지 볼 수 있는 것은 템페라 tempera로 패널panel과 벽면에 그리스 사람들이 그린 작품이다. 옛 작가들은 패널에 회반죽을 할 때 패널에 이은 곳이 벌어지지 않게 아교나 삼베를 전면에 바르고 그 위에 그림을 그리려고 석고 플라스터로 칠하며, 다음과 같은 안료들을 템페라나 난황卵黃과 함께 섞었다. 즉, 달걀을 저으면서 그 속에 부드러운 무화과無花果 가지를 갈가리 찢어서 넣으면 안료를 위한 템페라가 되며, 안료를 템페라에 녹여서 작품을 제작한다. 또 패널에는 광물질 안료를 사용했는데, 그중 어떤 것은 연금술鍊金術로 만들었으며, 또 어떤 것은 땅속에서 발견했다.

이런 종류의 작업에는 모든 안료가 적합하며, 벽면에 제작할 때 사용되는 석회백은 너무 강해서 적당하지 않다. 그들은 이런 방법으로 작품을 만드는데, 이것을 템페라 채색이라고 불렀다. 다만, 청색은 아교로 녹였는데 이것은 달걀노른자가 그것을 녹색으로 변화시키기 때문이다.

아교는 본래 빛깔을 잃지 않으며 검도 마찬가지다. 같은 방법으로 석고를 칠한 패널과 또 다른 종류의 패널에도 사용된다. 건조한 벽면에는 따스하게 데운 아교 물을 한두 층 바르고, 그 아교와 섞은 안료로 전체 작품을 제작한다. 안료를 아교로 녹이려는 사람은 템페라에 관해서 설명한 내용에 주의하면 쉽게 일할 수 있을 것이며, 후일 안료가 변하는 일은 없을 것이다. 이는 옛날 사람들의 템페라 작품이 몇백 년 동안이나 아름다움과 신선한 상태로 전해오면서 여전히 우리 눈을 즐겁게 해주는 것을 보면 알 수 있다. 그런 점은 조토Giotto의 여러 작품에서 볼 수 있으며, 그중 몇 점은 패널에 그린 것으로 이미 200년이 지났는데도 매우 잘 보존되어 있다. 얼마 후에 유채화법이 도입돼 많은 화가가 템페라 화법을 멀리했지만 오늘날에도 계속해서 패널 그림과 다른 중요한 작품에 쓰이고 있다.

제21장

패널과 캔버스에 유채화로 그리는 기법을 기록했다.

83. 유채화의 역사

유화의 발견은 회화 예술에서 가장 뛰어난 발견이며, 많은 편의를 제공했다. 유화를 처음 발견한 사람은 플랑드르 지방 브뤼셀의 얀Jan*이다. 그는 나폴리의 알폰소Alfonso 왕에게 패널 그림을 보내고 우르비노Urbino 공公 페데리고 2세에게는 욕실을 장식하는 그림을 보냈다. 또 로렌초 데 메디치가 가지고 있는 「성 히에로니무스」**와 그밖에도 높은 평가를 받은 작품을 많이 제작했다. 그의 제자인 브뤼셀의 로제르Roger***

----

* 얀 반 에이크(Jan van Eyck, 1390?~1441)다. 바사리는 그를 유채화의 발견자라고 하지만, 그전에도 유채화를 그린 화가들의 기록이 있다. 즉 기베르티(Ghiberti)의 『주석본』(*Commentari*)에 조토가 유채를 썼다고 기록되어 있다. 한편 12세기의 베네딕토 수도회 수사 테오필루스(Theophilus)의 『여러 기예에 관한 길잡이』(3759쪽 각주 참조)에도 아마인(亞麻仁) 기름과 호도기름을 유채의 매제(媒劑)로 사용한다는 기록이 있다. 여하튼 얀 반 에이크가 유채법의 기술을 개량해 비약적인 발전을 가져오게 한 것은 그의 여러 작품이 증명한다. 얀 반 에이크가 나폴리의 알폰소(Alfonso) 왕에게 보낸 그림이 무엇인지, 어떤 학자는 나폴리의 산타 바르바라 성당 대제단 뒤에 있는 「동방박사의 경배」라고 주장했으나 크로와 카발카셀레(Crowe and Cavalcaselle)의 『북부 이탈리아 그림의 역사』(*A History of Painting in North Italy*, II, p.103)에 따르면 이 그림은 18세기에 제작되었지만 보존 상태가 좋지 않아 훼손되었기 때문에 오래된 그림으로 오인되어왔다고 한다.

** 이 그림은 현존하지 않으며, 페데리고 2세도 페데리고 다 몬테펠트로(Federigo da Montefeltro, 1422~82)의 오기(誤記)다.

*** 로지에르 판 데르 바이덴(Roger van der Weyden, 1400?~64)이다.

그림 772 후베르트와 얀 반 에이크, 「양의 경배」(열린 모습),
1432, 패널에 오일, 350×641cm, 산 바보 대성당, 겐트.

도 그를 본받았으며, 로히드의 제자 한스 멤링Hans Memling은 피렌체에 있는 산타 마리아 누오바S. Maria Nuova 성당의 포르티나리Portinari*가 경당을 위해 작은 그림을 그렸는데, 지금은 코시모 공작의 소장품이 되었다. 피렌체 교외에 있는 고귀한 메디치가의 별장 빌라 카레지Villa Careggi 소장품인 패널 그림도 그의 작품이다.

또 초기의 유채화가들에는 루도비코 다 루아노Ludovico da Luano,** 피에트로 크리스타Pietro Crista,*** 마에스트로 마르티노Maestro Martino,**** 유스투스 디 겐트Justus di Ghent***** 등이 있었다. 겐트는 우르비노 공작의 「성체배령」聖體拜領 패널 그림과 그밖의 그림을, 앤트워프Antwerp의 후고 Hugo******는 피렌체의 산타 마리아 누오바 병원의 패널 그림을 그렸다.

이윽고 플랑드르에서 오랫동안 지낸 안토넬로 다 메시나Antonello da Messina*******가 이 기술을 이탈리아에 도입했다. 그는 알프스 북쪽으로 되돌

---

* 원문에는 아우세(Ausse)로 기록되어 있다. 포르티나리는 메디치 은행의 브루제(Bruges) 주재원. 바사리는 그림 제목을 「그리스도의 수난」으로 기록했지만, 산타 마리아 누오바 성당 병원에서 현재 우피치 미술관으로 옮겨진 그림은 바사리가 기록한 제목과 일치하지 않는다.

** 이런 이름의 화가는 없다.

*** 페트루스 크리스투스(Petrus Christus, 1472년경 사망)이다.

**** 바사리는 다만 네덜란드의 마르티노(Martino)라는 화가라고 했는데 마르틴 숀가우어(Martin Schongauer)인 듯하다. 그러나 브라운(Brown) 교수는 얀 반 에이크의 제자 얀 마르틴스(Jan Martins)라고 한다.

***** 그가 우르비노(Urbino)의 도메니코 교단을 위해 그린 「사도들의 성체배령」이 현재 마르케 미술관 소장품이며, 그의 잔존하는 유일한 작품이다.

****** 휴고 반 데어 구스(Hugo Van der Goes, 1440?~82). 이 작품은 현재 우피치 미술관에 있는 「목자의 경배」란 주제의 세 폭 제단화인데, 포르티나리 톰마소가 피렌체의 산타 마리아 누오바 병원 부속 경당의 제단화로 위촉한 것이다.

******* 바사리는 안토넬로 다 메시나(Antonello da Messina, 1430?~79)가 나폴리의 알폰소 1세 밑에서 봉사하던 얀 반 에이크가 그린 유채화의 아름답고 빛나는 색채에 깊은 인상을 받고 플랑드르로 가서 얀 반 에이크와 친교를 맺어 유채화 기법을 습득했다고 하지만 이 두 화가의 생존 연대로

아가다가 베네치아에 머물면서 몇몇 친우에게 이 기술을 가르쳤다. 그 중 한 사람이 도메니코 베니치아노Domenico Veniziano이며, 그 후 피렌체 의 산타 마리아 누오바 성당의 포르티나리 경당을 유채화로 그릴 때 이 기술을 그곳 사람들에게 전수했다.* 즉, 그 경당에서 안드레아 달 카스 타뇨Andrea dal Castagno가 유채화를 배워서 다른 화가들에게 가르쳤다.** 그 후 이 기술은 비약적으로 발전해 피에트로 페루지노Pietro Perugino, 레오나르도 다 빈치Leonardo da Vinci, 라파엘로 다 우르비노Raffaello da Urbino가 개량했고, 그 덕분에 우리 시대의 예술가들이 손에 넣어 아름 다운 지경에 도달했다.

미루어 사실이 아니다. 메시나가 1475~76년 사이에 베네치아에 체재하 면서 「산 카시아노(S. Cassiano) 성당의 제단화」, 「십자가에 매달린 그리 스도」 등 다른 초상화를 유채화로 그려 그곳 화가들에게 큰 영향을 미친 것은 주지의 사실이다.

* 메시나가 베네치아에서 도메니코 베니치아노(Domenico Veniziano) 에게 유채 기술을 가르쳤다는 이야기는 안토넬로의 베네치아 체류 시 일을 문헌에 따라 1475~76년 사이로 한정한다면 불가능한 일이다(도 메니코는 1461년에 사망했다). 그러나 도메니코가 1439~1445년에 걸 쳐 피렌체의 산타 마리아 누오바 병원 부속 병원의 경당 안의 벽화 제 작에 종사한 사실은 이 병원의 임금 지불기록에 명백하게 드러나 있으 며(1439~1445년 사이), 지불 항목에 아마인유 구매(1441년 10월 1일, 5일, 10일)의 대가라고 적혀 있으므로, 이 경당의 그림을 그가 그린 듯 하다(바사리의 기록). 당시 도메니코를 도와서 조수를 한 사람은 피에 로 델라 프란체스카(Piero della Francesca)와 바치 디 로렌초(Bicci di Lorenzo)였다.

** 바사리는 안드레아 달 카스타뇨(Andrea dal Castagno)가 도메니코 베니 치아노, 알레소 발도비네티(Alesso Baldovinetti)와 산타 마리아 누오바 에서 함께 일했다고 기록했는데, 도메니코가 미완성으로 남긴 작품을 마 무리지려고 카스타뇨가 참가한 시기는 3년간(1451~53)이었다. 카스타 뇨가 이 제작을 하는 동안에 도메니코와 친교를 맺고, 유채의 기법을 배 웠으나, 도메니코의 명성을 질투해 산책 중인 그를 길목에서 지키다가 죽였다는 바사리의 유명한 에피소드는 도메니코가 카스타뇨보다 더 오 래 생존한 것으로 보아 사실무근이다.

그림773 휴고 반 데어 구스,「포르티나리 제단화」
(중앙 부분), 1476~79, 패널에 오일, 253×586cm,
우피치 미술관, 피렌체.

이 채색법은 정성껏 열정을 기울이기만 하면 안료의 광채를 더한층
증가시킨다. 기름은 발색을 더욱 감미롭고 섬세하게 하며 다른 것보다
도 더 쉽게 색채에 통일감과 부드러움을 준다. 다 마르기 전에 작업하
면 안료들은 서로 더 잘 섞여서 녹는다. 화가들은 이 방법으로 그들이
그리는 상에 아름다움과 우아함, 활기와 힘을 부여해 그려진 상이 들떠
서 화면에서 뛰어나오는 듯하다. 특히 뛰어난 창의와 아름다운 양식으
로 만들어진 소묘를 바탕으로 한 상이 그러하다.

84. 패널과 캔버스의 준비

이 작업은 아래와 같이 착수한다. 화가들이 일을 시작하려고 할 때
패널이나 캔버스에 석고를 칠한 후 깎아서 매끄럽게 한다. 그다음 해면
으로 매우 얇은 아교를 4~5층 바르고 안료를 호두기름호두기름은 황색이

짙지 않아서 좋다이나 아마인기름과 함께 반죽한다. 이런 안료를 템페라 용매인 기름으로 반죽하면 안료에는 다른 것을 첨가할 필요가 없으며, 화필로 그것을 펴기만 하면 된다. 그러나 그보다 먼저 연백鉛白, 잘롤리노giallolino, 테라 다 캄파네terra da campane와 같은 건성 안료를 함께 섞어서 단색으로 혼합도료mestica를 만들어야 한다. 아교가 마르면 손바닥으로 쳐서 전체가 균일하게 퍼지게 바른다. 이것을 초벌칠imprimatura이라고 한다.

85. 스케치

혼합물이나 안료를 패널 위에 칠한 후 그 위에 자신의 방법으로 인물과 구도를 그린 밑그림을 놓는다. 이 밑그림 밑에는 한 면만 검은색을 칠한 다른 종이를 그 면이 초벌칠 위에 오도록 깐다. 그리고 작은 못으로 고정하고 철, 상아, 끝이 뾰족한 나무를 준비해 밑그림에 그려진 것들의 윤곽선 위쪽을 힘 있게 누르면서 더듬어간다. 이렇게 하면 밑그림을 상하지 않게 하고, 또 캔버스나 패널에 있는 밑그림에 그려진 모든 상과 사물의 아름다운 윤곽을 그릴 수 있다.

밑그림을 만들기 싫은 사람은 양복점에서 쓰는 흰 백묵이나 버드나무 목탄으로 된 초벌칠용 도료를 칠한다. 왜냐하면 잘 지워지기 때문이다. 이 초벌칠이 마르면 화가는 밑그림을 옮겨 그리거나 흰 백묵으로 소묘를 하는데, 어떤 사람들은 이것을 밑그림 그리기imporre라고 한다. 전면을 다 칠하면 화가는 새삼스럽게 정신을 가다듬고 처음부터 그 일을 끝내기 시작한다. 그것을 완전한 작품으로 이끌어가려면 기술이 있고 세심한 주의를 기울여야 한다. 화가는 이런 방법으로 패널에 유채로 그림을 그린다.

제22장

건조한 벽에 유채로 그리는 기법을 기록했다.

86. 벽에 그리는 유채화

화가가 물기 없는 벽에 유채油彩로 작업하는 방법에는 두 가지가 있다. 하나는 벽이 젖어 있든가 또는 다른 상태에서 이미 희게 칠했을 때는 그것을 깎아버려야 한다. 또 흰 칠은 하지 않았으나 석고를 발라 매끈한 벽에는 기름을 끓여서 2~3겹 바르고 더는 스며들지 않을 때까지 반복한다. 그리고 그것이 마르면 앞에 이야기한 바와 같이 초벌칠을 한다. 이 작업이 끝나 벽이 마르면, 화가는 거기에 밑그림을 깔고 옮겨 그리거나 소묘를 하며, 패널에 작업할 때와 같이 작품을 완성할 수 있다. 이때 후에 니스를 바를 필요가 없도록 안료에 언제나 니스를 소량 섞어야 한다.

또 다른 방법은 대리석 분말의 스투코 또는 벽돌 분말을 섞은 것으로, 매끈한 아리차토arricciato, 거친 벽를 만들고 벽이 깔깔해지도록 흙손 끝으로 깎는다. 계속해서 아리차토에 아마인기름을 충분히 바른다. 그리고 그릇에 송지松脂와 수지樹脂, 진한 니스를 섞은 혼합물을 만들어 끓인 다음 굵은 붓으로 벽에 칠한다. 그리고 불에 구운 흙손으로 편다. 즉, 이 혼합물은 아리차토의 구멍을 막아주며, 벽에 간격이 생기지 않도록 피막을 만든다. 그것이 마르면 초벌칠을 하고, 그다음은 이미 설명한 유채의 보통 방법에 따른다.

87. 조르조 바사리의 방법

나는 여러 해 동안 경험한 끝에 벽에 유채를 그리는 방법을 나름대로 터득했다. 코시모 공의 궁전*의 큰 홀 방들을 장식할 때 나는 이런 종류의 일에 여러 번 사용했던 방법을 썼다. 그 방법을 간단히 설명하면 다음과 같다. 아리차토를 바르고 그 위에 석회와 벽돌 분말, 모래를 섞어 석고intonaco를 바르고 완전히 마르기를 기다린다. 그런 다음 제2의 재료인 석회와 벽돌 분말, 철공소에서 입수한 쇠 찌꺼기를 같은 분량씩 준비해 잘 섞은 난백卵白과 아마인기름을 혼합하면 그보다 좋은 것이 없을 만큼 빽빽한 스투코가 된다.

그러나 주의할 것은 칠한 후에 이 재료들이 잘 마를 때까지 조심해야 한다. 왜냐하면 이곳저곳 갈라지기 때문이며, 흙손이나 숟가락 따위로 잘 문질러야 한다. 이 칠이 마른 다음 그 위에 혼합도료mestica를 바르면 인물들과 그밖의 화제가 완벽하게 그려지리라는 것은 앞서 이야기한 궁전의 작품을 비롯한 여러 곳에서 명확하게 알 수 있다.

* 베기오궁(Palazzo Vecchio).

제23장

캔버스에 유채화를 그리는 방법에 대한 기록이다.

88. 캔버스에 그리는 그림

한 장소에서 다른 곳으로 그림을 옮길 때, 캔버스Canvas를 말아서 편리하게 운반할 수 있는 방법을 인간이 발견했다. 유채로 그린 캔버스를 한 장소에 내내 놓아두지 않을 거라면 석고를 발라서는 안 된다. 캔버스를 말면 석고가 갈라지기 때문이다. 소맥분과 호두기름을 반죽해 2~3마치나타macinata*의 연백을 넣는다. 그리고 캔버스의 구석구석까지 녹은 아교를 3~4겹 바르고 나이프로 잘 펼친다. 그러면 구멍 전체를 메울 수 있다. 이 작업이 끝나면 다시 아교를 1~2겹 바르고 초벽칠을 한다. 그 위에 다른 곳에서 이야기한 방법대로 그림을 그린다.

이 방법은 쉽고 편리하므로 여기저기 들고 다닐 수 있는 작은 그림뿐만 아니라 제단화나 베네치아의 산 마르코S. Marco 궁전의 여러 방,** 그 밖의 장소에서 볼 수 있는 매우 큰 작품들도 캔버스에 제작했다. 왜냐하면 원하는 큰 나무판자를 구하지 못했을 때 큰 캔버스로 손쉽게 대체할 수 있으므로 어떠한 크기의 그림이라도 제작할 수 있기 때문이다.

---

* 맷돌에 넣고 한 번 갈 만한 안료의 양.
** 여러 베네치아파 화가들, 즉 벨리니(Bellini), 비바리니(Vivarini), 카르파초(Carpaccio), 티치아노(Tiziano), 베로네세(Veronese), 틴토레토(Tintoretto) 등의 그림들로 장식한 두칼레궁(Palazzo Duccale) 안의 여러 홀과 산 마르코 도서관을 지칭한 듯하다. 이 그림들은 1574년 5월 11일과 1577년 12월 20일에 발생한 두 차례 화재로 모두 소실되었다.

제24장

돌에 유채로 그리려면 어떤 종류의 돌이 가장 적합한지에 대한 기록이다.

89. 돌 위에 그리는 유채화

화가들의 의욕은 점점 커져서 벽면뿐만 아니라 좀더 욕심을 내서 돌에도 유채화를 그릴 수 있게 되었다. 돌 중에서도 「건축론」에서 언급한 제노바Genova 해안에서 발견된 석반石盤이 질이 빽빽하고 결이 섬세해서 편평하게 갈 수 있어 이런 일에 매우 적합하다. 근래에는 거의 모든 화가가 돌에 그림을 그렸으며, 좋은 방법도 발견되었다. 그밖에도 각력암角礫巖, 사문석蛇紋石, 반암班巖, 입자가 가는 여러 가지 돌에 유채화를 시도했다. 이 돌들은 매끄럽고 광택이 아름답다. 그러나 실제로는 입자가 좀 거칠고 마른 돌이 끓인 기름과 빛깔을 더욱 잘 흡수해 보존하는데, 이런 것으로는 피페르노Piperno가 있다.

이 돌들은 끌로 편평하게 다지거나 모래 또는 마석磨石으로 간다거나 혼합물mistura을 뜨거운 쇠흙손에 묻혀서 편평하게 할 수 있어서 좋다. 따라서 이런 돌에는 처음부터 아교를 칠할 필요가 없으며, 다만 유채 안료로 초벽칠만 하면 된다. 그것이 마르면 마음대로 일을 시작한다. 돌에 유채로 그리려면 제노바의 석반石盤을 골라서 네모지게 만들고, 오리목으로 벽면의 스투코층에 고정하며 원하는 크기의 면이 만들어지도록 이은 데를 혼합도료mestica로 잘 편다.

이상의 방법으로 완성되면 입자가 가는 돌, 각력암, 기타 대리석으로 장식할 수 있다. 이 돌들을 정성껏 잘 가공하면 영구히 보존할 수 있다. 니스는 마를 수도 있고 마르지 않아도 좋다. 돌은 안전히 마르지 않아도 패널이나 캔버스처럼 습기가 차지 않으며 좀도 먹지 않는다.

제25장

각종 도토陶土*로 벽에 단채화單彩畫**를 그릴 때 어떻게 하면 브론즈 조각과 똑같이 그릴 수 있을까와 구아슈Gouache나 템페라라고 부르는 도토를 아교로 녹여서 그리는 아치나 축제를 위한 장식화에 대한 기록이다.

90. 장식을 위한 묘사 회화들

화가들은 단채화를 채색된 그림이라기보다는 소묘에 가까운 회화의 한 형식이라고 주장한다. 즉, 그것은 대리석 조각이나 브론즈, 기타 각종 돌로 만든 조상을 모방하려는 데서 기원했다고 한다. 화가들은 이 단채 화법으로 궁전이나 집의 정면이 마치 돋을새김을 박은 것처럼 보이게 하려고 대리석뿐만 아니라 반석, 녹석, 붉은색 혹은 회색 화강암, 브론즈 등을 모조해 각각 석재에 맞는 화법들을 생각해냈다. 이 화법은 현재 로마를 비롯해 이탈리아 전역에서 궁전과 저택의 정면을 장식하는 데 널리 쓰인다.

이런 회화를 제작하는 방법은 두 가지다. 하나는 프레스코로 그리는 정통적 방법이며, 다른 하나는 캔버스에 그리는 것으로 군주가 도시에 입성할 때 만드는 아치, 즉 개선문이나 축제 및 희극무대 장치 등을 만들 때 사용하는데, 매우 아름답게 제작된다. 우선 프레스코로 제작하는 방법과 특질을 이야기하고, 그다음에 또 하나의 방법을 설명하겠다.

첫째 방법에서는 도토陶土를 배경으로 하고 여기에 목탄가루나 검은

---

* 테레타(Terretta), 도기를 만드는 원료.
** 단채화(單彩畫), 즉 키아로스쿠로(chiaroscuro). 키아로스쿠로라는 말은 회화에서 명암법을 의미하지만, 여기서는 명암의 톤만으로 사물의 입체감을 나타내는 단채 화법을 말한다.

색으로 깊은 음영을 나타내며 석회백石灰白, bianco di travertino을 섞어 좀 더 어두운 부분과 좀더 밝은 부분을 나누고 순백으로 하이라이트를, 가장 짙은 흑색으로 가장 어두운 음영을 만든다. 이런 종류의 그림은 대담성, 소묘력, 생기, 힘, 아름다운 양식을 구비해야 하며 예술의 자유와 정신이 조금도 흔들리지 않아야 한다. 왜냐하면 먼 데서 보아도 곧 이해할 수 있어야 하기 때문이다. 그밖에 이 방법으로는 브론즈도 모사한다. 브론즈의 상은 황토와 적토를 배경으로 소묘하며 흑, 적, 황 등 어두운 색깔로 음영을 표현하고, 순수한 황색으로 중간색을 만들며, 황색과 흰색으로 하이라이트를 나타낸다. 이런 방법으로 화가들은 건물 정면과 그 중간에 둘 조상을 만들어 정면을 장식하는 조상들을 그리는데, 그 모양이 우아하기 비할 데 없다.

아치나 희극 또는 축제 때 그리는 것들은 테레타terretta, 즉 도기를 만드는 순수한 원료 흙에 아교를 섞어 캔버스에 바른 다음 그림을 그린다. 이 캔버스는 화가가 그림을 그리는 동안 뒷면을 적셔두어야 하는데, 그렇게 해야 도토의 배경에 명암의 채색이 잘 스며들기 때문이다. 보통 검은색에는 템페라를 조금 섞고 흰색에는 연백鉛白을, 물건이 좀 튀어나와서 브론즈로 만든 것처럼 보이게 하려면 연단鉛丹을 넣는데, 이 연단에 하이라이트를 주려면 잘리노giallino, 나폴리 황색를 쓴다. 배경과 어두운 곳에는 프레스코 작업에서 이야기한 바와 같으며, 황색이나 붉은색 흙 또 검은색이 쓰이는데 이것들은 중간색과 음영을 만든다.

다른 종류의 단채화는 또 다른 안료顔料를 써서 음영을 표현한다. 테라 베르테terra verte, 암갈색토를 예로 들 수 있으며, 여기에는 녹토綠土나 황토나 흰색을 첨가해 사용한다. 또 비슷한 것으로 흑토terra nera가 있는데, 이것은 녹토의 일종이며 검은색을 베르다초verdaccio라고 부른다.

제26장

물에 강한 긁기 화법으로 하는 건물 장식, 그것을 만드는 데 쓰이는 것들, 벽면에 그로테스크 장식을 실시하는 방법에 대한 기록이다.

91. 긁는 화법

화가들은 회화이기도 하며 소묘이기도 한 다른 종류의 회화를 알고 있다. 이것은 스그라피토sgraffito, 긁어서 그린 그림*라고 부르며, 궁전과 집의 장식에만 사용되는데, 단시간에 완성할 수 있고 물에도 강하다. 왜냐하면 모든 선이 목탄이나 다른 재료로 그리는 것과 달리 송곳 하나로 이루어지기 때문이다.

이 작업은 다음과 같이 행한다. 보통 모래를 섞은 석회를 준비하고, 불에 태운 볏짚으로 중간색이라기보다는 좀 진한 은색銀色계의 중간색으로 물들여서 건물 정면을 바른다. 다음으로 석회백石灰白으로 닦고 전면에 흰 석고를 바른다. 칠이 끝나면 밑그림을 대고 스폴베로spolvero로 옮겨 그리거나 자신이 그리고 싶은 것을 그린다. 그리고 나서 끝이 뾰족한 쇠끌로 석회를 긁어 윤곽선을 따라가면서 선을 그린다. 석회 밑에

---

* 스그라피토(Sgraffito)의 제작 방법은 본문에 자세하게 기록되어 있으며, 아름다운 선화(線畵)의 효과와 내구성 때문에 르네상스 시대에 특히 피렌체에서 유행했고, 로마 등 이탈리아 중부와 남부에 전파되었다. 그 대표적인 건물은 피렌체의 라미레츠 디 몬탈보궁(Palazzo Ramirez di Montalvo, 1568년), 카사 디 비안카 카펠로(Casa di Bianca Capello), 로마의 비아 델라 마스케아라 드 오로(via della Mascheara d'Oro) 9번지의 팔라체토(Palazzetto) 등이며, 바사리 작품 중에서는 피사의 디 카발리에리궁(Palazzo di Cavallieri)과 치타 디 카스텔로(Cita di Castello)의 비텔리 알리아 카노니에라궁(Palazzo Vitelli alia Canoniera) 등이 대표작이다.

그림774 이른바 '스그라피토' 장식의 한 예,
몬탈보 궁전, 피렌체.

는 검은 바탕이 있으므로 송곳으로 긁는 자리는 모두 소묘선처럼 보인
다. 그다음엔 배경의 흰 것들은 깎아버린다. 좀 어두운 빛깔의 수채 안
료에 물을 듬뿍 넣어서 종이를 염색한 것과 같은 효과를 낼 수 있으며,
먼 데서 보면 매우 아름답다. 배경에 그로테스크 모양이나 잎 장식 따
위가 있으면 수채 안료로 음영을 꾸민다. 송곳으로 긁는 이런 작업을
화가들은 긁는 그림sgraffito이라고 한다.그림774

92. 벽에 그리거나 사물을 만든 그로테스크 또는 환상적 장식

이제 남은 것은 벽에 만드는 그로테스크 장식에 관한 설명이다. 그로
테스크 장식은 흰 바탕에 그리는데, 배경이 스투코가 아닌 경우에는 석
고는 희지 않으므로 전체를 희게 칠한다. 그 뒤에 바탕을 스폴베로로

옮겨 그리고, 불투명 안료로 프레스코 작업을 한다. 스투코 위에 직접 그린 그로테스크 장식의 우아함을 결코 따르지 못할 것이다. 이런 종류의 그로테스크는 좀 거칠거나 섬세하게 제작되며, 심세하게 표현하려면 프레스코로 상을 그리는 방법을 따르면 된다.

제27장

스투코 위에 그로테스크 장식을 어떻게 시행하는가에 대한 기록이다.

93. 스투코에 그로테스크 장식

그로테스크grotesques*란 벽면을 장식하기 위해 고대 사람들이 만들어낸 일종의 자유스럽고 기묘한 회화이며, 특별한 곳에서는 환상적으로 그린 것이 알맞을 수도 있다. 화가들은 조화의 변덕과 작가의 장난, 기발한 생각으로 그로테스크 장식을 만들었다. 그들은 그로테스크 장식에서는 어떤 규칙에도 사로잡히지 않는, 즉 지탱할 수 없을 만한 무게의 것을 가는 실로 매달며, 말의 발 대신 나뭇잎을 붙이고 사람에게는 새 다리를 붙이는 따위 수없이 바보짓 같은 것을 서슴지 않고 만들었다. 상상력이 뛰어난 사람은 더욱 진귀한 것을 만들어내 칭찬을 받았다. 그러다가 그로테스크 장식이 규칙화하면서 프리즈나 방 사이를 가로막는 벽면 등을 훌륭하게 장식했다. 그리하여 그로테스크 장식에서 스투코와 회화가 손을 잡게 되었다. 옛 로마 사람들이 살던 곳 어디서나 그로테스크의 단편을 볼 수 있다. 사실 스투코에 조각한 장식은 정말 아름답다.

> * 스투코 또는 프레스코에 의한 벽면 장식의 일종. 꽃장식, 식물, 소용돌이, 난쟁이, 가공적 동물 등으로 얽힌 기이한 장식이며, 그로테(grotte, 동굴)에서 유래한 말이다. 바사리는 이 책에서 모르토 다 펠트로(Morto da Feltro, 1526~27년경 사망)를 그로테스크라고 부르는 회화에 몰두한 최초의 화가라고 했다. 이 장식 양식은 1500년대에 들어 급속히 유행해 기를란다요(Ghirlandaio), 핀투리키오(Pinturicchio), 필리피노 리피(Filippino Lippi) 등이 즐겨 사용했으며 라파엘로(Raffaello)와 그의 제자들이 바티카노(Vaticano)의 로지아에 만든 장식 작품들이 유명하다.

그림 775 루카 시뇨렐리, 「산 브리치오 예배당 벽화」,
1499~1502, 프레스코, 너비 190cm, 두오모, 오르비에토.

　그로테스크 장식에는 네 가지 수법이 있다.그림 775 하나는 순수하게
스투코만으로 장식하는 것, 또 하나는 장식 부분만 스투코로 만들고 그
사이에 회화나 프리즈의 그로테스크 장식에 채색하는 것이다. 세 번째
는 인물들을 일부는 스투코로 만들고, 어떤 부분은 카메오나 다른 돌처
럼 보이도록 흑백으로 그려서 넣는 것인데, 이런 스투코를 이용한 그로
테스크 장식은 근대 사람들이 많이 만들었으므로 그 예가 많다. 이런
것들은 우아하고 아름다워서 이탈리아의 가장 훌륭한 건물들을 장식
했으며 고대 사람들을 훨씬 능가한다. 네 번째는 스투코에 수채화로 채
색한 것인데, 밝은 부분은 스투코로 그대로 남겨두고 여러 빛깔로 음영
을 장식했다.
　이들 여러 종류가 세월의 흐름을 잘 견디어냈으며, 고대에 만든 것들
이 로마와 나폴리의 근처 포추올로Pozzuolo 여기저기에 산재한다. 마지

막 종류는 프레스코로 불투명한 도료를 사용해 배경은 흰 스투코를 그대로 남겨두어도 좋으며, 정말 우아한 작품들이다. 그 속에 풍경을 가미하면 더욱 생동감을 주며, 또 채색한 작은 인물상이 들어 있어 이야깃거리가 가미되면 더욱 효과가 있다. 현재 이탈리아에는 이런 종류의 일을 주로 하는 작가가 많으며, 그들은 그 방면에서 뛰어난 기량을 보이고 있다.

제28장

볼루스bolus에 금박을 입히는 방법 또는 다른 방법에 대한 기록이다.

94. 금박을 입히는 방법

금을 두드려 얇은 박箔으로 펴서 사방 1브라차 크기로 1,000매를 만드는 데 겨우 6스쿠디scudi의 품삯밖에 안 드는 방법을 발견했다. 정말 비할 바 없는 비법이며, 부심하게 연구한 끝에 발견한 결과라 할 만하다. 판자와 그 밑에 보이지 않는 곳을 전부 금덩어리처럼 보이도록 석고 위에 금박을 까는 방법을 발견한 것도 독창적이다. 그 방법은 다음과 같다. 짙다기보다는 좀 묽은 아교에 녹인, 입자가 아주 가는 석고를 판자에 바르고 그 위에 좀 거친 석고를 몇 번 바른다. 그 후 석고를 깎아서 매끈하게 만들고 물을 부으면서 잘 섞은 난백卵白을 물로 잘게 문지른 아르메니아산 볼로bolo*와 잘 섞어 수분이 많은, 다시 말하면 투명한 볼로를 만들고 그다음에는 좀 진한 볼로를 준비한다. 이것을 금박을 놓을 장소에 잘 퍼지도록 세 번 정도 발라야 한다. 그 위에 맑은 물을 칠한 붓으로 잘 적시고, 금박을 놓아 젖은 장소에 곧 붙인다. 그리고 그것이 완전히 마르지 않은 상태에서 개 또는 이리의 이로 광택이 날 때까지 잘 문지른다.

또 아 모르덴테a mordente**라고 부르는 다른 방법으로도 금박을 만든다. 이것은 모든 종류, 즉 돌, 목재, 캔버스, 각종 금속, 헝겊, 가죽 제품을 사용하는데, 볼로처럼 광택은 나지 않는다. 금을 붙이는 주요소인

* 볼로(bolo, 라틴어는 bolus). 붉은 색깔의 유성(油性) 점토질의 흙.
** 금속 접착제.

그림 776 프라 안젤리코, 「잉태와 동방박사의 경배」,
1430~34, 패널에 템페라와 금, 84×50cm,
산 마르코 국립 박물관, 피렌체.

그림 777 「테오도라 황후와 수행원들」(부분), 산 비탈레 성당,
라벤나.

모르덴테는 각종 기름으로 반죽한 건조 안료와 니스를 함께 끓인 기름
에 넣어 미리 아교로 2층으로 칠해두었던 판자에 바른다. 이렇게 모르
덴테를 칠하고, 좀 마르기 시작하면 금박을 편다. 좀 바쁠 때는 암모니
아 검도 사용할 수 있다. 이것을 칠해도 금박을 펼 수 있기 때문이다.
이것은 무엇보다도 말안장에 아라베스크arabesques 문양을 넣을 때 사용
하며, 그밖에 다른 장식을 해도 좋다. 또 금박을 초자용기 속에서 소량
의 벌꿀과 고무를 함께 갈아서 회화를 그릴 때 붓으로 윤곽선을 긋고,
아주 미묘한 빛을 그림으로써 기쁨을 느끼는 세밀화가細密畵家와 여러
사람에게 도움을 준다. 이 모든 것은 정말 훌륭한 비법이지만 이것을
체득하려는 데 관심이 별로 없다.

제29장

유리의 모자이크에 관하여, 또 칭찬할 만한 모자이크는 무엇으로 식별하는 가에 관한 기록이다.

95. 유리 모자이크에 대하여

모자이크mosaic란 무엇이며, 어떤 방법으로 제작되는지는 제6장에서 자세하게 설명했으므로, 여기서는 계속해서 회화에 관련된 부분만 이 야기하겠다. 모자이크에서는 작은 조각들이 조화를 이루게 가지런히 놓고, 먼 곳에서 그것이 아름다운 회화처럼 보이게 하는 것이 가장 중 요한 일이다. 이런 종류의 작업에는 조형 예술의 경험과 판단력이 필요 하기 때문이다. 또 이야기에 지나치게 많은 인물을 등장시키거나 너무 작은 조각을 사용하면 모자이크에 나타내려는 디세뇨의상를 혼란시키 게 된다. 따라서 모자이크에 쓰려고 제작한 밑그림의 의상은 크고 알기 쉬워야 하며 아름다운 양식으로 일관하지 않으면 안 된다. 의상에서 음 영의 힘을 잘 이해하고, 근소한 밝은 부분과 많은 어두운 부분을 부여 함으로써 적당한 공간과 채색을 제작할 줄 아는 사람은 어느 누구보다 도 모자이크를 아름답고 조화된 작품으로 만들 것이다.

좋은 평가를 받을 만한 모자이크는 그 자체가 선명하며 어두운 부분 에 잘 조화된 음영을 갖추어야 하며, 유리 세공이라기보다 회화처럼 먼 곳에서 잘 보이도록 세심하게 배려해야 한다. 이런 특징을 지닌 모자 이크라면 누구에게나 칭찬받을 것이다. 모자이크는 회화 중에서도 가 장 생명이 길다. 다른 회화는 세월이 흐를수록 빛을 잃어가지만 모자이 크는 세척했을 당시 모습을 그대로 유지한다. 또 회화는 작품이 바래고 황폐해지지만, 모자이크는 생명이 매우 길기 때문에 영구적이라고 애도 좋겠다. 그러므로 우리는 모자이크를 보면 고대 거장들의 완벽함을 이해할 뿐만 아니라, 고대 사람들의 작품들로 그 시대의 모습을 잘 인식할 수 있다. 예를 들면 로마 성벽 밖의 산타 아녜사S. Agnesa에 있는 바쿠스 신전* 라벤나Ravenna에는 매우 아름다운 작품들이 여기저기 있으며,** 베네치아에는 산 마르코S. Marco 대성당,*** 피사Pisa의 대성당,**** 피렌체에서는 세례당 후진後陣에도 있다.***** 그러나 그중에서도 가장 아름다운 것은 로마의 성 베드로 대성당 주랑柱廊 현관에 있는 모자이크로 경탄할 만한 작품이다.****** 근대 작품으로는 산타 마리아 델 피오레 대성당의 눈치아타 성당으로 가는 통로 입구의 바깥 벽 위에 도메니코 델 기

　　　　* 산 코스탄차(S. Costanza) 성당을 말한다. 콘스탄티누스 대제의 묘묘(墓廟)로 350년경 건조되었으며 둥근 천장이 모두 모자이크로 장식되었다.

　　　** 산 비탈레(S. Vitale) 성당, 산 아폴리나레 누오바(S. Apollinare Nuova) 성당, 산 아폴리나레 인 클라세(S. Apollinare in Classe) 성당 등이다.

　　*** 산 마르코 대성당은 베네치아의 수호성인(守護聖人) 산 마르코(S. Marco)의 유해를 안치하기 위해 11~15세기에 걸쳐 건조되었으며 비잔틴의 전통을 계승한 12~13세기 베네치아 작가들의 모자이크 작품으로 찬란하게 장식되었다.

　**** 피사 대성당의 압시스(apsis, 성당 건축에서 대제단 쪽 끝 반원형으로 내민 부분)의 모자이크 「성모 마리아와 사도 요한과 영광의 그리스도」를 프란체스코 디 산 시모네(Francesco di S. Simone)가 제작을 시작해 1301~1302년에 걸쳐 치마부에가 완성했다. 작품 기록이 확실한 단 하나인 치마부에 작품이다.

　***** 이 모자이크는 명문(銘文)에 따르면 1225년에 프란체스코 수도회의 수사 야코포가 제작했다. 한편 바사리는 큰 천장 전체를 덮은 「최후의 만찬」, 「창세기」, 「그리스도의 생애」, 「세례자 요한의 생애」 등은 안드레아 타피(Andrea Taffi), 그리스의 화가 아폴로니오(Apollonio), 가도 가디(Gaddo Gaddi)의 작품이라고 기록했다. 그 일부를 치마부에가 제작했다는 설도 있다.

****** 구(옛) 성 베드로 대성당 정면을 장식했던 조토의 「나비첼라(Navicella); 주행도(舟行圖)」를 주제로 한 모자이크는 1600년대에 개조되어 현재 성 베드로 대성당 중앙 출입문 안벽으로 옮겨졌는데, 원래의 모자이크 양쪽에 있었다고 생각되는 두 천사는 다른 곳으로 가져갔다.

를란다요가 제작한 모자이크가 있다.[*]

96. 모자이크 조각의 제작

모자이크를 만들기 위한 유리 조각은 다음과 같이 준비한다. 유리를 처리하는 데 사용하는 아궁이가 준비되면, 냄비에 유리를 가득 채우고 각 냄비에 색을 붙인다. 이때 조심해야 할 것은 그림물감을 만들 때와 같이 불투명한 밝은 흰색에서부터 점점 가장 어두운 색으로 작업을 진행해야 한다는 점이다.

유리가 녹아서 좋은 빛깔이 나오면 밝은색, 어두운색, 여러 색의 혼합물이 만들어지는데 기다란 철제 숟가락으로 녹은 유리를 떠서 편평한 대리석 위에 놓고, 그 위에 다른 대리석 한 장을 올려놓은 다음 균등하게 눌러 두께가 손가락의 3분의 1가량 되도록 원반을 만든다. 그다음 '개 아가리'bocca di cane라고 부르는 쇠로 만든 도구로 작은 사각형으로 자른 다음 뜨거운 도구로 원하는 모양을 만든다. 긴 조각은 금강석으로 자른 다음 상자에 넣어 정리해둔다. 이것들은 프레스코를 제작할 때 안료를 취급하는 방법과 같다. 즉 혼합안료를 가장 밝은색부터 가장 어두운색까지 작은 접시에 넣어두는 것과 같다.

배경과 의상의 밝은 부분을 제작할 때 사용되는 금을 씌운 유리가 따로 있다. 이 유리에 금을 입힐 때는 완성된 유리판에 고무액을 칠하고 그 위에 금박을 놓는다. 이 작업이 끝나면 그 판을 철제 부삽 위에 놓아 아궁이 속에 넣는데, 그 직전에 금을 씌운 유리판 전면을 얇은 유리로 덮어둔다. 이 덮개는 깨진 술병 따위로 만드는데, 판 전체를 다 덮도록

---

[*] 포르타 델라 만두르라(Porta della Mandorla)의 반월창의 「성모영보」를 말한다. 그가 밑그림을 그렸고 동생 다비드가 제작했다.

만든다. 그리고 금을 씌운 유리판이 거의 붉어질 때까지 불속에 넣어두었다가 재빨리 꺼내면 금은 놀랄 만큼 보기 좋게 유리에 붙어 물이나 모진 비바람을 견뎌내게 된다. 이 판을 위에 이야기한 다른 판들과 같이 베어서 정리한다.

97. 모자이크 조각들을 고정하는 방법

모자이크를 벽면에 고정하려면 채색 밑그림을 만들어야 하는데, 빛깔이 없는 밑그림을 사용하는 사람도 있다. 밑그림을 석고 위에 대고서 부분마다 옮겨서 그리고, 거기에 모자이크를 만드는 데 필요한 만큼 조각을 하나하나 붙인다. 이 석고를 벽면에 두껍게 바르는데, 날씨에 따라 이틀에서 나흘까지는 제작해도 괜찮다. 석고는 트라베르티노 travertino, 석회, 벽돌가루, 트라가칸타 tragacantha, 난백卵白으로 만드는데, 일이 끝나면 물기 있는 헝겊으로 덮어둔다. 벽면에 쓰이는 밑그림은 부분마다 베어서 석고에 대고 옮겨 그린다.

그다음 핀셋으로 유리 조각을 잡아 석고에 붙인다. 밝은 곳은 밝게, 중간색 부분은 중간조로, 어두운 곳은 검게 밑그림과 같이 그늘, 밝은 곳, 중간인 부분을 미세하게 옮겨 그린다. 이렇게 정성껏 일을 진행하면 점차 완벽에 가까워진다. 매끄럽고 편평하게 되도록 조화 있게 마무리 짓는 사람이 칭찬받을 만하다.

모자이크를 마치 프레스코화처럼 아름답게 제작해 사람들을 놀라게 하는 이가 있다. 일단 응고되면 영원히 보존될 만큼 유리 조각을 벽에 고정하는 일은 로마에 있는 고대의 모자이크와 전 시대의 모자이크가 증명하며, 오늘날에도 각처에서 뛰어난 작품들을 만들고 있다.

제30장

단채화單彩畵처럼 포상舖床에 모자이크로 제작한 인물상과 그림에 대한 기록이다.

98. 대리석 모자이크와 단채화로 만든 포상

우리 현대 작가들에게는 유리 조각으로 만든 모자이크 이외에도 다른 종류의 단채單彩로 그린 그림처럼 대리석을 서로 모아 만든 모자이크가 있다. 이것은 다른 종류의 회화가 사라진다 해도 근대 화가들의 기억을 선명하게 남겨두고 싶다는 바람에서 생겨났다. 이처럼 놀랄 만한 솜씨로 사람들이 왕래하는 마루를 깔았을 뿐만 아니라 벽과 건물의 바깥을 장식하는 거대한 그림을 본떴다. 거기에 따르는 기술은 이 방면에 뛰어난 작가들의 디자인을 세월이 흐른다 해도 보존할 수 있는 매우 아름답고 훌륭한 것이다. 그 예가 시에나Siena 대성당인데, 시에나 사람 두초 디 부오닌세냐Duccio di Buoninsegna가 시작했으며, 우리 시대에 와서는 도메니코 베카푸미Domenico Beccafumi가 이어받아 제작했다.*

* 시에나 대성당의 마루는 대리석을 마루에 끼워 넣는 세공으로 장식했는데, 이런 종류로는 가장 오랜 것이며, 바사리는 두초 시대까지 거슬러 올라간다고 했다. 이 작업은 1370년경에 시작되어 완성하기까지는 2세기가 걸렸다. 40명 이상의 예술가가 참가했는데, 모두 시에나 사람들이었으며 대표적인 인물들로는 도메니코 디 니콜로(Domenico di Niccolo), 피에트로 델 미넬라(Pietro del Minella), 마태오 디 조반니(Matteo di Giovanni), 바스티아노 디 프란체스코(Bastiano di Francesco), 파올로 디 마르티노(Paolo di Martino) 등이다. 도메니코 베카푸미(1546~51년경)는 1517년부터 침기혜 「아카프와 엘리아 이야기」, 「모세 이야기」, 「창세기」의 밑그림을 그리고 1547년에 시에나 대성당으로부터 쇠똥 임금

이 예술은 장점이 많은데 새롭고 내구성이 있으며 흰색과 검은색으로만 제작한 그림으로서는 그보다 아름다움과 우아함을 바랄 수 없을 정도다. 이 그림은 카라라산에서 나오는 세 종류의 대리석으로 만드는데, 그 하나는 매우 섬세하고 순수한 흰 대리석, 또 하나는 희지 않고 조금 납빛을 띤 것이며, 흰색에 중간색의 음영을 준다. 마지막은 어두운 부분을 만드는 데 적당한 은색계 회색이다. 이들 대리석으로 인물상을 만들려면 대리석과 같은 색으로 명암을 그린 밑그림을 준비해 중간 부분, 어두운 부분, 밝은 부분의 윤곽선에 싸인 각 부분에서 중심에는 순백의 대리석으로 밝은 부분을, 그다음에 중간색을, 그 옆에는 어두운 부분을 화가가 밑그림을 그린 윤곽선에 따라서 조심스럽게 놓는다. 명색, 암색, 중간색의 대리석 조각들을 모두 깔고 표면을 편평하게 만들고, 밑그림을 만든 화가가 접착제를 바른 붓으로 윤곽을 그릴 때처럼 어두운 부분에 선을 그려 윤곽선을 형성한다.

이 작업이 끝나면 조각가는 화가가 그린 모든 윤곽선을 끌로 새기면서 붓으로 검게 그렸던 것들을 모두 새긴다. 그다음 대리석 조각을 하나씩 고정하고, 끓는 피치나 아스팔트와 흑토의 혼합물로 끌로 쪼아서 생긴 오목한 곳을 모두 채운다. 이것이 식고 굳어지면 돌출부를 떼버리고 갈아 매끄럽게 만든다. 모래와 벽돌과 물로 모든 것이 한 면으로 편평하고 매끄럽게 되도록 간다. 그러면 작품은 평면에 그린 회화처럼 보이며, 그 자체로 기량과 숙련을 보여주는 아름다움을 가지게 된다.

▪   을 받았다. 그러나 대리석의 단색 포상은 두초 시대까지 올라가지는 않는다.

99. 잡색(雜色)의 타일로 만든 포상

이 종류의 모자이크는 매우 아름다워 다방면에 사용한다. 오늘날 방 안의 마루는 대부분 백토를 쓰는데 본래 색은 밝은 청색이다. 이 백토는 불에 구우면 흙색이 되거나 붉은색으로 변하는 데, 이 두 가지가 모두 사용된다. 이 두 종류의 벽돌을 여러 모양으로 아로새긴 포상을 만든다. 그 예로, 라파엘로 다 우르비노Raffaello da Urbino 시대에 만들어진 로마 교황의 여러 홀,* 또 카스텔로 산 안젤로Castello San Angelo에 있는 여러 방을 들 수 있다. 거기에는 교황 파울루스Paulus의 문장을 나타내는 백합을 작은 돌조각을 모아 아로새겼으며, 다른 아름다운 의상 작품을 볼 수 있다. 이것들은 같은 재료로 만든 것으로서는 이만큼 아름다운 것이 없을 만큼 뛰어난 작품들이다.** 그리고 피렌체에는 코시모 공작이 만들도록 명한 산 로렌초 도서관의 마룻바닥도 있다.***

100. 브레차(Breccia) 대리석으로 만든 포상

여러 종류의 대리석과 석재를 설명할 때 코시모 공작이 새로 발견한 몇 종류의 미스키오mischio, 角礫巖에 관해서는 언급하지 않았으므로 이

---

* 바티칸(Vatican)궁 안의 6실로 된 아파르타멘토 보르자(Appartamento Borgia)다.

** 카스텔로 산 안젤로에는 살라 델라 주스티치아(Sala della Giustizia)에 알레산드로 6세, 율리우스 2세, 레오 10세, 파울루스 3세 등 여러 교황의 문장(紋章)으로 장식되어 있다.

*** 피렌체의 산 로렌초(S. Lorenzo) 성당 안 라우렌치아나(Laurenziana) 도서관의 마루는 미켈란젤로가 천장에 제작한 장식에 맞추어 니콜로 트리볼로(Niccolo Tribolo, 1500~50)가 디자인을 하고 산티 불리아니(Santi Bugliani, 1494~1576)가 제작했다.

자리에서 간단히 피력하겠다. 1563년에 공작 각하는 스타체마Stazzema 마을에서 가까운 피에트라산타Pietra Santa의 산속에서 3킬로미터 되는 높은 산을 발견했다. 그 최초의 지각地殼이 조각에 가장 적당한 흰 대리석이며, 그 밑이 붉고 노란색을 띤 미스키오이고, 더 아래에는 초록색을 띤 것, 검은색·붉은색·노란색이 섞인 미스키오가 있다. 이것들은 모두 매우 단단하고, 속으로 들어갈수록 큰 덩어리가 있으며, 오늘날에는 15~20브라차의 원주를 베낼 만한 석재들이다. 현재 공작 각하의 명으로 이 대리석을 채석장에서 바닷가로 운반하기 위해 3밀리아 길이의 도로를 건설 중이다. 이 미스키오 석재는 마룻바닥을 만들기에 아주 적당하다.

제31장

나무쪽으로 만든 모자이크, 즉 쪽매질 또는 채색한 나무쪽을 모아 만든 그림에 관한 기록이다.

101. 나무쪽으로 만든 상감

과거 사람들이 만들어놓은 것에 무엇이든 새로운 발명을 첨가한다는 것이 그리 힘들지 않다는 사실은 모자이크에서 파생한 마룻바닥 바르기나 쪽매질, 즉 모자이크와 회화를 모방해 우리 선조들이 나무쪽을 호두나무판에 서로 맞추어 넣어서 각종 채색으로 만들어낸 여러 색상의 상에서 알 수 있다. 과거 사람들은 쪽매질이라고 불렀지만, 요새 사람들은 상감세공象嵌細工이라고 부른다.

과거에 만든 것들 중에서 가장 뛰어난 것은 필리포 브루넬레스키와 베네데토 다 마이아노Benedetto da Maiano 시대의 피렌체에서 볼 수 있다.그림 778* 그들은 다른 과거 사람들과 마찬가지로 흰색과 검은색만으로 일했다. 그러나 이 분야에서 많은 성과를 올린 프라 조반니 베로네세Fra Giovanni Veronese는 회화 예술에서와 같이 다양한 밝은색, 검은색

---

* 베네데토 다 마이아노(Benedetto da Maiano, 1422~77)의 쪽매질 작품으로 현재 남아 있는 것은 베키오궁의 살라 델리 오토(Sala degli Otto)와 살라 우디엔차(Sala d'Udienza)의 천장과 피렌체 대성당 성기실(聖器室) 안의 가구들이다.
베네데토가 헝가리 왕 마티아스 코르비우스(Mathias Corvius)의 초대를 받아 쪽매질을 가지고 가서 왕 앞에서 짐을 풀었는데, 해상의 습기 때문에 쪽매질이 모두 쪼개져 있었다고 한다. 이에 부끄러워진 그는 그 후부터는 세공을 하지 않았다고 한다(『르네상스 미술가 평전』 2의 베네데토 선기 참고).

그림 778 쪽매질(taria)의 한 예, 줄리아노 다 마이아노가
제작한 「성 자노비우스」, 1463~65, 나무 상감 세공,
398×574cm, 산타 마리아 델 피오레 대성당, 피렌체.

을 내려고 물에 넣고 끓인 염료나 침투성 있는 기름으로 나무에 갖가지
빛깔을 내게 함으로써 매우 흰 화실나무로 작품에 섬세하고 가장 중요
한 부분의 효과를 내는 등 쪽매질을 대폭 개량했다.

이 작업은 본래 투시화透視畵에서 기원했다. 투시화는 예각銳角의 경
계를 가지고 있었기 때문이며, 이 작업에서도 조각을 한꺼번에 박아 윤
곽선을 만들고, 그 작품의 표면은 1,000개 이상의 조각으로 되어 있지
만, 전체는 한 장의 면처럼 보인다. 그러나 고대 사람들은 이 세공을 아
름다운 돌로 덮어 장식했다. 이 방법은 성 베드로 대성당의 주랑柱廊에
뚜렷하게 나타나 있으며, 거기에는 새 한 마리가 새장 안에 반암과 기
타 돌로 만든 배경과 원주들과 함께 박혀 있다. 그러나 이 작업을 할 때
는 나무가 좀더 작업하기 쉽고 다루기도 편리하므로, 현대 작가들은 나
무를 사용해 원하는 작품을 더 많이 제작할 수 있었다.

그림779 프란체스코 디 조르조 마르티니, 「듀칼궁의
스투디올로」(부분), 1478~82, 호두 · 너도밤나무 · 로즈 우드 ·
오크 · 과일 나무, 485×518×384cm, 듀칼궁, 구비오.

예전에는 음영을 만들 때는 측면에서 불로 태웠다. 그러나 다른 사람
들은 유황 기름, 승홍수昇汞水, 비소수砒素水를 써서 볼로냐Bologna의 산
도메니코 성당에 있는 프라 다미아노Fra Damiano의 작품*에서 보는 바
와 같이 그들이 원하는 색상을 만들어냈다. 이런 종류의 작업은 그러한
세공에 적합한 의상, 즉 명암이 확실하고, 입체감을 표현할 수 있는 대
궐, 네모난 윤곽을 가진 사물로 가득 찬 의장意匠만으로 되어 있으므로
조형력보다는 인내력이 강한 사람들이 이런 일에 종사해왔다. 많은 작

* 다미아노 찬벨리(Damiano Zambelli, 1490~1549)가 1541년에서 1549
년에 길처 제작한 성가대석이다.

품이 이런 방법으로 만들어졌으며, 인물들이 있는 이야기 그림과 과일, 동물들을 제작했다. 실제로 그중 몇몇은 생기 있지만 곧 검게 되며 회화를 모방하는 데 그쳤으며, 벌레와 불에는 취약하나 아름다우며 칭찬할 만한 것이기는 했지만 세월이 흐름에 따라 버림받고 말았다.

제32장

유리창에 그림을 그리는 방법, 이 스테인드글라스 창을 납으로 서로 연결하되 화상을 입지 않고 철제 고정 장치를 붙이는 방법에 관한 기록이다.

102. 스테인드글라스 들창의 기원과 역사

이미 고대 사람들 사이에 부귀한 사람과 중요한 지위에 있는 사람들은 햇볕을 가리지 않고서 바람과 찬 공기가 들어오지 못하도록 들창을 닫는 풍습이 있었다. 그러나 이런 들창은 목욕탕, 한증탕, 온수 욕실, 기타 개인의 방에 한정되어 있었으며, 그 방의 들창 한구석은 투명한 돌, 얼룩 마노瑪瑙, 앨러배스터alabaster, 기타 미스키오나 노란색을 띤 연질 대리석으로 닫혀 있었다. 그러나 근대 사람들은 유리 아궁이를 많이 가지고 있었으므로 고대 사람들이 돌로 만든 들창을 모방해 둥근 유리 occhi, 판유리로 들창을 만들었다. 즉 양쪽에 홈을 판 납으로 유리를 끼워서 고정하고, 미리 벽면에 꽂은 못 위에, 또는 나무 골격에 맞추어 고정했는데, 그 방법은 이제부터 이야기하는 그대로다.그림 780

이 경우에 들창은 처음에는 둥근 유리, 모난 유리로 무색 혹은 빛깔 있는 유리를 만들었으나 그 후에 공장工匠들이 생각한 것은 회화의 방법으로 여러 색깔을 칠해 정리한 유리로 화상의 모자이크를 만드는 일이었다. 이런 기술이 점점 세련되어서 오늘날에는 이 유리창 예술의 패널 그림은 채색이 선명하고 아름다운 색들이 조화를 이뤄 완벽에 이르렀다. 그 예는 프랑스 사람 굴리엘모 다 마르칠라* 전기에서 자세하게

---

* 굴리엘모 다 마르칠라(Guglielmo da Marcilla, 1470~1529). 바사리가 어렸을 때 고향 아레초에서 그림을 가르친 일이 있는 프랑스 태생의 스테

그림 780 스테인드글라스, 산 로렌초 성당 안의
라우렌치아나 도서관, 피렌체.

이야기했다. 이 예술은 어느 나라보다도 플랑드르 사람과 프랑스 사람들이 훌륭하게 해냈다. 그들은 불과 빛깔에 관한 연구자로서 바람, 대기, 비 따위로 손상되는 일이 없도록 색조를 유리에 넣고 불로 처리하는 방법을 발견했다. 그때까지는 빛깔을 고무, 기타 템페라매재媒材에 칠하는 것이었는데, 이렇게 하면 세월이 흐르면 퇴색해버리고 바람, 안개, 물 때문에 유리의 본래 빛깔만 남는다. 그러나 현대에 들어와서 이 예술이 정점에 도달한 것을 우리는 목도하고 있으며, 세련과 아름다움이 최고 경지에 이르렀다. 이런 작품들은 방 안에 바람과 나쁜 외부 공기가 들어오는 것을 막아주며, 건강에 이로울 뿐만 아니라 유리를 통해 들어오는 부드러운 빛이 마음을 흐뭇하게 한다.

이런 유리를 만드는 데는 세 가지가 필요하다. 즉 유리의 반짝이는 투명도, 거기에 세공된 아름다운 구성, 어떠한 혼탁도 발견할 수 없는 선명한 채색이다. 투명도는 광택을 구비한 유리를 선택하는 방법을 알고 있는지에 달려 있다. 이 점에서는 프랑스, 플랑드르, 영국의 유리가 베네치아의 것보다 질이 좋다. 왜냐하면 플랑드르의 유리는 매우 맑으며, 베네치아의 유리는 색이 많이 들어 있기 때문이다. 이런 맑은 유리는 어두운색으로 그늘을 만들어도 빛이 통과하므로 그런 환경에서도 빛을 잃는 일이 없다. 그러나 베네치아의 유리는 원래 흐려서 그것을 응달로 더욱 어둡게 만들면 전체가 투명성을 잃고 만다. 대다수 사람은 인공적으로 색채를 다량 넣은 유리가 햇볕과 대기를 마주하기를 원하지만 과연 자연색의 경우보다 얼마나 더 아름다울지 모르겠다. 여하튼 유리는 흐린 것보다는 투명한 것이어야 한다. 그래야만 색소를 많이 넣어도 덜 흐리다.

인드글라스 제작자.『르네상스 미술가 평전』3에서 그의 전기를 나눴다.

103. 스테인드글라스 들창 기법

유리에 그림을 그리려면 우선 윤곽으로 소묘한 밑그림을 준비해야 한다. 의상의 주름과 상을 그린 다음 붉은색, 노란색, 파란색, 흰색 등 유리 조각을 소묘에 맞도록 배치한다. 유리판 하나하나를 밑그림에 그려진 치수에 맞도록 밑그림 위에 올려놓고 연백鉛白을 묻힌 붓으로 윤곽을 그린다. 그다음에 유리 조각마다 번호를 붙여 조각들을 배열할 때 착오 없게 한다. 유리 조각들을 치수에 맞게 베기 위해 우선 금강사의 뾰족한 끝으로 첫째 유리 조각에 금을 긋고 침을 조금 칠해 적신 뒤 끝이 뾰족한 뜨거운 끌로 윤곽선을 따라가면서 새겨간다. 끌을 좌우로 움직이면 유리판이 갈라진다. 다음에는 금강사 끝으로 유리 조각을 정리하고 그리사토이오grisatoio 또는 토포topo라고 부르는 공구로 조금씩 뜯어내 유리 조각들이 들어맞게 한다.

이렇게 들어맞은 조각들을 편평한 테이블 위에서 밑그림을 밑에 깐 뒤 그 위에 늘어놓고 먼저 의복의 음영을 그린다. 이 음영에는 철 조각을 가루로 만든 것, 철광 채굴장에 버려진 붉은색 녹 또는 적철광赤鐵鑛 가루를 사용한다. 이때 필요에 따라 붉은색과 검은색을 가려 써야 한다. 살결 부분에는 붉은색을 유리 전체에 덮고 의복 부분은 검은색으로 하는데, 이것들은 검에 녹지 않는다. 조금씩 칠하면서 음영을 붙이며 밑그림과 같도록 칠한 다음 강한 빛 부분을 만든다. 즉 털이 세고 짧은 붓으로 유리의 밝은 부분을 문지르고, 유리 표면을 덮은 윗부분을 떼내고 붓 손잡이로 머리카락, 수염, 의복, 풍경, 가옥 등에 빛을 골라 낸다. 이 작업에는 많은 어려움이 따르지만 즐길 줄 아는 사람은 이때 여러 가지 빛깔을 만들어낼 수 있다. 즉, 적색 위에 잎 장식이나 미세한 사물을 그려서 그 부분만 불에 구워 다른 색이 나올 것을 기대한다면 잎 장식 부분만 유리의 표층을 끌 끝으로 따낸다. 이때 유리의 가장 위층만 떼내야 한다. 그러면 흰 유리만 남게 되는데, 거기에 여러 것을 혼합한 붉은색을 섞으면 굽는 동안 그것이 녹아서 노란색이 된다. 이 방법은 모든 색에 해당되지만 노란색은 다른 색보다 흰색에 더 잘 적용된다. 또 청색을 바르면 불에 굽는 동안은 초록색이 된다. 이 붉은색을 끌로 깎으면 그 밑에 노란색이 보인다.*

유리에 채색이 끝나면 쇠로 만든 접시에 넣어야 하는데, 접시에는 미리 체로 받은 재와 생석회를 섞어 깔아두어야 한다. 그 위에 유리를 골고루 펴고 재로 덮는다. 그다음 아궁이에 넣고 약한 불로 재와 유리가 불 빛깔과 같아질 때까지 가열하면 유리에 넣은 안료가 작열해 녹이 나고 녹아서 유리에 고착된다. 불이 너무 세면 유리가 깨지고 불이 지나치게 약하면 색소가 유리에 붙지 않으므로 가열할 때 매우 정성을 들여야 한다. 유리를 넣은 냄비가 온통 불빛으로 변할 때까지 또 안료가 녹는 순간까지는 꺼내면 안 된다.

이 작업이 끝나면 돌이나 쇠로 만든 주형으로 납을 주조한다. 이 납은 양쪽에 한 줄씩 도합 홈이 두 줄 있는데, 홈 안에 유리를 끼우고 고정한다. 납을 편평하고 곧게 만들어 테이블 위에서 서로 고정하고, 작품 전체를 한 조각씩 납땜하며 여러 구획으로 만들어 납끼리 맞닿는 곳 전체를 납땜인두로 땜질한다. 쇠장대에 동선銅線을 감고 납으로 고정해 작품을 지탱하고 쇠못을 박는데, 밖으로 돌출하지 않도록 조심하며 고정한다. 그리고 바깥에서 들창에 고정하고 돌에 난 구멍은 납으로 메우며 들창의 납에 용접한 동선으로 잘 묶는다. 어린애나 다른 방해물이 부수지 못하도록 뒷면에 얇은 동선으로 만든 주물을 씌운다. 이상의 작품은 너무 조잡한 유리를 쓰지 않는 한 영원히 세상에 전해질 것이다. 그 때문에 예술은 힘들고 기량이 필요하지만 매우 아름다운 것이다.

---

* 위의 문장 빛 물에서 비사리는 혼란을 보여주고 있으며, 여러 주석자가 나름대로 주석을 추가했다.

제33장

니엘로niello*로 동판화가 어떻게 제작되는지, 얕은 돋을새김의 칠보 세공을 만들 때 어떻게 은을 새기는지, 또 대형 금은세공에 어떻게 선을 새기는지에 대한 기록이다.

104. 니엘로 제작 방법

펜으로 가늘게 선을 그리고 색채를 칠하듯 은 위에 선을 그리고 색을 칠한 소묘素描에 지나지 않는 니엘로niello는 고대 사람들에까지 거슬러 올라간다. 금은세공가들이 그들 손에 걸리는 금과 은에 끌로 쪼는 홈에 색소를 박은 것을 보고 착상한 것이 니엘로다. 이것은 편평한 은의 평면에 뾰족한 펜으로 소묘를 한 뒤 그곳을 불리노bulino로 긁는데, 불리노는 네모난 강철을 한쪽 각으로부터 다른 각을 향해 비스듬히 만든 날을 말한다. 그 각의 한쪽 방향으로 베면 변邊 두 개에 끼운 그 각은 예각銳角을 이루어 더 잘 잘리며, 자른 끝은 매끄럽게 움직여 매우 가늘게 쪼을 수 있다. 이것을 사용하면 무엇이든 만들 수 있으며 금속을 새겨서 거기에 무엇을 파묻든, 오목한 것을 그대로 두든 작가 마음대로 하면 된다.

불리노로 새긴 다음 은과 납으로 그것을 가열하면 검은색 아말감 amalgam이 생겨 물에 잘 녹는다. 이것을 잘 갈아 조각한 은판 위에 놓는데, 은은 깨끗하게 미리 잘 닦아야 한다. 그리고 그것을 생나무를 태우면서 풍구로 바람을 보내서 그 불꽃이 니엘로를 놓은 곳을 스치도록 한

---

* 니엘로(niello)는 라틴어 '검다'는 뜻의 '니겔룸'(nigellum)에서 기원했으며, 검은 화합물로서 이것으로 금속판에 파인 선을 메운다.

그림 781 마소 피니궤라, 「십자가에 못 박힌 예수」,
1460년대, 금 세공, 피렌체.

다. 니엘로는 녹아 흘러 내려가면서 불리노가 깎은 모든 곳을 채운다.
은이 완전히 식으면 나머지 부분을 도려내고 경석輕石으로 조금씩 갈
며 손과 가죽으로 울룩불룩한 데가 없도록 손질한다. 피렌체 사람 마소
피니구에라Maso Finiguerra는 니엘로로 뛰어난 작품을 만들었는데 이 사
람은 이 분야 전문가로서 희귀한 존재다. 피렌체의 산 조반니S. Giovanni
세례당에 있는 니엘로의 성상패聖像牌*가 오래전부터 절찬을 받아온 것
으로 증명하고 있다.그림 781

* 본래 '세례당'에 있던 「십자가에 못 박힌 그리스도」와 「성모 대관」을 나
타내는 니엘로 성상패(pace) 두 장인데, 현재 피렌체의 바르젤로 미술관
수장품이다. 이것이 마소 작품인지는 의심스럽다. 마소(1426~64)는 기
베르티가 산타 마리아 델 피오레 내성팅의 세게당 제2의 문틀을 제작할
때 조수로 일한 피렌체의 금은세공가다.

105. 판화의 기원

불리노bulino 조각에서 동판銅版이 생겨났고 이 방법으로 만든 이탈리아, 독일의 판화版畫 작품들이 오늘날 이탈리아에 유포되었다. 은판銀板에 니엘로niello를 하기 전에 점토에 자국을 찍거나 유황을 흘려보냈는데, 이렇게 해서 오늘날 우리가 보는 바와 같은 인쇄공들이 동판을 인쇄기에 올려놓고 판화를 제작하는 방법을 발견했다.

106. 돋을새김 위의 에나멜

또 다른 종류로, 사람들이 칠보七寶, enamel라고 부르는 금은 세공법이 있다. 이것은 조각을 곁들인 일종의 회화라고 하겠다. 액체를 담을 밑부분에 금으로 안감을 하려면 가장 순수한 금이 필요하며, 은을 쓰려면 적어도 율리우스Julius 화폐*와 같은 합금률이 필요하다. 중요한 것은 유약釉藥이 넘쳐흘러 나가지 않도록 은판의 가장자리를 가늘게 남겨서 위에서 보아도 눈에 띄지 않게 세공해야 한다는 점이다. 즉 편평하게 돋을새김을 해야 유약을 부었을 때, 조각이 높고 낮은 데를 따라 명암이 생긴다. 다음은 여러 색의 유약을 취해 조심스럽게 망치로 빠개어 구별해서 접시에 넣고 깨끗한 물을 붓는다.

금으로 만드는 방법은 은과 다르다. 아주 얇은 은숟가락으로 유약을 취해 불순물이 섞이지 않도록 하며 하나하나 따로 편다. 너무 얇아 부족한 데는 필요한 만큼 보충한다. 그다음은 흙으로 만든 용기를 준비하는데, 이것은 전면 입구와 사방에 구멍을 만든 것이며, 그 안에 무폴라muffola를 넣어 숯이 아래로 떨어지지 않도록 한다. 무폴라 위에는 참

* 교황 율리우스 2세가 즉위한 1503년에 발행한 화폐.

그림 782 마소 피니궤라, 「성모 마리아의 대관식」,
1426, 금 세공, 피렌체.

나무 숯을 가득 넣고 불을 붙인다. 무폴라 밑의 얇은 철판 위에 유약을
칠한 것을 놓고 조금씩 열을 가하면 유약이 녹아 마치 물처럼 사방으
로 흩어진다. 그 후에 그것을 식히고 방치한 후 프라시넬라frassinella, 금
강사, 물과 함께 갈아 광택이 나도록 한다. 그리고 다시 불에 넣은 다
음 또 한 번 녹이면 전체가 반짝인다. 이렇게 광택을 내려면 또 하나의
공정이 있는데, 트리폴리Tripoli의 석고와 가죽으로 문지르는 방법이다.
이 자리에서 내가 언급한 이유는 회화 작품으로 주제와 관련이 있다고
생각되기 때문이다.

제34장

상감象嵌, tausia,* 즉 금속에 물결무늬로 상감세공을 하는 방법에 관한 기록
이다.

107. 금속의 상감

근대 사람들은 고대 사람을 모방해 금속칼을 조각한 뒤 금은을 박아
넣는 일종의 상감법을 전승해서 오늘에 이르렀다. 상감법은 금속을 편
평하게 또는 높거나 얕은 돋을새김 세공을 하는 것으로, 이 세공에서
그들은 고대 사람들보다 훨씬 뛰어났다. 그 결과 현재 우리가 보는, 강
철에 조각하고 상감을 한 세공을 일명 다마스쿠스Damascus풍이라고 부
르는 이유는 다마스쿠스와 기타 여러 동방제국에서 훌륭한 작품이 제
작되었기 때문이다. 따라서 오늘날 많은 브론즈, 놋쇠, 구리, 은, 금에
아라베스크arabesque 모양으로 상감한 것들이 각국에서 들어오고 있다.
고대 사람들이 만든 것으로는 매우 아름다운 상반신이나 잎 장식을 한
강철 반지 등이 있다. 또 오늘날 무구武具도 이런 세공을 하는데, 대개
의 경우 금으로 아라베스크 모양을 상감 장식한다. 등자鐙子, 안장, 철
봉, 오늘날에는 검, 단검, 칼 및 칼날에 이르기까지 호화스럽게 장식하
는 풍습이 유행하고 있다.

이 세공 방법은 다음과 같다. 철을 비스듬히 파고 그 자리에 금, 은을
박은 뒤 해머로 두드려서 고정한다. 그다음 끌로 그 주위에 자신의 의
상대로 연속 모양을 장식한다. 가는 금선으로 된 그물을 철 표면에 대

---

* 타우시아(Tausia)는 타르시아(tarsia)와 유사한 말로 타르시아는 나무를
재료로 하는 상감이며 '쪽매질' 세공이다.

고 해머로 두드려 박아 고정한다. 이때 금선을 굵게 파낸 자리를 가늘게 만들어야 금선이 잘 고정된다는 점에 주의한다. 이 분야에서 많은 재사가 뛰어난 기술로 아름다운 작품을 만들어 칭찬을 받았다. 그러나 꼭 첨부해야 할 이야기는, 그것은 상감에 속하며 조각과 회화이므로 소묘에서 파생한 것이라고 하겠다.

제35장

목판화 제작법과 최초 발명자, 판목 세 개로 판화를 제작해 소묘처럼 보이도록 빛, 중간 부분, 그늘을 표현하는 방법에 관한 기록이다.

108. 명암법(Chiaroscuro)에 따른 목판화

소묘 이외에 그늘, 중간 부분, 빛을 나타내기 위해 판목 셋으로 찍어 만든 목판화를 처음으로 발명한 사람은 우고 다 카르피*다. 그는 동판을 모방해 배나무, 회양목 등 적합한 나무에 판을 쪼아 이 목판술을 발견했다. 그는 판목 세 장을 만들어, 첫째 판목은 모든 윤곽과 선을 나타내고, 둘째 판목은 윤곽선 옆에 그늘로, 수채로 그린 모든 것을 나타내고, 셋째 판목은 빛과 땅을 표시하려고 종이의 흰색은 빛을 표시하도록 하고, 나머지 부분은 땅으로 표시하려고 물들였다.

빛과 땅을 표시하는 판목 세 장은 다음과 같이 만든다. 윤곽과 선이 있는 제1의 판목은 찍어낸 종이가 젖어 있는 동안 배나무 판목에 올려놓고, 위에서 다른 건조한 종이로 누르고 비벼서 젖은 종이의 모든 윤곽선 색이 판목에 옮겨지도록 한다. 고무에 녹인 연백鉛白을 배나무 판목의 빛 부분에 칠한다. 그다음 끌로 표시한 곳 전체를 깎아낸다. 이것이 최초로 찍어내는 데 쓰이는 판목이며, 거기에 기름에 녹인 색을 칠해 빛과 땅을 만든다. 이것으로 물을 들이면 깎아내서 종이가 희게 된 부분만 남으며, 나머지 전체에 그 색이 퍼진다.

* 우고 다 카르피(Ugo da Carpi, 1480~1531). 로마에서 활약하던 판화가로, 두 장에서 다섯 장을 밀어내는 판화를 제작했다. 그는 판화의 발견자라기보다는 완성한 사람이라고 해야 할 것이다.

그림 783 우고 다 카르피가 명암법으로 제작한 목판화,
라파엘로의 「야곱의 꿈」을 주제로 함, 1518~19,
프레스코, 213×270cm, 폰티피초 궁전 2층 로지아, 바티칸.

둘째로 쓰이는 것이 그늘을 위한 판목으로 전체가 편평하며 그늘이 생기지 않는 부분만 제외했는데, 이곳은 끌로 깎아내지 않았기 때문이다.

그리고 제3의 판목은 맨 처음에 제작한 것이며, 펜으로 그린 검은 선만 남겨두고 전부 깎아낸 판목이다. 이 판목들을 인쇄기에 걸고 찍는데, 판목마다 한 번씩 기계에 걸어 그때 각 판본의 상이 합치도록 한다. 이것이야말로 정말 멋진 발명이다. 그림 783

그림 784 도메니코 베카푸미의 판화.

109. 소묘력이 장식 예술을 좌우한다

"Tutte queste professioni ed arti ingegnose si vede che derivano dal disegno."

모든 창조적인 예술과 기술은 소묘력을 바탕으로 생겨난다. 소묘력 이야말로 무엇보다도 가장 중요한 것이며, 이것 없이는 아무것도 이룰 수 없다. 설령 모든 계획과 방법이 다 좋다 하더라도 궁극적으로 소묘 력이 좋아야 그 작품이 더욱더 빛을 발할 수 있기 때문이다. 이 명제는 내가 쓴『르네상스 미술가 평전』을 읽음으로써 자연스레 이해할 수 있 을 것으로 믿는다. 이들 공장工匠들은 자연에 대한 지극한 연구와 함께 소묘력을 수단으로 자신들의 능력을 최대한 끌어올려 그들이 원하는 이상적인 예술을 실현할 수 있었다.

당초 예정했던 것보다 너무 길게 취급한 디세뇨 3종에 관한 길잡이는 이 정도로 마치겠다.

르네상스 미술사 연표

−피사노 출생부터 틴토레토 사망까지

연도	미술사	사회·정치·문화사
1088		볼로냐대학 개교
1206	니콜라 피사노 출생(~1278)	
1215		파리대학 개교
1226		아시시의 성 프란체스코 사망
1227		성 토마스 아퀴나스 출생 (~1274)
1231	아르놀포 디 라포(캄비오) 출생 (~1302)	파도바대학 개교
1240	조반니 치마부에 출생(~1302)	시에나대학 개교
1243		교황 인노첸티우스 4세
1250	피에트로 카발리니 출생(~1334)	페데리코 2세 사망
1265		단테 알리기에리 출생 (~1321)
1266	조토 디 본도네 출생(~1337)	
1260		몬타페르티 전투(기벨리니당 승리)
1271		교황 그레고리우스 10세
1275		조반니 빌라니 출생(~1348)
1277	피사 「캄포 산토」 기공	
1278	조반니 치마부에, 「마에스타」 제작	
1280	피렌체 세례당 완공	
1284	시모네 마르티니 출생(~1344)	
1289		몽펠리에대학 개교
1292		단테 알리기에리, 시집 『새로 운 인생』 완성
1293		마르코 폴로, 중국·인도 여행
1294	피렌체 「산타 크로체」 성당 기공	교황 보니파시우스 8세

연도	미술사	사회·정치·문화사
1296	아르놀포 디 라포, 피렌체 「두오모」 기공	
1299		마르코 폴로, 『동방견문록』 출간
1303		로마대학 개교
1304		페트라르카 출생(~1374)
1305	조토 디 본도네, 스크로베니 경당에 「그리스도전」 제작	교황 클레멘티우스 5세
1308	두초 디 부오닌세냐, 「마에스타」 제작	
1309		교황 '아비뇽 유배' 시작 (~1376)
1310	조토 디 본도네, 「마에스타」 제작	
1311	두초 디 부오닌세냐, 시에나 두오모에 「마에스타」 제작	비스콘티, 밀라노 정국 장악
1313		단테 알리기에리, 『신곡』 중 「지옥편」 완성
		조반니 보카치오 출생 (~1375)
1315	시모네 마르티니, 「마에스타」 제작	
1321		단테 알리기에리 사망, 「천국편」 완성
1333	시모네 마르티니, 「성모영보」 제작	
1334	조토 디 본도네, 피렌체 세례당 종탑 완성	교황 베네딕투스 12세
1337		피렌체, 오르산미켈레 기공
1338	암브로조 로렌체티, 「선정과 비정」 제작	백년전쟁 발발(~1453)
1340	피에트로 로렌체티, 「마에스타」 제작	

연도	미술사	사회·정치·문화사
1341	피에트로 로렌체티, 「동정녀의 탄생」 제작	
1347		유럽 전역에 페스트 창궐 (~1351)
1353		조반니 보카치오, 『데카메론』 완성
1357	안드레아 오르카냐, 산타 마리아 노벨라 제단 벽화 제작	
1367		교황 우르비노 5세 아비뇽에서 로마 귀환
1370	젠틸레 다 파브리아노 출생 (~1427) 로렌초 모나코 출생(~1422)	레오나르도 브루니 출생 (~1444)
1374	야코포 델라 퀘르차 출생(~1438)	
1378		로마, 아비뇽 교황청 분열 (~1429) 대립교황 시작(클레멘티우스 7세)
1386	밀라노 두오모 기공 도나텔로 출생(~1466)	
1387		제프리 초서, 『캔터베리 이야기』 완성
1399	로지에르 반 데르 바이덴 출생 (~1464)	
1400	게라르도 스타르니나, 「테바이드」 제작	메디치 가문, 피렌체 권력 장악
1402	피렌체 세례당 북문 청동문 경합에서 기베르티 당선, 이듬해 착공	

연도	미술사	사회 · 정치 · 문화사
1404		베네치아공국, 파도바 베로나 비첸차 점령
1405	도메니코 베네치아노 출생(~1461)	실비오 피콜로미니 출생 (~1464)
1406	프라 필리포 리피 출생(~1469)	피렌체공국, 피사와 전쟁에서 승리
		베네치아공국, 베로나에 승리
1408	젠틸레 다 파브리아노와 피사넬로 팔라초 두칼레 벽화 제작(~1411)	
1409		피사 공의회 개막
1410	피에로 델라 프란체스카 출생 (~1492)	
	난니 디 만코, 오르산미켈레 조각 「네 성자」 착수	
1413	도나텔로, 오르산미켈레 「산 마르코」 제작	
1414	로렌초 모나코, 「성모 대관」 제작	콘스탄츠 공의회(~1417)
1417		시지스몬도 말라테스타 출생 (~1468)
1418	필리포 브루넬레스키, 피렌체 두오모 돔 설계 당선	
1420	마사초 디 산 조반니, 산 암브로조 성당 제단화, 「성모자와 성녀 안나」 제작	코시모 일 베키오, 메디치 은행 설립
	베노초 고촐리 출생(~1497)	
1421	필리포 브루넬레스키, 피렌체 두오모 돔 착공(~1434)	

연도	미술사	사회·정치·문화사
1423	안드레아 달 카스타뇨 출생 (~1457) 젠틸레 파브리아노, 산타 트리니타 성당 스크로베니 경당에「동방박사 경배」 제작 마사초 디 산 조반니,「성녀 안나와 아기예수를 안은 동정녀」제작	
1424		투르크군, 동로마 점령
1425	로렌초 기베르티, 피렌체 세례당「천국의 문」착공 얀 반 에이크,「수태고지」제작 마사초 디 산 조반니, 브란카치 경당 벽화 착수	
1425	알레소 발도비네치 출생(~1499)	
1426	마사초 디 산 조반니, 브란카치 경당 벽화 제작 착수	
1427	도나텔로, 피렌체 두오모 종탑「주코네」착수(~1436)	
1429	젠틸레 벨리니 출생(~1507)	클레멘티우스 8세 퇴위 코시모 데 메디치 일 베키오 사망
1430	안토넬로 다 메시나 출생(~1479) 필리포 브루넬레스키, 산타 크로체, 피치 경당 완공(~1440) 조반니 벨리니 출생(~1516)	
1431	한스 멤링 출생(~1493) 안드레아 만테냐 출생(~1506)	잔 다르크 화형

연도	미술사	사회 · 정치 · 문화사
	안토니오 폴라이우올로 출생 (~1498)	
1432	도나텔로,「다비드」제작 착수	
1434		코시모 데 메디치 권력 장악
1435	안드레아 베로키오 출생(~1488)	
1436	로렌초 기베르티, 세례당「천국의 문」완성	레온 바티스타 알베르티,『회 화론』저술
	로지에르 반 데르 바이덴,「십자가 강하」제작	
1438	프라 안젤리코,「성모영보」제작	
	루카 델라 롭비아, 피렌체 두오모 성 가대석 부조 제작	
	멜로초 다 포를리 출생(~1494)	
1439		피렌체 공의회 개막
1440	첸니노 첸니니 사망	피렌체 아카데미아 창설
	필리포 브루넬레스키, 피티 궁전 착수	
	미켈로초 미켈로치, 메디치 궁전 착수	
1441	프라 필리포 리피,「성모 대관」착수 (~1447)	
	얀 반 에이크 사망	
1444	안드레아 달 카스타뇨, 산타 아폴로 니아 성당「최후의 만찬」	
	브라만테 다 우르비노 출생 (~1514)	
1445	산드로 보티첼리 출생(~1510)	
	루카 시뇨렐리 출생(~1516)	

연도	미술사	사회·정치·문화사
	도메니코 베네치아노, 「성모자와 성 인들」 제작	
	도나텔로, 「마리아 막달레나」 제작	
1446	필리포 브루넬레스키 사망(1377~)	
1447	도나텔로, 「가타말라타 기마상」	교황청, 바티칸도서관 개관
		교황 니콜라오 5세
1448	야코포 벨리니, 「성모자」 제작	
1449	도메니코 기를란다요 출생(~1495)	
1450	피에로 델라 프란체스카, 「그리스도 의 세례」	요하네스 구텐베르크, 활판인 쇄기 발명
1451	레온 바티스타 알베르티, 팔라초 루 첼라이 완공	
1452	피에로 델라 프란체스카, 아레초 성 프란체스코 성당, 「성 십자가의 전 설」 착공(~1466)	
	필리포 리피, 프라도 대성당 벽화 착수	
1453		동로마제국 멸망
1455	로렌초 기베르티, 프라 안젤리코 사망	영국, 장미전쟁 발발(~1485)
	안토니오 다 산 갈로 출생(~1534)	
1456	파올로 우첼로, 「산 로마노 전투」 제 작(~1458)	
	안토니오 필라레테, 밀라노 오스페 달레 마지오레 기공	
	레온 바티스타 알베르티, 산타 마리 아 노벨라, 파사드 개축	
1458	피렌체 피티 궁전 기공(~1470)	교황 비오 2세 즉위(~1464)

연도	미술사	사회·정치·문화사
1459	도나텔로, 세례자 성 요한 제작 안드레아 만테냐, 산 제노 마지오레 성당 제단화 완성 베노초 고촐리, 메디치 경당 프레스코 제작	
1460	로렌초 코스타 출생(~1535) 안드레아 산소비노 출생(~1529) 알레소 발도비네티, 산티시마 눈치아타 성당 「그리스도 탄생」 제작 레온 바티스타 알베르티, 만토바 산 세바스티아노 성당과 산 안드레아 성당 설계	잔노초 마네티, 『브루넬레스키의 생애』 저술
1461		영국, 요크 왕조 시작
1462		피에로 디 코시모 출생 (~1521)
1463	피에로 델라 프란체스카, 「그리스도의 부활」 제작(~1465)	베네치아공국, 투르크와 해전
1464	로지에르 반 데르 바이덴 사망 (1399~)	안토니오 필라레테, 『건축론』 출간 레온 바티스타 알베르티, 『조각론』 저술
1465	안토니오 폴라이우올로, 「젊은 여인의 초상」 제작 알레소 발도비네티, 「옆얼굴의 여인」 제작	
1466	레오나르도 다 빈치, 안드레아 베로키오 공방 입소	로마, 인쇄소 개설

연도	미술사	사회·정치·문화사
1469	프라 필리포 리피 사망(1406~)	로렌초 일 마니피코 등극
1470	레온 바티스타 알베르티, 산 안드레아 성당 설계 시작	피에트로 벰보 출생(~1547)
	레온 바티스타 알베르티, 산타 마리아 노벨라 파사드 완성	
1471	알브레히트 뒤러 출생(~1528)	교황 식스투스 4세(~1484)
1472	산드로 보티첼리, 피에트로 페루지노, 레오나르도 다 빈치, 산 루카조합 가입	
	피에로 델라 프란체스카, 우르비노 공 부부 초상화 제작	
	레온 바티스타 알베르티 사망(1404~)	
1473	안드레아 베로키오, 레오나르도 다 빈치와 「그리스도의 세례」 제작	니콜라스 코페르니쿠스 출생(~1542)
	파올로 우첼로 사망(1397~)	시스티나 경당 착공(~1481)
1474	안드레아 만테냐, 파도바 에레미타니 성당의	파올로 토스카넬리, 세계지도 제작
	오베타리 경당에 프레스코 벽화 제작	'파치'가문, 은행업 진출
1475	미켈란젤로 부오나로티 출생(~1564)	
	프라 바르톨로메오 출생(~1517)	
	세바스티아노 세를리오 출생(~1554)	
	안드레아 베로키오, 다비드상 제작(바르젤로 미술관)	
1476		갈레아초 스포르차 사망
1477	조르조네 다 카스텔프랑코 출생(~1510)	

연도	미술사	사회·정치·문화사
1478	조반니 안토니오 바치 일명 소도마 출생(~1549) 산드로 보티첼리, 「프리마베라」 제작	토마스 모어 출생(~1535) 발다사레 카스틸리오네 출생(~1529) '파치' 습격으로 줄리오 메디치 사망
1480	로렌초 로토 출생(~1556)	카스티야, 아라곤 합병 에스파니아 왕국 탄생
1481	도메니코 기를란다요, 「성 히에로니무스」 제작 산드로 보티첼리, 「성 아우구스티누스」 제작 발다사레 페루치 출생(~1536) 세바스티아노 다 산 갈로 출생(~1551) 교황청 시스티나 경당 완공 피에트로 페루지노, 도메니코 기를란다요, 바티카노에 제작 차 체류 안드레아 베로키오, 「콜레오니의 기마상」 제작 착수	
1482	피에트로 페루지노, 「천국의 열쇠를 받는 성 베드로」 제작 도메니코 기를란다요, 피렌체 산타 트리니타 성당 벽화 「아시시의 성 프란체스코전」 제작 착수(~1486) 산드로 보티첼리, 시스티나 경당 벽화 「모세의 시련」 착수	

연도	미술사	사회·정치·문화사
1483	라파엘로 산치오 출생(~1520) 베르나르디노 핀투리키오, 시스티나 경당「그리스도의 세례」제작 레오나르도 다 빈치, 밀라노의 프란체스코 성당에「동굴의 성모」제작	마르틴 루터 출생(~1546) 프랑스 샤를 8세 즉위
1484		교황 인노첸티우스 8세 출생
1485	세바스티아노 델 피옴보 사망(~1547) 도메니코 기를란다요, 산타 트리니타 성당 제단화「목자의 경배」제작 안드레아 만테냐,「성모자」제작 줄리아노 산 갈로, 프라도의「산타 마리아 델리 카르첼리 성당」기공(~1491)	레온 바티스타 알베르티,『건축론』사후 출판
1486	야코포 산소비노 출생(~1570) 안드레아 델 사르토 출생(~1530) 도메니코 베카푸미 출생(~1551) 마르틴 숀가우어,「성 안토니우스의 유혹」제작	
1487	산드로 보티첼리,「비너스의 탄생」완성	
1488	티치아노 다 카도레 출생(~1576) 안토니오 다 코레조 출생(~1534) 산드로 보티첼리, 산 마르코 성당 경당에「성모 대관」제작 안드레아 베로키오, 콜레오네상 완성	
1489	히에로니무스 보스, 성 요한 성당 제단화 착수	

연도	미술사	사회·정치·문화사
1490	비토레 스카르파차(카르파초),「성 우르술라전」착수	피에로 델라 프란체스카,『원 근법』저술
1492	베르나르디노 핀투리키오, 교황청 파르타멘토 보르지아에「그리스도 의 부활」제작	위대한 로렌초(일 마니피코) 사망 크리스토퍼 콜럼버스, 아메리 카 신대륙 발견
1494	야코포 다 폰토르모 출생(~1556) 일 로소 출생(~1540)	1차 이탈리아 전쟁
1495	알브레히트 뒤러,「자화상」제작	샤를 8세, 이탈리아 침공 알레산드로 6세, 프랑스군 격퇴
1496	필리피노 리피, 산 도나토 수도원 「동방박사의 경배」제작 젠틸레 벨리니,「산 마르코 광장의 행렬」제작 피에트로 페루지노,「그리스도의 세 례」제작	
1497	레오나르도 다 빈치,「최후의 만찬」 완성 브라만테 다 우르비노, 밀라노 '산타 마리아 델레 그라치아' 성당 내진 확 장공사 완료	
1498	미켈란젤로 부오나로티,「피에타」 완성 알브레히트 뒤러,「요한 묵시록 제단 화」완성	지롤라모 사보나롤라 화형 집행 바스코 다 가마, 인도 항로 발견
1499	줄리오 로마노 출생(~1546)	아메리고 베스푸치, 남미대륙 발견

연도	미술사	사회·정치·문화사
1500	브라만테 다 우르비노, 로마 교황청 보수 책임자 임명 벤베누토 첼리니 출생(~1571) 젠틸레 벨리니,「십자가의 기적」 루카 시뇨렐리, 오르비에토 대성당 벽화 착수	2차 이탈리아 전쟁
1501	라파엘로 다 우르비노,「기사의 꿈」,「삼미신」 미켈란젤로 부오나로티,「다비드상」 제작 착수(~1504) 비토레 스카르파차(카르파초),「성 히에로니무스 전」 착수(~1507)	
1502	브라만테 다 우르비노, 몬토리오 산 피에트로 성당 공사 착수	
1503	레오나르도 다 빈치,「모나리자」 착수 라파엘로 다 우르비노, 산 도메니코 성당「성모 대관」 제작 마리오토 알베르티넬리,「마리아의 방문」 제작 미켈란젤로 부오나로티,「성가정」 제작 아뇰로 브론지노 출생(~1572)	교황 율리우스 2세(~1513)
1504	레오나르도 다 빈치, 미켈란젤로 부오나로티, 팔라초 베키오 벽화 위촉 밑그림만 그리고 벽화는 미완성 베르나르디노 핀투리키오, 시에나 대성당 프레스코 제작	

연도	미술사	사회·정치·문화사
1504	프란체스코 프리마티초 출생 (~1570) 필리피노 리피 사망(1457~) 알브레히트 뒤러, 「동방박사의 경 배」, 「아담과 이브」 제작	
1505	미켈란젤로 부오나로티, 율리우스 2 세 묘묘 제작 위촉 라파엘로 다 우르비노, 「그란두카 성 모」, 「성 조르조와 용」 제작 알브레히트 뒤러, 이탈리아 여행	
1506	브라만테 다 우르비노 설계로 「성 베드로 대성당」 착공 레오나르도 다 빈치, 「모나리자」 완성 조르조네 다 카스텔프랑코, 「폭풍 우」 제작 히에로니무스 보스, 「쾌락의 동산」 제작	
1508	안토니오 팔라디오 출생(~1580) 미켈란젤로 부오나로티, 시스티나 천장화 착수(~1512) 라파엘로 다 우르비노, 바티칸 서명 의 방에 「성체 논의」, 「아테네학당」 착수(~1511) 조르조네 다 카스텔프랑코, 「세 철학 자」 제작 착수	3차 이탈리아 전쟁
1509		헨리 8세 즉위
1511	조르조 바사리 출생(~1574)	데시데리위스 에라스뮈스, 『우신예찬』 출간

연도	미술사	사회·정치·문화사
1512	미켈란젤로 부오나로티, 시스티나 천장화 완성	메디치가, 피렌체 귀환
	라파엘로 다 우르비노, 「성 안나와 성모자」 완성	
1513	레오나르도 다 빈치, 줄리아노 메디치 초청으로 로마 도착	니콜로 마키아벨리, 『군주론』 출간
	미켈란젤로 부오나로티, 「모세상」 완성	교황 레오 10세 즉위(~1521)
1514	브라만테 다 우르비노 사망(1444~)	
	라파엘로 다 우르비노, 성 베드로 대성당 조영 책임자로 임명	
	라파엘로 다 우르비노, 마돈나 시스티나 제작	
1515	마리오토 알베르티넬리 사망	프랑수아 1세 즉위(~1547)
	레오나르도 다 빈치, 프랑스 도착	
1516	프라 바르톨로메오, 「십자가 강하」 제작	토마스 모어, 『유토피아』 출간
		로도비코 아리오스토, 『올란도 푸리오소』 저술
1517	안드레아 델 사르토, 「하르피에의 성모」 제작	마르틴 루터, 「95조항 질의서」 반포
	프라 바르톨로메오 사망(1472~)	
1519	알브레히트 뒤러, 「막시밀리아누스 1세」 제작	페르디난드 마젤란, 세계일주 시작(~1522)
	레오나르도 다 빈치 사망(1452~)	
1520	미켈란젤로 부오나로티, 메디치 경당과 기념비 제작 착수	
	일 로소, 「모세가 히드로의 딸들을 구하다」 제작	

연도	미술사	사회·정치·문화사
1521		4차 이탈리아 전쟁 발발
1522		교황 하드리아누스 6세 (~1523)
1523	한스 홀바인, 「에라스뮈스 초상」 제작	교황 클레멘티우스 7세 (~1534)
1524	미켈란젤로 부오나로티, '교황 레오 10세' 묘지작업 착수 조르조 바사리, 피렌체 첫 입성	독일 농민전쟁 발발(~1525)
1525	야코포 다 폰토르모, 「엠마오의 만찬」 제작	
1526	안토니오 코레조, 파르마 대성당 돔 그림 착수	5차 이탈리아 전쟁 발발
1527	한스 홀바인, 「토마스 모어」 제작 프란체스코 마추올리 일명 파르미자니노, 「활을 만드는 큐피드」 제작	로마 약탈
1528	파올로 베로네세 출생(~1588) 마티아스 그뤼네발트 사망(?~)	발다사레 카스틸리오네, 『궁정인』 저술
1530	안토니오 코레조, 연작 「제우스의 사랑」 제작 완료	카를 5세, 신성로마황제 즉위 (~1556)
1531	조르조 바사리, 처음으로 로마에 가다	
1532	조르조 바사리, 메디치 가문에 종사를 시작하다.	
1533	일 로소, 프랑수아 1세 갤러리 장식	잉카제국 멸망
1534	안토니오 코레조 사망(1489~)	이냐치오 로욜라, 제수이트회 창설 교황 파울루스 3세(~1549)

연도	미술사	사회·정치·문화사
1535	미켈란젤로 부오나로티, 시스티나 「최후의 심판」 제작 착수	토마스 모어 순교
	프란체스코 마추올리 일명 파르미자니노, 「긴 목의 마돈나」 제작	
1536	조르조 바사리, 산 루카 조합 가입	6차 이탈리아 전쟁
1538	티치아노 다 카도레, 「우르비노의 비너스」 제작	
1538	프란체스코 살비아티, 「자비」 제작	
	조르조 바사리, 로마 여행	
1540	아뇰로 브론지노, 엘레오노라 다 톨레도 경당 천장화 제작	
	프란체스코 마추올리 일명 파르미자니노 사망(1503~), 일 로소 사망 (1494~)	
1541	미켈란젤로 부오나로티, 「최후의 심판」 완성	장 칼뱅, 스위스에서 종교개혁 시작
1542		7차 이탈리아 전쟁
1543		니콜라스 코페르니쿠스, '지동설' 주장
1545	미켈란젤로 부오나로티, 율리우스 2세 묘비 제작	트리엔트 공의회 개막 (~1563)
	벤베누토 첼리니, 「페르세우스」 제작	
1546	티치아노 다 카도레, 「교황 파울루스 3세」 제작	마르틴 루터 사망(1483~)
1550	아뇰로 브론지노, 「성가정」 제작	조르조 바사리 『르네상스 미술가 평전』 출판
		교황 율리우스 3세(~1555)

3854

연도	미술사	사회 · 정치 · 문화사
1555	미켈란젤로 부오나로티, 「론다니니의 피에타」 착수(~1564) 바사리, 팔라초 베키오 개축 착수	아우구스부르크 종교협정 교황 마르첼로 2세(20일 재위) 교황 파울루스 4세(~1559)
1556	야코포 다 폰토르모 사망(1494~)	필리페 2세 즉위(~1598)
1557	미켈란젤로 부오나로티, 성 베드로 대성당 쿠폴라 모형 제작	루도비코 돌체, 「회화론」 저술
1559		교황 피우스 4세(~1565)
1560	피터르 브뤼헐, 「죽음의 승리」 착수(~1562) 틴토레토, 「수산나의 목욕」 제작 조르조 바사리, 팔라초 우피치 조영 착수	
1562	파올로 베로네세, 「카나의 혼인」 제작	프랑스, 위그노전쟁 발발(~1598)
1563	피렌체 아카데미아 창설 피터르 브뤼헐, 「바벨탑」 제작 프란체스코 살비아티 사망(1510~)	
1564	틴토레토, 베네치아 산 로코 성당 벽화 착수 미켈란젤로 부오나로티 사망(1475~)	셰익스피어 출생(~1616)
1565		교황 피우스 5세(~1572)
1567	안드레아 팔라디오, 「빌라 로톤다」 착수(~1570)	
1568	조르조 바사리, 아레초의 행정장관에 피임	조르조 바사리, 『르네상스 미술가 평전』 2판 출간
1569	피터르 브뤼헐 사망(1525~)	

연도	미술사	사회·정치·문화사
1570	티치아노 다 카도레, 「가시관을 쓴 그리스도」 제작	
1571	조르조 바사리, 로마에서 피우스 5세에게 잠시 봉사	
1572	아뇰로 브론지노 사망(1503~)	교황 그레고리우스 13세 (~1585)
1573	미켈란젤로 메리시(카라바조) 출생 (~1610)	
1574	조르조 바사리 사망(1511~)	
1575	자코모 델라 포르타, 「일 제수 성당」 기공	
1576	티치아노 다 카도레 사망(1487?~)	
1577	로마 아카데미아 디 산 루카 창설 페테르 루벤스 출생(~1640)	
1580	파올로 베로네세, 「천사에게 부축받는 그리스도」 제작	몽테뉴, 『수상록』 출간
1582		그레고리우스력(曆) 제정
1583	틴토레토, 「성모영보」 착수(~1587)	
1585	아카데미아 디 볼로냐 창설	교황 식스투스 5세(~1590) 영국 해군, 무적함대 격파
1592	틴토레토, 「최후의 만찬」 제작	
1594	틴토레토 사망(1518~)	

맺는말

    역사적으로 보면 특정 시기나 특정 지역에 기적이 일어나는 경우가 있다. 가령 100년 전 독일 다흘렘Dahlem 연구단지의 '카이저-빌헬름' 과학연구소가 단기간에 배출한 수많은 노벨상급 과학자라든지 볼셰비키 이전 제정 러시아 시절의 상트페테르부르크 아카데미에서 불과 몇 년 사이에 쏟아져나온 음악, 무용 분야의 수많은 천재 예술인의 경우가 바로 그렇다. 우리나라에도 조선 선조 때 율곡 이이, 퇴계 이황, 송강 정철, 남명 조식 등 당대 천재들이 거의 같은 시대에 세상에 나타난 적이 있다. 이는 시공간적으로 대체로 좁은 범위의 사례라 할 만하다.

    그런데 피렌체 르네상스는 이처럼 간단하지 않다. 조토에서 미켈란젤로를 거쳐 카라바초에 이르기까지 당시 공방Bottega문화를 중심으로 위대한 선배들의 창조력을 계승하고 개량·진보시켜 최상의 예술을 구현했던 수많은 장인의 전성시대는 장장 300년에 걸쳐 진행되었다. "모든 길은 로마로 통한다"라는 서양의 성어가 있다. 기원전부터 2,000년이 넘도록 서양 문명의 근간을 이루는 찬란했던 로마 문화의 위상을 짐작하게 하는 말이다. 유사하게 빗대어 "르네상스 미술은 피렌체로 통한다"라고 한다면 지나친 표현일까? 적어도 바사리를 일독—讀한 독자라면 어느 정도는 수긍할 것이나.

물론 이 책의 무대인 피렌체의 300년 동안은 연대적으로는 서양예술사의 일부에 지나지 않는다. 그러나 우리가 서양 정신문화를 논하기 위해서 그리스와 로마 역사를 공부하는 것처럼, 적어도 르네상스 문화를 알려면 그 전거典據로 피렌체 르네상스가 필요충분조건일 수 있다는 전제는 가히 타당할 것이다. 우리가 역사를 통해 보는 '플로렌스의 기적 이야기'는 하늘이 내린 천재들의 지속적 출현과 그들이 후세에 남긴 엄청난 인류 문화유산으로 증명되며, 오늘날에도 피렌체는 그곳을 찾는 수많은 예술 순례객에게 감동을 주고 있다. 그리고 이 '기적 이야기'를 예리한 관찰과 수려한 필치로 후세에 남긴 바사리 덕에 우리는 책을 통해 마치 영화 장면을 보듯 좀더 실감나는 르네상스 이야기를 즐길 수 있다.

바사리는 자신의 책『총서』첫머리에서 이 책의 주인공인 예술가들을 고매한 정신의 소유자인 동시에 불굴의 의지를 지니고 최고의 경지를 추구한 영웅들로 치켜세우고, 자신은 그들의 업적을 글로 후세에 길이 남기고자 한다는 명제를 분명하게 제시했다. 우리는 이 책에서 단순히 미술사뿐 아니라 그 시절의 정치 상황, 사회 풍습, 종교 갈등을 파악하며 더불어 동시대의 문학, 음악, 신화, 민속, 무대예술 등에 대한 수많은 주제를 살펴볼 수도 있다. 결국 이 책은 그 부피만큼 다양한 종합 인문서적이기도 한 것이다. 그것이 바로 이 매력적인 책이 간혹 엉뚱하고 모호한 바사리의 기술에도 불구하고 수백 년을 이어오며 끊임없이 연구와 논쟁의 대상이 되고 현재에 이르기까지 위대한 고전으로 지위를 누리는 이유라 하겠다. 하염없는 미사여구의 상찬으로도 '르네상스'의 진정한 가치를 논하기에는 부족하다고 일찍이 월터 페이터Walter Pater가 외치지 않았던가.

21세기형 바사리 한글판이 나오기까지

마침내 6권을 끝으로 바사리 개정판을 마무리하게 되었다. 1986년 처음 한국어판이 나온 이후 33년 만이다. 당초 개정판이 거론된 시기는 2012년경이었다. 과거 제작사인 탐구당에서 먼저 제안했다. 그런데 출판사가 피치 못할 사정으로 착수할 시기를 잡지 못했다. 그 후 몇 군데에서 출판 제안이 들어오기도 했으나 대부분 진정성 없이 실리 계산을 하느라 복잡해 보였다. 일부 지인들도 책을 다시 내지 않는다고 재촉했다. 생각 끝에 무작위로 몇몇 출판사에 전화를 걸어 사주들의 의향을 물었다. 뜻밖에도 모두가 적극적이었다. 우여곡절 끝에 한길사에서 출판을 맡게 되었다.

처음에는 신속하게 출판할 것으로 생각했다. 오래전이지만 이미 출판되었던 책이고 탄탄하고 충실한 번역 내용, 풍부한 각주와 방대한 색인 등 모든 면에서 신속한 출판에 별 문제가 없을 것으로 생각했다. 그런데 출판의 실제는 달랐다. 우선 과거와 출판 여건이 많이 바뀌었다. 국립국어원이 생기는 등 외국어 표기법도 많이 바뀌었다. 출판사에서는 판형 축소를 제안했다. 가독성을 염두에 두었거나 제작비 문제도 있었을 것이다. 물론 미술책이니만큼 출판사의 하드웨어 제작 기술도 중요했다.

필자가 개정판에서 나름 역점을 두고자 한 것은 '외국어 용어 표기'였다. 옮긴이의 번역 원문 전체는 그대로 살리되 그중 책 내용의 거의 전부를 차지하는 고유명사의 한글 표기에 수반되는 외국어 독음의 정확한 표기에 중점을 두었다. 대부분 이탈리아어와 라틴어이고 일부는 다른 외국어들이었다. 콘텐츠는 기존 초판의 단원들을 모두 그대로 유지하며 일부 원전에서 생략되었거나 누락된 항목을 다시 번역하여 수록했다. 그외에 독자들에게 필요하다고 생각되는 몇 가지 참고 자료를 새로 작성하여 부록으로 실었다. 초판에서 독자들이 이해하기 힘들었던 어려운 문장들은 재번역하거나 문맥을 가다듬어 수정했다. 이어 수많은 각주도 다시 살펴보며 일부 수정하거나 보완했다.

이들 작업을 위해 책장 깊숙이 박혀 있던 수십 년 선 원선들을 모두 책상 위로 꺼내야 했다. 필요한 사전들과 관련 서적, 기타 보조 자료들도 옆에 쌓아놓았다. 영어본과 이탈리아어본 원전들을 통독하고 한국어 원고와 비교하며 1년을 보냈다. 수십 년 전 옮긴이가 했던 작업 방식을 구태여 답습하고자 했다. 옮긴이는 이 책을 처음 세상에 내놓을 때 늦은 밤에만 작업을 하셨다. 본업의 공부에 항상 바빴던 그분에게는 시간 여유가 그다지 없었다. 필자 역시 사정상 대부분 작업을 늦은 밤에 했다. 그러나 내 일이란 따지고 보면 별것 아니었다. 이미 수십 년 전 완성된 작품을 다시 검토하고 보완할 뿐이었다. 그런데도 워낙 방대한 양이라 시일이 오래 걸렸다.

항상 느껴온 것이지만 아카데믹하고 단순 건조한 이탈리아어본에 비해 게스튼 베어의 영어본은 19세기 빅토리아풍의 수식적이고 장황한 문체 서술방식프롤릭스 양식으로 해독이 제법 까다롭다. 그런데 흥미로운 것은 두 판본이 일대일 문장 비교에서는 전혀 빠짐없이 완벽하게 일치한다는 점이었다. 교황, 황제들의 인명이나 여러 종교 용어는 원전의 이탈리아어를 상당 부분 라틴어로 바꾸어 표기했다. 범용적 활용 가치를 염두에 두었기 때문이다. 따라서 수많은 라틴어 검토에 주의를 집중했다. 구판에서 생략되었던 교황의 라틴어 칙서 한 쪽을 번역하는 데만 닷새가 걸렸다. 불현듯 옛 생각이 났다.

혜화동 성당 뒤 낙산 자락에는 유서 깊은 가톨릭 신학대가 있다. 40여 년 전 나는 이따금 원고 뭉치를 들고 그곳을 방문하곤 했다. 당시 옮긴이는『르네상스 미술가 평전』의 수많은 라틴어 시구 번역에 골몰했으며 그러한 연유로 신학교 라틴어 교수 허창덕 신부님과 계속 의견을 교류했다. 오늘날같이 전자우편이 있었다면 구태여 직접 갈 일이 없었을 테지만 나는 가끔 신학교에 가는 것이 이상하리만큼 즐거웠다. 아마 잠깐이나마 신부님과 나누는 대화에 대한 기대감 때문이 아니었나 싶다. 뻐거덕거리는 나무계단을 올라 2층에 있는 전설적인 호랑이 신부님 연구실에당시 신학생들에게 신부님은 그 엄격한 수업으로 인해 공포의 대상이었다 갈 때마다 신부님은 책을 한 권씩 주시곤 했는데 주로 당신이 저술하신 라틴어 교본들이었다. 그외에 「그라두알레 로마눔」 같은 귀한 자료도 주셨다. 지금도 좁은 서가에 꽂혀 있는 색 바랜 책들이 내 얕은 라틴어 지식의 시금석이 되었다. 올해는 30년 전 선종하신 신부님이 꼭 100세가 되는 해다. 신부님은 평생 과업이던 『라틴-한글 사전』을 후세에 남기셨다. 팔척장신에 굵은 검정 뿔테 안경을 쓰신 근엄한 신부님의 생전 모습이 눈앞에 아른거린다.

지난 수십 년 필자를 지척에서 지켜주시는 예수회 원로사제 박문수 신부님은 틈틈이 관심과 격려와 함께 중세교회의 책 제작에 대한 여러 정보를 알려주시고 일부 라틴어 문안 검토에도 도움을 주셨다. 특히 감사드리고 싶다. 앞서 말했듯 판형이 축소되고 활자가 커지며 페이지가 전작에 비해 거의 두 배로 늘어났다. 탐구당 도판을 모두 그대로 옮겨 실었지만 늘어난 지면을 채우기엔 태부족이어서 결국 상당수 도판을 추가해야 했다. 고종희 선생은 전문가답게 불과 두 달 만에 부족한 도판을 상당 부분 채워주었다.

당초 개정판 내용에 '작가 해설'은 계획에 없었다. 고전이니만큼 초판본 그대로 본문에 충실하면 된다고 생각했다. 그런데 근자에 출판된 일부 해외 판본을 보고 생각이 바뀌었다. 2년 전 냈던 올재출판사의 발췌본도 외국어대학교 최병진 선생의 해설이 신선했다는 후문이 들렸다. 그래서 일찍 도판을 끝낸 고종희 선생에게 의향을 물었더니 선뜻 수락해주었다. 상당한 시간이 투입되어야 하는 이 작업을 고종희 선생은 일목요연한 글 솜씨로 충실히 마무리했다.

백은숙 편집주간은 책 제작의 제반 실무를 맡아 훌륭히 임무를 완수해냈다. 또한 미술에 문외한이라는 겸손에도 불구하고 오래된 도판을 새로 찾아 교체하는 등 책 전체에 걸쳐 백 주간의 섬세하고 꼼꼼한 마감 처리는 보이지 않는 곳에서 이 책의 가치를 한층 더해주었다.

데이비드 킴 교수 이야기를 하지 않을 수 없다. 네이비드는 수십 년

전 옮긴이와 예술과 문학에 대해 세대를 초월하는 교감을 나눈 적이 있다. 그는 몇 년 전 필자에게 새로 책을 내면 자기가 꼭 서문을 쓰겠다고 했다. 그러나 1년의 반을 유펜UPenn에서, 나머지 반을 해외에서 강의와 세미나로 꽉 찬 시간을 보내는 그에게 임무를 맡길 엄두가 나지 않았다. 또 그가 7개 국어에 능숙하다고 해도 한국어로 글을 쓰는 건 다소 힘든 작업이고 다시 번역해야 하는 번거로움이 뒤따른다. 그것이 나를 망설이게 했다. 아무튼 안쓰러운 마음에 다짜고짜 글 한 줄 보내라고 메일을 보냈더니 즉각 확답이 돌아왔다. 5권 작업을 마칠 즈음 그의 영문 에세이와 한국인 제자의 번역문이 메일로 날아왔다. 그의 애정이 듬뿍 담긴 「특별기고」를 마지막 권의 서문으로 실었다.

아울러 독자들이 바사리의 『르네상스 미술가 평전』을 이해하는 데 도움이 될 만한 자료들은 각권 말미에 부록으로 실었다. 다음 글들은 미처 부록으로 싣지 못한 내용 중 필자가 중요하다고 생각되는 몇 가지 주제를 간추려 정리한 것이다.

『르네상스 미술가 평전』의 배경과 주변 인물들

많은 독자는 바사리가 자신의 저작을 언제부터 어떻게 계획하고 준비했는지 새삼 궁금할 것이다. 우선 이 전집 마지막권 바사리의 자서전에 본인의 그럴듯한 해명이 있다. 여기에서 바사리 자신은 이 책을 쓰게 된 계기로 알레산드로 파르네세 추기경의 연찬회에서 당시 취미로 틈틈이 예술가들에 대한 자료 수집, 정리 작업을 하던 조비오를 대체하는 적임자로서 참석자들의 이구동성 만장일치 동의에 따라 억지로 이 작업을 대신 떠맡다시피 시작하게 되었다는 그럴듯한 구실을 들었다. 그 시기는 1546년경이다. 결국 자의반 타의반 이를 수락한 바사리가 서둘러 자료를 모아 집필을 진행하고 몇 년이 지난 뒤 조비오 주교가 원고 완성을 축하하는 서한을 보낸 날짜는 1547년 7월 8일이다. 그리고 소정의 출판 준비과정을 거쳐 교회의 허락을 받아 토렌티노에서 초판을 출판한 때가 1550년 4월이다. 이 일련의 흐름은 우리로 하여금 많은 억측을 낳게 한다.

단순히 산술적인 계산을 해보면 바사리가 자신의 이 방대한 저술을 불과 3년 만에 완성했다는 이야기가 되기 때문이다. 그러니 바사리 구술을 그대로 받아들이기에는 그다지 신빙성이 없으며 여러 기록물이나 자료들을 통해 이를 구체적으로 추정하게 된다.

바사리가 유랑생활을 거쳐 책이 출판된 1550년까지 작품 활동 외에 어떤 활동을 했는지는 우선 그의 자서전에서 대략 파악할 수 있다. 그는 이미 수년간에 걸쳐 이탈리아 전역을 직접 발로 뛰며 작품 활동을 하면서 여러 거장과 교류하고 그들이나 다른 수많은 정보 제공자에게서 소묘 자료를 확보하고 있었다. 앞서 언급했지만 바사리는 단순한 기술 장인이 아니었으며 타고난 센스와 잡다한 지식으로 무장한 '준비된 작가'였다. 그는 아레초 초기 시절의 기초교육 이후 피렌체의 메디치궁에서 오타비아노의 배려로 메디치 도령들이 받던 고등 인문교육을 어깨너머로 청강하는 행운을 누렸다.

이미 고전학의 기초를 깨우치고 이후 방랑작가로서 두루 실전을 경험한 그에게는 자신의 지적 욕구를 분출할 대상이 필요했을 것이다. '팔라초 칸첼레리아'의 프레스코 작업을 하려고 로마에 체류하던 시절, 이미 유명해진 바사리가 1546년 가을 어느 날 파르네세 추기경 관저에서 있었던 명사들의 회합에서 그 유명한 '조비오의 비망록 사건'을 계기로 저술을 결심했다는 자서전 내용은 단지 명분을 얻기 위한 것일 뿐이다. 불과 3년 동안 『르네상스 미술가 평전』을 '저술'했다는 허황된 본인 진술보다는 그가 이미 당시까지 준비된 모든 자료를 이 기간에 '취합, 검토, 마무리'했다는 표현이 더 정확할 것이다.

그의 부단한 집념의 결과물은 1550년 4월 토렌티노출판사에서 두 권짜리 초판으로 나타난다. 합본의 총페이지는 992쪽이었다. 다시 그 후 17년간 사망한 예술가 중 일부를 삽입하고 상인들의 초상화와 액인을 추가하여 총 1,012쪽짜리 개정판을 지운티에서 낸 때가 1568년이다. 그 후에도 그는 1570년 '산소비노' 개정판을 출판하고 베키오궁 작품에 얽힌 『대화록』바사리와 이름이 같은 그의 생질이 1588년에 출판했다을 집필하는 등 실제 자신의 63년 생애 거의 절반을 『르네상스 미술가 평전』 및 기타 저술을 하느라 모든 공력을 투입했다. 그외에 베키오궁이나 우피치궁, 토스카나와 이탈리아 곳곳에 수많은 프레스코와 건축을 남긴 그의 엄청난 생산력으로 볼 때 그에게는 '초인'이라는 표현이 더 적절해 보인다.

그리고 우리는 『르네상스 미술가 평전』을 통해 당시 장인들과 작품들에 대한 예리한 서술과 매우 논리적인 각론, 이따금 어수룩하면서도 정겨운 담론, 문학적 향취가 물씬 배어 있는 수많은 시구, 「기법론」에서 보이는 다양하고도 아카데믹한 이론 전개 등을 보며 그에게 새삼 감탄하게 된다. 물론 그 시절에 바사리만이 돋보이는 저술가였던 것은 아니다. 이미 바사리 이전과 이후에도 수많은 인문주의자에 의해 르네상스는 개화하고 있었다.

앞서 이 책 1부, 2부 서문에 옮긴이가 주석으로 적시했듯이 당시 수많은 저술가가 여러 인물전이나 교회지, 비망록 등을 곳곳에서 출판했으며 이는 바사리 집필에도 절대적으로 중요한 사료적 구실을 했다. 그리고 당시 잘 알려진 사람으로는 14세기 말에 『브루넬레스키의 생애』를 저술한 안토니오 마네티Antonio Manetti가 있다. 피렌체 건축의 거성인 브루넬레스키의 연대기와 피렌체 두오모, '세례당 경합' 등 위대한 역사적 업적을 부각한 중요한 저술이다. 또 대상 인물이나 분량은 적으나 도나텔로, 기베르티, 마사초 등 당시 중요 작가들의 전기를 일부 묶어 저술한 '익명의'senza nome 작가나 바사리와 거의 동시대에 조토에서 미켈란젤로까지의 중요 작가 20여 명의 전기를 엮은 조반니 젤리 Giovanni Gelli 같은 역사가도 있었다.

그러나 바사리의 이 돋보이는 저술로 그 당시 이탈리아만이 아니라 이웃 프랑스, 독일, 플랑드르 등 전 유럽에 걸쳐 있던 여러 역사가의 저술이 다소 빛이 바랬다. 이들의 저작들은 일부 사료적 가치로서 현존할 뿐 모두 역사 속에 묻히고 말았다. 바사리는 300년 동안의 예술가 수백 명을 '평전'의 주인공으로 세워놓았는데 여기에는 바로 동시대 마니에리스모 작가들도 포함된다. 이를 통해 그가 이미 다음 시대, 즉 바로크를 어느 정도 예견했다는 추론도 가능하다. 곧 역사의 연속성이라는 관점에서 한 시대를 증언하고 그다음 시대를 준비하는 과정으로서 바사리의 역사관을 주목한다면 『르네상스 미술가 평전』을 이해하기가 한결 수월할 것이다.

바티칸 성전의 쿠폴라와 바사리의 저작권

로마 시내에는 대표적인 예수회 성당이 두 군데 있다. 그중 하나가 성 이냐치오 성당Chiesa di Sant' Ignazio으로, 제수이트 교단 창설자 이냐치오 로욜라 성인을 기념해 1650년에 지어졌다. 200년경 전에는 그레고리아노 대학의 부설 성당 역할도 했다. 그곳에서는 유래는 모르겠으나 오래전부터 매주 한 번씩 성가대가 웅장한 합창 향연을 벌인다. 성당 한가운데서 천장의 아름다운 프레스코를 올려다보며 천상의 하모니에 젖는 것은 그야말로 천국을 체험하는 일이다. 이곳에서 가까이 있는 또 하나의 예수회 성당Chiesa del Gesu은 로욜라 성인을 기념하여 예수회에서 1570년경에 지은 성당이다. 두 성당은 외부 건축 양식과 내부의 제대 주변, 익랑, 측랑의 구조, 화려한 천장 프레스코가 흡사하다.

델 제수 성당의 멋진 파사드를 건축한 자코모 델라 포르타Giacomo della Porta에 대해 한동안 잊고 있었다. 율리우스 2세가 오래전 성 베드로 대성당 재건 계획을 세우고 브라만테를 고용한 이후 여러 번 교황이 바뀌는 와중에 산 갈로를 거쳐 미켈란젤로에 이르기까지 장대한 성 베드로 대성당 쿠폴라는 전대미문의 거대 작업이었다. 이번에 바사리 개정판을 내며 미켈란젤로가 결국 미완성으로 남긴 '구폴라'에 대한 비사리의 탄식에 공감하고자 주석을 보완하려고 후속 자료를 뒤지다 나중에 이를 완성한 '델라 포르타'가 바로 '델 제수' 파사드의 작가와 동일인인 것을 뒤늦게야 알았다. 이로써 내 머릿속의 회색분자 하나가 제거되었다.

『르네상스 미술가 평전』에는 이같이 사소한 듯하면서도 중요한 단서를 제공하는 장면이 너무나 많다. 물론 '필리포 리피' 편에 등장하는 해적선 이야기나 '도메니코 베네치아노' 편의 살인 사건 같은 허무맹랑한 가십성 이야기들이야 슬며시 웃고 넘어가면 그만이겠지만 바사리 글의 진정한 가치는 평전의 등장인물들과 그들의 작품에 대한 냉철한 분석과 평가에 있다. 게다가 그는 상당히 논리정연한 서문도 세 편 썼다. 더욱이 「기법론」 같은 경우 이론서로서 그 구성이 아주 현대적이고 탄탄하다. 바사리는 자서전에서 허심탄회하게 자신의 삶의 흐름과 작품들에 대해 연대순으로 기술했다. 이따금 있는 픽션적이고 의심스러운 몇몇 구절을 제외한다면 구성은 매우 솔직담백하고 당시의 정치·사회적 상황을 파악할 수 있는 재미와 함께 바사리 자신의 연대별 작품 목록으로도 아주 중요한 자료 구실을 한다.

이 책 1권 서두에서 독자들은 이미 1568년 바사리 2판에 대한 교황의 '특별교령'을 보았다. 탐구당본에서 누락되었던 이 문서를 구태여 개정판에 포함시킨 것은 당시 생소했던 '저작권' 개념을 강조하고 싶었기 때문이다. 특별교령에서 교황은 인쇄업자 필리포 지운티의 인쇄 독점권을 보장하고 『르네상스 미술가 평전』 초판이 나온 1550년 이후 표절이나 복제를 일삼던 동종업자들에 대한 강력한 규제를 직접 언급했다. 여기에는 10년간의 독점출판권이 언급되어 있는데, 당대 지상 최고의 권력자인 교회 수장이 바사리의 '저작권'을 직접 보장했다는 점에서 상당히 흥미로운 대목이다. 1460년 구텐베르크가 금속활자를 개발한 후 16세기 당시 급속도로 발전한 인쇄 기술로 보나 바사리 초판이 이미 전 유럽에서 유명해진 것으로 보나 개정판에 대한 바티칸의 이러한 저작권 보호 언급은 어찌 보면 당시 공의회를 통한 금서 목록 교령 반포와도 일맥상통한다. 흥미롭게도 바사리는 『르네상스 미술가 평전』 마지막 장의 종지부에 당시 피렌체 종교재판소 책임자인 피렌체 주교의 출판허가서IMPRIMATUR를 첨부하여 자기 저작권의 정당성을 과시하며 저술을 마무리했다.

바사리 시대의 교황들과 공의회

바사리 생애 63년간 바티칸 성좌에는 교황이 11명 거쳐간다. 당시 국왕과 다르게 특별한 정치적 이해관계가 아닌 이상 경력이 오래된 비교적 나이 많은 추기경들이나 교황에 오를 수 있었으니 그들의 재위 기간이 짧을 수밖에 없었다. 바사리가 출생할 당시의 교황 율리우스 2세는 예술의 수호자를 자처하며 브라만테, 미켈란젤로, 산 갈로, 라파엘로 등 당대의 천재들을 차례로 로마에 불러들여 성 베드로 대성당을 재건해 교회의 영광을 재현하기 위한 엄청난 프로젝트를 진행 중이었다. 이미 12세기 초에 시작되어 장장 300년에 걸쳐 열린 '라테라노 공의회'의 마지막 회기는 1512년 율리우스 치세 시절에 개최되었다. 종교개혁과 맞물린 이 공의회에서 반포된 주요 준칙 중 관심을 끄는 것은 모든 서적을 발간할 때 반드시 해당 교구 종교재판관의 허가를 받도록 한 일이다. 이미 트루바두르Troubadour 등에 의해 세속적 내용의 도서들이 인쇄술의 발전으로 세상에 널리 유포되던 시기였다.

바사리가 세 살 되던 해 율리우스 2세가 죽고 1513년 로렌초 공작의 아들 조반니가 레오 10세로 바티칸의 수장이 된다. 그는 당시의 어떤 교황보다도 예술적 조예나 안목이 뛰어났다. 부친 로렌초 일 마니피코의 각별한 교육의 영향도 있었겠지만 그는 불과 7년의 짧은 재위 기간에도 유달리 인문학자들에게 엄청난 지원을 아끼지 않았고 그에 따라 많은 업적을 남겼다. 1522년 레오가 죽고 교황 하드리아누스가 자리를 잇는다. 바사리는 『르네상스 미술가 평전』 곳곳에서 불과 1년의 재위 기간도 채우지 못한 생면부지의 교황을 요즘 말로 '적폐 청산 대상' 정도로 치부해버린다. 하지만 이는 바사리의 일방적 견해일 뿐 하드리아누스 6세는 당시 활화산처럼 타오르던 종교개혁의 회오리 속에서 가톨릭의 정통성을 수호하기 위해 최선을 다했으며, 영성적인 면에서도 다분히 세속적 취향이 강했던 전임자들에 비해 금욕적 사도직을 고수하고 교회를 수호하기 위해 나름 고군분투했다. 하지만 그의 재위 기간은 불과 10개월에 불과했다.

뒤이어 1523년 다시 메디치 가문 사람이 교황으로 등장한다. 바로 클레멘티우스 7세다. 그는 10년 재위 기간 중 신성로마제국 약탈군으로부터 침략을 당하는 수모를 겪기도 했으나 선대의 예술 우대 정책을 계승하여 수많은 예술가와 인문학자들을 지원하고 양성했다. 에라스뮈스나 마키아벨리, 귀차르디니 등 인문학자들을 지원하고 수많은 성당을 신축하거나 개축했으며 예술품 제작을 장려했다. 미켈란젤로가 바티칸 제단 뒤에 「최후의 심판」을 그린 것도 이 무렵이다. 그의 치세 때에 예수회가 본격 출범하고 카푸치노형제수도회 등 여러 영성 수도회가 신설되어 종교개혁 세력들에 본격적인 반격을 개시한다.

1534년 클레멘티우스가 사망한 후 알레산드로 파르네세가 교황 파울루스 3세로 등극한다. 이 시기 바사리는 교황과 직접 연을 맺는다. 바사리는 교황을 위해 '팔라초 칸첼레리아' 공사를 맡는다. 영국의 헨리 8세를 파문한 것으로 유명한 이 교황 치세 때의 가장 큰 이슈라면 역사상 제일 중요한 시기에 '트리엔트 공의회'를 개최한 것이다. 1545년 처음 소집해 그의 사후 교황 네 명을 거치며 20년간 25회에 걸쳐 진행된 공의회로 가톨릭 교회는 이른바 '반종교개혁'의 기치 아래 교회의 신뢰를 회복하고 내부적 결속과 외부적 교세 확산에 한층 박차를 가하게 된다.

파울루스 3세가 사망한 후 1550년 조반니 델 몬테 추기경이 율리우스 3세라는 법명으로 교황에 등극한다. 교황이 추기경일 때부터 이미 친밀한 사이였던 바사리는 『르네상스 미술가 평전』 초판을 출간하고 교황의 별장 '빌라 줄리아'를 설계하는 등 그를 위해 많은 기여를 한다. 율리우스 3세 교황은 예술사적으로 미술 외에도 교회음악 발전의 절대적 공로자로 평가된다. 오늘날 서양음악의 모태를 이루는 거대한 줄기들, 특히 로마악파나 스페인악파, 플랑드르악파 등은 그의 적극적 후원에 힘입은 바 크다.

율리우스 이후 선출된 마르첼루스 2세는 당시 트리엔트 공의회 의장으로서 인격적으로나 영성, 경력, 능력에서 최고의 지지와 기대를 받았지만 건강이 문제였다. 하늘은 무심하게도 불과 재위 22일 만에 그를 천국으로 불러들인다. 후일 악성 조반니 팔레스트리나는 그를 추모하며 그 유명한 「교황 마르첼리 미사곡」을 헌정한다.

1555년 율리우스 후임으로 교황에 선출된 파울루스 4세는 당시로서는 고령인 78세였다. 권위적이고 금욕주의자였던 이 교황은 교회재판소를 앞세워 교회 교리에 조금이라도 어긋난다고 평가되는 모든 서적을 '금서 목록'에 올리는 등 4년 치세 동안 단호함과 엄격함으로 대변되는 보수적 교황이었다. 다음으로 1559년 즉위한 피우스 4세는 여러 해 동안 중지 상태였던 트리엔트 공의회를 다시 소집하고 이때 채택된 교칙들을 세상에 반포하여 세계 모든 교회의 준칙으로 쓰게 했다. 그리고 1564년 열린 트리엔트 공의회에서는 이 규정이 더욱 엄격해졌으며 금서 목록집이 공표됨과 동시에 출판을 원하는 모든 책은 반드시 사전에 교회재판관의 검열을 받아야 함은 물론이고 이를 통과한 서적은 책에 허가 인증서를 표기하도록 했다. 그 역시 재위 기간은 6년에 불과했다.

뒤이어 등장한 피우스 5세는 교회사적으로 드문 현자였다. 후일 성인품에도 오르는 도미니코 수도회 소속의 이 훌륭한 교황은 불과 6년의 재위 기간에 촌철살인의 노력으로 오늘날 가톨릭 교회의 기준이 되는 모든 교리와 기도서, 전례양식, 성직자와 신앙인들의 규율과 생활기침 등을 공고히 했다. 교회 출판물에도 엄격했던 이 교황은 이 책 1권 서두에 '특별법령'으로 그 이름이 새겨진다. 바사리 생전의 마지막 교황인 그레고리우스 13세는 오늘날 전 세계에서 시행되는 '그레고리오력曆'을 공포한 사람으로 피우스 5세의 유지를 이어 교회 체제를 더욱 굳건히 했으며 특히 예수회의 해외 포교 활동을 적극적으로 활발히 지원하고 세계 각처에 대학을 신설하는 등 많은 업적을 남긴다.

바사리 주변의 메디치 인물들

바사리 출생 당시 피렌체는 로렌초 일 마니피코 사후 20여 년간 곤팔로니에레의 공화정 시대였다. 소데리니가 축출된 후인 1512년 다시 메디치가 득세했지만 피렌체 정가는 조반니, 줄리오 같은 무능한 메디치 일족의 참주정치를 거쳐 1527년 로마 약탈을 계기로 다시 공화정으로 전환된다. 아레초의 평범한 도기공이었던 바사리 부모는 자식 교육에 상당히 적극적이었다. 이는 2권의 '루카 시뇨렐리' 편과 바사리의 자서전에도 잘 나타나 있다. 바사리는 여덟 살경부터 이미 프랑스 출신 거장 '마르칠라'의 공방에서 디세뇨 기초를 사사하고 유명한 작가 조반니 폴라스트라에게 문법과 작문을 배웠다. 당시로는 상당한 조기 교육을 받은 셈이다.

1524년 고향 아레초를 떠나 피렌체로 간 바사리는 오타비아노 공작의 특별 배려로 메디치궁에 머무르며 메디치가의 공자들인 이폴리토와 알레산드로를 처음 만난다. 이들과 동갑내기였던 바사리는 학습장에 이른바 청강생으로 참여하는 엄청난 행운을 얻는다. 이 메디치의 공부방 수업이 훗날 인문주의자 바사리를 만드는 일등공신 역할을 했을 것이다. 오타비아노가 바사리에게 평생 흠모와 존경의 대상이었음은 바사리의 '초판 헌사'나 자서전에서도 드러난다. 또 기품 있는 성정과 인문적 지식을 지닌 이폴리토와 다소 거칠지만 화통한 쾌남아였던 알레산드로는 신중하고 예의바른 바사리에게 상당히 호의적이었다. 당시 바사리는 미켈란젤로와 안드레아 델 사르토 공방에도 수시로 드나들며 디세뇨의 기초를 배운다.

이후 로마 약탈과 페스트 창궐 등 힘든 시절을 거치며 우여곡절 끝에 1531년 이폴리토를 따라 로마로 간 바사리는 이듬해 피렌체로 돌아가 알레산드로 치하에서 작품 활동을 하며 경력을 쌓아간다. 그러나 1535년 이폴리토의 갑작스러운 죽음과 1537년 알레산드로 암살 사건은 바사리에게 크나큰 충격을 준다. 그는 권력의 무상함을 곱씹으며 피렌체를 떠난다. 이후 카말돌리, 로마, 볼로냐, 나폴리, 베네치아 기타 이탈리아 여러 곳에 작품을 남긴다. 『르네상스 미술가 평전』 초판을 출판하며 유명해진 바사리는 1555년 베키오궁 공사 책임자로 임명되어 코시모 1세의 가신으로 입성한 뒤 그가 죽기까지 20년간 피렌체를 무대로 절정의 활약을 보인다. 1574년 주군 코시모가 죽은 지 불과 몇 달 만에 바사리는 생을 마감한다. 1569년 '피렌체 대공' 직을 승계한 코시모의 아들 프란체스코 1세가 바사리 생애의 마지막 군주었다.

『평전』 LE VITE의 외국 주요 판본

현재 20세기 이후 세계적으로 가장 널리 알려져 있거나 읽히고 있는 주요 판본을 모아 소개하고자 한다. 독자 여러분에게 도움이 되길 바란다.

1. 이탈리아 판본

1) *Le Opere di Giorgio Vasari con nuove annotazioni e commenti di Gaetano Milanesi*, 9 Vol., Sansoni, Firence, 1878-1885.

바사리의 2판Giunti, Firence, 1568에 밀라네시G. Milanesi가 상세한 주석을 더해 출판한 것으로 최고의 학문적 신뢰와 권위를 인정받고 있으며 한국어본의 저본이기도 하다. 1906년 제2판 이후 수십 년간 희구본이었으나 1973년 다시 영인본이 출판되었다.

2) *Le Vite de'piu eccelenti pittori, sculuori e architettori nelle redazioni*

del 1550 e 1568, a cura di R. Bettarini e P. Barocchi, 11 Vol., Firence, Sansoni, 1966-1987는 20세기 중반 이후 최고의 바사리 학자인 바로키의 20년간에 걸친 역작이다.

이외에, 치아란피Anna Maria Ciaranfi(7 Vol., Firenze, Salani, 1927-1932)와 라기안티C.L. Ragghianti(4 Vol., Rizzoli, Milano, 1942-1950), 벨로시L. Bellosi(2 Vol., Eunaudi, Torino, 1991) 등의 저술이 있다.

18세기 이전의 이탈리아 판본으로는 보타리G. Bottari(Pagliarini, Roma, 1760), 콜렐리니M. Collelini(Strecchi&Pagani, Livorno, 1772), 델라 발레G.V. Della Valle(Pazzini, Siena, 1794) 등의 판본이 있다.

2. 영어 판본

1) Giorgio Vasari, *Lives of the Most Eminent Painters, Sculptors and Architects*, translated by Gaston du C. de Vere, London, McMillan and Co. Ld&The Medici Society Ld. 10 Vol., 1912-1915은 지난 400년간 바사리의 가장 활발한 번역국인 영국에서 바사리의 원문을 가장 완벽하고 아름답게 구현한 것으로 평가받는 결정판으로 이를 표본으로 한 다양한 영어 편역판들이 있다. 2010년 이후 구텐베르크 프로젝트를 통해 전 세계에 온라인으로 공개되었다.

2) Giorgio Vasari, *Lives of Artist*, translated by Jonathan Foster, Henry Bohn, London, 5 Vol., 1850-1852.

3. 독일어 판본

1) Giorgio Vasari, *Das Lebensbeschreibungen der Architekten, Bildhauer und Maler*, A. Gottschewski & G. Gronau, Strasbourg, 7 Vol., 1916-1927.

2) Edition Giorgio Vasari, *Das Leben*, Alessandro Nova, 45 Vol., Berlin, Klaus Wagenbach, 2004-2015.

가장 최근 작가별 단행본으로 출판된 것으로 총 45권, 8,800쪽에 달하는 대작이다.

4. 프랑스어 판본

Giorgio Vasari, *Les Vies des meilleurs peinters, sculpteurs et architectes*, 12 Vol., Paris, Berger-Levrault, 1981-1989.

성격상 밀라네시 판본의 프랑스 버전에 가까우며 저명한 바사리 학자인 안드레 샤스텔이 책임 편집을 맡고 그외 12명의 편역자가 참가했다.

5. 일본어 판본

『美術家列傳』, 中央公論美術出判, 東京, 6 Vol., 2014- .

그동안 발췌본과 단행본으로만 간행되었던 일본에서 최초의 완역본이 6권으로 제작 중이다. 동경예술대학 越川倫明 교수 외 5명의 공동작업으로 2018년 말 현재 5권까지 출판되었다.

이렇게 제6권을 마무리하며 바사리 한글 개정판이 비로소 제 모양을 갖추게 되었다. 지금 우리들의 눈앞에 있는 결과물은 여러 분야 재능 기부자들의 협조 하에 그 결실이 이루어진 것이다. 지금까지 이 지루하고 힘든 작업에 참여한 모든 분들에게 경의를 표하고자 한다. 아울러 일부 부족한 부분에 대해서는 지속적으로 검토·보완할 것을 약속드린다. 끝까지 『르네상스 미술가 평전』을 함께해주신 애독자들에게 진심으로 감사드린다.

2019년 3월
이영민

작품목록

조각, 26×33.5cm, 미술사박물관, 빈.

그림 689 벤베누토 첼리니, 「코시모 1세 대공 초상조각」, 1546~47, 청동, 높이 110cm, 바르젤로 미술관, 피렌체.

그림 690 조반니 다 볼로냐, 「머큐리」, 1580, 청동, 높이 180cm, 바르젤로 미술관, 피렌체.

그림 691 조반니 다 볼로냐, 「사비나의 약탈」, 1581~83, 대리석, 높이 410cm, 로자 데이 란치, 피렌체.

그림 692 빈첸치오 단티, 「모세와 놋쇠로 만든 뱀」, 1559, 청동, 82×172cm, 바르젤로 미술관, 피렌체.

그림 693 베키오 궁전 안 프란체스코 1세의 스투디올로(Studiolo), 1570~75, 패널 과 석판에 오일.

그림 694 조르조 바사리, 「보르고 오니산티 입구 아치의 설계」, 펜과 잉크와 엷은 칠, 밀톤 에발드 컬렉션, 로마.

그림 695 브론지노파의 그림, 「비너스와 세 자매의 여신」, 펜과 잉크와 엷은 칠, 루 브르 박물관, 파리.

그림 696 페데리고 주케로, 「사냥꾼들과 피렌체가 보이는 전원풍경」, 연필, 수채 화, 템페라, 디자인과 판화 전시관, 우피치 미술관, 피렌체.

그림 697 조르조 바사리, 「데모고르고네의 마차」, 소묘, 디자인과 판화 전시관, 우 피치 미술관, 피렌체.

그림 698 조르조 바사리, 「하늘 신의 마차」, 소묘, 디자인과 판화 전시관, 우피치 미 술관, 피렌체.

그림 699 조르조 바사리, 「태양신의 마차」, 소묘, 디자인과 판화 전시관, 우피치 미 술관, 피렌체.

그림 700 조르조 바사리, 「폴룩스 신」, 소묘, 디자인과 판화 전시관, 우피치 미술관, 피렌체.

그림 701 조르조 바사리, 「마르스 신의 마차」, 소묘, 디자인과 판화 전시관, 우피치 미술관, 피렌체.

그림 702 조르조 바사리, 「머큐리의 수레」, 소묘, 디자인과 판화 전시관, 우피치 미 술관, 피렌체.

그림 703 조르조 바사리, 「미네르바의 수레」, 소묘, 디자인과 판화 전시관, 우피치 미술관, 피렌체.

그림 719 조르조 바사리, 「명성의 여신」, 1542, 카사 델 바사리, 아레초.

그림 720 조르조 바사리, 「명예의 전당 천장」, 1542, 카사 델 바사리, 아레초.

그림 721 조르조 바사리, 「정의의 여신」, 1543, 패널에 오일, 카포디몬테 미술관, 나폴리.

그림 722 조르조 바사리, 「페르세오와 안드로메다」, 1570~72, 패널에 오일, 117×100cm, 베키오궁 스투디올로, 피렌체.

그림 723 조르조 바사리, 「바사리 저택 천장화」, 1542~48, 프레스코, 카사 델 바사리, 아레초.

그림 724 조르조 바사리, 「바사리 저택 천장화」, 1542~48, 프레스코, 카사 델 바사리, 아레초.

그림 725 조르조 바사리, 「우피치 미술관」, 1560, 피렌체.

그림 726 조르조 바사리, 「동방박사의 경배」, 1567, 패널에 오일, 65×48cm, 스코틀랜드 국립 미술관, 에든버러.

그림 727 피렌체의 산타 마리아 노벨라 성당 안 반암 판자에 새긴 명문(銘文).

그림 728 산타 마리아 노벨라 성당 정문, 피렌체.

그림 729 레온 바티스타 알베르티, 「산타 마리아 노벨라 성당」, 1246년경, 산타 마리아 노벨라, 피렌체.

그림 730 안드레아 델 베로키오, 「돌고래와 함께 있는 푸토」, 1470년경, 청동, 높이 67cm, 베키오궁, 피렌체.

그림 731 프란체스코 델 타다가 화강암에 새긴 국부 코시모의 초상, 1568, 바르젤로 미술관, 피렌체.

그림 732 미켈란젤로 부오나로티, 「다비드」, 1504, 대리석, 높이 434cm, 아카데미아 미술관, 피렌체.

그림 733 바초 반디넬리, 「헤르쿨레스와 카쿠스」, 1525~34, 대리석, 높이 505cm, 시뇨리아 광장, 피렌체.

그림 734 조르조 바사리가 기재한 도구들.

그림 735 미켈란젤로 부오나로티, 「파르네세 저택 파사드」, 1517~50, 파르네세 광장, 로마.

그림 736 미켈란젤로 부오나로티, 「파르네세 저택의 안뜰」, 1517~50, 파르네세 광장, 로마.

그림 737 야코포 산소비노, 「산 마르코 도서관」, 1537~88, 산 마르코 광장, 베네

치아.

그림 738 조반 바티스타 포지니, 「풍요」, 1721, 카사 디 리스파르미오, 피렌체.

그림 739 건축의 기둥 양식.

그림 740 피렌체의 요새.

그림 741 피렌체의 바소(Basso) 요새 외곽의 모접기 석공술.

그림 742 피렌체 우피치 미술관의 주랑(바사리의 기록에 따름).

그림 743 줄리아노 다 산 갈로가 그렸고 바사리 생존 시 현존하던 포룸 로마노에 있는 에밀리아 성당(부분)의 스케치.

그림 744 미켈란젤로 부오나로티, 「라우렌치아나 도서관」, 1530, 산 로렌초 성당, 피렌체.

그림 745 미켈란젤로 부오나로티, 「라우렌치아나 도서관」, 1530, 산 로렌초 성당, 피렌체.

그림 746 미켈란젤로 부오나로티(의 작품으로 추정), 보볼리 정원 안의 그로타, 1583~93, 피렌체.

그림 747 조토 디 본도네, 「조토의 종탑」, 1334~59, 대리석, 높이 85cm, 두오모, 피렌체.

그림 748 미켈란젤로 부오나로티, 「승리」, 1532~34, 대리석, 높이 261cm, 베키오 궁, 피렌체.

그림 749 알베르티의 척도를 표시하는 도식.

그림 750 18세기 조각가의 스튜디오 내부.

그림 751 미켈란젤로 부오나로티, 「강의 신」, 1524년경, 목재·점토·양모·견인, 70×140×65cm, 카사 부오나로티, 피렌체.

그림 752 로렌초 기베르티, 「천국의 문」, 1420~22, 금박을 한 청동, 599×462cm, 피렌체 대성당 부속 세례당, 피렌체.

그림 753 로렌초 기베르티, 「그리스도의 세례」, 1403~24, 도금한 청동, 산 조반니 세례당, 피렌체.

그림 754 도나텔로, 「부활 설교단」, 1465, 대리석과 청동, 123×292cm, 산 로렌초 성당, 피렌체.

그림 755 도나텔로, 「고난 설교단」, 1460~65, 대리석과 청동, 137×280cm, 산 로렌초 성당, 피렌체.

그림 756 도나텔로, 「당나귀의 기적」, 1447~50, 청농, 57×123cm, 성 안토니오 싱

당, 파도바.

그림 757 도나텔로,「갓난아기의 기적」, 1447~50, 청동, 57×123cm, 산 안토니오 성당, 파도바.

그림 758 석고로 만든 조각 주형 만드는 과정.

그림 759 브론즈로 주조하는 과정을 설명하는 조판.

그림 760 미켈란젤로 부오나로티,「성모 마리아」, 1504~1505, 대리석, 85.8× 82cm, 바르젤로 미술관, 피렌체.

그림 761 미켈란젤로 부오나로티,「타데이 톤도」, 1505~1506, 대리석, 지름 82.5cm, 영국 왕립 미술원, 런던.

그림 762 프랑스 조각가 마에스트로 장이 만든 성 로코의 참나무 조상, 눈치아타 성당, 피렌체.

그림 763 조르조 바사리,「아브라함과 세 명의 천사」, 종이에 펜·갈색·잉크·검은 색 초크, 22.2×15.7cm, 캐나다 국립 미술관, 오타와.

그림 764 안니발레 카라치,「파르네세 미술관의 프리즈를 위한 스케치」, 1590년대, 펜·잉크·세제, 27×24.2cm, 에콜 데 보자르, 파리.

그림 765 미켈란젤로 부오나로티,「남성 누드」, 1504년경, 검은색 초크, 27× 19.6cm, 알베르티나 그래픽 컬렉션, 비엔나.

그림 766 미켈란젤로 부오나로티,「남성 누드」, 1503~1504, 펜과 갈색 잉크, 40.9×28.5cm, 카사 부오나로티, 피렌체.

그림 767 미켈란젤로 부오나로티,「해와 달과 땅의 창조」(부분), 1511, 프레스코, 시스티나 성당, 바티칸.

그림 768 안드레아 만테냐,「죽은 예수」, 1480년, 템페라, 68×81cm, 브레라 미술 관, 밀라노.

그림 769 안토니오 다 코레조,「성모승천」, 1526~30, 프레스코, 두오모, 파르마.

그림 770 도메니코 기를란다요,「사가랴에 등장하는 천사」(부분), 1486~90, 프레 스코, 산타 마리아 노벨라 성당, 피렌체.

그림 771 도메니코 기를란다요,「성 피나에 대한 죽음의 발표」, 1473~75, 프레스 코, 대성당, 산지미냐노.

그림 772 후베르트와 얀 반 에이크,「양의 경배」(열린 모습), 1432, 패널에 오일, 350×641cm, 산 바보 대성당, 겐트.

그림 773 휴고 반 데어 구스,「포르티나리 제단화」(중앙 부분), 1476~79, 패널에

오일, 253×586cm, 우피치 미술관, 피렌체.

그림 774 '스그라피토' 장식의 한 예, 몬탈보 궁전, 피렌체.

그림 775 루카 시뇨렐리, 「산 브리치오 예배당 벽화」, 1499~1502, 프레스코, 너비 190cm, 두오모, 오르비에토.

그림 776 프라 안젤리코, 「잉태와 동방박사의 경배」, 1430~34, 패널에 템페라와 금, 84×50cm, 산 마르코 국립 박물관, 피렌체.

그림 777 「테오도라 황후와 수행원들」(부분), 산 비탈레 성당, 라벤나.

그림 778 줄리아노 다 마이아노가 제작한 「성 자노비우스」, 1463~65, 나무 상감 세공, 398×574cm, 산타 마리아 델 피오레 대성당, 피렌체.

그림 779 프란체스코 디 조르조 마르티니, 「듀칼궁의 스투디올로」(부분), 1478~82, 호두·너도밤나무·로즈 우드·오크·과일 나무, 485×518×384cm, 듀칼궁, 구비오.

그림 780 스테인드글라스, 산 로렌초 성당 안의 라우렌치아나 도서관, 피렌체.

그림 781 마소 피니궤라, 「십자가에 못 박힌 예수」, 1460년대, 금 세공, 피렌체.

그림 782 마소 피니궤라, 「성모 마리아의 대관식」, 1426, 금 세공, 피렌체.

그림 783 우고. 다 카르피가 명암법으로 제작한 목판화, 라파엘로의 「야곱의 꿈」을 주제로 함, 1518~19, 프레스코, 213×270cm, 폰티피초 궁전 2층 로지아, 바티칸.

그림 784 도메니코 베카푸미의 판화.

찾아보기

조르조 바사리 Giorgio Vasari, 1511-74

이탈리아 토스카나 지방의 아레초(Arezzo)에서 태어났다.
16세 때 피렌체로 가서 안드레아 델 사르토(Andrea del Sarto)의 문하에서
그림을 배웠고 미켈란젤로(Michelangelo)의 제자로서,
메디치가의 원조를 받으면서 회화, 조각, 건축에 종사한 예술가다.
당시 메디치가의 수장이었던 코시모 1세의 힘과 영광을
드러내기 위하여 프레스코화를 무수히 제작했고 우피치 미술관을
설계하는 등 대작들을 연달아 수행했다.
화가로서 바사리는 화려하고 지적이지만 독창성은 부족한 보수적인 미술가였다.
그러나 건축가로서는 간결하고 강건한 건축물을 만들어냈다.
그의 이름을 유명하게 만든 작업은 1550년 이탈리아 르네상스 시대의
예술가 200여 명의 삶과 작품에 대해 기록한『르네상스 미술가 평전』이다.
건축·회화·조각에 대해 전반적으로 수록한 이 책은 르네상스 미술사에서
결코 빼놓을 수 없는 중요한 자료로서 후세의 미술사가들에게서
바사리는 미술 비평의 아버지라는 찬사를 받고 있다.

옮긴이 이근배李根培, 1914-2007

평양 출생. 의학자, 서지학자. 평양의전과 일본 나가사키(長崎)의대 대학원을 졸업하고
1943년 의학박사 학위를 받았다(일본 文部省).
1944년 평양 독서회 사건의 배후로 지목되어 소장하던 일만여 권의
한국학 관련 서적을 일제에 압수당하고 체포를 피해 중국으로 망명,
북경(北京) 보인대학교 고생물학교수, 북경 중국대학교 조선서지부장에
재임 중 광복을 맞는다.
서울의대, 평양의대, 전남의대, 경희의대, 중앙의대, 조선의대에서
생화학교수를 역임했다(1946-1992).
소르본, 밀라노, 하버드대학에 초빙되어 연구했다(1956-1960).
한국원자력연구소 생물학연구부장(1961-1970), 한국생화학분자생물학회
초대회장(1966) 및 종신 명예회장(1992-)을 역임했다.
저서로는『생화학』(1967, 신영사)이 있으며,
생화학과 관련한 160여 편의 국내외 논문이 있다.
주요 번역서로는『이탈리아 르네상스 미술가전』(전 3권, 1986, 탐구당)과
『완역-파브르 곤충이야기』(전 10권, 탐구당, 1999, 안응렬과 공역) 등이 있다.
생전의 기고문, 평론, 수필, 회고록 등을 모은 유고집
『한 줄의 글이라도 써야』(경문사, 2008)가 있다.

해설 고종희高鍾姬, 1961-

이탈리아 국립피사대학교 미술사학과에서 서양미술사를 전공했으며,
동 대학에서 르네상스미술 전공으로 문학박사 학위를 받았다.
현재 한양여자대학교 산업디자인과 교수로 재직 중이다.
주요 저서로 한길사에서 펴낸『명화로 읽는 성인전』
『이탈리아 오래된 도시로 미술여행을 떠나다』
『르네상스의 초상화 또는 인간의 빛과 그늘』『명화로 읽는 성경』을 비롯하여
『인생 교과서 미켈란젤로』(공저),『고종희의 일러스트레이션 미술탐사』
『미켈란젤로를 찾아 떠나는 여행』
『천재들의 도시 피렌체』『서양미술사전』(공저) 등이 있다.

르네상스 미술가 평전 6

지은이 조르조 바사리
옮긴이 이근배
펴낸이 김언호

펴낸곳 (주)도서출판 한길사
등록 1976년 12월 24일 제74호
주소 10881 경기도 파주시 광인사길 37
홈페이지 www.hangilsa.co.kr
전자우편 hangilsa@hangilsa.co.kr
전화 031-955-2000~3 **팩스** 031-955-2005

부사장 박관순 **총괄이사** 김서영 **관리이사** 곽명호
영업이사 이경호 **경영이사** 김관영
편집 백은숙 노유연 김지연 김대일 김지수 김영길
관리 이주환 문주상 이희문 김선희 원선아 **마케팅** 서승아
디자인 창포 031-955-9933
CTP 출력 및 인쇄 예림인쇄 **제본** 광성문화사

제1판 제1쇄 2019년 3월 25일
제1판 제2쇄 2019년 10월 10일

값 45,000원
ISBN 978-89-356-6476-4 94080
ISBN 978-89-356-6427-6 (세트)

● 잘못 만들어진 책은 구입하신 서점에서 바꿔드립니다.
● 이 도서의 국립중앙도서관 출판시도서목록(CIP)은 서지정보유통지원시스템 홈페이지(seoji.nl.go.kr)와
국가자료공동목록시스템(www.nl.go.kr/kolisnet)에서 이용하실 수 있습니다.
(CIP제어번호: CIP2019005986)